U0937540

高等学校法学教学丛书

GAODENG XUEXIAO FAXUE JIAOXUE CONGSHU

编委会

四川大学校级立项教材系列

高等学校法学教学丛书

商法教程

主　编　李　平

撰稿人　李　平　杨志敏　徐　蓉

刘　畅　陈　锋　曾　彤

四川大学出版社

责任编辑：李勇军
责任校对：王　平
封面设计：墨创文化
责任印制：王　炜

图书在版编目(CIP)数据

商法教程 / 李平主编. —成都：四川大学出版社，2015.2
（高等学校法学教学丛书）
ISBN 978-7-5614-8337-4

Ⅰ.①商…　Ⅱ.①李…　Ⅲ.①商法-中国-高等学校-教材　Ⅳ.①D923.99

中国版本图书馆CIP数据核字（2015）第023713号

书名　**商法教程**

主　　编	李　平
出　　版	四川大学出版社
地　　址	成都市一环路南一段24号(610065)
发　　行	四川大学出版社
书　　号	ISBN 978-7-5614-8337-4
印　　刷	郫县犀浦印刷厂
成品尺寸	185 mm×260 mm
印　　张	15.75
字　　数	388千字
版　　次	2015年3月第1版
印　　次	2015年3月第1次印刷
定　　价	40.00元

◆读者邮购本书，请与本社发行科联系。
电话：(028)85408408/(028)85401670/
(028)85408023　邮政编码：610065
◆本社图书如有印装质量问题，请寄回出版社调换。
◆网址：http://www.scup.cn

目　录

导 论

一、商法与商法学

现代社会的商法是立法机关制定的有关商事活动的法律规范的总称。有的国家和地区用商法典体现商法，有的则用民法典来体现商法，还有的用单行商事法律来体现商法。即或是有判例法传统的国家和地区，商法也主要体现为成文法。无论用什么方式来表现商法，商法的功能和作用是相同的。商法在规范商事活动、调整商事关系、构建商事交易秩序方面的作用是其他部门法难以替代的。大至一国经济发展，小到公司经营管理，都可以看到商法的踪迹。然而，并非在任何时候都需要商法，就中国而言，至少在清代以前没有商法，在20世纪50年代后期到70年代后期也没有商法。继而，并非在任何时候的商法都是相同版本，至少目前中国的商法与20世纪三四十年代的商法有所变化。这就产生出两个一般性问题：为什么需要商法？需要什么样的商法？于是，商法学产生并有了存在价值。商法学以商法的构造、运行、比较、验证为研究对象。不仅要研究实然的商法，还要研究应然的商法。

进入21世纪，中国的商法蓬勃发展，这主要体现在《公司法》《证券法》《票据法》《保险法》《破产法》《合伙企业法》等一系列商事法律得到与时俱进的修订，商法体系和商法规范日臻完善，商事活动与交易秩序渐入法律轨道，公权力经商受到制约，商主体与商行为有了圭臬。然而，商法规则的普遍性与特殊性的斟酌、强制性与任意性的设计、原则性与操作性的沟通、合理性与合法性的统一，依然是需要进一步研究的问题。

如此，商法学与商法的结合就有了两个层面：一个是阐释层面，从理解角度研究商法；另一个是探究层面，从问题角度研究商法。作为教科书，显然应该定位于阐释层面。不过，阐释的方式是多样的，既可以从概念逻辑角度，也可以从条文分析角度，还可以从实证经验角度来阐释既有的商事法律，使学习的人理解法条的内容和熟知法条的运用。相对于民法、刑法而言，商法的技术性规范较为突出，于是商法学教科书往往比较注重对技术性规范的阐释，由此而来的影响是淡化了商法内在逻辑的力量和理论说服力。面对中国商法蓬勃发展的良机，商法学需要有多元路径才能真正繁荣。

二、学好商法的知识准备和方法要求

在法学院的教学计划中，商法学课程一般是安排在二年级或者三年级。在学习商法之前，需要有基本的法理学知识，以理解法律价值、权利义务、法律规范、法律效力、法律责任等一般法学常识。还需要有民法学知识，对于主体资格、民事行为、民事权利、民事责任等专业知识有所熟知。最好还需要有诉讼法和证据法知识，对于程序、证明、诉讼规则等知识不要陌生。此外，必要的经济学、会计学知识也会对学习商法很有帮助，供求关系、成本费用、财务报表、结算流程在商法学习中不时可以派上用场。当然，以上四个方面的知识是学习商法的一般基础。作为知识掌握，多多益善，但贵在融会贯通。

从本质上看，商法是经验规则。学习商法，不仅仅是知晓商法专业知识，重要的是理解商法的经验规则并能够运用来解决实际中的商法问题。因此，学习商法的方法就不单纯是读书，更需要思考、观察、分析、总结、参与、实践。在我们所处社会环境中，只要稍加留意，就会看到林林总总与商法有关的现象，诸如商店里的营业执照、流动摊贩销售商品、保险公司推销保险、媒体报道股市涨落，乃至大学生自主创业等等，都可以成为观察思考对象。如果能够参加律师的法律服务和疑案讨论，或者旁听法院审理商事纠纷，对商法学习效果会大有裨益。限于条件，也许不能经常参与这样的实践活动。课堂内外的案例讨论和问题探讨应该是很有用的学习方法。总之，无论是阅读还是实践，都需要善于思考、重在参与，才能将条文的商法和课本的商法转化成为你自己可以运用的商法。

三、本书的特点和使用

鉴于上述认识，本书试图在商法学的阐释层面添加一点我们的体会。作为教科书，需要阐明该学科的基本概念，更需要阐释该学科的基本道理。我们认为，商法与其他法律一样，其存在以及内容都是有一定道理的，尽管这个道理可以有不同理解。商法不是技术性条文的堆积，每一件商事法律的存在，甚至一个规范条文的表现，以及规范之间、法律之间的关联，都有着理由支撑。于是我们尽量努力用我们的理解和体会来阐释其中的理由。这就形成了本书的一些特点：

第一，在每一章前，我们给出了凝练的学习提示，将本章之学习目的、主要内容、重点关注，用百余字表述，以期对学生有所指导。

第二，几乎在每一章内，我们都会用“××法基本原理”来表达对这一章所涉及法律的原理性理解。当然，这种理解或许有局限性，比如，我们用风险假设来解释商法，用权利置换来解释公司法，用无因性和独立性来解释票据法，是否合理，有待评判。

第三，在每一章后，我们设计了学习总结与拓展，由关键词、思考题、阅读资料三部分组成。在关键词部分，用该章中的关键词作为知识点快速总结本章的内容；在思考题部分，设计了10个左右具有思考价值（而不是重复记忆价值）的问题和通过案例分析问题，这样有助于学习深入思考和实践应用；在阅读资料部分，我们选择推荐了5～8项与该章有关的法律、司法解释、研究专著、教科书、案例分析评论的目录，引导有兴趣的同学深度阅读和思考。

第一章 商法总论

【学习提示】商法总论是关于商法基本概念、基本原则、基本制度的阐述，是学习商法的基础。学习本章，需要注意对于商和商法基本含义的理解，了解商法的历史演变过程，明确商法基本原则的含义，熟悉商事主体制度和商事行为制度的内容和结构。进而为进一步学习商法具体制度奠定基础。本章探索性地提出商法理论假设的问题，并力求从基本原则角度展示商法理论和规范，也请读者加以留意。

第一节 商法的基本原理

一、商与商法的概念

学习商法，首先需要理解“商”的法律含义。在汉语中，“商”有多种含义，《汉语大字典》对于“商”的含义有十六种解释。[①] 在古代，“商”具有买卖交易、流通物品的含义，比如《汉书·食货志》称“通财鬻货曰商”，《白虎通·商贾》说“行曰商，止曰贾。商之谓言章也，章其远近，度其有无，通四方之物，故谓之商”。在现实生活中，百姓所称做生意，跑买卖，是为经商。在现代社会，行业分工明显，贸易流通成为行业，于是“商”具有商业的含义。所谓商业，是指区别于农业、工业的一种专门从事货物交易的行业。这与英语上的 Commerce：The buying and selling of goods and services，有相同含义。此外，有研究者根据马克思关于“在文明状态中，每个人都是商事主体，而社会则是商业社会”[②] 的论述，引申出“商”是人的一种基本生存方式的抽象概括。[③] 然而上述对于“商”的含义说明，均不是“商”的法律含义。

在法律学上，“商”是指以营利为目的营业活动。[④] 商的法律学内涵具有主客观两个基本要素，第一，从主观要素来看，“商”是具有营利目的活动。所谓营利目的，是指通过交易行为获得物质利益回报的愿望。第二，从客观要素来看，“商”是营业活动。

---

① 古代计时单位，一刻叫一商；商，度也，引申为计议，商量；算术中除法运算的得数叫商；等等。参见《汉语大字典》（缩印本），四川辞书出版社、湖北辞书出版社 1993 年，第 121 页。

② 马克思：《1844 年经济学—哲学手稿》，人民出版社 2000 年，第 104 页。

③ 李功国：《商事主体精神与商法》，载王保树主编《商事法论集》第二卷，法律出版社 1997 年，第 6 页。

④ 赵中孚主编《商法总论》认为“法律意义上的商或商事，乃是指一切营利性营业活动和事业的总称”。中国人民大学出版社 1999 年，第 2 页；赵万一著《商法基本问题研究》也认为“凡以营利为目的、从事媒介交易的行为，皆被法律上称之为‘商’”。法律出版社 2002 年，第 46 页；范健主编《商法（第三版）》认为法律意义上的商，是指为了一定营利目的的经营活动。高等教育出版社、北京大学出版社 2007 年，第 7 页。

所谓营业活动，是指具有持续、稳定业务特征的经营行为。因而“商”是主客观营利性的结合，是价值创造和价值转移的活动。由此分析，商不仅仅局限在货物买卖领域，也不仅仅是指商业活动。商法学者曾经将商的基本范围分为固有商、辅助商、第三种商、第四种商①，不过随着社会经济发展变化，商的外延也会有所改变。比如，从陆商发展到海商，从买卖商发展到投资商，从制造商发展到服务商，凡具有营利目的之营业活动都可以属于商的范围。

学习商法，还需要理解商法的含义。从学理上讲，商法是调整商事关系、规定商事制度的法律规范的总称。商事关系中的“商事”，是指与商有关具有法律意义的事项。狭义的商事，是指商在商法制度中的具体体现，主要包括商事登记、商号、商事账簿、商事契约、商事代理、公司制度、保险制度、票据制度、海商制度、破产制度、信托制度、证券制度、商事纠纷仲裁等。广义的商事还可以扩展到商业竞争、消费者保护、国际贸易等范围。当然，由于法律调整的相对划分，这些范围在我国属于经济法、国际经济法等法律部门的事项。

商事关系包括商事组织关系和商事行为关系。商事组织关系，是指商事主体在分类设立、资格取得、地位确认、组织结构、管理运行、资格丧失过程中产生的关系，是关于商事主体与其成员、商事组织成员之间、商事组织内部机构之间、商事组织与政府之间的关系。如合伙企业中合伙人之间，公司内股东之间，公司股东会、董事会、监事会之间，公司设立与登记机关之间的关系。商事行为关系，是指商事主体在实施商事行为过程中与其他商事组织或第三人之间所发生的关系，主要是交易行为关系，如票据关系、保险关系、证券关系、投资关系、信托关系等。

商事制度，是由商事惯例和立法制定形成的关于商事主体和商事行为以及商事救济的法律制度。商事主体制度是关于商事主体资格取得、运用和丧失的规则。商事行为制度是关于各种商事行为效力、方式、实施、后果的规则。商事救济制度是关于商事主体权利受到侵害时的救济规则。

此外，还需要注意形式意义上的商法和实质意义上的商法之分。所谓形式意义上的商法，就是以商法命名的法律，最为典型的是商法典。所谓实质意义上的商法，是指尽管没有商法之称谓，但却是调整商事关系的法律的总称。如公司法、票据法、保险法、破产法等商事法律。

我们可以通过以下事例来说明对于“商”和“商法”的理解：

事例一 在大学中常常可以看到这样场景：新生报到时，电信公司到学校摆摊销售手机；大学毕业生在临近毕业前夕将自己不需要的物品在学校摆摊出售。电信公司和将要毕业的学生都在实施出售行为，但是电信公司的行为具有“商”的属性，而学生的行为则不具有“商”的性质。电信公司的销售行为要受商法调整，需要考虑商事主体资格、营业能力、纳税义务等。学生的行为则不受商法调整，而受民法调整。

事例二 化工贸易公司销售从化工实业公司购买的化肥，化工实业公司为了销售化

---

① 第一种商，买卖商，即一般意义上的沟通生产与消费的中间渠道，又称为固有商；第二种商，辅助商，即辅助固有商营业的活动，如货物运输、仓储保管、代理、居间等；第三种商，银行、信托、印刷、出版等；第四种商，广告、旅游、宾馆等。参见江平、王家福主编：《民商法学大辞书》，南京大学出版社 1998 年，第 609 页。

肥而加工生产化肥，化工实业公司为了生产需要而向银行贷款。虽然两个公司分别从事化肥贸易和化肥生产，但是他们的行为都具有“商”的性质。银行尽管不从事化肥贸易和生产活动，但是其发放贷款也属于“商”的范畴。他们分别是贸易商、生产商、金融商。他们的行为都要受到商法调整。

“商”以营利为本质特征，营利与风险相伴而生。营利是“商”的直接追求，但不是商法的直接追求。商法要通过对商事风险的合理有效避免、限制、化解、分配和利用，从而保障营利目的的实现。因此，商法本身不并具有营利性。①

商法制度和规范较为繁杂，商法体系也颇为庞大。除了公司法、保险法、票据法、破产法、海商法属于商法之外，证券法、信托法、银行法乃至竞争法、合同法中也有商法规范。在这庞大体系和繁杂规范中，是否存在着具有规律性的商法基线，可以为商事立法、商法适用以及商法学习提供指导？本书将通过商法理论假设对此加以探讨。

二、商法理论假设

商法不应该只是一堆缺乏逻辑关系和理论支撑的规则，也不应该只是几个法律文件的排列组合。在长期商事活动所形成的商事习惯的后面，存在着丰富的理由，这些理由也逐渐被总结为解释和说明规则的工具。比如，票据权利只能以票面文字记载为准，概括出票据文义性特征；保险合同的签订和履行要遵循最大诚实信用原则；股东承担有限责任有利于鼓励投资；在企业破产情况下有担保的债权人享有别除权；海事赔偿不适用完全赔偿规则，等等。但是，票据的文义性、保险合同最大诚信、股东有限责任、有担保的债权人的别除权以及不完全赔偿规则之间有何联系？如何解释？电子商务中的规则该用什么理论指导来设计？为什么公司法、保险法、票据法、海商法属于商法体系中的组成部分？商法学科体系是否还可以包容其他的规范？商法学科理论体系如何更有说服力？这都需要理论抽象和理论假设。

商法是调整商事关系的法律。商事关系是在商事活动中建立起来的关系。商事活动的目的是通过商事交易获得利润，这就是研究者通常描述的“以营利为目的”。但必须指出，商事活动的目的并不能等同于商法的目的。营利是商人的本质要求，效率是对营利的衡量，对于商人来说，追求营利和提高效率本身不需要法律加以规范和指导。用法律来促成商人的营利目的和营利实现，犹如训鱼游泳、教鸟飞翔。因为商人逐利的本质会使他想方设法来实现利润最大化。然而，商人利润的实现与否以及实现的方式，会产生社会效果，会对商事活动中的其他主体的利益以至于社会不特定主体的利益产生影响。这是法律对商事活动加以调整的理由所在。可是，从理论上分析，法律如何来面对商事活动中商人利益与其他直接当事人和间接利益相关人之间的关系？其切入点是什么？在商事活动中，与利润和权益密切联系的是风险和责任。所谓风险（risk），是指危险，或意外事故或损失的可能性。② 一般经验告诉我们，利润与风险并存且具有正相关关系。这种一般经验其实是实践的总结，但却难以被每一个商事活动实践所证实，反

---

① 有教科书在归纳商法特征时认为商法就是营利法，并将其概括为“商法的营利性”。见覃有土主编：《商法学》，中国政法大学出版社 1999 年，第 6 页。

② 《牛津法律大辞典》，光明日报出版社 1988 年，第 776 页。

而可以被证伪。但是我们可以由此抽象出一个命题“任何商事活动都具有风险性”。这个命题的意义不是要去证明它，而是通过这样一个假设，来解决商法理论基本支点的问题。风险性命题的含义有两层：第一，对商事活动的直接当事人的风险，这里称为直接风险；第二，对商事活动利益相关人的风险，这里称为间接风险。所谓直接风险，是商事活动一方或者多方有遭受损害的可能，比如货物买卖中标的物毁损灭失给双方造成损失，又比如票据流通中的欺诈给持票人造成损失。所谓间接风险，是指商事活动的直接风险传递给其他利益相关人。比如企业破产给雇员带来损害，公司解散使得所生产产品的用户失去产品质量维护的保障，货物买卖中一方违约造成连环交易故障而使他人受损。

商事活动的风险来源多种多样，大致可以分为市场性风险、自然性风险、道德性风险、社会性风险、技术性风险。所谓市场性风险是指由于市场供求不均衡而产生的风险。比如某种商品供不应求导致价格上涨，因供大于求导致商品滞销。自然性风险是指不可抗力产生的风险。如工程施工中遭受地震，货物运输中遇到水灾。道德性风险是指商事主体违反诚信而形成的风险。如签署合同却有意不履行，许下诺言却无故不兑现。社会性风险是指由于政策变化、制度变迁、人为事件如战争等造成的风险。技术性风险是指由于技术落后或者不成熟而产生的风险。人们对于商事活动中风险的看法不尽相同。有的认为，商业所产生的第一个后果就是买卖双方在利害关系上完全敌对和互不信任，采取不道德的手段达到不道德的目的，因而商业就是合法的欺诈。而有的认为，哪里有商业，哪里就有自由和平的社会秩序，就有善良的风俗。[①] 前者视商事活动风险为道德的祸根，后者则将避免和化解商事活动风险看成善良的源泉。商法乃善法，其善在于对商事活动风险的合理有效避免、化解、限制、分配、利用、管理，从而设计出恰当的规范和制度。

商事风险与商事利润是伴生关系，商事活动是追逐利润的活动，也是挑战风险的活动。为了最大实现商事活动之利润，商事活动当事人自然要想尽办法避免、化解、限制、分配、利用、管理风险。商法也就在这样的过程中经过商事习惯、商事规范、商事法律而不断发展。值得注意的是，商事活动的风险性成为商法规制对象时，商法的价值追求主要不在于效率而在于安全，风险的存在和对安全的追求构成了促进商法发展的张力。如果我们对商法制度内涵加以抽象，就可以发现，其实商法是关于有效避免和限制商事风险、合理化解和分配商事风险、适当利用商事风险的风险管理规则集成。比如，商事登记制度、公示制度、定型化交易制度、有限责任制度、严格责任制度、票据行为无因性和独立性制度、信息披露制度、破产制度、限额赔偿制度等等，都可以从上述角度加以认识。由此，我们可以进一步推进“任何商事活动都具有风险性”命题，发现对风险的避免、化解、限制、分配、利用、管理而形成的制度，是商法的内在衍生逻辑。

长期商事活动中形成的传统商事习惯和商事法规，大多为任意性和选择性规范，其原因在于人们对于商事风险的认识主要是局限于商事活动的当事人之间，遵循意思自治原则，可以由当事人之间自由安排。比如不可抗力的约定就是典型的例子。合伙人对合伙债务承担无限连带责任，源于债务必须履行的基本观念，而这种观念所包含的是债务

---

① 李功国：《商事主体精神与商法》，载王保树主编：《商事法论集》第二卷，法律出版社 1997 年，第 11—13 页。

风险应当由债务人承担的惯例。当商事组织上升为公司时，投资人为什么对公司债务仅承担有限责任？这其实也是风险分配规则，在公司债权人和公司股东之间重新分配风险，尽管公司债权人与公司股东之间没有直接关系，但是在交易普遍化时代，同一主体在不同法律关系中分别处于公司债权人和公司股东地位的情形，是经常发生的，角色交替博弈过程逐渐显现。股东承担有限责任的风险分配规则，有利于激励投资、增加交易。于是，股东有限责任规则获得认同。商法从商事习惯上升到制定法，最明显的特征是对待风险的处理措施发生变化。在商事习惯阶段，由于商事风险主要影响的是当事人，因而处理风险的措施也就是当事人的意愿以及由此形成的先例。但是，当商事活动的风险扩张到更多人群时，处理风险的合意难以形成，也没有先例可供遵循，于是通过议会立法来处理风险问题便成为必要。立法对风险的处理采用何种态度，是由立法者来替代相关利益者还是由立法者引导相关利益者？甚而立法者要求相关利益者必须服从其要求？表现在法律规范上就是用何种规范处理风险的问题。一般来说，凡是仅涉及当事人之间利益的风险问题，应当尊重双方对风险处理的合意，如果当事人难以形成合意，则提供可以遵循的风险处理规范，而不必直接替代当事人。但是，如果不仅仅是商事活动当事人之间的风险而涉及多数人利益的风险问题，则需要立法者从公正角度提供并要求商事活动当事人必须要遵守的强制性规范。现在，我们用这个原理来解释商法规定中一些难以界定的规范。比如，我国公司法规定，有限公司董事会由 3—13 人组成，这是任意性规范还是强制性规范？如果从风险处理角度来看，董事会是公司的执行机构和经营决策机构，其决定和执行事项具有风险处理的作用，但是组成人数与风险处理没有直接联系，因而董事会组成人数的规定应该属于任意性规范。然而，董事会对财产的处理（担保、转让、租赁等），这是影响到股东、债权人、职工利益的风险行为，必须遵循强制性规则（得到股东会同意，不影响债权人利益和职工利益，否则无效）。

现代商法所调整的商事关系，已经具有了一定程度的社会性，在这样的基础上处理风险问题，不得不考虑公益。这就是商法强制性规范需要适度加强的理由。在公益与私利、自由与安全、公平与效率等一系列具有内在冲突的价值范畴中，用风险处理观点来看待商法的倾向性选择和协调性兼顾，可以发现商法具有如下价值趋向：

（1）保障私利，协调公益。商事利益就本质来说，属于私人利益。商事活动的基本性质是私人（法人、自然人）之间活动。一般来说，在私人之间利益不发生冲突的情况下，商事活动的开展会增进私人利益。但是，商事活动又是一种具有社会性的活动。商事活动必然与其他不特定商事主体以及非商事主体发生关系并且可能发生利益冲突。在此状态下，商法的基本态度是划出公共利益的范围，并确定商事活动不得损害公共利益。在不损害公共利益条件下的空间，是商事活动的空间，也是追求私利的空间。商法对私利的保障，不是通过列举私利的种类和范围，而是通过划定公共利益的范围以及列举商事禁止性或者命令性行为规范来实现。因此，私利的主张，可以不需要有具体对应的法律依据，而是考量其是否违反了强制性（命令性、禁止性）法律规范。商法的基本属性是私法，故在私利与公益的关系处理上，采用的是私法价值取向和方法。换言之，商法不负有维护社会公共利益的重任[①]。

---

① 赵万一著：《商法基本理论研究》，法律出版社 2002 年，第 101 页。

(2) 保障安全，协调自由。一般来说，最大自由的商事活动空间是获得最大商事利益的必要条件。然而自由本身就包含着风险。在商事活动中，自由与安全都不是目的，获利才是目的。商事活动需要自由，但是商法不是对商事活动自由的直接满足，而是对商事活动目的予以保障。所以，在自由与安全的价值协调中，商法是通过对安全的保障为前提来满足自由。在商事活动中，自由是个体性的选择，安全除了具有个体性商事利益安全之外，还包括相对人和利害关系人的利益安全。就个体性商事活动自由与商事利益安全的关系来看，商法的价值选择是以自由优先。如果个体性商事活动自由涉及相对人或者利害关系人利益的安全问题时，商法是以安全价值优先来协调自由。比如，关于合伙内部约定自由与相对人利益保障关系，商法采取的是内部约定不得对抗善意相对人；公司关于利润分配的自由不得损害公司债权人、公司职工的利益安全；票据原因关系当事人的自由约定与票据关系当事人的权益相分离；破产人对财产的处分自由要受到保障债权人利益的约束。

(3) 保障效率，协调公平。公平与效率的关系是一个古老而又常新的问题。一般来说，公平有三种理解：第一，公平即结果的平等，是收入均等或财产分配的均等。第二，公平即机会平等和权利平等，即"获取收入和财产的机会均等"。[①] 第三，公平是矫正后的平等。由于个人在禀赋和能力上的差异，即使给予每个人参与市场竞争的公平机会，也不能够保证他们获得平等的结果，因而需要通过重新分配资源（机会与条件）以矫正事实上的不平等。效率的一般意义是指消耗的劳动量与获得的劳动效果的比率。关于公平与效率关系的论争，大致有公平优先、效率优先、公平与效率兼顾三种观点。如果说，经济学以效率为核心价值，那么法律学则是以公平为核心价值。值得注意的是，法律学上的公平有形式公平和实质公平之分，效率也有个体效率和社会效率之别。商法注重个体效率，同时也强调形式公平。商法对效率的追求其实是通过对风险的回避和化解来实现的。在商法制度中有交易定型化、权利证券化、程序简易化、行为外观化、责任严格化、时效短期化等制度，这些制度的本质在于采用不同方法防止、化解、分配风险。如果将商法的价值选择转换为商法的基本伦理，可以概述为：利己不损人，投机不欺诈，营利不违法。这种逐利避险的逻辑贯串于商事活动，也应该是商事立法的基础。用这种观点对待商事立法，尤其是新型商事活动的规范创设，就会充分注意到风险处理和安全保护问题。比如，电子商务中的风险控制规范需要加强，产品传销因为风险放大而需要否定，金融衍生工具及其市场运用需要强制性规范来构建公开透明的充分披露信息、昭示风险的机制。

三、商法基本原则

商法的基本原则是指体现商法价值，调整商事关系应当遵守的基本准则。商法基本原则是制定商法的出发点，也是适用商法的指导。

商法基本原则分为商法一般原则和商法特殊原则。商法一般原则是指民法和商法都适用的原则，比如平等自愿、诚实信用、意思自治等原则。商法特殊原则是指反映商事

---

① 厉以宁著：《经济学的伦理问题》，北京大学出版社 1997 年，第 13 页。

活动特点体现商事活动特殊要求的原则。对于商法基本原则，研究者们有多种归纳和表述①。这里所称商法基本原则，是指商法特殊原则。以下商法特殊原则的归纳，源于商法理论假设的指导和商法实践活动的总结。

（一）商事主体法定原则

该原则包含三方面含义：第一，商事主体形态法定，即商事主体的类型和结构符合法律规定。所谓类型法定是指商事主体组织形式选择和主体资格取得只能在法律确定范围之内设定。比如，我国当前法律规定了多种企业和公司作为商事主体，但没有确定无限公司、两合公司的合法地位，因而以无限公司方式设立商事主体，则不符合类型法定的要求。所谓结构法定，是指每种法定类型的商事主体在内部财产关系和组织关系上都有体现自身规定性的法律要求，不应混同和擅自确定。第二，商事主体能力法定，商事主体能力简称为商事能力，是指取得商事主体资格（法律资格和经营资格）的基本能力，包括对投资人、资本、管理等方面的法律要求。第三，商事主体公示法定，是指商事主体成立或终止之时应当按照法定程序和方式予以公示，未经公示，不得对抗善意第三人。商事主体公示法定，构成商事登记制度基本要求。

商事主体法定原则体现了现代商事活动受国家干预的特点，而之所以商事主体需要法定，在于通过法定而规范商事主体资格的一般要求，也就是商事主体应当具有商事能力，从而限制和防止因为主体能力不足以及形态不规范而导致的商事活动风险。

（二）商事行为客观原则

该原则包括三方面含义：第一，商事行为是商事主体在商事活动中实施的行为，由于主体的法定性，其行为也就具有在主体确定之下的客观判断依据；第二，商事行为的效力认定以行为外观为基础，不追求行为人意思表示的主观真实性；第三，在定型化交易中的商事行为符合标准。比如票据行为、保险行为、证券发行和交易等行为应当符合行为程式或者信息披露、告知义务的要求。

商事行为客观原则使得行为目的与行为表现在判断上具有一致性，从而减少了商事活动中因为主观意思与客观表现不一致带来的风险，从而提高了商事活动的效率。

（三）商事权利转换原则

商事交易的实在方式是资金、技术、货物、设备等的交换。商事交易的经济方式是财务变动和信用给予。商事交易的法律形态则是权利义务的移转和置换。商事权利转换原则是指商事权利由其他基础权利转化而来或者商事主体之间的权利在一定条件下相互转换。商事权利转换适应商事流转活动的要求，并使得商事活动中商事主体之间的权利义务关系保持清晰合理，减少因为权利义务混乱而带来的风险，从而推动和保障商事交易顺利进行。商事权利转换包括两方面含义：第一，权利流转，即商事主体之间权利和义务的转移。比如，票据权利背书转让，合同权利义务转移等；第二，权利置换，即不同主体之间权利与权利的交换，用一种权利换取另外一种权利。比如，投资者用自己的

---

① 范健主编：《商法》（第三版）表述为五原则：商主体法定原则、公平交易原则、交易便捷迅速原则、鼓励交易原则、交易明确安全原则。参见该书第 10—12 页；赵中孚主编：《商法总论》表述为八原则：依法自由行使权利原则、商事主体意思自治原则、尊重公共利益原则、诚实信用原则、合法原则、公序良俗原则、保障交易便捷原则、维护交易安全原则。参见该书第 22—28 页。

财产所有权或者经营权投入公司，从而换取对公司的股权。

商事权利转换是一种法律技术，是通过抽象的法律概念构造体现具体的商事活动关系并界定其中权利义务变动关系。因此商事权利转换原则的意义在于，通过权利转换明晰在特定活动中商事主体的权利性质和权利义务关系，从而构建清晰明确的商事交易关系，减少交易风险。

（四）商事责任严格原则

商事责任，是在商事活动中由于商事主体没有履行约定或者法定的义务而应当承担的法律责任。责任严格，首先是指在责任承担的追究上，为救济受害人利益而对商事违约或者侵权当事人追究责任时更注重违约或者加害行为的客观性，减少责任承担对行为人主观过错的依赖。其次是指在责任范围的确定上，不仅要考虑直接损失范围，而且要根据商事活动的特点考虑商事主体合理可得利益的损失范围。换言之，商事责任严格具有两层含义：第一，在商事责任确定中主要采用严格责任归责原则；第二，在商事责任范围上要考虑合理的商业利益补救。

商事责任严格原则，是对商事活动已经发生风险的救济，并且最大限度救济已经造成的损失，将救济的可靠性与合理性通过较为简便明确的方式得以实现，避免在救济过程中再次出现不合理风险。

四、商法与相关法律部门的关系

商法是法律体系中相对独立的法律部门。与商法联系密切但有所差别的法律部门主要有民法、经济法。认识商法，需要理解商法与相关法律部门之间的关系。需要注意的是，现代社会法律体系的构建和法律部门的划分来源于人们对于社会关系认识的精细化和对于法律功能确定的相对性，因而不宜将部门法区分绝对化。

（一）商法与民法的关系

1. 民法与商法的共同法理基础

一般来说，民法是调整平等主体之间财产关系和人身关系的法律。主体平等、意思自治、诚实信用，是民法作为私法的基本法理。同样，商法所调整的商事活动也具主体平等、意思自治、诚实信用的基本要求，商法也具有私法的基本属性。由此，构成了民法和商法之间具有共同的法理基础。从这个意义上讲，民商合一具有形而上的合理性。

2. 民法与商法的法理区别因素

然而，民法与商法也有相异的法理因素：民法具有较强的道德性和伦理性，尤其在涉及身份关系方面。一国的民事法律与该国的文化传统、风俗习惯、民族精神甚至地理位置有关，因而民法具有较强的个性特征。商法保障正当营利，就营利的正当性来说，与道德评价有一定联系，但更多的是独立于道德和伦理而基于交易安全的法律评价。商法更多体现了商事活动的普遍性要求，而较少局限于一国或地区的个性需要。不过，商法与民法的法理相异因素，尚不构成有的研究者所认为的“进入现代，商法与民法截然分开”[1] 的法理基础和法律事实。

---

① 徐学鹿著：《商法总论》，人民法院出版社 1999 年，第 131 页。

3. 民法与商法的制度安排选择

关于“民商合一”与“民商分立”的学术争论，实质是关于民法与商法的制度安排选择问题，也就是在民法典之外是否需要商法典的问题。就世界范围来看，选择“民商合一”立法体制与选择“民商分立”立法体制的国家都不是个别。有研究者认为，“民法与商法的分立并不是出于科学的构思，而只是历史的产物”[①]。也有研究者认为，“民商合一的结果，并非商法被民法吸收，而是民法被商法征服”[②]。其实任何法律制度的安排都可以认为是历史的产物，用此来反忖“民商合一”的科学性理由并不充分。“征服”之说，有牵强之嫌。在中国，曾经于20世纪30年代制定民法典时争论过两者的关系，后来选择了“民商合一”、商事单行法补充的立法体制。[③] 目前，我国研究者多数主张“民商合一”立法体制。不论民商合一还是分立，都需要考虑商法的特点，要用专门的规范处理商法问题。事实上，我国已经在民法典制定之前，颁布了大量单行商事法律，实质意义的商法是客观存在。对民法和商法关系的制度安排的合理选择，应当是一般法与特别法的关系。故而在商事关系的法律适用上，商法优先于民法，在商法没有规定的条件下，民法补充适用。

（二）商法与经济法的关系

1. 商法与经济法的法理区别

“自经济法的出现，商事法与经济法之立法体制，便成为各国学者研讨之新课题。有以经济法为规范各种职业阶层之经济生活特别关系的总称，其中包括商事法；有以经济法为促进民商合一而代替商法的总名称；有以经济法之勃兴，是公法的商法化之结果，商事法仍应存在，各说纷纭，迄今尚无定论。”[④] 对此问题的研究，目前我国学者主要有以下观点：

（1）吸收说。该观点认为，“商事关系”中的市场交易关系由民法调整，经济管理关系属于经济法调整，在中国没有必要形成一个商法部门，或者直接认为公法化了的商法应当归入经济法。[⑤]

（2）互补说。该观点认为，经济法与商法是相互补充的关系。经济法调整的是“市场失灵”状态下的经济关系，主体是政府机关，行为是政府行为；商法调整的是自由竞争状态下的经济关系，主体是市场主体，行为是市场行为。在市场经济条件下，没有经济法不行，没有商法也不行[⑥]。

---

① 赵中孚主编：《商法总论》，中国人民大学出版社，1999年，第32页。

② 张国键著：《商事法论》，台湾三民书局，1980年，第27页。

③ 当时有《民商划一提案审查报告书》阐述民商合一的八点立法理由：在中国，商事主体不是特殊阶层；民商合一是世界立法的新趋势；商事行为于民事行为难以区分；商法不能以总则统率全体；民商法关联之处甚多非一般人所能区别等。参见张国键著：《商事法论》附录一。

④ 前揭张国键：《商事法论》，第30页。需要指出，赵中孚先生主编的《商法总论》（中国人民大学出版社，1999年，第8页）中在介绍关于商法与经济法关系的观点时表述“张键国先生认为，经济法为促进民商合一而代替商法的总名称的法”，该表述是错误的。“经济法为促进民商合一而代替商法的总名称”是张键国介绍德国学者卡斯克鲁的主张，而不是张键国的观点。

⑤ 杨紫烜主编：《经济法》，高等教育出版社、北京大学出版社，1999年，第46—49页。史际春、陈岳琴：《论商法》，载《中国法学》2001年第4期。

⑥ 徐学鹿著：《商法总论》，人民法院出版社1999年，第131—138页。

(3) 并行说。该观点认为，经济法调整公共性经济关系，着眼于宏观的秩序和效益。商法调整个体之间的财产关系，着眼于微观的交易安全。以商法取代经济法或以经济法取代商法都是不可取的，商法和经济法在市场经济条件下应当并行不悖①。

我们认为，商法与经济法的法理区别大致如下：

(1) 从两者历史发展阶段和原因来看：民法、商法、经济法相继出现。对此现象可以认为，商法的产生是对民法一般性调整而不能适应具有风险性的商事活动简捷、高效、安全、营利要求的扬弃和发展；而经济法的形成，则是对商法强调商事主体营利和商事行为自由、安全、简捷的个体倾向而难以避免走向垄断、妨碍竞争、滥用权利，造成整体不平衡的纠正。对经济活动的法律调整，是由于经济活动从个体性而社会化、从私益性而公序化、从局部活跃到整体平衡的发展演进过程，而使法律调整呈现多元和完整。所以，商法是经济活动中的基础性、前置性法律，经济法是经济活动中的平衡性、后续性法律。

(2) 从两者的基点和作用过程来看：商法的理论基点是对商事活动风险的防范、配置、利用，并在此基础上由保护商事主体利益出发而协调社会利益；经济法的基点是弥补市场机制缺陷，通过反垄断反不正当竞争实现社会整体利益，由保护社会利益出发而协调商事主体利益。商法的作用过程是立足个别，兼顾一般；经济法的作用过程是立足一般，兼顾个别。两者在结构上正好是互补关系。

(3) 从两者的性质和理念来看：商法是属于具有公法因素的私法，其中自由、平等、公平、效益、安全等法律理念被侧重于从私法方面来理解和阐释。即强调个体的自由，个体之间的平等，个体相互关系的公平以及个体行为的效益和安全。经济法是具有私法和公法因素的社会法。② 自由、平等、公平、效益、安全、秩序等法律应当具备的基本理念则被侧重于从社会利益的角度去阐释。强调社会整体的自由而反对个体的极端自由，强调社会结构的平衡和社会公正而限制个体成员滥用优势，强调社会整体效益和交易安全而反对个体暴利和私权绝对。商法和经济法在性质和理念方面的差异只是相对的，说明两者之间有所侧重，有所交叉，有所相异。

(4) 从两者的内容和制度来看：商法主要规定了商事主体的地位、组织形式、商事交易行为规则和行为后果，商事行为的技术性规定和营利性规范。这些内容，形成了公司法、企业法、票据法、保险法、证券法、破产法、海商法等法律制度；经济法主要规定了经济活动中竞争行为的规范、经济组织对市场的占有关系以及政府如何调整此种关系、政府如何保障合理配置资源、促进经济振兴和发展等。这些内容，形成了反垄断法、反不正当竞争法、消费者权益保护法、资源保护法、投资法、经济发展法、产业振兴法等法律制度。

2. 商法与经济法的立法交融

当代法律发展处于新的规范整合时期。就商法与经济法规范的存在状况来看，表现出立法交融状态：

---

① 潘静成、刘文华主编：《经济法》，中国人民大学出版社，1999 年，第 87—89 页。

② 关于经济法属于社会法的观点，参见［日］金泽良雄著：《经济法概论》，满达人译，甘肃人民出版社，1985 年，第 30—33 页。

(1) 商法中的经济法规范。我国《公司法》的立法宗旨即非常典型地体现了商法目的与经济法目的的结合。该法第一条规定,"为了规范公司的组织和行为,保护公司、股东和债权人的合法权益,维护社会经济秩序,促进社会主义市场经济的发展,制定本法"。对公司的规范和对公司、股东、债权人的保护,体现了商法的个体性,而维护社会经济秩序、促进社会主义市场经济的发展,则反映了经济法的社会精神。类似的立法宗旨还体现在《合伙企业法》《票据法》《保险法》当中。这些立法宗旨的特点是,先将对个体行为的规范和利益保护放在首位,继而才是社会经济秩序和利益的实现,体现了由个体而社会的商法作用过程特征。在具体规范方面,《公司法》有关股份转让的限制、对公司财务会计制度的强行性规定,《合伙企业法》关于合伙企业的设立、入伙、退伙时的登记规定,《票据法》关于本票出票人资格审定的规定、关于票据管理办法的规定,《保险法》关于限定投保、公平竞争以及对保险业监督管理的规定等,已经超越了纯粹商法以"自由、便捷、个体安全"为特征的范围,而进入到"社会秩序、社会安全"的经济法领域。但是,在这些法律当中,社会经济秩序和安全的保障首先要建立在个别经营者地位确定和行为规范基础之上。

(2) 经济法当中的商法内容。作为经济法主要法律的《反不正当竞争法》的立法宗旨是,"为保障社会主义市场经济健康发展,鼓励和保护公平竞争,制止不正当竞争,保护经营者和消费者的合法权益,制定本法"(第1条)。该立法宗旨的特点是先考虑社会经济秩序和公平竞争,再考虑对经营者和消费者利益的保护,体现了由社会而个体的经济法作用过程。类似的立法宗旨还表现在《产品质量法》《税收征收管理法》《城市房地产管理法》等法律当中。经济法强调社会性和整体性,以建立整体秩序为目的,在此过程中,对特定主体违规行为的制裁,是对不特定主体利益的保护,也是对社会利益的保护。但是,保护对象也并非都是不特定的。对特定对象及其行为的规范和保护,则体现了商法内容。这在具体规范方面,比如《反不正当竞争法》关于损害赔偿的规定,《产品质量法》关于损害赔偿的规定,《税收征收管理法》关于向纳税人退税的规定,《房地产管理法》关于房地产交易的规定等,是从保障政府管理、秩序建立、社会利益平衡的基础上考虑对个体利益的保护规则,而这些规则,已经涉及商法的内容。

当然,上述两种现象也不是绝对的。也有较为纯粹的分属商法和经济法的制定法,并不过多地涉及对方的内容,比如《海商法》就属于较为纯粹的商法,而《人民银行法》则属于比较纯粹的经济法。此外,有的法律在立法时就已经设计为结构性倾斜,以矫正现实当中的不平衡,而具有了经济法特征,比如《消费者权益保护法》。

3. 商法与经济法的制度安排

商法和经济法都是市场经济条件下的重要法律。商法通过对商事主体、商事行为的规范和保护,限制、分配、利用商事风险,丰富并活跃了市场投资、市场交易活动。体现国家意志对经济活动介入的经济法,防范着市场缺陷和弥补了商法不足,控制不当垄断和不正当竞争行为。两者互补。对于市场经济来说,商法使其活跃,经济法使其完善。所以,商法不能替代经济法,经济法也不能替代商法,更不能相互否定。

我国是在商法不发达的情况下发展经济法,因而经济法被赋予了太多的功能。发展市场经济,必须要发展商法。商法的发展,必然使经济法的功能集中并相对净化,会更有利于经济法的发展。

第二节 商法的历史演进

一、外国商法的历史演进

（一）商法的产生

多数商法学研究者认为，商法产生于中世纪地中海沿岸的商业城市和海上贸易。商法的最初形式是商事主体习惯法。中世纪的欧洲处于从农业社会向商业社会发展时期。封建庄园农业经济注重自足性与稳定性，商事主体推动的商品经济要求互动与交换。中世纪欧洲大陆的法律处于封建法和寺院法的支配之下，禁止放贷收息、转手营利、商业中介、债权让与等商事活动，对商事主体加以歧视。在贸易发展与封建法制尖锐冲突的背景下，商事主体同业行会—商会—自立规则，形成了自己的自治权和裁判权，将商事习惯订立为自治规则，实施于商会内部。该种规则从11世纪到14世纪实行数百年，形成了中世纪的商法——商事主体习惯法。这些商事主体习惯法体现了商事活动营利、便捷、安全的要求。商事主体习惯法以非成文方式表现，主要适用于商事主体人之间的商事活动，并受地域限制。

（二）商法的发展

16世纪以后，随着资本主义商品经济关系的萌芽，欧洲封建割据势力衰落，统一的民族国家逐步形成。中世纪占统治地位的封建法和寺院法开始被废弃，民族国家逐步制定统一法律。贸易的发达迫切需要在一国之内实现商法的统一，受地域限制的商事主体习惯法向统一的成文法转变。在当时政治和经济的双重历史条件下，推动了商事成文法制定，意大利、法国、德国等国家开始了本国商事法律统一运动。

1673年，法国国王路易十四颁布了《商事条例》，适用于陆上商事活动，内容包括商事主体、票据、破产、商事裁判等。后来又颁布了《海事条例》。拿破仑时期，将这两个条例修改编纂为1807年的《法国商法典》。德国从18世纪开始制定商事成文法，如1727年《普鲁士海商法》，1751年《普鲁士票据法》等。德国统一后于1861年制定了《德国普通商法典》。

欧洲早期的成文商法是对商事主体习惯法的确认，商事主体身份是立法的逻辑起点，故商法有浓厚的属人法特点。

（三）近现代商法法系

19世纪以来，近现代商事法逐步形成了世界三大商法法系，即法国商法法系、德国商法法系、英美商法法系。

法国商法法系以法国商法为核心。法国商法由《法国商法典》及其相关的商事法规构成，比较重要的商事法规有1867年《股份公司法》、1919年《商事登记法》等①。法国商法的特点是以商事行为观念为基础，采取“商事行为法主义”，又称为客观主义，

① 法国商法典及其单行商事法经过多次修改，比如，《法国商法典》颁布时有648条，目前有效的仅有140条，其中只有30个条款保留1807年的行文。现行的法国商事公司法颁布于1966年。参见金邦贵译：《法国商法典》，中国法制出版社，2000年。

即废除商事主体在法律上的特权，只要行为性质属于商事行为，其行为活动就适用商法。这种客观主义立法原则是法国资产阶级大革命消除等级特权，主张人权平等观念的体现。希腊、西班牙、荷兰、土耳其、比利时、意大利、葡萄牙、埃及、波兰、巴西、智利、阿根廷等国家的商法都直接或者间接受法国商法的影响，从而构成法国商法法系。

德国商法法系以德国商法为核心。德国商法由《德国商法典》及其相关商事法规组成。《德国商法典》最早颁布于1861年。1897年重新修订颁布，并于1900年1月1日与1896年发布的《德国民法典》同时生效，共五编905条①。相关商事法规主要有1892年《有限责任公司法》、1965年《股份法》、1994年《公司改组法》等。德国商法的特点是以商主体观念为基础，采取“商事主体法主义”（又称为主观主义、属人主义），即根据商主体资格确定商事关系的范围，同一行为，凡商事主体为之，适用商法，非商事主体为之，适用民法或其他法律。直接或间接以德国商法为范例而制定本国商法的国家主要有奥地利、瑞典、丹麦、挪威、日本以及清末时期的中国等，形成德国商法法系。

英美商法法系以英美国家商法为代表，其特点是没有形式意义上的商法。商法主要是由商事习惯法、判例法与商事成文单行法组成。其中习惯法和判例法受普通法和衡平法的支配，而19世纪发展起来的成文法则是普通法和衡平法的补充。英国的商事成文法主要有《票据法》《合伙法》《买卖法》《破产法》《公司法》等。在美国，各州根据宪法拥有商事立法权，这给商事交易带来极大不便。19世纪末，美国开始制定统一的商事法规，先后制定了《统一票据法》《统一买卖法》《统一提单法》等，这些法规后经过美国法学会和统一州法委员会整理编纂为1952年的《统一商法典》②。受英美商法影响的国家和地区主要有澳大利亚、加拿大、印度、新加坡、马来西亚、中国香港等。

二、中国商法的历史发展

（一）商法的形成和衰落

中国历史上长期的自然经济和重农抑商的社会，商品经济极不发达，法律上奉行诸法合体，在清朝末年之前，无商法之说。19世纪，列强入侵，清朝的经济结构和政治制度开始发生变化，光绪皇帝推新政、行变法，将制定商法视为振兴工商业的治国大策之一。1903年（光绪二十八年）开始起草商法，1904年设商部，下设律学馆，翻译外国商法和商法学。1907年和1909年两次在上海召开全国商法讨论大会③。1904年颁布《公司律》和《商事主体通例》，1906年颁布《破产律》。1909年拟出《大清商律草案》共1008条，包括：总则、商事行为、公司法、海商法、票据法，但未及颁布，清朝灭亡。

辛亥革命后，民国政府在大清商事法律的基础上，制定和颁布了《中华民国商律》

---

① 《德国商法典》五编有：第一编 商人的身份，第二编 公司和隐名合伙，第三编 商业账簿，第四编 商行为，第五编 海商。参见杜景林、卢谌译：《德国商法典》，中国政法大学出版社，2000年。

② 《美国统一商法典》（UCC），1912年发布，至今先后经过多次修改，内容包括总则，买卖，商业票据，银行存款和收据，信用证，大宗转让，仓单、提单和其他所有权凭证，投资证券，担保交易，效力规则等。

③ 帅天龙：《二十世纪中国商法学之大势》，载《中外法学》1997年第4期

《公司条例》《商事主体通例》等[①]。1929年，根据《民商划一提案调查报告书》[②]，确立民商统一立法原则，将商法总则、商事主体、商事行为、交互计算、行纪、运输等规则纳入民法。又分别制定一批单行商事法律，如《公司法》《海商法》《票据法》《保险法》《商业登记法》《动产交易担保法》等。

1949年新中国建立，废除旧法统。中国大陆在完成社会主义改造之后，数十年实行计划经济，无商事交易，亦无商法。

（二）商法的复兴和发展

1979年后，中国大陆实行改革开放，内外贸易和投资逐渐频繁。自1979年制定颁布了《中外合资经营企业法》后，商法开始以经济法的方式出现于国家立法文件。在20世纪80年代和90年代，《公司法》《海商法》《票据法》《保险法》《证券法》《合伙企业法》《信托法》等一批商事法律陆续颁行。同时，法学界开始了商法的教学和研究[③]。随着中国确定市场经济的发展方向，商法的重要性已经越来越被人们重视。进入21世纪，中国商法获得更大的发展空间，在立法上修订了《公司法》《证券法》《保险法》《合伙企业法》《破产法》《公司登记管理条例》，颁布了《证券投资基金法》；在实务中，大量的公司设立、投资贸易、重组并购、票据使用、保险赔付、破产清算等商事活动已经构成社会运行不可缺少的组成部分，商事法律服务所占法律服务比重逐渐增大；在理论研究中，无论是对商法基本理论、还是对商法具体制度和规范的研究，成果不断涌现。

第三节　商法的基本制度

对于商法基本制度，有两种认识角度。一种是逻辑体系角度，将商法基本制度表述为商事主体制度和商事行为制度，这种认识在法国、德国的商法典中被作为法律制度体现。目前在我国商事立法层面，没有明确的商事主体制度和商事行为制度，但是作为理论逻辑体系，这种认识角度有助于商法的学习。另一种是特定法律角度，将一般认为基本属于商法的特定法律规定作为商法基本制度对待，比如公司法律制度、证券法律制度、票据法律制度、保险法律制度、破产法律制度、海商法律制度等。这种认识角度的特点是以具体法律规定为载体，以理解法律和适用法律为路径来阐释商法基本制度，但是由于缺乏理论抽象，使得有关制度之间的逻辑联系缺乏交代，商法基本制度成为有关法律规定的堆积。有鉴于此，本书在商法总论部分，采用商事主体制度和商事行为制度的认识角度来阐述学理上的商法基本制度，并力求将特定法律制度与商事基本制度联系起来，通过这种逻辑线索使商法学习符合于我们演绎式的法律思维习惯和成文法体系化的特点。

---

① 范健主编：《商法》，第20页。

② 该报告书提出“民商合一”的八点理由分别是：中国历史上没有商人阶级、社会进步体现、世界交通、各国立法趋势、人民平等、编订标准统一、编订体例需要、商法是民法特别法。参见张国键著：《商事法论》，三民书局1980年版，第512－514页。

③ 1998年教育部高等教育法学教学指导委员会确定的法学本科14门核心课程，第一次将商法列入其中。

一、商事主体制度

（一）商事主体的概念和特征

商事主体，简称商主体，是指依照法律规定参加商事活动，享有商事权利并承担相应义务的商事个人、商事合伙、商事法人。在我国目前的法律规定中，没有用“商事主体”一词来表达，而采用“个体工商户”“个人独资企业”“合伙企业”“中外合资企业”“公司”等词语来表达商事主体。有一个法律规定上使用的词语的含义与商事主体比较接近，即“经营者”。在我国《反不正当竞争法》《消费者权益保护法》《价格法》《反垄断法》等法律中，“经营者”成为商事主体的统称。

作为商事主体，应当具备两个条件：

第一，具有商事能力。所谓商事能力，是指能够享有商事权利履行商事义务，实施商事行为，承担商事责任的能力，包含商事权利能力、商事行为能力和商事责任能力。商事权利能力，是获得和行使商事权利履行商事义务的能力。商事行为能力是具有持续性从事相对稳定的商事活动的能力。商事责任能力是对自己的商事行为承担法律后果的能力。商事能力是以完全民事行为能力为基础，不具有完全民事行为能力的民事主体不能成为商事主体。偶然从事某项营利性活动者，不属于商事主体。

第二，依法登记取得商事资格。商事登记是取得商事主体资格的必要条件，体现了商事主体法定的原则。未经依法登记而从事商事经营活动，属于非法经营。[①]

商事主体同时也是民事主体，但是民事主体并非都是商事主体。上述条件，也是商事主体区别于民事主体的特征。

区分商事主体与民事主体，是承认商事主体具有区别于一般民事主体的特定经营利益，同时考虑到商事主体具有不同于民事主体的更高注意义务。故而在立法和法律适用方面，应当注重保护商事主体的经营利益，强调履行商事主体的注意义务。

各国对于商事主体的立法，分别有三种标准：第一，以法国传统商法为代表的从商事行为出发的客观主义标准，凡实施商行为者即为商事主体；[②] 第二，以德国商法为代表的从主体本身出发的主观主义标准，商事主体是指经营营业的人；[③] 第三，以日本商法为代表的折中主义标准，商事主体是指实施商行为为业的人，但是以营利为目的的社团，虽不以实施商行为为业，也视为商事主体。[④]

（二）商事主体的分类

在当代各国的商法中，商事主体表现为多种形式，不同国家的商事立法和商法理论，常常依照不同的标准对商事主体进行分类，目的是为了更准确和深入认识商事主

---

① 按照国务院发布的《无照经营查处取缔办法》（2003年3月1日实施）规定，擅自从事经营活动的无照经营行为属于查处取缔范围。

② 《法国商法典》第1条规定：“从事商事活动并以其作为经常性职业者为商人。”金邦贵译，中国法制出版社2000年。

③ 《德国商法典》第1条规定：“本法典所称的商人是指经营营业的人。营业指任何营利事业，但企业依种类或范围不要求以商人方式进行经营的，不在此限”。第二条规定：“非为营业的企业，以该企业的商号已经登入商业登记簿为限，视为本法典所称的营业。”杜景林、卢谌译，中国政法大学出版社，2000年。

④ 参见《日本商法典》第4条。王书江、殷建平译，中国法制出版社，2000年。

体。一般来说，主要有以下分类：

（1）按照商事主体的组织形态划分，分为商个人、商合伙、商法人。

商个人，又称为个体商事主体，是指按照法定条件和程序取得商事主体资格而独立从事商事活动，依法承担商事责任的个人商事主体。商个人表现形态包括自然人、家庭、个人独资企业。作为法律主体，商个人与自然人、家庭有联系，更有区别。商个人在我国当前的主要表现为：个体工商户、个人独资企业、农村承包经营户。

商合伙，是指两个或者两个以上的合伙人按照法律和合伙协议的规定共同出资或提供合伙条件，共同经营、共享收益、共担风险，合伙人对合伙经营债务承担无限连带责任的商事组织。商事合伙与民事合伙有区别。商合伙在我国目前表现为：合伙型联营、合伙企业。

商法人，是具有法人资格的商事组织。商法人是一种拟制的法律主体，经过商事登记成立，具有独立人格和统一的组织机构以及独立财产，能够独立承担民事和商事责任。商法人在我国目前法律上，称为“企业法人”。

（2）按照经营规模和内部管理结构划分，分为完全商事主体、不完全商事主体。

完全商事主体，是指具有一定规模，有固定营业场所、商号、商业账簿和经理人的商事主体，又称为大商人，如公司。不完全商事主体是不完全具备以上条件的商主体，不完全商事主体又称为小商人，如个体工商户。

（3）按照经营范围划分，分为制造商、销售商、租赁商、运输商、保险商、证券商、代理商等等。

（4）按照从事直接商事行为还是间接商事行为划分，分为直接商、中间商。

直接商，是指以自己的行为从事生产、销售、运输、保管等直接商事行为者。

中间商，是指对直接商事行为提供辅助服务，从事间接商事行为者。主要包括：代理商、居间商、行纪商。

此外，我们还应当注意商辅助人的概念。商辅助人，又称商使用人，是指从属于商主体，受商主体委任或支配，辅助商主体开展商事经营活动的人。商辅助人不是商主体，他以商主体名义为法律行为，行为后果由商事主体承担。商事主体与商辅助人之间的法律关系，分别不同情况，或者是委任关系，或者是雇佣关系。商辅助人主要有：经理人、代办人。①

在上述分类中，商法人、商合伙、商自然人是最为普遍和典型的商事主体，也是商事法律规定的主要对象。

（三）商事登记

1. 商事登记的概念和意义

商事登记，是指商事活动当事人为设立、变更、终止商事主体资格，依照法律规定的条件和程序向登记机关提出登记申请，登记机关经过审核或审批程序，予以核准登记注册的法律行为。

商事登记是一种要式法律行为，本质上是一种公法行为，但涉及商事主体资格的取得、变更和终止，故商法予以研究。

① 范健主编：《商法学》，高等教育出版社，2007年，第47页。

在立法上，商事登记制度有强制登记主义与任意登记主义、准则登记主义和审批登记主义不同模式。强制登记主义是指，非经商事登记不得从事营利性活动的登记制度。任意登记主义是指，非经登记的商事活动不得对抗善意第三人的登记制度。准则登记主义是指，登记条件和准则予以公示，登记机关根据该条件和准则仅对登记事项采取形式审查和注册备案的登记制度。如果登记内容虚假，对欺诈行为人追究行政责任。审批登记主义是指，登记机关根据审批许可进行登记的登记制度。我国目前采取的是强制登记制度、准则登记与审批登记相结合制度。

目前，我国尚无统一的商事登记法，关于商事登记的法律依据主要有：《企业法人登记管理条例》及其实施细则、《公司登记管理条例》、《企业名称登记管理规定》、《企业法人法定代表人登记管理规定》、《合伙企业登记管理办法》、《个人独资企业登记管理办法》等。

商事登记的意义在于：第一，通过商事登记公示商事主体的基本信息，有利于约束商事主体行为，建立商事信用；第二，通过商事登记规范商事主体资格的取得、变更和终止，有利于建立良好的商事活动秩序；第三，通过商事登记，发挥国家公权力对商事活动的必要监督和管理，有利于保障交易安全。

2. 商事登记的对象和机关

商事登记的对象为商事主体。我国现行法律将登记对象分为两类，一类是具备企业法人条件的商事主体，如有限责任公司、股份有限公司；另一类是不具备企业法人条件的商事主体，如企业的分支机构、分公司、个人独资企业、合伙企业、个体工商户等。

商事登记机关，是指依法接受商事登记申请，办理登记事项的国家机关。我国的商事登记机关是工商行政管理机关。商事登记实行分级登记管理原则。按照《公司登记管理条例》规定，分为国家工商行政管理总局登记，省、自治区、直辖市工商行政管理局登记，市、县、区工商行政管理局登记。

3. 商事登记的种类和程序

我国《企业法人登记管理条例》规定的登记种类有：开业登记、变更登记、注销登记。《公司登记管理条例》规定的登记种类有：设立登记、变更登记、注销登记、分公司登记。

设立登记，或者开业登记，是指商事主体的创办人（发起人）为取得商事主体资格向登记机关申请由登记机关办理登记的法律行为。企业法人登记事项有：名称、住所、经营场所、法定代表人、经济性质、经营范围、经营方式、注册资金、从业人数、经营期限、分支机构。[①] 公司登记事项包括：名称、住所、法定代表人、注册资本、公司类型、经营范围、营业期限、有限责任公司股东或者股份有限公司发起人的姓名或者名称。分公司的登记事项包括：名称、营业场所、负责人、经营范围。[②]

变更登记，是指已经成立的商事主体因为名称、住所、经营场所、法定代表人、经济性质、企业类型、经营范围、经营方式、注册资金（注册资本）、经营期限、有限责任公司股东或者股份有限公司发起人的姓名或者名称发生改变以及增设或者撤销分支机

① 1988年颁行《企业法人登记管理条例》第9条。

② 2014年修订《公司登记管理条例》第9条、第46条。

构，企业法人分立、合并、迁移而依法进行的登记。

注销登记，是指商事主体因歇业、被撤销、宣告破产或者因其他原因终止营业，股东会决议解散公司、公司因合并、分立解散、公司被依法责令关闭等原因，应当在依法清理债权债务后向登记主管机关办理终止主体资格的登记。登记机关核准注销后，撤销注册号、收缴营业执照正副本和公章，并告知其开户银行。

在我国，商事登记程序分为四个阶段：当事人提出申请、登记机关审查、核准发给或者收缴营业执照、公示。

4. 商事登记的效力和管理

商事登记的效力包括两个方面，其一，对申请登记的商事主体的效力，即登记使申请人取得或者丧失主体资格、经营资格，享有或者丧失商事能力；第二，对第三人的效力，即登记对不特定的第三人具有对抗效力。

我国法律目前只就开业（设立）登记的效力有原则规定：经登记机关登记开业（设立）并发给《企业法人营业执照》，商事主体即告成立，凭据《企业法人营业执照》可以刻制公章、开立银行账户、申请纳税登记、开展经营活动。从制度安排和法理来看，我国商事设立登记同时取得法律主体资格和经营主体资格的效力，商事变更登记具有对抗第三人的效力，商事注销登记具有同时消灭法律主体资格和经营资格的效力。吊销执照不属于商事登记，而是登记机关对商事主体违法行为的处罚，这种处罚具有消灭经营资格的效力，但是不具有直接消灭主体资格的效力，商事主体被吊销营业执照之后，还需要依法清算，通过注销登记，才产生消灭主体资格的效力。

商事登记的监督管理，是登记机关依照法定职责对商事主体登记事项的检查和监督。主要包括：①商事主体年度报告公示制度。按照《公司登记管理条例》规定，公司应当于每年 1 月 1 日至 6 月 30 日，通过企业信用信息公示系统向公司登记机关报送上一年度年度报告，并向社会公示。②营业执照使用监督。按照规定，营业执照正本应当置于公司住所或者分公司营业场所的醒目位置。禁止伪造、涂改、出租、出借、转让营业执照。③商事主体活动监督。登记机关对商事主体违反登记管理法律法规的行为，包括违法经营以及违法不作为（如公司成立后无正当理由超过 6 个月未开业的，或者开业后自行停业连续 6 个月以上）予以行政处罚。

（四）商事名称

1. 商事名称的概念与特征

商事名称，又称商业名称，企业名称、商号，是指商事主体在商事活动中用以标示自身特定性的符号。

商事名称具有以下特征：第一，商事名称在性质上是商事主体标记，因而与作为特定商品或服务标记的商标不同；第二，商事名称在形式上一般采用文字表达，因此与可以用图案、符号表现的商店招牌不同。

2. 商事名称的取得

商事名称取得包括两方面内容：第一，商事名称确定；第二，商事名称登记。

关于商事名称的确定，不同国家的立法有所不同。主要有两种立法例：一是商号自由主义，即商事主体所用商号，可以与商事经营范围没有关系，但是商事主体的组织形式和规模等不得有欺骗性或者引起公众误解；二是商号真实主义，即商号应当反映商事主体的经营活动的真实情况。在我国，商事名称的确定采用真实主义。[①] 按照我国《企业名称登记管理规定》，对商事名称确定有以下要求：①商事名称一般依次由行政区划、字号、行业、组织形式依次组成。除国务院决定设立的企业外，商事名称不得冠以“中国”、“中华”、“全国”、“国家”、“国际”等字样。商事主体应当根据其主营业务，依照国家行业分类标准划分的类别，在商事名称中标明所属行业或者经营特点；②商事名称中的字号由两个以上的字组成，商事名称不得含有以下内容和文字：有损于国家、社会公共利益的；可能对公众造成欺骗或者误解的；外国国家（地区）名称、国际组织名称；政党名称、党政军机关名称、群众组织名称、社会团体名称及部队番号；汉语拼音字母（外文名称中使用的除外）、数字；其他法律、行政法规规定禁止的；③商事主体设立分支机构的，商事名称应当符合以下要求：在商事名称中使用“总”字的，必须下设三个以上分支机构；不能独立承担民事责任的分支机构，其商事名称应当冠以其所从属商事主体的名称，缀以“分公司”、“分厂”、“分店”等字词，并标明该分支机构的行业和所在地行政区划名称或者地名；能够独立承担民事责任的分支机构，应当使用独立的商事名称，并可以使用其所从属商事主体的名称中的字号；能够独立承担民事责任的分支机构再设立分支机构的，所设立的分支机构不得在其商事名称中使用总机构的名称；④联营企业的名称可以使用联营成员的字号，但不得使用联营成员的企业名称。联营企业应当在其企业名称中标明“联营”或者“联合”字词。

关于商事名称的登记，我国目前的规则是，商事名称的登记主管机关是工商行政管理机关。商事名称实行分级登记管理。商事名称经核准登记注册后方可使用，在规定的范围内享有专用权。商事主体只准许用一个名称，在登记主管机关辖区内不得与已登记注册的同行业商事名称相同或者近似。

3. 商事名称的转让和许可使用

商事名称转让，是指商事主体将其名称转让给他人的行为。该转让行为的效力是原商事主体不得继续使用该商事名称，而受让人成为该商事名称的主体。商事名称是一种无形财产，可以转让。但是，商事名称可以单独转让还是只能与营业一起转让，则有争议。根据我国《企业名称登记管理规定》，商事名称可以随企业或者企业的一部分一并转让。商事名称只能转让给一户商事主体。商事名称的转让方与受让方应当签订书面合同或者协议，报原登记主管机关核准。商事名称转让后，转让方不得继续使用已转让的商事名称。按照该规定，商事名称不得单独转让。

商事名称的许可使用，是指商事主体将自己的名称许可他人使用，同时自己依然可以使用该名称。现实社会中的“连锁经营”、“特许经营”，就存在商事名称许可使用的情形。由于《民法通则》将商事名称权（企业名称权）列入人身权范畴，故国家工商行政管理局规定，商事名称不得许可他人使用。[②] 按照《企业名称登记管理规定》，出借企业名称是违法行为。[③] 客观来说，商事名称许可使用容易产生主体混同，但却是发挥

---

① 对此，有不同观点。覃有土主编：《商法学》认为采用的是自由主义，中国政法大学出版社，1999 年，第 31 页。

② 《国家工商行政管理总局关于对企业名称许可使用有关问题的答复》工商企字［2002］第 33 号。

③ 《企业名称登记管理规定》第 26 条第 3 项。

财产效用的一种方式。因此，在法律上不宜简单禁止，而需要合理规范许可人、被许可人和第三人之间的权利义务关系，采取商行为外观主义，规定许可人与被许可人对善意第三人承担连带责任，以达到保护善意第三人利益并发挥商事名称无形财产的效用。

4. 商事名称的废止

商事名称废止，是指商事名称由于特定原因不再被使用并产生相应法律后果的事实状态。商事名称废止大体有三种情形：第一，名称预先登记（核准）的，保留期届满（企业法人登记管理条例规定为一年，公司登记管理条例规定为六个月）不办理企业开业、公司设立登记的，其商事名称自动失效；第二，因商事主体变更而发生名称变更，原使用商事名称废止；第三，因商事主体撤销、解散等导致主体资格终止，所使用商事名称废止。商事名称废止之后，是否可以被他人申请使用，一般采取时间限制规定。我国目前的规则是，商事主体被注销登记或者被吊销营业执照未满三年，企业变更名称未满一年，原商事名称被其他商事主体申请注册登记的，登记主管机关不予核准。

5. 商事名称权

商事名称权，是指商事主体依法享有的对商事名称的专有使用权，包括专有权和使用权。专有权具有排斥他人使用相同或者近似商事名称的作用，使用权具有防止他人妨碍商事主体使用其商号的作用。在我国，商事名称权的取得以登记为必要条件。

商事名称权具有双重法律性质，一方面商事名称权具有人身权性质，与特定主体联系。另一方面，商事名称权具有财产权性质，成为商誉的载体，可以转让。

商事名称权具有以下特点：(1) 排他性。在一定范围内，某一商事名称依法归属于特定商事主体，就排斥其他商事主体使用该商事名称；(2) 公开性。商事名称必须依法登记注册并予以公告，非经公开，不得对抗善意第三人。(3) 可转让性。商事名称具有一定财产权性质，因而可以转让，但是不得单独转让，必须与营业一起转让。

（五）商事账簿

1. 商事账簿的概念和意义

商事账簿是指商事主体为了反映其财产状况和经营状况而依法制作的财务凭证、簿册和报表。

对于商事账簿的界定，有两种理解：一是实质意义的商事账簿，是指商事主体所制作的所有商事账簿，无论法定的还是自备的；二是形式意义的商事账簿，是指法律要求商事主体必备的商事账簿。商法所指商事账簿是指形式意义的商事账簿。

制作和设置商事账簿的意义在于：商事账簿是商事主体进行内部管理和反映管理状况的重要资料；商事账簿是进行重大商事交易反映财产和信用的重要资料；商事账簿是登记管理机关对商事主体进行年检监督的重要内容；商事账簿是政府对商事主体计征税收的重要依据。因此，法律需要对商事账簿加以调整。目前，我国关于商事账簿的法律规定主要反映在《会计法》《审计法》《公司法》《企业会计准则》《企业财务通则》等规范中。

2. 商事账簿的种类

根据我国会计法、审计法的规定，商事账簿主要包括会计凭证、会计账簿、财务会计报告三种。

会计凭证，是指用于记录交易情况和作为记账依据的凭证。分为原始凭证和记账凭证。原始凭证是指记录商事交易活动的原始书面证明。如发票、收据等。记账凭证是指会计人员根据审核无误的原始凭证按照商事活动的内容加以归类，并据以确定会计分录后所填制的凭证。如收款凭证、付款凭证、转账凭证等。商事主体在经营活动中的货币收付、款项结算、货物进出、财产增减等都必须取得或填制原始凭证，并以此作为结算的依据。会计要对原始凭证加以分类，编制记账凭证。

会计账簿，是指按照会计准则和方法，用一定格式、相互联系的账页所组成，用来序时、分类地全面记录和反映一个单位经济业务事项的会计簿籍。会计账簿包括总账、明细账、日记账和其他辅助性账簿。会计账簿是编制会计报表、进行经营活动分析、进行资产审计和评估以及在涉及诉讼时作为证据材料的重要依据。

财务会计报告，是指综合反映商事主体在一定时期内生产经营活动和财务活动状况的一种书面报告文件。财务会计报告由会计报表、会计报表附注和财务情况说明书组成。会计报表主要有资产负债表、财务状况变动表、损益表、利润分配表等。会计报表附注是指为便于会计报表使用者理解会计报表的内容，而对会计报表的编制基础、编制依据、编制原则和方法及主要项目等所做的解释。财务情况说明书是编表人对企业财务状况所做的简明扼要的说明，一般需要说明企业生产经营的基本情况、企业利润实现和分配情况、企业资金的增减和周转状况。

3. 商事账簿制作与保管

关于商事账簿制作，在立法上有三种主张：一是采取强制原则，凡商事主体应当制作商事账簿，并对商事账簿记载的内容和记载的方法予以规定；二是采取任意原则，法律不直接规定商事主体必须制作商事账簿，但是在诉讼中如果不能提供商事账簿，则处于不利地位；三是采取折中原则，有的商事主体必须制作商事账簿，有的商事主体可以不制作商事账簿。

根据我国《公司法》《合伙企业法》《个人独资企业法》的规定，商事主体应当依法设置商事账簿。但按照《个体工商户条例》，对于个体工商户则无此要求。

商事账簿因其重要性，法律要求必须保存一定时间。根据我国《会计档案管理办法》规定，各种会计档案的保管期限，根据其特点，分为永久、定期二类。定期保管期限分为3年、5年、10年、15年、25年五种。保管期满但未结清的债权债务原始凭证和涉及其他未了事项的原始凭证，不得销毁，应当单独抽出立卷，应当在会计档案销毁清册和会计档案保管清册中列明。

4. 商事账簿的效力

依法制作的商事账簿具有法律效力，其效力主要表现在三个方面：第一，在商事交易尤其是在交互计算中，商事账簿是进行财物清点核算、资产重组的重要依据；第二，商事账簿是进行审计、计征税款、资产评估的重要依据；第三，商事账簿在诉讼中具有重要的证据效力。

二、商事行为制度

（一）商事行为的概念和特征

1. 商事行为的概念

商事行为，又称为商行为，是大陆法系商法中特有的概念。对商事行为有不同理解，其差异焦点在于商事行为是商事主体的行为还是一般主体的行为。在德国商法上，商事行为是商事主体从事商事经营的行为。法国商法则认为商事行为是任何主体从事的营利行为。韩国商法将商事行为界定为以营业为目的进行的行为。[①] 澳门商法典规定，商行为是指法律根据商业企业之需要而特别规范之行为以及因经营商业企业所做出之行为。[②] 我国大陆地区没有商法典，商事行为不是法定的概念。长期以来人们将商事行为与民事行为混同使用。近年学者对商事行为的研究主要有两类观点：一类是将商事行为与商事主体联系，认为商事行为是商事主体所从事的以营利为目的的经营行为。[③] 这一类观点注重行为主体的商事主体资格。另一类是不将商事行为与商事主体联系，而认为以营利为目的的行为就是商事行为。[④] 这一类观点注重行为性质的营利性。

商事行为概念的提出，是为了形成法律规范更为有效的机制。即法律对商事行为的调整和规范更具有针对性、合理性、便于适用。而之所以要加以针对性规范，是因为商事行为相对于非商事行为具有更大的风险性，从而要求行为主体要有更高的注意义务、风险意识和承担行为后果的能力。因此，从行为性质来界定商事行为相对较为合理。有鉴于此，我们对商事行为作如下界定：商事行为是商事主体的经营行为和非商事主体的投资行为。所谓商事主体的经营行为，是指以营利为目的，持续进行同类活动的营业行为和投资行为。

2. 商事行为的特征

（1）商事行为主观上以营利为目的。商事行为具有营利目的，至于是否实现了营利目的，不是判断商事行为的标准。从理论上讲，营利目的是一种预期，而非实证。故此，商事行为具有期待性和风险性。所谓期待性，是指商事主体对商事行为营利目的之合理预期；所谓风险性，是指营利目的与营利实现之间有不确定因素，具有或然性。

（2）商事行为客观上是经营行为和投资行为。所谓经营行为，是指商事主体经常性的营业行为。经营行为需要经过商事登记才能从事。所谓投资行为，是指商事主体、民事主体向资本市场投资或者投资创设商事主体的行为。

（3）商事行为判断上具有外观性。无论商事行为还是民事行为，行为人意思表示真实都是构成行为效力的必要因素。但如何判断行为人意思表示真实，两者角度不同。民事行为中的意思表示真实，通常要追求行为人表意的主观真实性。商事行为中的意思表示真实，主要通过行为的外观表现来认定。在商事行为中，意思表示真实不是追求主观真实，而是通过行为外观推定意思表示真实。行为外观是指行为的可感知和可确定的外在表现。以此来判断行为内容和行为效力，对于防范、避免商事交易风险，具有重要意义。比如，票据文义性规则、表见代理规则、信息披露规则等都体现了商事行为的外观性特征。

---

① 吴日焕译《韩国商法》第46条。中国政法大学出版社，1999年。

② 《澳门商法典》第3条，中国人民大学出版社，1999年。

③ 赵旭东主编：《商法学教程》，中国政法大学出版社，2004年，第41页；王作全主编：《商法学（第二版）》，北京大学出版社，2006年，第38页。

④ 覃有土主编：《商法学》，中国政法大学出版社，1999年，第19页。

(二) 商事行为的分类

1. 单方商行为与双方商行为

这是以行为当事人是否均为商主体为标准进行的划分。

(1) 单方商事行为，是指行为人一方为商主体而另一方为非商主体所从事的交易行为。如商店与消费者之间的商品买卖行为，银行与顾客之间的存贷行为。对于单方商行为的法律适用问题，各国商法的规定不尽相同。大陆法系一些国家认为，单方商行为本质上仍属于商事行为，应当受到商法的统一调整。如《德国商法典》和《日本商法典》均规定，当事人一方实施商事行为时，本法适用于双方。而法国、英美法系国家则认为，单方商行为是商事行为与一般民事法律行为的结合，商法中有关商事行为的规定只适用于商主体一方，其相对人则适用民法中的规定。

(2) 双方商行为，是指行为人双方均为商主体所从事的营利性营业行为。如批发商与零售商之间的商品销售行为。双方商行为直接适用商法，各国法律和实践中在此基本不存在争议。

对单方商行为与双方商行为作出区分的意义在于法律适用区别。如果当事人一方不属于商人，在法律适用中应适当考虑其在交易中的信息获取能力和注意义务的不同，不能用商人标准来对非商人适用法律，以实现双方当事人实质意义上的公平。

2. 基本商行为与附属商行为

这是以商事行为在同一营业活动内所起的作用和所处的地位的不同进行划分。

(1) 基本商行为，指直接从事营利性经营活动的商事行为。基本商行为包括绝对商行为和相对商行为。由于绝对商行为和相对商行为在整个商事交易行为中属于基本形式，且符合商事交易行为的基本要求，故称其为基本商行为。

(2) 附属商行为，又称“辅助商行为”，是相对基本商行为而言，指在同一商事营业内虽不具有直接营利性的内容，但却能起到协助基本商行为实现营利目的的辅助行为。如，广告行为、代理行为等。

区分基本商行为和附属商行为，有助于分析不同商行为之间的关系。

3. 绝对商行为与相对商行为

这是以行为的客观性质和是否附加条件为标准进行划分。

(1) 绝对商行为，又称“客观商行为”，它是指依照行为的客观性和法律的规定，当然属于商行为的行为，而不必考虑实施该行为的主体是否为商人。按照大多数国家商法的规定，票据行为、商业证券行为、保险行为和海商事行为等均属于绝对商行为。绝对商行为通常是由法律列举限定的，不能作推定解释。

(2) 相对商行为。又称“主观商行为”、“营业商行为”，是指依行为人的主观性和行为自身的性质而认定的商事行为。它以行为主体是否为商人以及行为是否具有营利特性为认定要件，只有在行为主体是商人或行为具有营利性时，才能认定为商事行为。

绝对商行为和相对商行为的分类，有利于更为准确区别营利性商事行为与非营利性民事行为，以更为准确适用法律。

4. 经营行为与投资行为

这是从商行为的内容和风险程度不同来进行划分。

(1) 经营行为，是指商事主体经常性的经管营运行为。经营行为包括对外营业和对内经管两个方面。经营行为需要经过商事登记才能开展，因为经营行为需要取得经营资格才受法律承认和保护。营业行为在法律上表现为买卖行为、票据行为、保险行为、信托行为、代理行为、租赁行为、仓储保管、广告行为、服务行为等，营业行为不仅具有持续性和稳定性，而且存在同业竞争性。管理行为主要是商事主体内部的治理行为，涉及章程修改、议案提出和表决、管理机构会议召开、财务管理等行为。管理行为一般不具有直接对外效力，但是却影响和决定着营业行为的实施。由于经营行为后果具有风险性，商事法律对经营行为的规范就需要考虑通过对经营行为条件和效力的控制，将商事风险限制在最小范围内。

(2) 投资行为，是指商事主体、民事主体向资本市场投资或者投资创设商事主体的行为。商事主体的投资行为，表现为证券投资、项目投资、企业兼并、设立公司等行为。除了以投资为业的投资公司的投资行为之外，其他商事主体或者民事主体的投资行为存在非经常性特点。民事主体的投资行为要求民事主体要具有投资能力，即投资的事实能力（拥有投资资金）和投资的法律能力（法律不禁止）。国家机关作为民事主体进行投资，要受到法律限制或者禁止。民事主体实施投资行为，无论是投资证券还是创设商事主体，要遵守相关商事法律的规定，同时也应当负有必要的注意义务。与经营行为比较，投资行为的风险更大，因此法律对投资行为的风险提示和与投资行为相关的信息公开，是防范风险的一种法律措施。

（三）商事行为的法律调控

商事行为的内涵是以营利为目的的营业行为和投资行为，其外延表现多种多样。诸如商事买卖行为、商事代理行为、商事居间行为、商事行纪行为、商事信托行为、商事仓储行为、融资租赁行为、商事运输行为、保险行为、证券行为、票据行为、担保行为、服务贸易行为、公司收购行为、企业兼并行为、公司治理行为等等。虽然我国没有制定形式意义上的商法典，但是我国已经颁行的法律对商事行为的调整和规范是比较充分、有效而有针对性的，基本反映了商事行为的要求，并表现出以下特点：

1. 一般法律调整

对商事行为的一般法律调整，目前主要表现为适用《民法通则》《合同法》《物权法》调整商事行为。《民法通则》对商事行为的调整较多是原则规定，比如平等自愿、诚实信用等。《合同法》对商事行为的调整较为明显体现出的商法的特点。比如，合同义务扩张、履行抗辩制度、交易习惯作为法律渊源、预期违约制度、债权保全制度、越权行为规则、严格责任原则、可得利益赔偿等规则，表达了商事交易的营利、便捷、安全等要求。《物权法》通过物权法定原则、物权变动公示原则以及用益物权、担保物权的一般规定，规范财产变动行为，限制和减少财产变动风险，确保在财产变动中的交易安全。

2. 专项法律调整

专项法律对商事行为的调整较一般法律的调整更有针对性。我国已经制定了《公司法》《合伙企业法》《个人独资企业法》《票据法》《保险法》《证券法》《海商法》《破产法》《信托法》等一系列专门性商事法律，对于公司治理、合伙运营、票据行为、保险行为、证券行为、破产程序、信托行为等具体的商事行为加以专门规定。

3. 综合法律调整

由于商事行为涉及较为复杂的社会因素，对商事行为的法律调整也需要综合进行。所谓综合调整，主要是从经济法和行政法的角度进行调整。比如，工商管理法规调整商事主体资格取得和丧失，税收法规调整商事主体的税收关系，金融法规调整商事行为的资金通融关系，广告、计量、质量等法规对商事行为进行规制，竞争法规调整同业主体商事行为之间的竞争关系，等等。

4. 法律延伸调整

商事行为一般为商事主体的外部行为，因此法律对商事行为的调整也主要是对外部行为的规范。但是商事主体大多具有组织性，商事组织内部的行为一般属于自治行为。但是外部行为与内部行为之间具有牵连关系，比如公司的投资行为需要通过董事会或者股东会决议。为了实现商事行为的效率和安全，限制和减少商事活动的风险，保护投资者利益。法律对商事行为的调整延伸到商事组织当中，比如，《公司法》关于公司内部机构之间关系以及行为规则的规定，关于内部人员行为规范的规定；《合伙企业法》关于合伙人之间关系的规定。这些规定是对商事行为调整的延伸。

学习总结与拓展

【关键词】

商法　商事风险　商事主体法定原则　商事行为客观原则　商事权利转换原则　商事责任严格原则　德国商法法系　法国商法法系　英美商法法系商事主体　商个人　商合伙　商法人　商事登记　商事名称　商事账簿　商事行为　基本商行为　辅助商行为经营行为　投资行为

【思考题】

1. 新开电脑有限公司租赁恒久置业有限公司的房屋作为营业用房。老张个人也租赁恒久置业有限公司的房屋作为居住用房。这两种租赁关系有何不同?

2. 甲、乙、丙三人分别用货币、房屋、知识产权投资设立A公司，试分析其中的权利转化关系。

3. 张三看到他人开公司赚钱，于是自己也以公司的名义并自封为董事长与另一家公司签订购货合同。后来因为张三不能付款发生纠纷诉至法院，才发现张三并没有进行公司登记。该合同纠纷如何处理?

4. 甲公司向乙公司开出一张金额为80万元的汇票，乙公司将该汇票转让给丙公司。后来发现是开票人员误将8万元写成80万元，于是甲公司以重大误解要求变更汇票金额。试用商法基本原则来分析该案例。

5. 试分析“四川实业公司”这个名称存在哪些问题。

6. 新开电脑有限公司自认为公司规模较小，不需要设置公司账簿，这样还可以节约聘用会计的工资，提高经营效率。这种做法是否存在法律问题?

7. 民事主体也就是商事主体，分析这种观点是否正确。

8. 合伙企业不具有法人资格，也不是自然人，因而合伙企业不是民事主体，既然不是民事主体，也就不可能成为商事主体。分析这种观点。

9. 甲认为：作为商人以追求利润最大化为目的，商法要适应和满足商人的要求，因而也应该具有营利性。乙认为：商人有营利目的，但是商法没有营利性，反之，商法需要考虑商人营利过程中的风险防范和处理，通过商法提供的商事活动的安全机制。你如何看待甲、乙的观点？

10. 试分析一家从事化工产品生产的股份有限公司，在其经营管理过程中会涉及我国哪些法律？

【阅读资料】

1. 任先行、周林彬：《比较商法导论》，北京大学出版社，2000年。

2. 赵万一：《商法基本问题研究》，法律出版社，2002年。

3. 范健、王建文：《商法基础理论专题研究》，高等教育出版社，2005年。

4. 李平：《商法基本理论问题研究》，四川大学出版社，2007年。

5. 邹海林、张辉：《商法基础理论研究的新发展》，中国社会科学出版社，2013年。

6. [法] 伊夫·居荣：《法国商法》，法律出版社，2004年。

7. [德] 卡纳里斯：《德国商法》，法律出版社，2006年。

8. [美] 哈罗德. J. 伯尔曼：《法律与革命——西方法律传统的形成》，中国大百科全书出版社，1993年。

9. 泰格、维利：《法律与资本主义的兴起》，学林出版社，1996年。

10. [美] 克劳斯：《公司法和商法的法理基础》，北京大学出版社，2005年。

第二章　企业法

【学习提示】企业法是一个集合概念，包含了规定多种类型企业的法律。企业是商事主体，也是经济组织体。本章主要涉及个人独资企业、合伙企业。学习时需要理解个人独资企业的产权关系、管理关系和责任关系。明确普通合伙企业、特殊普通合伙企业、有限合伙企业的内部和外部关系。尤其是需要理解无限责任与有限责任、独立责任与连带责任。

第一节　导　论

一、企业的概念、种类和作用

（一）企业的概念和特征

企业是指依法设立并具备一定的组织形式，以营利为目的独立从事生产经营或服务性活动，具有独立或相对独立法律人格的经济组织。

“企业”一词源于英文 Enterprise，日本人将其译为汉字“企业”，并输入我国。[①] Enterprise 的原意是企图冒险从事某项事业，后来引申为经营组织或经营体。企业是作为社会经济现象而成为企业法律制度调整对象的，它自然首先出现和反映在直接以经济生活为研究对象的经济领域。日本学者中村一彦先生指出：“商法上的企业概念是在经济学、经营管理学的企业概念基础上形成的。”[②] 关于企业的含义，经济学界对之进行了系统的研究。传统经济学从劳动分工理论和厂商理论角度表达出企业组织仅是一种实现产出最大化或利润最大化的生产单位或组织单元。古典经济学家亚当·斯密在《国富论》中认为生产过程中的劳动分工乃为提高劳动生产率的主要途径，而这种劳动分工实际上是一定数量的劳动者集中于某一生产工场进行既分工又协作的集体劳动。在斯密看来，劳动分工是以某种生产组织形式的存在为前提，而这种生产组织形式主要是“工场”这一企业组织形态。新古典经济学摈弃分工理论，转而从技术角度去理解企业，认为厂商行为的唯一动机是实现利润最大化目的，而无论是生产成本最小化还是产出最大化都取决于生产的技术条件，包括生产要素条件和它们之间的相互组合条件。技术条件又从整体上决定了生产必须达到一定的规模（以减少分摊成本），因此必须采用“厂商”

① 甘培忠著：《企业法新论》，北京大学出版社，2000 年，第 1 页。

② 中村一彦：《现代企业组织法》，同文馆 1990；转引自赵旭东：《企业法律形态论》，中国方正出版社，1996 年，第 3 页。

这种组织形式来从事生产活动。①

在西方经济学说史上，最早对企业作直接研究的是被誉为现代企业理论鼻祖的制度经济学学者罗纳德·科斯。科斯于1937年在美国的《经济学》杂志上发表了著名的文章《企业的本质》，他用交易费用理论来解释企业存在的原因。科斯指出："在企业之外，价格变动指挥生产，它是由一系列市场上的交换交易来协调的。而在企业之内，这种市场交易被取消，复杂的市场结构连同交换交易被企业家这种协调者所取代，企业家指挥生产。"由于交易成本的存在，"市场的运行是有成本的，通过形成一个组织，并允许某个权威（一个'企业家'）来支配资源，就能节约某些市场运行成本"。可见，科斯将市场交易费用的节省视为是企业产生、存在以及替代市场机制的唯一动力；② 并认为只要市场交易成本高于企业内部的管理协调成本时，企业便会产生。在科斯之后，现代企业理论中出现了企业契约论，认为企业的内部关系（要素关系）与外部关系（产品关系）一样是交易关系，都为契约关系；企业的性质就是各要素所有者的联合的契约。例如，作为企业形式之一的公司，"公司并不是实物资产的集合，而是一种法律框架结构。其作用在于治理所有企业的财产创造中作出特殊投资的主体之间的相互关系……投入并不限于股东，贷款人、顾客，尤其是企业的雇员往往都作出了特殊投资"。③

在交易费用理论和企业契约论的基础上又发展形成了现代企业产权经济理论。该理论从产权关系角度去解释企业的性质以及企业的内部结构等问题，其核心在于通过产权分析企业的资源配置效率问题。企业产权理论的体系较为庞杂，具有代表性的有：(1)团队生产理论。阿尔奇和德姆塞茨在其《生产、信息费用与经济组织》一文中，不同意科斯关于企业内部采用命令方式配置资源的观点，认为雇主与雇员的关系如同店主与顾客的关系，由此提出了企业的性质是团队生产的思想，并且团队生产的总产出大于各个要素所有者（即团队成员）单独生产的产出之和。但是，为了克服每个要素所有者的偷懒动机所带来的团队生产的效益问题，必须设置某种制度，以此形成一种监督机制，使得一个要素所有者能够自发地有积极性地去努力监督其他要素所有者（直接的人际监督）。这种制度的最合理形式就是赋予每一个监督者以剩余索取权。该团队生产理论给予了早期业主企业形式以一种产权理论解释。(2) 企业所有权与控制权分离的理论。贝利与米恩斯于1932年在其《现代公司与私有财产》一书中系统地提出了现代大型企业（尤其是公开招股的股份公司）的企业所有权与控制权分离以及由此而来的激励问题。之后的产权经济学学者具体分析和论证了企业所有权与控制权二者相分离的内在机理：大型企业的剩余索取权的高度分散化导致它与管理决策权的分离，这种分离不仅必然地会导致决策经营权与决策控制权的分离，而且还必然要求决策经营权与决策控制权在企业组织的各个层次上分别实现分散化，这种分散化既有利于克服由于管理决策权集中于个别代理人手中后容易生产的因信息不对称及责、权、利之间的不协调而导致严重的代理问题，又有助于在企业内部形成各种制度化的制约机制，如决策制定、审议、执行部

① 林金忠著：《企业组织的经济学分析》，商务印书馆，2004年，第75－76页。
② 科斯著：《企业、市场和法律》（文集），上海三联书店，1990年中文版，第3—4页。
③ 玛格丽特·M·布莱尔著：《共同的所有权》，载《经济社会体制比较》1996年第3期；转引自张国平著：《当代企业基本法律制度研究》，法律出版社，2004年，第3页。

门的分设，财务与审计分设等具体制度都是为了通过上下左右的相互监督而降低代理成本。[①]

在我国，人们一般很少从经济学意义上去理解企业的含义，而是直接将企业视为一个作为社会实体的组织。[②] 即为了达到既定经营目的，按一定的生产方式和经营方式将生产资料、劳动者和经营者结合为一个整体的，享有其企业权益并承担其相应义务的经济组织。这是一种对企业的法律性理解。事实上，“企业”本身作为一个法律术语已经在我国立法中得到较为广泛的使用，比如《个人独资企业法》《合伙企业法》等都以“企业”为中心语。“商人”只不过是一个学术用语，商事“企业”无论在实际商业活动中还是在法律规制下，都居于最为重要的地位。[③] 目前，在我国社会主义市场经济体制下，能基本包容各种商事组织形式的各种企业实际上已成为主要的商事主体，它们既是市场经济活动的主要参与者，又共同构成社会主义市场经济的微观基础。

根据前述企业的定义，企业的主要特征如下：

1. 企业是一个组织体

企业是个人间结合的产物，但其一经形成就成为“法律拟制”的人。这个“法律拟制”的人又独立于组成企业的个人，因此企业通常在成员组成上具有团体性，而且在内部组织结构上通常又形成企业生产经营的决策机关或决策机制，从而具有意思能力。这两点充分表现了企业的组织性。即使是个人独资企业，它也是一个实体组织：个人独资企业有自己的名称，有相对稳定和确定的经营场所，有经营范围划定，有商业登记和商业账本，甚至通常有企业雇工；而且尽管个人独资企业由一人组成，营利和风险也由一人取得和承担，但业主的企业行为还是独立于业主的其他个人行为。

2. 企业是依法设立的经济组织

企业作为社会的基本经济单元，其行为对社会具有重大的影响。除了企业有内部的利益关系外，企业还与外界产生广泛而复杂的关系，这些关系必须得到恰当的处理。为此，企业这个社会组织必须依法设立。我国制定有一系列的法律、行政法规，具体规定了各种企业设立的条件和程序，它们都是企业设立的依据。依法设立的企业才是合格的市场主体，其权利才能受法律保护，否则就是非法组织。

3. 企业是独立从事生产经营或服务性活动的营利性组织

企业根据市场的需求，并以自己的意思来合理集合资金、劳动力以及有形或无形的生产要素，进行商品的生产、销售或提供服务性商业活动，以此获取利益回报。企业就

---

① 林金忠著：《企业组织的经济学分析》，商务印书馆，2004年，第36—46页。

② 郑立、王益英主编的《企业法通论》(中国人民大学出版社，1993年，第11页)中对企业的定义是：“企业是按一定的生产方式和经营方式将生产资料、劳动者和经营者结合为一个整体的，以营利为目的的，从事商品生产、运输、销售或提供劳务和服务的社会组织体。”王保树、崔勤之著的《企业法论》(工人出版社1988年，第3页)把企业定义为：“企业应是具有人和物的要素，以营利为目的，独立、连续从事一定经济活动的经济组织。”张士元、徐中起、龙国庆编著的《企业法》(法律出版社，1997年，第10页)将企业定义为：“企业是一定数量的生产要素所组成的以营利为目的、从事生产经营或服务性活动的具有一定法律主体资格的经济组织。”夏利民、包钖妹著《企业法》将企业定义为：“企业是依法成立、独立从事生产经营或服务性活动的营利性的社会组织”。甘培忠著的《企业法新论》将企业定义为：“企业是指依法成立并具备一定的组织形式，以营利为目的独立从事商业生产经营活动和商业服务的经济组织”。

③ 赵中孚主编：《商法总论》，中国人民大学出版社，1999年，第81—82页。

是一个营利性组织，而且企业总是要通过各种合法竞争手段，力求取得最好的经济利益，创造尽可能多的利润。当然，企业的这种活动一方面在客观上能满足人类社会在物质生活和精神生活方面的种种现实需求；另一方面企业所实现的部分利润又通过纳税、企业社会责任的承担等形式回报国家和社会。

4. 企业具有独立或相对独立的法律人格

企业在法律上有公司企业、合伙企业和个人独资企业之分，不同的企业形式，其法律地位各不相同。我国的公司企业属法人企业，具有独立的法律人格，具体表现为公司的财产和债务责任与股东的个人财产和责任是完全分开的，企业拥有可以独立支配的财产，并以其所有的全部财产对企业债务承担责任。个人独资企业和合伙企业在传统上被理解为属于自然人企业，不具有法人资格，企业财产与企业主或合伙人的个人财产不完全分离，企业的债务要由企业主或（普通）合伙人承担无限责任或无限连带责任。

然而，即使是非法人企业，法律仍赋予其一定的主体资格。企业有固定的经营场所，以企业的名义签订合同，对外进行经营活动，以自己的名义起诉和应诉，在财产和责任的承担上也表现为相对的独立性。根据我国法律规定，合伙企业的财产具有相对的独立性，由全体合伙人共同共有并由普通合伙人具体管理和使用；在合伙企业债务责任的承担上是先以合伙企业财产清偿，不足部分才由普通合伙人承担无限连带责任。

（二）企业的种类

企业在长期发展过程中形成了多种形态。依据不同的标准，可以对企业作不同的分类。企业的种类有法律上的划分，也有理论上、学说上的划分。以下主要介绍四种划分方法。

1. 个人独资企业、合伙企业和公司企业

这是依企业投资人的出资方式和责任形式的不同对企业进行的划分，也是法学中对企业最基本的分类。西方国家大都采用该标准划分企业的基本法律形态。在我国，《公司法》《合伙企业法》《个人独资企业法》相继制定实施，由此我国已基本建立了以公司、合伙、个人独资企业为市场主体的企业立法新体系。

2. 国有企业、集体企业和私营企业

这是我国依企业的所有制性质的不同所做的一种法律上的分类。根据我国宪法，各种所有制具有不同的地位，国家给予不同的政策，以此为指导思想，我国相继制定了《全民所有制工业企业法》（1988 年）、《城镇集体所有制企业条例》（1991 年）、《乡村集体所有制企业条例》（1990 年）、《私营企业暂行条例》（1988 年）等法律、法规。这种立法体系曾是我国立法的主要标准。

国有企业即全民所有制企业，过去被称为国营企业。按照我国企业法的界定，国有企业是指财产国家所有，依法自主经营、自负盈亏、独立核算的具有法定权利能力和行为能力的企业法人。

集体企业即集体所有制企业是企业财产归劳动群众集体所有，企业由劳动群众民主管理，实行集体积累、按劳分配为主的企业法人。

私营企业是指企业财产属于私人所有、雇工 8 人以上的营利性经济组织。我国《私营企业暂行条例》规定，私营企业可以依法采取独资企业、合伙企业和有限责任公司等形式。

3. 内资企业与外资企业

这是我国依企业资本金中是否含有外国企业、经济组织和个人的直接投资来对企业进行的分类。

内资企业是指由中国内地投资者举办而不存在外方资金投入的企业。外资企业是指依照中华人民共和国法律的规定，在中国境内由内地投资者和外国投资者共同举办或者仅由外国投资者举办的企业。1979年以来，我国相继颁行了《中华人民共和国中外合资经营企业法》《中华人民共和国中外合作经营企业法》《中华人民共和国外资企业法》等法律及配套法规，港、澳、台商投资企业参照适用有关外商投资企业的规定。

4. 大型企业、中型企业与小型企业

这是根据企业生产经营规模的大小所作的一种分类。该划分具有产业政策和竞争政策的意义。多数国家制定有中小企业保护法，在我国，中小企业划分为中型、小型、微型三种类型，主要是根据企业从业人员、营业收入、资产总额等指标，结合行业特点确定。[①] 我国《中小企业促进法》于2002年6月29日颁布，2003年1月1日起实施。

（三）企业的作用

企业的基本职能是通过自己从事的生产、流通和服务等商事活动，在向社会提供所需的产品与服务的同时，又获得应有的利益回报。由此，企业具有如下的作用或者角色。

1. 企业是市场经济活动的主要参与者

社会经济活动的主要过程是有形商品的量化生产和流通（含销售）以及服务的提供，这些商事行为都是由企业来承担和完成的。离开了企业，整个社会经济活动就会中断或停止。因此，企业的生产和经营活动直接关系着整个市场经济的发展。

2. 企业是科学技术进步的主要力量

企业是在市场竞争中提供自己的商品和服务的。但是，市场竞争的正当优势取决于商品和服务的价格和质量，为此企业在经济活动中一方面要努力提高自己的劳动生产率，使自己生产特定商品和提供特定服务所需的平均劳动时间低于社会生产该商品和提供该服务所需的平均劳动时间；另一方面又要努力改进自己商品和服务的质量，使自己的商品和服务具有更好的质量或曰功能。然而，商品和服务质量的改进或曰功能的更新需要科技创新和创新成果的运用。因此，企业既是新技术和新生产工具的最大需求者和最为积极的采用者，当然也是新技术和新生产工具的主要开发者和核心制造者，这在客观上推动了整个社会的科学技术进步。

3. 企业是社会财富的主要创造者

企业是市场经济的细胞，千千万万个相同或相关的企业形成一个产业，若干不同的产业又共同构成国民经济活动的整体。企业是创造社会财富的基本单元，它们的经济效益不仅基本决定着社会财富创造的大小，而且也直接影响国家的经济实力的增长和人民物质生活水平的提高。

---

① 参见《中小企业划型标准规定》，工业和信息化部、国家统计局、国家发改委、财政部〔2011〕300号。

二、企业法及其渊源

(一)企业法的概念和特征

企业法是规定企业的法律地位及调整其内外部组织关系的法。企业法是一种组织法,它的调整对象是有关企业的特定社会关系,一是企业的内部组织关系,这主要涉及企业在设立、活动、变更及终止过程中发生的企业与出资人、企业组织机构之间以及出资人与企业组织机构之间的社会关系。二是企业因设立、变更、终止而与政府登记管理机构之间所发生的监管关系。

1. 企业法主要是组织法,兼具行为法

组织法,是指规范某种社会组织的产生与消灭、组织及其活动规则的一类法。企业法的基本特征在于它是一种组织法,通过企业法规定企业的各种组织形态,以供投资者选用。与此同时,企业法还对与企业组织特点直接相关的经营行为做出了规定,如企业的兼并或改组、股份和债券的发行和转让、盈余分配等行为规范。因此,企业法是一种组织法,还兼具行为法的特点。

2. 企业法主要是强制性规范,兼具任意性规范

企业法的具体内容既有为数众多的强制性规范,又有相当数量的任意性规范。强制性规范多的原因在于,企业作为社会最主要的经济力量,它的设立和活动对社会经济秩序的影响较大。因此,为了保证社会交易的安全,保护企业出资人、债权人的合法权益,维护社会经济秩序,促进社会经济的健康发展,企业法规定了较多的强制性规范。同时,企业在商品生产和商品流通中进行竞争,企业及其投资者要谋取盈利,要承担风险,这就决定了企业有权选择有利于自己的投资方式、经营方式,也决定了企业要尊重投资者的意愿,这样企业法在具体规定上有许多任意性规范,供投资者和企业选择。

(二)企业法的渊源

企业法的渊源,是指企业法律规范存在的具体形式。我国企业法根据其制定机关及效力主要分为五种,依次是:宪法、法律、行政法规和地方性法规和规章。

我国企业立法中有相当一部分属法律层级,如《全民所有制工业企业法》(1988年)、《中外合资经营企业法》(1979年)、《外资企业法》(1986年)、《中外合作经营企业法》(1988年)、《公司法》(1993年)、《合伙企业法》(1997年)、《个人独资企业法》(1999年)、《企业破产法》(2006年)等。企业行政法规主要有《全民所有制工业企业承包经营责任制暂行条例》(1988年)、《全民所有制小型工业企业租赁经营责任暂行条例》(1988年)、《全民所有制工业企业转换经营机制条例》(1992年)、《乡村集体所有制企业条例》(1990年)、《城镇集体所有制企业条例》(1991年)、《私营企业暂行条例》(1988年)、《中外合资经营企业法实施条例》(1983年)、《关于鼓励外商投资的规定》(1986年)、《外资企业法实施细则》(1990年)、《中外合作经营企业法实施细则》(1995年)、《企业法人登记管理条例》及其《实施细则》(1988年)、《企业名称登记管理规定》(1991年)、《公司登记管理条例》(1994年)、《关于股份有限公司境外募集股份及上市的特别规定》(1994年)、《关于股份有限公司境内上市外资股的规定》(1996年)等。企业法律和行政法规是我国企业法的主要渊源。

第二节 个人独资企业法

一、个人独资企业的概念及特征

个人独资企业，是指依法在中国境内设立的，由一个自然人投资，财产为投资人个人所有，投资人以其个人财产对企业债务承担无限责任的经营实体。简言之，个人独资企业是由一个自然人单独投资并经营的企业。

个人独资企业是企业形式中最简单并最古老的一种形式。它是从家庭组织逐步演化而来的。个人独资企业按理只是独资企业的一种。独资企业是上位概念，应当包括国有独资企业、外商独资企业和个人独资企业。[①] 国有独资企业是指企业的资本全部属于国家所有，并为国家直接控制的企业，它因其投资人具有单一性，其法人的治理结构不同于其他国有企业。外商独资企业是指依照中国有关法律在中国境内设立的全部资本由一个外国公司法人或外商个人投资的外资企业，依法取得企业法人资格的外商独资企业成为一人公司。个人独资企业最为突出的特点在于其本身不具有独立法律人格，而与独资企业主个人是同一人格，同一法律主体。因此，个人独资企业不同于承担有限责任的国有独资企业和外商独资企业，它是我国参照西方传统的三种典型企业之一的个人独资企业建立起来的一种新型企业制度。改革开放以来，我国非公有制经济得到迅猛发展，私人投资的企业中有很大一部分属于个人独资企业的形式。1999 年 8 月 30 日第九届全国人大常委会第十一次会议通过《中华人民共和国个人独资企业法》，并于 2000 年 1 月 1 日起正式实施。这对于确立个人独资企业法律地位，保护个人独资企业投资人和债权人的合法权益，促进个人独资企业的健康发展，具有十分重要的意义。

（1）个人独资企业是经济组织。个人独资企业是企业的一种类型，具有商事主体资格。个人独资企业的组织性特点区别于个体工商户。个体工商户是公民参与生产经营活动的特定形式，它在是否采用字号名称、固定经营场所等上无特别要求；而且个体工商户必须亲自从事经营活动，在歇业时也无需设立清算程序。所以，个体工商户一般不视为一个经营实体。

（2）个人独资企业的投资人仅为一个自然人。个人独资企业的这一特征与合伙企业、一般公司要有两个以上的人的联合投资形成区别。为此，个人独资企业的业主往往对企业事务享有绝对的控制权。由此也可以看出，个人独资企业受业主的资金和经营管理能力的限制，规模有限，对于需要较大投资量的工程项目、行业，其能力有限。

（3）个人独资企业的财产归投资人个人所有。这一特征区别一人公司，一人公司具有独立于股东的企业财产。

（4）个人独资企业不具有法人资格，投资人以其个人财产对企业债务承担无限责任。这是个人独资企业的最为重要的特征。这也与一人公司明显有别，一人公司是法人企业，公司实际上只以其全部法人财产为限，对其公司债务承担有限责任；而股东在企业破产清算时也仅以其出资额为限，对公司债务承担有限责任。只有公司的股东滥用公

---

① 李建新、王飞雪著：《企业法新论》，中国工商出版社，2006 年，第 209 页。

司法人人格和股东有限责任，或不能证明公司财产独立于股东自己财产时，才对公司债务承担连带责任。

二、个人独资企业的设立

（一）个人独资企业的设立条件

个人独资企业的设立一般采用准则主义，即只要符合法律规定的设立条件，企业可直接办理工商登记。在我国，设立个人独资企业应具备以下条件：

1. 投资人为一个自然人

企业的投资人是一个自然人，自然人之外的法人、其他组织不能投资设立个人独资企业；限制民事行为能力人和无民事行为能力人以及法律、行政法规禁止从事经营活动的自然人，如国家公务员、现役军人、个人负债较多而未能及时偿还的人，以及对企业破产负有个人责任的企业负责人或对因违法经营被吊销营业执照负有个人责任的企业负责人等，不能作为投资人申请设立个人独资企业。

2. 有合法的企业名称

企业名称是企业的识别符号，是一个企业区别于其他企业的基本标志，任何企业都必须拥有自己的名称。个人独资企业的名称除了必须符合与其责任形式及从事的营业相符合外，还应当遵循《企业名称登记管理办法》的规定

3. 有投资人申报的出资

个人独资企业在设立时要申报创办该企业的必要出资。这种出资财产可以是货币，也可以是实物、房地产、知识产权或其他财产权利，但货币之外的财产或财产权利应折算其货币数额。投资人可以个人财产出资，也可以家庭共有财产作为个人出资（此时应在设立申请书上注明）。但由于个人独资企业经营和决策比较灵活，加之出资人对企业的债务承担无限责任，因此《个人独资企业法》没有规定最低的注册资本限额，仅要求投资人有自己申报的出资。当然，投资人虽可以自愿申报一个出资额，但这种出资必须真实。

4. 有固定的生产经营场所和必要的生产经营条件

经营场所是个人独资企业从事生产经营活动的所在地，固定的生产经营场所通常是指记载在企业登记中的营业地点。它对于确定债务履行地、诉讼管辖地、法律文书送达地等都有重要的法律意义。同时，企业设立还必须具备与企业发展相适应的生产设备、稳定的原料供应和产品销售网络等必要的生产经营条件。

5. 有必要的从业人员

个人独资企业应当具有企业所需的从业人员。从业人员的人数，法律无法作出具体规定，只能由企业视情况而定。

（二）个人独资企业设立的程序

1. 提出登记申请

由投资人或其委托的代理人向个人独资企业所在地的工商行政管理机关提出登记申请，应当提交下列文件：（1）设立申请书。申请书中应当载明企业的名称和住所、投资人的姓名和居所、投资人的出资额和出资方式和经营范围及方式；（2）投资人的身份证明；（3）生产经营场所使用证明；（4）委托他人代理办理企业登记事宜的，须提交委托

书和代理人的合法证明；（5）若个人独资企业所从事的业务属于法律、行政法规规定须经有关政府机构审批的，应当提交有关批准文件

2. 登记审批

登记机关应当在收到设立文件之日起15日内，对符合法律规定条件的，予以登记，并发给营业执照，企业于当日成立；对不符合法律规定条件的，不予以登记，并应当给予书面答复，说明理由。

3. 设立分支机构

个人独资企业如果设立分支机构，应当由投资人或者其委托的代理人向分支机构所在地的企业登记机关申请登记，领取营业执照。分支机构经核准登记后，应将登记情况向该分支机构隶属的个人独资企业的登记机关备案。分支机构的民事责任由设立该分支机构的个人独资企业承担。

三、个人独资企业业主的权利与企业管理

（一）个人独资企业业主的权利

1. 个人独资企业业主对本企业的财产享有所有权

个人独资企业财产，是指投资人投入独资企业的财产，以及所有以个人独资企业名义取得的财产和利益，包括资金、厂房、设备、知识产权等。企业财产是企业进行生产经营的物质基础，其财产实力的强弱直接关系到企业的经营规模和效益。对企业经营有重大意义的是个人独资企业业主即投资人对本企业的财产依法享有所有权，其有关权利可以依法进行转让、赠予或继承。

2. 个人独资企业业主享有管理本企业事务的权利

在企业的经营管理上，个人独资企业业主享有决定企业一切事项，管理企业事务的全部权利。当然，这种经营管理权也可以与所有权分离，其经营管理权的全部或部分可由业主授权他人行使。

（二）个人独资企业的事务管理

个人独资企业的事务管理，是指企业的内部管理和外部经营活动的组织指挥和运作活动。

个人独资企业的事务管理有两种方式：一是个人独资企业的业主自任企业厂长、经理，管理企业的各项业务；二是业主委托或聘任厂长、经理管理企业事务。业主委托或聘用他人管理企业事务的，要签订书面的委托合同或聘用合同，明确委托的具体内容或授权的范围，但业主对受托人或者被聘用的人员职权的限制，不得对抗善意第三人。委托合同或聘用合同是双方当事人之间订立的具有法律约束的协议，通过合同明确委托事项相应的权利义务，既有利于事务执行人履行职务，又便于业主对执行人监督，同时发生纠纷时还是双方据以明确责任和执法机关解决争议的依据。一旦业主与受托或被聘用的人员订立了这样的合同，则受托人或被聘用人员即成为业主授权管理企业部分或全部事务的负责人。

受托人或者被聘用的人员应当履行诚信、勤勉义务，按照与投资人签订的合同负责个人独资企业的事务管理，不得有下列行为：（1）利用职务上的便利，索取或者收受贿赂；（2）利用职务或者工作上的便利侵占企业财产；（3）挪用企业的资金归个人使用或

者借贷给他人；(4) 擅自将企业资金以个人名义或者以他人名义开立账户储存；(5) 擅自以企业财产提供担保；(6) 未经投资人同意，从事与本企业相竞争的业务；(7) 未经投资人同意，同本企业订立合同或者进行交易；(8) 未经投资人同意，擅自将企业商标或者其他知识产权转让给他人使用；(9) 泄露本企业的商业秘密；(10) 法律、行政法规禁止的其他行为。

个人独资企业业主对于受托人或者被聘用的人员在正常经营活动中的行为有监督权，在其有违反委托或聘用合同的行为或其他不轨行为时可解除其职务，停止聘用。受托人或者被聘用的人员正常履行职责所带来的效益归企业，如造成损失则要由企业承担责任。

四、个人独资企业的解散和清算

（一）个人独资企业的解散

个人独资企业解散，是指个人独资企业因某些法律事由的发生而导致企业清算，促使其主体资格归为消灭的行为。

从法理上讲，个人独资企业会因设立而取得商事主体资格，也会因解散而导致终止其商事主体资格。个人独资企业解散的原因主要有：(1) 投资人决定解散；(2) 投资人死亡或者被宣告死亡，无继承人或者继承人决定放弃继承而解散；(3) 被依法吊销营业执照。

（二）个人独资企业的清算

个人独资企业清算，是指依法定程序清理企业债权债务，处理企业剩余财产并最终终止企业主体资格的过程。确立清算制度的目的是依法终止解散企业的各种法律关系，切实保障债权人的利益和投资人的合法权益。个人独资企业解散，由投资人自行清算或者由债权人申请人民法院指定清算人进行清算。投资人自行清算的，应当在清算前15日内书面通知债权人，无法通知的，应当予以公告。债权人应当在接到通知之日起30日内，未接到通知的应当在公告之日起60日内，向投资人申报其债权。个人独资企业解散，财产按下列顺序清偿：(1) 所欠职工工资和社会保险费用；(2) 所欠税款；(3) 其他债务。个人独资企业的财产按照上述规定清偿企业债务后，如果还有剩余财产，应分配给企业的投资人。清算结束后，由投资人或者人民法院指定的清算人编制清算报告，并于15日内到登记机关办理注销登记。

（三）关于投资人的偿还责任

个人独资企业投资人对企业债务应当承担无限责任。个人独资企业财产不足以清偿债务的，投资人应当以其个人的其他财产予以清偿。个人独资企业投资人在申请企业设立登记时明确以其家庭共有财产作为个人出资的，就应当以家庭共有财产对企业债务承担无限责任。

如果在清算时投资人未能足额清偿企业存续期间的全部债务，那么在清算结束后，原投资人仍然有义务清偿尚未清偿的债务。但债权人在企业解散后5年内未向债务人提出清偿请求的，该责任消灭。换言之，债权人超过该5年期限才提出清偿请求，原投资人就不再承担偿还的责任。

第三节 合伙企业法

一、合伙企业的概念和特征

合伙企业，是指依照我国合伙企业法在我国境内设立的，由各合伙人订立合伙协议，并依据合伙协议共同出资、共担风险、共享经营收益，对合伙企业债务依照法律规定承担责任的营利性组织。

合伙企业是人类历史上较早出现的另一种企业形态。它始于家庭合伙企业，之后商品经济的发展以及与之相伴的社会分工促使了不同生产者之间的广泛合作，于是出现了共同经营、共负盈亏的合伙企业。在罗马共和国时期，合伙制度已相当发达。罗马法中就有关于合伙经营的详尽规定："合伙是一种合意契约，据此两人以上相互承担义务将物品或劳作集中在一起，以实现某一合法的且具有共同功利的目的。"中世纪地中海沿岸盛行"康孟达"（Cornmenda）的合伙组织，其合伙人分别承担无限责任和有限责任。按照康孟达契约，提供资本的合伙人承担有限责任，负责经营的合伙人承担无限责任；合伙有赢利时，则按协议比例由双方分享；亏损时，则资本提供者在其出资范围内承担有限责任，负责经营的合伙人则要承担无限责任。这种合伙企业与现在的有限合伙相似。在欧洲中世纪广泛采用的另一种合伙企业形式是"索特富"（Sotiefas）。它和康孟达的主要区别是其所有合伙人都要承担无限责任。这种合伙赋予每个合伙人对其他合伙人的代理权，而且每个合伙人都有经营合伙企业的权利。这种合伙与现在的普通合伙相似。[①] 1804 年《法国民法典》根据现实生活的需要规定了民事合伙，1807 年《法国商法典》规定了商事合伙。之后，西方国家纷纷制定了有关合伙的法律，标志着合伙这种企业组织形式走向成熟。我国参照国际做法，结合我国实际情况，于 1997 年 2 月 23 日颁布了《合伙企业法》，并于 1997 年 8 月 1 日起实施。但是，该法规范的对象比较单一，仅限于普通合伙企业形式。根据实践的需要，2006 年 8 月 27 日第十届全国人民代表大会常务委员会第二十三次会议对本法作了第一次修改，修改后的合伙企业法自 2007 年 6 月 1 日实施。该法明确了法人和其他组织可以参加合伙，并增加了由普通合伙人和有限合伙人组成的有限合伙形式，在普通合伙中还增加了一定情形下普通合伙人可以部分免除连带责任的特殊普通合伙形式等内容，使我国的合伙企业制度更加完善。

（二）合伙企业的法律特征

1. 合伙企业以合伙协议为基础

合伙企业赖以存在的法律基础是合伙协议。该协议既要规定各合伙人在合伙企业中的权利和义务，又要规定合伙企业的各种内部关系以及生产经营活动中遵循的规则等。合伙企业设立的条件较公司企业要松散，当事人有较多的权利与机会充分协商合伙条款，形成"合同即法律"的存在与发展的空间。合伙企业即是建立在合伙协议基础之上的一种经营组织形式。

---

① 张国平著：《当代企业基本法律制度研究》，法律出版社，2005 年，第 5-6 页。

2. 合伙企业是人合企业

合伙企业是基于合伙人之间的相互信任而成立并维系的。合伙企业的设立必须以合伙人相互信任为基础，否则不可能订立合伙协议，举办企业。合伙企业成立之后，合伙人之间的信任关系一旦丧失，往往会导致合伙企业的消亡。合伙企业存续期间的信用也取决于合伙人的信用或资望，他人与之交易时主要基于对合伙人的信任；在合伙企业事务的执行上，普通合伙人相互之间直接形成相互代理关系，共同经营和管理合伙企业；换言之，合伙人不但是合伙企业的所有者，而且是合伙企业的经营管理者，企业的人合性非常明显。所有这些都不同于以资本的实力对外取得信用的纯资合企业（如股份有限公司）。

3. 合伙企业的人格与合伙人的人格不完全分离

合伙企业无独立的法律人格，只有相对独立的法律地位。合伙企业有自己的名称，并以该名义从事经营活动；合伙企业取得的财产是合伙财产；有限合伙人的出资与自己的个人财产严格分开，不可随意抽回，并以其出资额为限对合伙企业债务承担责任。但是，合伙财产仅是全体合伙人的共同共有财产，非经全体合伙人一致同意不得对外转让；合伙人以合伙企业的名义从事活动时对其他普通合伙人发生代理关系；合伙企业内部的分工和权利限制往往也不得对抗善意第三人；普通合伙人与合伙企业对外责任的最终不可分性，也使得合伙企业财产与普通合伙人的个人财产不完全分开，当合伙企业的财产资不抵债时，合伙企业的债权人可以向普通合伙人追索合伙企业的债务。

4. 合伙企业中必须有合伙人对合伙企业的债务承担无限责任或无限连带责任

这是合伙企业的最基本的特征。合伙企业包括普通合伙企业和有限合伙企业两种形式。普通合伙企业由单一类型的普通合伙人组成，全体合伙人均以个人所有的全部财产作为合伙企业债务的担保，当合伙企业财产不足清偿合伙企业债务时，所有合伙人对不足的部分承担无限连带责任；有限合伙企业由普通合伙人和至少一个有限合伙人组成，其中普通合伙人对合伙企业的债务承担无限连带责任，当普通合伙人为一个时，则该合伙人对合伙企业的债务承担无限责任，而有限合伙人仅以其认缴的出资额为限对合伙企业债务承担责任。普通合伙人和有限合伙人对企业债务所承担的责任均为法定责任，不会因当事人之间的相反约定而改变。比如，新加入的普通合伙人对入伙前合伙企业的债务必须承担无限连带责任；有限合伙人转变为普通合伙人的，对其作为有限合伙人期间有限合伙企业发生的债务也要承担无限连带责任；有限合伙企业仅剩有限合伙人时，应当解散；有限合伙企业仅剩普通合伙人时，应该转为普通合伙企业。由于普通合伙企业的合伙人要对企业债务承担无限连带责任，故对合伙企业无注册资本的要求，合伙人也可以以劳务、技能等方式参与投资，只要其他合伙人同意即可。但是，对于有限合伙企业，则要求有限合伙人认缴自己的出资额，并且不得以劳务出资。

二、合伙人与合伙协议

（一）合伙人

1. 合伙人分类

合伙企业中的合伙人，根据其对合伙企业的债务承担的责任不同，分为普通合伙人和有限合伙人两种。

(1) 普通合伙人

普通合伙人对合伙企业的债务承担无限连带责任。所谓无限责任是指当合伙企业的全部资产不足清偿其债务时，各普通合伙人须以自身的财产对合伙企业的债务承担清偿责任；所谓连带责任是指普通合伙人之间对合伙企业债务承担的责任，即当合伙企业全部资产不能清偿其债务时，债权人可以向任何一个普通合伙人主张权利，普通合伙人在承担了合伙企业债务后，有权根据合伙协议的约定向其他普通合伙人追偿。不过，在普通合伙企业中，在一定条件下部分合伙人可以免除一部分连带责任。

无限连带责任是一种加重责任类型，普通合伙人承担这种责任的对价就是享有平等执行合伙事务的权利。在该权利的行使上，普通合伙人可以直接行使权利，即直接成为合伙事务的执行人，对外代表合伙企业；也可以间接行使权利，即通过全体合伙人协商一致，决定委托一个或数人合伙人执行合伙事务，或者聘任合伙人以外的人担任企业的经营管理人员。普通合伙人既然享有执行合伙事务的权利，那么就应在竞业、与本企业交易等方面受到严格的限制。

(2) 有限合伙人

有限合伙人仅以其认缴的出资额为限对合伙企业债务承担责任。这是一种有限责任。有限合伙人承担这种相对较弱的财产责任的对价就是不执行合伙事务，对外不得代表有限合伙企业。这种对价可视为一种义务。义务就应该履行。假如有限合伙人以有限合伙企业名义与他人进行了交易，其后果是：在对外责任上，第三人有理由相信有限合伙人为普通合伙人并与其交易的，该有限合伙人对该笔交易承担与普通合伙人同样的责任，即无限连带责任；在对内责任上，有限合伙人未经授权以有限合伙企业名义与他人进行交易，给有限合伙企业或者其他合伙人造成损失的，该有限合伙人应当承担赔偿责任，但是这种交易是在其他合伙人授权下进行的除外。

2. 合伙人数额

作为人合性经营组织，合伙企业须具有两个或两个以上的合伙人，否则不成其合伙企业。至于合伙人数额的最高限制，多数国家的法律未作规定，靠合伙关系自然限定。英国规定合伙人数不超过 30 人，合伙经营银行企业时，合伙人不得超过 10 个。我国是以二人为最低限制，对普通合伙企业未设定最高限制，允许当事人自行选择；而对有限合伙企业设定了合伙人一般不超过 50 个，其中至少应当有一个普通合伙人。之所以会有这种差别，是因为：普通合伙企业的全体合伙人均对合伙企业债务承担无限连带责任，合伙人之间相互信任、互为代表，合伙企业由全体合伙人共同经营，合伙人相互承担彼此行为所带来的风险。这样，合伙人出于管理和切身利益的考虑，会将合伙人的人数限定在一个合理的范围内，而且各类企业的情况不同，法律也不宜对合伙人的最高数额作出统一规定。但是，有限合伙企业与之不同，企业中的有限合伙人不参加合伙事务的执行，同时对合伙企业的债务仅以其出资额为限承担有限责任（类似于公司的股东），有限合伙人的人数多少对合伙企业的运行并无多大的影响，因此，有限合伙企业的合伙人人数如果不加以适当控制，就可能发展得很庞大，既影响企业的人合性，又可能产生非法集资之弊端。为此，我国合伙企业法规定，有限合伙企业由 2 个以上 50 个以下合伙人设立，法律另有规定的除外。

3. 合伙人资格

合伙企业由合伙人投资而成立。根据我国合伙企业法的规定，自然人、法人或其他组织可以成为合伙人。

合伙人为自然人的，应当是具有完全民事行为能力的人。限制行为能力或无行为能力的自然人不能成为合伙人，但对于16周岁以上18周岁以下的未成年人，如果是依靠自己的劳动来生活的，也可以成为合伙人。合伙行为是一种投资行为，加入普通合伙人，意味着要管理合伙企业的生产经营事务并承担无限连带责任，合伙人如果是未成年或精神状况非正常，则不具备参与合伙的能力，应当排除在合伙人之外。此外，法律、行政法规禁止从事营利性活动的人，也不得成为合伙企业的合伙人，包括法官、检察官、警察以及国家公务员等。总的说来，自然人具有普通合伙人和有限合伙人的适格性。

法人或其他组织可以成为合伙企业的有限合伙人。对于法人能否成为合伙企业的普通合伙人，在立法过程中曾有两种不同的意见：一种观点认为不应允许法人成为普通合伙人。理由是：法人对合伙企业的债务承担无限连带责任，可能导致法人以其全部财产承担责任，甚至被连带破产，不利于保护法人、法人的股东及法人的债权人的利益；而且，法人参加合伙，可能对该法人的信誉带来损害，其交易相对人可能因为它在其他企业另外承担无限责任而不愿与之交易等。另一种观点认为法人本身就是以其全部财产对外承担责任的组织，此种责任实际上是一种无限责任，而且允许法人成为普通合伙人，有利于法人以多种方式从事生产经营，提高资本的运用效率。为此，主张应允许法人成为普通合伙人。[①] 立法者采用第二种意见，故法律规定法人可以作为合伙企业的合伙人。根据同样的道理，法律也规定其他组织即非法人单位可以成为合伙人。

但是，国有独资公司、国有企业、上市公司虽可以成为有限合伙人，但不得成为普通合伙人。如果允许国有独资公司、国有企业、上市公司成为普通合伙人，就意味着它们要以其全部财产对合伙债务承担责任，如果这些法人的经理与合伙人通谋，转移或侵吞国有资产或上市公司资产，会导致法人资产流失，这不利于保护国有资产和上市公司股东的利益。此外，从事公益性活动的事业单位、社会团体因其自身财产不宜对外承担无限连带责任，故也不应成为普通合伙人；但可以根据实际需要成为有限合伙人。

（二）合伙协议

合伙协议，是指合伙人之间共同协商订立，确定合伙经营原则与合伙企业事务执行原则、各合伙人之间民事权利义务等内容的书面合同。合伙协议是设立合伙企业的基本依据，对合伙人和合伙企业有约束力。

合伙协议的作用一般涉及三个方面：一是作为企业设立登记的备案文件，登记机关或其他有权机关通过它可以了解合伙企业及其合伙人的构成情况，便于行政监督和管理。同时，合伙企业的债权人通过查阅也可了解合伙企业及其合伙人的有关情况，便于追索债务等。二是作为企业从事经营活动的准则，合伙协议规定了合伙企业的经营范围、经营目的、经营规则等企业的重大问题，是合伙企业开展经营活动、管理合伙企业的基本依据。三是作为协调各合伙人之间关系的基本准则和依据，合伙协议规定了各合

---

① 李飞主编：《中华人民共和国合伙企业法释义》，法律出版社，2006年，第4页。

伙人之间相互的权利、义务以及对企业的权利、义务，是调整其各类内外关系的基本准则。①

合伙协议应当载明的事项主要有：（1）合伙企业的名称和主要经营场所的地点；（2）合伙目的和合伙经营范围；（3）合伙人的姓名或者名称、住所；（4）合伙人的出资方式、数额和缴付期限；（5）利润分配、亏损分担方式；（6）合伙事务的执行；（7）入伙与退伙；（8）争议解决办法；（9）合伙企业的解散与清算；（10）违约责任。

上述10个方面是合伙协议必备内容。除此之外，根据合伙企业的实际需要，合伙人还可就其他内容如经营期限、聘用经营管理人员等达到一致意见后写入合伙协议。合伙协议经全体合伙人签名盖章后生效。合伙协议，合伙人应各执一份。合伙协议签订后，经全体合伙人协商一致，仍可修改或补充。

三、普通合伙企业

普通合伙企业，是指由普通合伙人组成，合伙人参与执行合伙事务，并对合伙企业的债务承担无限连带责任的经营性组织。

（一）普通合伙企业的设立

设立普通合伙企业，应当具备下列条件：

（1）有二个以上合伙人。

合伙人可为自然人、法人或其他组织。合伙人为自然人的，应当具有完全民事行为能力。但国有独资公司、国有企业、上市公司以及公益性的事业单位、社会团体不得成为普通合伙企业的合伙人。

（2）有书面合伙协议。

（3）有合伙人认缴或者实际缴付的出资。

合伙人可以用货币、实物、知识产权、土地使用权或者其他财产权利出资，也可以用劳务出资。合伙人以实物、知识产权、土地使用权或者其他财产权利出资，需要评估作价的，可以由全体合伙人协商确定，也可以由全体合伙人委托法定评估机构评估。合伙人以劳务出资的，其评估办法由全体合伙人协商确定，并在合伙协议中载明。

合伙人应当按照合伙协议约定的出资方式、数额和缴付期限，履行出资义务。

以非货币财产出资的，依照法律、行政法规的规定，需要办理财产权转移手续的，应当依法办理。此外，在合伙企业存续期间，合伙人按照合伙协议的约定或者经全体合伙人决定，可以增加或者减少对合伙企业的出资。

（4）有合伙企业的名称和生产经营场所，其中合伙企业名称中应当标明“普通合伙”字样。

合伙企业名称中标明“普通合伙”字样，则表明该企业是普通合伙企业，并由全体合伙人对企业债务承担无限连带责任。

（5）法律、行政法规规定的其他条件。

合伙企业因注册登记而成立。申请设立合伙企业，应当向企业登记机关提交登记申请书、合伙协议书、合伙人身份证明等文件。合伙企业的经营范围中有属于法律、行政

---

① 李飞主编：《中华人民共和国合伙企业法释义》，法律出版社，2006年，第19—20页。

法规规定在登记前须经批准的项目的，该项经营业务应当依法经过批准，并在登记时提交批准文件。

全体合伙人可以共同书面委托某一合伙人、某几个合伙人或者某专业服务机构代理申请。

申请人提交的登记申请材料齐全、符合法定形式，企业登记机关能够当场登记的，应予当场登记，发给营业执照。除此情形外，企业登记机关应当自受理申请之日起 20 日内，作出是否登记的决定。予以登记的，发给营业执照；不予登记的，应当给予书面答复，并说明理由。

合伙企业自领取营业执照之日宣告成立，之后始得进行营业活动。合伙企业领取营业执照前，合伙人不得以合伙企业名义从事合伙业务。合伙企业设立分支机构的，应当向分支机构所在地的企业登记机关申请登记，领取营业执照。分支机构的经营责任由合伙企业承担，并由合伙人负连带责任。

（二）合伙企业的财产

合伙企业不同于一般的民事合伙，它须依法建立相对稳定和相对独立的财产制度。从财产来源上讲，合伙企业的财产主要分为原始取得的财产和经营取得的财产。原始取得的财产即是全体合伙人的出资。经营取得的财产是以合伙企业名义取得的收益和依法取得的其他财产。它具体是指在合伙企业存续期间，合伙人经营合伙企业、用合伙资金所创造的收益，以及合伙企业依法取得无形财产和通过受赠、受奖、受让等取得的财产。从财产形式上说，构成合伙企业的财产除有形财产外，还包括以合伙企业名义申请的专利、商标、合伙企业的非专利技术、服务标记、企业字号等无形财产。合伙人提供的劳动，不能直接计算成合伙企业的财产，但劳务成果可以计人。

合伙企业财产性质的定性与人们对合伙企业法律地位的认识有关。罗马法认为合伙是单一契约关系，故把合伙作为债法的一部分来处理。产生于自由资本主义时期的《法国民法典》受罗马法的影响，仍将合伙看作契约关系，没有赋予相应的法律地位。进入 20 世纪以后，英国、美国等国家的合伙法除确认合伙是一种契约关系外，还将合伙作为一种相对独立法律地位的经营性组织来对待。法国在 1978 年修改民法典时赋予某些合伙组织以法人地位。

目前，人们普遍接受合伙企业具有相对独立法律地位的观点，并将合伙企业财产作为共同共有财产看待，归由全体合伙人统一管理与经营，排除合伙人随意处理的可能性。为此，我国《合伙企业法》确立了“合伙企业的财产”这一提法，并确认合伙企业拥有相对独立的财产：合伙企业的债务先以企业的财产对外承担责任；合伙人在合伙企业清算前，不得请求分割合伙企业的财产；合伙人在合伙企业清算前私自转移或者处分合伙企业财产的，合伙企业不得以此对抗善意第三人；除合伙协议另有约定外，合伙人向合伙人以外的人转让其在合伙企业中的全部或者部分财产份额时，须经其他合伙人一致同意，在同等条件下，其他合伙人有优先购买权；合伙人以其在合伙企业中的财产份额出质的，须经其他合伙人一致同意；未经其他合伙人一致同意，其行为无效，由此给善意第三人造成损失的，由行为人依法承担赔偿责任。

（三）合伙人的权利义务与合伙企业事务的执行

1. 合伙人的权利

（1）平等执行合伙事务的权利。从本质上讲，全体普通合伙人互为代理关系，全体合伙人对执行合伙事务均享有同等的权利，对外都有代理权。由于法人和其他组织不是自然人，故由其委派的代表执行。当然，按照合伙协议的约定或者经全体合伙人决定，可以委托一个或者数个合伙人对外代表合伙企业，执行合伙事务。

（2）分享利润的权利。合伙企业的利润，由合伙人依照合伙协议的约定办理；合伙协议未约定或者约定不明确的，由合伙人协商决定；协商不成的，由合伙人按照实缴出资比例分配；无法确定出资比例的，由合伙人平均分配。合伙企业的亏损分担按同样的方法分担。

合伙协议不得约定将全部利润分配给部分合伙人或者由部分合伙人承担全部亏损。

（3）监督检查的权利。合伙人为了解合伙企业的经营状况和财务状况，有权查阅合伙企业会计账簿等财务资料。

（4）获得补偿的权利。合伙企业要补偿合伙人在处理正常业务，为了维持企业的业务或财产所支出的一切费用。

（5）表决权。合伙人对合伙企业有关事项作出决议，按照合伙协议约定的表决办法办理。合伙协议未约定或者约定不明确的，实行合伙人一人一票并经全体合伙人过半数通过的表决方法办理。除合伙协议另有约定外，合伙企业在处分合伙企业的不动产、改变企业名称、改变合伙企业的经营范围、主要经营场所的地点、转让或者处分合伙企业的知识产权和其他财产权利、以合伙企业名义为他人提供担保或聘任合伙人以外的人担任合伙企业的经营管理人员时，须经全体合伙人一致同意。

2. 合伙人的义务

（1）缴纳出资的义务。合伙人应当按照合伙协议约定的出资方式、数额和缴付期限，履行出资义务。以非货币财产出资的，依照法律、行政法规的规定，需要办理财产权转移手续的，应当依法办理。如果合伙人不按照合伙协议缴纳出资而导致开办合伙企业失败造成其他合伙人财产损失的，应承担违约责任。

（2）诚实合作的义务。合伙人不得违反法律或者合伙协议的约定，从事与本合伙企业相竞争的业务或者与本合伙企业进行交易，否则其收益归合伙企业所有；若给合伙企业或者其他合伙人造成损失，应承担赔偿责任。合伙人也不得利用职务上的便利，将应当归合伙企业的利益据为己有，或者采取其他手段侵占合伙企业财产，由此给合伙企业或者其他合伙人造成损失的，应承担赔偿责任。

（3）依法纳税的义务。合伙企业的生产经营所得和其他所得，合伙人负有按照国家有关税收规定，分别缴纳所得税的义务。为了避免对合伙企业和合伙人所得的双重征税，法律规定由合伙人按照各自的身份就其从合伙企业中已分配或应分配的所得依法缴纳相应的所得税。合伙企业在生产经营活动中应当缴纳的其他税收应依法缴纳。

3. 合伙企业事务的执行

合伙企业事务的执行，是指谁有权代表合伙企业，处理对内对外关系中的事务。对外关系是包括交易关系在内的一切法律行为，对内关系是包括组织生产、会计与财产管理等在内的企业内部的各项事务性工作。合伙企业事务的执行实际上就是合伙企业的经营管理。根据《合伙企业法》的规定，全体合伙人对执行合伙事务享有同等的权利。因此，合伙企业通常由全体合伙人共同进行经营和管理，这是合伙企业不同于其他类型企业的重要特征。一般而言，合伙企业会通过合伙协议规定，重要事务必须由全体合伙人一致同意后方可执行。当然，合伙企业的事务原则上由全体合伙人共同执行，作为合伙人的法人、其他组织执行合伙事务的，则由其委派的代表执行。但是，这不排除按照合伙协议的约定或者经全体合伙人决定，委托一个或者数个合伙人对外代表合伙企业，执行合伙事务。可见，合伙事务执行人与合伙企业、其他合伙人之间的关系，类似于约定代表关系，这种代表关系是直接根据协议或决定而产生的，因而有下列几种情况：

（1）如果协议约定委托一名或数名合伙人执行合伙企业事务的，其他合伙人不再执行合伙企业事务。执行合伙事务所产生的收益归合伙企业，所产生的费用和亏损由合伙企业承担。

（2）不参加执行事务的合伙人，有权监督执行事务合伙人执行合伙企业事务的情况；执行事务合伙人应当定期向其他合伙人报告事务执行情况以及合伙企业的经营和财务状况。

（3）如果是合伙人分别执行合伙事务，执行事务合伙人可以对其他合伙人执行的事务提出异议。提出异议时，应当暂停该项事务的执行。如果发生争议，依照合伙协议约定的表决办法办理。如果合伙协议未约定或者约定不明确的，实行合伙人一人一票并经全体合伙人过半数通过的表决办法处理。

受委托执行合伙事务的合伙人不按照合伙协议或者全体合伙人的决定执行事务的，其他合伙人可以决定撤销该委托。

此外，经全体合伙人一致同意，合伙企业可以聘任合伙人以外的人担任合伙企业的经营管理人员，以管理合伙企业的日常事务。被聘任的合伙企业的经营管理人员应当在合伙企业授权范围内履行职务。被聘任的合伙企业的经营管理人员，超越合伙企业授权范围履行职务，或者在履行职务过程中因故意或者重大过失给合伙企业造成损失的，依法承担赔偿责任。

（四）合伙企业与第三人的关系

这里的第三人是指因其经营活动而与合伙企业发生业务关系的人，是合伙企业的交易相对人。合伙企业与第三人的关系构成合伙企业的外部关系。合伙企业与第三人的关系包括以下内容：

（1）合伙企业内部对合伙人执行合伙企业事务以及对外代表合伙企业权利的限制，不得对抗善意第三人。合伙企业的事务由其执行人来执行。但是，出于实际需要，合伙企业往往对合伙事务执行人作出分工和限制的约定。这仅是一种内部的权限制约，通常不为外部的第三人所知情。因此，如发生了越权行使职权的合伙事务执行人与不知情的第三人的交易，就认定交易行为无效，会对第三人很不公平，也不利于交易安全。反之，如果第三人明知或应该知该合伙事务执行人从事的是越权行为和受限制行为，而故意与之签订合同，则由此产生后果应由第三人承担。

（2）合伙企业对其债务，应先以其全部财产进行清偿；合伙企业不能清偿到期债务时，合伙人承担无限连带责任。合伙企业债务的清偿是企业对外关系的一个重要方面。由于合伙企业的财产与合伙人的财产相对独立，我国法律借用国外立法经验，采用了先以企业财产偿债的原则，即当企业债务发生后，合伙企业应先以合伙共有的财产承担债务，与其相应，债权人也只能先向合伙企业提出求偿要求。但是，当合伙企业的全部财产不足以清偿所欠到期债务时，债权人可以追究合伙人的无限连带责任；如某一合伙人由于承担无限连带责任，所清偿数额超过自己应当分担的数额时，则有权向其他合伙人追偿。

(3) 合伙人发生与合伙企业无关的债务，相关债权人不得以其债权抵消其对合伙企业的债务；也不得代位行使合伙人在合伙企业中的权利。尽管合伙企业不具有独立的法人格，但合伙企业的民事活动与合伙人自身的民事活动属于两个不同的法律关系，由此产生的债务也是两个不同的债。根据民法原理，债可以因为混同而消灭，但这种混同是指债权与债务同归于一人。由于合伙人与合伙企业是两个不同的主体，彼此与某一第三人发生的欠债关系不能相互抵触而消灭。

合伙人个人负有债务，其债权人不得代位行使该合伙人在合伙企业中的权利。根据合同法的规定，当债务人怠于行使对第三人的权利而致使侵害债权人的利益时，债权人可以行使代位权。但是，代位权的一个前提条件是债务人须享有对第三人纯粹的财产权。然而，合伙人在合伙企业中不仅享有财产性权利，如收益权，还享有参与企业事务执行权、监督权、表决权等与身份有关的权利。因此，若允许合伙人的债权人代位行使该合伙人的权利，将破坏基于合伙人之间相互信任而建立的合伙关系，危及合伙企业的生存。

(4) 关于合伙人对与合伙企业无关的债务的清偿。合伙人的自有财产不足清偿其与合伙企业无关的债务时，该合伙人可以以其从合伙企业中分取的收益用于清偿；债权人也可以依法请求人民法院强制执行该合伙人在合伙企业中的财产份额用于清偿。在司法干预时，人民法院应当通知全体合伙人，其他合伙人有优先购买权；其他合伙人未购买，又不同意将该财产份额转让给他人的，该合伙人应办理退伙结算，或者办理削减该合伙人相应财产份额的结算。

(五) 入伙与退伙

1. 入伙

入伙，是指在合伙企业存续期间，合伙人以外的人申请加入合伙企业，并最终被合伙企业接纳，从而成为合伙企业的新合伙人。

(1) 新合伙人入伙应符合的条件。新合伙人入伙时，除合伙协议另有约定外，应当经全体合伙人一致同意，并依法订立书面入伙协议，以便明确新合伙人的权利义务，又相应调整权利、义务和责任等。在订立入伙协议时，原合伙人负有全面告知的义务，应当向新合伙人如实告知原合伙企业的经营状况和财务状况。

(2) 新合伙人的权利义务。新合伙人入伙后，即成为合伙企业的合伙人，同原合伙人在地位上应当是平等的，因此新合伙人与原合伙人享有同等的合伙人权利，并承担同等的合伙人责任和义务。这是合伙企业人合性的性质所决定的。但是，入伙协议另有限制性约定的，则应依从其约定，以体现合伙人的意思自治。

在新合伙人的义务上，应明确新合伙人对入伙前合伙企业的债务承担无限连带责任。新合伙人入伙后，成为合伙企业的普通合伙人，对入伙后产生的合伙企业债务承担无限连带责任是毫无疑问的。但是，新合伙人是否应对入伙前的合伙企业债务承担责任，国际上有两种做法：一是法国、瑞士、日本等大陆法系国家大多规定新合伙人对入伙前的企业既存债务承担无限连带责任；二是英美法系国家普遍主张新合伙人对入伙前的企业债务不承担责任。我国《合伙企业法》采用了前一种做法，规定新合伙人对入伙前的合伙企业债务承担无限连带责任。也基于此，法律上要求在新入伙人签署入伙协议前，原合伙人必须将合伙企业的运行情况和财务情况向新入伙人全面说清，以使其有足够的资料去判断是否加入合伙。

2. 退伙

退伙，是指在合伙企业存续期间，合伙人退出合伙企业，丧失合伙人资格的法律事实或者法律行为。根据《合伙企业法》规定，合伙人退伙有以下几种情形：

（1）自愿退伙。自愿退伙，是指合伙人按照自己的意愿主动提出退伙而退出合伙企业，丧失合伙人资格的行为。根据《合伙企业法》的规定，合伙协议约定合伙期限的，在合伙企业存续期间，有下列情形之一的，合伙人可以退伙：①合伙协议约定的退伙事由出现；②经全体合伙人一致同意；③发生合伙人难以继续参加合伙的事由；④其他合伙人严重违反合伙协议约定的义务

合伙协议未约定合伙期限的，合伙人在不给合伙企业事务执行造成不利影响的情况下，可以退伙，但应当提前30日通知其他合伙人。

（2）法定退伙。法定退伙，是指在出现法定情形时，合伙人资格当然消失。根据《合伙企业法》的规定，合伙人有下列情形之一的，当然退伙：①作为合伙人的自然人死亡或者被依法宣告死亡；②个人丧失偿债能力；③作为合伙人的法人或者其他组织依法被吊销营业执照、责令关闭、撤销，或者被宣告破产；④法律规定或者合伙协议约定合伙人必须具有相关资格而丧失该资格；⑤合伙人在合伙企业中的全部财产份额被人民法院强制执行。

合伙人被依法认定为无民事行为能力人或者限制民事行为能力人的，经其他合伙人一致同意，可以依法转为有限合伙人，普通合伙企业依法转为有限合伙企业。其他合伙人未能一致同意的，该无民事行为能力或者限制民事行为能力的合伙人退伙。

退伙事由实际发生之日为退伙生效日。

（3）除名退伙。除名退伙，是指出现法定事由或者约定事由时，其他合伙人决议将某一合伙人除名，使其非自愿地丧失合伙人资格。根据《合伙企业法》的规定，合伙人有下列情形之一的，经其他合伙人一致同意，可以决议将其除名：①未履行出资义务；②因故意或者重大过失给合伙企业造成损失；③执行合伙事务时有不正当行为；④发生合伙协议约定的事由。

对合伙人的除名决议应当书面通知被除名人。被除名人接到除名通知之日，除名生效，被除名人退伙。被除名人对除名决议有异议的，可以自接到除名通知之日起30日内，向人民法院起诉。

关于退伙引起的财产后果，有以下几种处理办法：

（1）关于合伙人死亡或者被依法宣告死亡后其财产份额的处理。合伙人死亡或者被依法宣告死亡的，对该合伙人在合伙企业中的财产份额享有合法继承权的继承人，按照合伙协议的约定或者经全体合伙人一致同意，从继承开始之日起，取得该合伙企业的合伙人资格。但有如下情形的，合伙企业应当向合伙人的继承人退还被继承合伙人的财产

份额：继承人不愿意成为合伙人；法律规定或者合伙协议约定合伙人必须具有相关资格，而该继承人未取得该资格；合伙协议约定不能成为合伙人的其他情形。

合伙人的继承人为无民事行为能力人或者限制民事行为能力人的，经全体合伙人一致同意，可以依法成为有限合伙人，普通合伙企业依法转为有限合伙企业。全体合伙人未能一致同意的，合伙企业应当将被继承合伙人的财产份额退还该继承人。

(2) 关于退伙的财产结算。合伙人退伙，其他合伙人应当与该退伙人按照退伙时的合伙企业财产状况进行结算，退还退伙人的财产份额。退伙人对给合伙企业造成的损失负有赔偿责任的，相应扣减其应当赔偿的数额。退伙时有未了结的合伙企业事务的，待该事务了结后进行结算。

(3) 关于财产份额的退还方法。退伙人在合伙企业中财产份额的退还办法，由合伙协议约定或者由全体合伙人决定，可以退还货币，也可以退还实物。

(4) 关于退伙人分担合伙企业债务或亏损的方法。退伙人对基于其退伙前的原因发生的合伙企业债务，承担无限连带责任。在合伙企业财产少于合伙企业债务时，退伙人应当分担合伙企业的亏损。

(六) 特殊的普通合伙企业

特殊的普通合伙企业属于普通合伙企业，是普通合伙企业的一种特殊形式。具体讲，特殊的普通合伙企业，是指普通合伙人参与合伙事务的执行，仅对执业活动中非因故意或重大过失造成的合伙企业债务以及合伙企业的其他债务，承担无限连带责任，而对其他合伙人在执业活动中因故意或重大过失造成的合伙企业债务以其在合伙企业中的财产份额为限承担责任的普通合伙企业。

特殊的普通合伙企业适用于以专业知识和专门技能为客户提供有偿服务的专业服务机构。如会计师事务、评估师事务所、建筑师事务所。这些专业服务机构的每项业务之间比较独立，一项业务主要由部分合伙人完成，其他合伙人不参与，合伙人之间的责任划分得很清楚。

特殊的普通合伙企业在本质上是普通合伙企业，因此它在设立、企业财产、合伙事务的执行、企业与第三人关系、入伙与退伙等方面都与前述的普通合伙企业相同。不同之处在于法律规定在特殊的普通合伙企业名称中应当标明“特殊普通合伙”字样，这是一个特殊的公示要求。

特殊的普通合伙企业的“特殊性”主要体现在合伙人承担责任方面，有以下两点内容：

第一，在对外的责任上，一个合伙人或者数个合伙人在执业活动中因故意或重大过失造成合伙企业债务的，应当相应承担无限责任或者无限连带责任，其他合伙人以其在合伙企业中的财产份额为限承担责任。合伙人在执业活动中非因故意或重大过失造成的合伙企业债务以及合伙企业的其他债务，由全体合伙人承担无限连带责任。

第二，在对内的责任上，合伙人执业活动中因故意或重大过失造成的合伙企业债务，以合伙企业财产对外承担责任后，该合伙人应当按照合伙协议的约定对给合伙企业造成的损失承担赔偿责任。

在特殊的普通合伙企业中，针对因故意或重大过失造成的合伙企业债务，相关合伙人对其债务承担无限责任或者无限连带责任，而其他合伙人仅以其在合伙企业中的财产份额为限承担责任。为此，特殊的普通合伙企业在对债务的清偿保障方面弱于普通合伙企业。再者，合伙企业无最低注册资本的要求，故需要采用保护债权人的特别措施。我国《合伙企业法》规定了替代赔偿措施，包括执业风险基金和办理职业保险。按照该法的规定，特殊的普通合伙企业应当建立执业风险基金、办理职业保险。执业风险基金用于偿付合伙人执业活动造成的债务。执业风险基金应当单独立户管理。具体管理办法由国务院规定。

四、有限合伙企业

有限合伙企业，是指由普通合伙人和有限合伙人组成，普通合伙人参与执行合伙事务，并对合伙企业的债务承担无限连带责任，而有限合伙人不参与执行合伙事务，并仅以其认缴的出资额为限对合伙企业债务承担责任的经营性组织。

有限合伙是由普通合伙发展而来的一种合伙形式。但两者在合伙事务的执行与企业债务的承担上显著不同。就从存在两种责任承担方式来看，有限合伙有点类似于两合公司。有限合伙对资本与智力的结合提供了一种便捷的组织形式，即拥有财力者作为有限合伙人，拥有专业知识和技能者作为普通合伙人，二者共同组成以有限合伙为组织的风险投资机构，从事高科技项目的投资。国外这种做法较为普遍。①

由于有限合伙企业是合伙企业的一种，所以有限合伙企业在制度设计上同普通合伙企业有许多共性之处，比如法律对普通合伙企业及合伙人的规定，除个别要求之外也同样适用了有限合伙企业及其合伙人。本节对这些共性要求的地方不再加以叙述，仅对有限合伙企业特别要求的地方加以介绍。

（一）有限合伙企业的设立

1. 关于合伙人

有限合伙企业采用混合责任制，由二个以上五十个以下合伙人设立（法律另有规定的除外），其中合伙人中至少应当有一个普通合伙人。换言之，有限合伙企业至少应当有一个承担无限责任的普通合伙人和一个承担有限责任的有限合伙人。

2. 关于企业名称

有限合伙企业名称中应当标明“有限合伙”字样，以表明该企业中有限合伙人对合伙企业责任承担有限责任。为此，企业的交易相对人可以借以知晓企业的责任形式，评价企业的信用，以便作出正确的判断和选择。

3. 关于合伙协议

由于有限合伙人对企业债务仅承担有限责任，所以有限合伙企业在其运行和合伙事务的决定上就产生诸多与普通合伙企业不相同的地方。合伙协议自然应对此作出反应，规定所需的特别内容。按照《合伙企业法》的规定，有限合伙企业合伙协议除符合对普通合伙企业的要求外，还应当载明下列事项：

（1）普通合伙人和有限合伙人的姓名或者名称、住所。普通合伙人和有限合伙人的权利义务及承担的责任是不同的，为此合伙企业应分类载明普通合伙人和有限合伙人的姓名或者名称、住所，以示区分。

---

① 李飞主编：《中华人民共和国合伙企业法释义》，法律出版社，2006年，第97—98页。

(2) 执行事务合伙人应具备的条件和选择程序。执行合伙事务的合伙人是普通合伙人，而有限合伙人只出资，并不参加合伙事务的执行。因此，执行合伙事务的合伙人的行为直接决定着有限合伙人的投资收益。为了保护有限合伙人利益，应该允许全体合伙人事先充分协商一致，并在合伙协议中载明执行事务合伙人应具备的条件和选择程序。

(3) 执行事务合伙人权限与违约处理办法。

(4) 执行事务合伙人的除名条件和更换程序。

(5) 有限合伙人入伙、退伙的条件、程序以及相关责任。有限合伙企业往往涉及风险投资领域，有限合伙人的投资一般要经若干年才会有投资回报，因此有限合伙人的入伙、退伙对企业的影响较大。比如若允许有限合伙人在企业成立后不久就可以退伙，将影响合伙目的实现。所以，合伙企业应对有限合伙人入伙、退伙的条件、程序以及相关违约责任加以明确。

(6) 有限合伙人和普通合伙人相互转变程序

4. 关于出资方式

对于普通合伙人，由于其对合伙企业的债务承担无限连带责任，各国对其出资方式一般不作限制。而对于有限合伙人，由于其仅以出资额为限承担责任，因此多数国家对其出资方式进行了限制。按照《合伙企业法》的规定，有限合伙人可以用货币、实物、知识产权、土地使用权或者其他财产权利作价出资。

鉴于有限合伙人在企业中的作用，不允许有限合伙人以劳务出资。有限合伙人将其财产出资于企业之后，其财产即变为合伙企业的初始财产，构成企业发展的经济基础。因此，有限合伙人应当按照合伙协议的约定按期足额缴纳出资；未按期足额缴纳的，应当承担补缴义务，并对其他合伙人承担违约责任。

5. 关于登记注册

其特点是，有限合伙企业登记事项中应当载明有限合伙人的姓名或者名称及认缴的出资数额。企业登记事项具有法定的对外效力，当企业内部约定与登记事项不同时，以登记事项内容为准。为了交易相对人了解，必须对有限合伙人及其认缴的出资额进行登记。

(二) 有限合伙企业事务的执行

1. 普通合伙人执行合伙事务

有限合伙企业中普通合伙人对合伙债务承担无限连带责任的对价，就是参与合伙企业的经营管理，实现对合伙企业的控制。所以，有限合伙企业由普通合伙人执行合伙事务。而普通合伙人具体执行合伙事务的方式可按照普通合伙企业事务的执行方式进行。此外，执行事务合伙人可以要求在合伙协议中确定执行事务的报酬及报酬提取方式。

2. 有限合伙人不执行合伙事务，不得对外代表有限合伙企业

这也是有限合伙人对合伙债务承担有限责任的对价，体现权利义务对等原则。但是，有限合伙人也是合伙企业的合伙人，会行使自己的权利，有限合伙人的下列行为，不视为执行合伙事务：①参与决定普通合伙人入伙、退伙；②对企业的经营管理提出建议；③参与选择承办有限合伙企业审计业务的会计师事务所；④获取经审计的有限合伙企业财务会计报告；⑤对涉及自身利益的情况，查阅有限合伙企业财务会计账簿等财务资料；⑥在有限合伙企业中的利益受到侵害时，向有责任的合伙人主张权利或者提起诉

讼；⑦执行事务合伙人怠于行使权利时，督促其行使权利或者为了本企业的利益以自己的名义提起诉讼；⑧依法为本企业提供担保。

（三）有限合伙人的特有权利

1. 同本有限合伙企业进行交易的权利

有限合伙人不执行合伙事务，所以在有限合伙企业中不会出现有限合伙人同时代表合伙企业和自己进行交易情况，即便有限合伙人同本有限合伙企业进行交易，也不产生普通合伙企业中存在的道德风险。因此，法律允许有限合伙人可以同本有限合伙企业进行交易。但是，根据意思自治原则，全体合伙人可以协商一致，在合伙协议中明确记载，禁止有限合伙人同本有限合伙企业进行交易。如果有这样的限制，则视为有限合伙人放弃该项权利，并依从协议处理。

2. 同本有限合伙企业竞业的权利

有限合伙人不执行合伙事务，也不会发生代表合伙企业与其自营或者同他人合作经营的企业争夺商业机会的情况。因此，法律允许有限合伙人可以自营或者同他人合作经营与本有限合伙企业相竞争的业务。这是有限合伙人的一项权利。当然，有限合伙人也可以放弃这项权利，如果合伙协议中明确禁止有限合伙人自营或者同他人合作经营与本有限合伙企业相竞争的业务，则应按照协议的约定执行。

3. 处分其在有限合伙企业中的财产份额的权利

有限合伙人可以将其在有限合伙企业中的财产份额出质；但是，合伙协议另有约定的除外。有限合伙人也可以按照合伙协议的约定向合伙人以外的人转让其在有限合伙企业中的财产份额，但应当提前30日通知其他合伙人。

（四）对有限合伙人行为所产生的债务的处理

1. 对有限合伙人从事与合伙企业无关的行为所产生的债务的处理

有限合伙人可以从事与合伙企业无关的其他经营或民事活动，由此产生的债务是该合伙人的私有债务，应该用该合伙人的自有财产进行清偿。当有限合伙人的自有财产不足清偿其与合伙企业无关的债务时，该合伙人可以以其从有限合伙企业中分取的收益用于清偿；债权人也可以依法请求人民法院强制执行该合伙人在有限合伙企业中的财产份额用于清偿。在人民法院强制执行有限合伙人的财产份额时，应当通知全体合伙人；在同等条件下，其他合伙人有优先购买权。

2. 对有限合伙人从事与合伙企业有关的行为所产生的债务的处理

第三人有理由相信有限合伙人为普通合伙人并与其交易的，该有限合伙人对该笔交易承担与普通合伙人同样的责任，即无限连带责任。第三人对此应当负有举证责任。

有限合伙人未经授权以有限合伙企业名义与他人进行交易，给有限合伙企业或者其他合伙人造成损失的，该有限合伙人应当承担赔偿责任。如果有限合伙人是经其他合伙人授权以有限合伙企业名义与他人进行交易的，即便给有限合伙企业或者其他合伙人造成损失，该有限合伙人也不承担赔偿责任。

（五）有限合伙人入伙、退伙

1. 关于入伙

新有限合伙人入伙后，同原有限合伙人享有同等权利，承担同等义务。所以，新入伙的有限合伙人对入伙前有限合伙企业的债务，以其认缴的出资额为限承担责任。

2. 关于退伙

有限合伙人的退伙限于以下情形：作为合伙人的自然人死亡或者被依法宣告死亡；作为合伙人的法人或者其他组织依法被吊销营业执照、责令关闭、撤销，或者被宣告破产；法律规定或者合伙协议约定合伙人必须具有相关资格而丧失该资格；合伙人在合伙企业中的全部财产份额被人民法院强制执行。

在特定事由下，自然人的有限合伙人资格受法律保护：

(1) 作为有限合伙人的自然人在有限合伙企业存续期间丧失民事行为能力的，其他合伙人不得因此要求其退伙。

(2) 作为有限合伙人的自然人死亡、被依法宣告死亡或者作为有限合伙人的法人及其他组织终止时，其继承人或者权利承受人可以依法取得该有限合伙人在有限合伙企业中的资格。

有限合伙人退伙后，对基于其退伙前的原因发生的有限合伙企业债务，以其退伙时从有限合伙企业中取回的财产承担责任。

合伙企业的最大特点就是要有普通合伙人对企业债务承担无限连带责任。因此，有限合伙企业仅剩有限合伙人时，应当解散；有限合伙企业仅剩普通合伙人时，应转为普通合伙企业。

(六) 普通合伙人与有限合伙人的相互转变

1. 相互转变的依据和程序

除合伙协议另有约定外，普通合伙人转变为有限合伙人，或者有限合伙人转变为普通合伙人，应当经全体合伙人一致同意。

2. 转变后的责任

有限合伙人转变为普通合伙人，相当于新的普通合伙人入伙。所以，有限合伙人转变为普通合伙人的，对其作为有限合伙人期间有限合伙企业发生的债务承担无限连带责任。

普通合伙人转变为有限合伙人的，对其作为普通合伙人期间合伙企业发生的债务承担无限连带责任。

五、合伙企业的解散与清算

(一) 合伙企业的解散

合伙企业的解散，是指由于法律规定的原因或者当事人约定的原因，而使所有合伙人之间的合伙关系归于消灭。但是，合伙企业从宣布解散到最终消灭是一个过程，这期间要进行企业清算。我国对清算期间的合伙企业的法律地位采用人格存续说，即合伙企业虽已宣布解散，但其独立的民事主体资格至清算结束时依然存在，只是其权利能力受到一定的限制，合伙企业的活动范围限于清算有关的事务，企业不得再从事积极营业活动。

根据《合伙企业法》规定，合伙企业有下列情形之一的，应当解散：

(1) 合伙期限届满，合伙人决定不再经营；

(2) 合伙协议约定的解散事由出现；

(3) 全体合伙人决定解散；

(4) 合伙人已不具备法定人数满 30 天;

(5) 合伙协议约定的合伙目的已经实现或者无法实现;

(6) 依法被吊销营业执照、责令关闭或者被撤销;

(7) 法律、行政法规规定的其他原因。

前三项是基于合伙人合意的解散事由;后四项则是基于法律、法规规定的强制解散事由。

(二) 合伙企业的清算

合伙企业的清算,是指合伙企业解散后,依照法定程序清理企业债权债务,处理企业剩余财产并最终终止企业主体资格的过程。

1. 清算人

合伙企业解散,应当由清算人进行清算。合伙人无特别约定时,清算人由全体合伙人担任;或者经全体合伙人过半数同意,可以自合伙企业解散事由出现后 15 日内指定一个或者数个合伙人,或者委托第三人,担任清算人。如果自合伙企业解散事由出现之日起 15 日内未确定清算人的,合伙人或者其他利害关系人可以申请人民法院指定清算人。清算人自被确定之日起 10 日内将合伙企业解散事项通知债权人,并于 60 日内在报纸上公告。债权人应当自接到通知书之日起 30 日内,未接到通知书的自公告之日起 45 日内,向清算人申报债权。债权人申报债权,应当说明债权的有关事项,并提供证明材料。清算人应当对债权进行登记。

2. 清算事务

清算事务由清算人执行,包括清理合伙企业财产,分别编制资产负债表和财产清单;处理与清算有关的合伙企业未了结的事务;清缴所欠税款;清理债权、债务;处理合伙企业清偿债务后的剩余财产;代表合伙企业参与民事诉讼活动。

3. 分配顺序

合伙企业财产在支付清算费用后,按以下顺序清偿:①支付职工工资、社会保险费用、法定补偿金;②缴纳所欠税款;③偿还合伙企业的其他债务,依次为担保债务和无担保债务。对于清偿上述债务后的剩余财产,依照合伙企业的利润分配方法,分配给合伙人,即首先按照合伙协议的约定办理;合伙协议未约定或者约定不明确的,由合伙人协商决定;协商不成的,由合伙人按照实缴出资比例分配;无法确定出资比例的,由合伙人平均分配。

4. 注销登记

清算结束,清算人应当编制清算报告,经全体合伙人签名、盖章后,在 15 日内向企业登记机关报送清算报告,申请办理合伙企业注销登记。合伙企业注销后,原普通合伙人对合伙企业存续期间的债务仍应承担无限连带责任。其债务的追偿依从《民法通则》关于诉讼时效的规定。

5. 合伙企业不能清偿到期债务时的处理

合伙企业不能清偿到期债务时,债权人有以下两条救济途径供自己选择:

(1) 债权人可以依法向人民法院提出破产清算申请。由于合伙企业属于企业法人以外的组织,应按照《企业破产法》第 135 条的规定,参照适用关于破产清算程序的规定,不适用其关于重整和和解的规定。合伙企业依法被宣告破产的,普通合伙人对合伙企业债务仍应承担无限连带责任，即合伙企业的普通合伙人不能因合伙企业的破产而免除清偿债务的责任。

（2）债权人也可以要求普通合伙人清偿。合伙企业不能清偿到期债务的，即便合伙企业被注销之后，原普通合伙人也要承担无限连带责任。这是普通合伙人的法定义务。

学习总结与拓展

【关键词】

企业　个人独资企业　合伙企业　合伙协议　无限责任　无限连带责任　有限合伙企业　普通合伙企业　特殊的普通合伙企业　入伙　退伙　除名

【思考题】

1. 个人独资企业与个体工商户有何区别？

2. 个人独资企业与普通合伙企业有何区别？

3. 普通合伙企业与有限合伙企业有哪些区别？

4. 特殊的普通合伙企业内部关系有何特点？

5. 普通合伙人与有限合伙人的权利和义务有何不同？

6. 万某因出国留学将自己的独资企业委托陈某管理，并授权陈某在5万元以内的开支和50万元以内的交易可自行决定。设若第三人对此授权不知情，则陈某受托期间实施的下列哪一个行为为我国法律所禁止或无效？为什么？

（1）未经万某同意与某公司签订交易额为100万元的合同。

（2）未经万某同意将自己的房屋以1万元出售给本企业。

（3）未经万某同意向某电视台支付广告费8万元。

（4）未经万某同意聘用其妻为企业销售主管。

7. 张某于2000年3月成立一家个人独资企业。同年5月，该企业与甲公司签订一份买卖合同，根据合同，该企业应于同年8月支付给甲公司货款15万元，后该企业一直未支付该款项。2001年1月该企业解散。2003年5月，甲公司起诉张某，要求张某偿还上述15万元债务。对此，应该按照以下哪些办法处理：

（1）因该企业已经解散，甲公司的债权已经消灭。

（2）甲公司可以要求张某以其个人财产承担15万元的债务。

（3）甲公司请求张某偿还债务已超过诉讼时效，其请求不能得到支持。

（4）甲公司请求张某偿还债务的期限应于2003年1月届满。

8. 赵某与钱某经口头协议，在闹市区租门面房合伙经营服装店。不久，房主孙某同意将门面房折价2万元加入合伙，但不参与经营，只每半年收取经营收益的10%。后赵某独自决定进了一批童装，销售情况不佳，童装厂催款。下列哪一种说法是正确的？为什么？

（1）赵、钱、孙之间虽没有书面合伙协议，但可以认定为合伙关系，故须连带承担还款义务。

（2）孙某没有参加合伙的经营，应当认定入伙无效，不承担还款义务。

(3) 赵某一人执行合伙事务，没有征得其他合伙人的同意，其行为后果由赵某一人承担。

(4) 孙某入伙虽无效，但仍应以其所得收益为限对合伙债务承担连带责任。

9. 甲、乙、丙各出资5万元合伙开办一家餐馆，经营期间，丙提出退伙，甲、乙同意，三方约定丙放弃一切合伙权利，也不承担合伙债务。问：以下选项哪一个是正确的？为什么？

(1) 丙退伙后对原合伙的债务不承担责任。

(2) 丙退伙后对原合伙的债务仍应承担连带清偿责任。

(3) 丙退伙后对原合伙的债务承担补充责任。

(4) 丙退伙后仍应以其出资额为限对原合伙债务承担清偿责任。

10. 甲、乙、丙合伙经营汽车运输业务。因生意好，甲想让其弟丁参加合伙，乙同意，但丙反对。甲以多数人同意为由安排丁参与经营。后合伙经营的汽车发生交通事故，造成5万元损失。四人为该5万元损失分担问题诉至法院。问：本案应如何处理？为什么？

(1) 由甲、乙、丁分担5万元。

(2) 由甲、乙、丙、丁分担5万元。

(3) 由甲、乙、丙分担5万元。

(4) 由甲、乙、丙承担大部分，丁承担小部分。

11. 甲与乙、丙成立一合伙企业，并被推举为合伙事务执行人，乙、丙授权甲在3万元以内的开支及30万元内的业务可以自行决定。甲在任职期间内实施的下列行为哪些是法律禁止或无效的行为？

(1) 自行决定一次支付广告费5万元。

(2) 未经乙、丙同意，与某公司签订50万元的合同。

(3) 未经乙、丙同意，将自有房屋以1万元租给合伙企业。

(4) 与其妻一道经营与合伙企业相同的业务。

【阅读资料】

1. 《中华人民共和国个人独资企业法》

2. 《中华人民共和国合伙企业法》

3. 张国平：《当代企业基本法律制度研究》，法律出版社，2005年。

4. 赵旭东：《企业法律形态论》，中国方正出版社，1996年。

5. 林金忠：《企业组织的经济学分析》，商务印书馆，2004年。

6. 科斯：《企业、市场和法律》，上海三联书店，1990年。

7. 李建新、王飞雪：《企业法新论》，中国工商出版社，2006年。

第三章 公司法

【学习提示】公司法是规定公司设立、管理、营运、解散、清算过程的法律规范。公司既是独立主体，同时也是多元利益的集合体。因此学习公司法需要注意公司、股东、高级管理人员以及公司债权人的关系和利益平衡问题。其中，关于公司资本制度、公司章程效力、公司治理机制、股东权益保护、公司变更清算等法理和规定，特别需要理解和熟悉。

第一节 导 论

一、公司的概念与特征

（一）公司的概念

公司是世界性的经济组织形式。由于各国法律文化及公司制度的差异，对公司概念的表述也不完全相同。

在英美法上，公司是指两个或两个以上的主体为了共同的目的而组建的一种组织，常常是为了营利而经营业务，但这种形式主要用于合伙难以胜任的情况。但是，公司也可以用来指法律上的合伙，甚至还可以指个人经营者。[①]

在大陆法系国家，公司是指依法定程序设立的以营利为目的的社团法人。大陆法系公司的概念认为公司的本质是社团法人，而且是以营利为目的的社团法人。

社团法人意味着公司至少要有两个以上投资人组成。但在一人公司产生之后，社团法人作为公司的本质受到挑战。当然，迄今为止，多数人投资组成公司依然是公司的主要特点，公司的社团法人性质依然存在。但是从概念周延角度考虑，则应当将一人公司涵盖其中。

故此，公司的概念从学理上可以表述为：公司是指依法设立的以投资者投资为基础，以营利为目的的企业法人。

（二）公司的特征

1. 独立性

所谓独立性，是指公司具有法人地位。法人是独立的法律主体，其独立性表现在：独立的财产、独立的责任、独立的利益、独立的意志。公司的这个特点区别于合伙企业、个人独资企业。

① 《牛津法律大词典》，光明日报出版社，1988年，第188页。

2. 营利性

所谓营利性，是指公司以营利为目的，公司存在的直接价值就是追求利润最大化，并以此回报投资者。营利性与投资行为有直接联系，公司以投资为基础设立，投资行为是一种追求利润的行为，因而公司的营利性也是为了满足投资的逐利要求。公司的这个特点区别于国家机关、公益性事业机构。

3. 社团性

所谓社团性，也称集合性，是指公司是以人的集合而形成的组织，故公司又被称为联合体或共同体。[①] 有些学者认为随着一人公司的地位逐渐被许多国家所承认，公司已逐渐丧失其社团性特点。[②] 而有些学者认为无论从公司的本质还是从各国的公司法立法看，公司都应该是一种社团，否则就容易把公司与独资企业混同起来，从而也就失去了公司作为特殊组织形态存在的必要。[③]

我们认为，社团性还是公司的基本属性，一人公司是公司组织的特殊形式。需要注意的是，一人公司不同于个人独资企业。前者具有法人地位，而后者不具有法人地位。

4. 标准性

所谓标准性，是指公司依法设立，公司的组织形式、设立条件、内部机构等都是由法律规定，应符合法律标准。比如，我国《公司法》规定了有限公司、股份有限公司为公司的组织形式，无限公司在我国法律体系中则不符合法律标准。

二、公司与公司法的发展

（一）国外公司的产生与发展

1. 公司的历史演进

公司是商品经济发展到一定阶段的产物，公司出现之前，从事商业活动的除单个的个人而外，主要的是独资企业和合伙组织。公司萌芽于欧洲中世纪，形成和发展于商品经济高度发达的资本主义。在欧洲的中世纪，以意大利的威尼斯、佛罗伦萨、米兰为代表的地中海沿岸曾是世界贸易的中心。发达的商业和贸易促进了许多新的经济组织的出现，同时也有了公司的雏形。公司的初始形态是家族性的企业和一种称为康孟达的组织。家族企业起源于个体商人，当个体商人死后，要发生继承关系，为了防止因继承分割财产而毁掉个体商人的基业，其继承人往往并不采取分家析产的办法，而是采取共同继承的办法对原有企业进行共同经营和共同管理。为此便出现了一种以血缘为纽带由数人共同经营的家族式企业。最早的家族企业是一种合伙型企业，以后随着血缘的疏远和人身关系的减弱以及资本因素的增加，一些家族企业逐渐演变为无限责任公司。而康孟达最初只是一种合伙经营制度。它起源于中世纪航海经济的需要，随着东西方贸易的加强和西方对东方货物需求的扩大，以贩卖东方香料、茶叶、瓷器等为主的航海贸易日趋发达。但这种获益颇丰的航海事业风险很大而且需要很多资金，航海人自己的实力很难

① 赵旭东主编：《公司法学》，高等教育出版社，2003年，第6页。

② 江平主编：《新编公司法教程》，法律出版社出版，1994年版，第24页。

③ 石少侠著：《公司法》，吉林出版社出版，1996年，第6页。石少侠主编：《公司法教程》，中国政法大学出版社，1997年，第4页。

实现。另一方面一些封建主和一些新兴的商人拥有大量的财富，而根据基督教的教义又不能放贷和收取利息，因此，以一种隐名为特征的康孟达组织便产生了。康孟达由出资者和经营者组成，对于单纯投资而不直接进行经营的人而言，他只以自己的出资对外承担责任，即是出资人承担有限责任。而经营者则全权负责对合伙事务的管理，并且需用自己的全部财产对合伙事务承担无限连带责任。这一制度以后逐步演变为隐名合伙和两合公司。

17 世纪，欧洲海上强国兴起，为了贸易和殖民的需要，英国、荷兰等北欧各国相继成立了带有股份性质的企业组织形式。如 1600 年英国成立东印度公司，在创建之初就将 6.8 万英镑的资本总额平均分成数额相等的若干股份，每股金额相等，股东以自己的股份数对公司的债务承担责任，这就是股份公司的最早形态。到了 19 世纪，随着蒸汽机的发明和科学的进步，兴办一些企业需要大量的资金，特别是铁路、冶金、化工等大工业的出现，更使单个的资本无力单独承受。从而为股份公司的发展提供了适合的土壤。正如马克思所言，股份公司的成立使生产规模惊人地扩大了，个别资本不可能建立的企业出现了。“假如必须等到积累去使某些单个的资本增长到能够修建铁路的程度，那么，恐怕直到今天世界上还没有铁路。但是，集中通过股份公司转瞬之间就把这件事完成了。”① 到了 19 世纪末，德国为了经济发展的需要，吸取了无限公司和股份公司各自的优点首创了有限责任公司制度，并很快为世界各国所效仿。至此，较为完备的公司制度得以形成。

2. 国外公司法的发展

最早的公司成文法首推 1673 年法国路易十四时期的《商事条例》，该条例规定了有关无限公司和两合公司的制度。拿破仑上台后于 1807 年以《商事条例》为蓝本制定了《法国商法典》，该法典在原有商事条例的基础上还规定了股份公司制度。为了弥补商法典的不足，法国于 1867 年颁布了《股份公司法》，于 1925 年颁布了《有限责任公司法》。1940 年法国对上述公司法作了重要的修改。20 世纪 60 年代，法国政府下决心摒弃对旧法修修补补的方法，而采取重新制定公司法的方法，在参考日本、德国、英国等国的公司立法的基础上，于 1966 年 7 月 24 日公布了新的《公司法》，即法国现行公司法。德国、日本有关公司的规定主要体现在商法中。德国最先创立有限责任公司形式，因而其在 1892 年制定了《有限责任公司法》，又于 1937 年制定了《股份法》。日本在明治维新后大力开展了近代法典的编撰工作，1890 年日本公布的《商法典》中第六章为公司法，1899 年的新《商法典》的第二章是规范公司的内容，1911 年又对《商法典》中的公司篇的内容作了较大的修正，涉及条文达一百多条。1938 年日本又依照最新欧美公司法对其公司法作了大的修订，同年公布了《有限责任公司法》。除《商法典》中的公司编和《有限责任公司法》外，日本还公布了《商法特例法》等单行法。

与大陆法系国家不同，英国、美国调整公司关系的法律主要是单行法。虽然英美法的特点是以判例法为主，但是在公司法方面，却主要表现为成文法。英国最早的公司法颁布于 1862 年，以后分别于 1908 年、1929 年、1948 年陆续颁布了新的公司法。英国现行的公司法是以 1948 年的《公司法》为骨干，以 1967 年、1976 年和 1980 年的修正

① 《马克思恩格斯全集》(第 23 卷)，人民出版社，1995 年，第 688 页。

条款为补充构成的。此外1963年的《股份转让法》、1958年的《防止斯诈投资法》、1949年的《公司清理规则》等法规也是公司法中的重要组成部分。而在美国，有关公司的立法权属于各州，为了协调各州的公司法，联邦法制委员会于1928年制定了《统一商事公司法（示范法）》，并于1950年由全国律师协会制定了《标准公司法》，该法现为美国大多数州立法所采用。

（二）我国公司与公司法的产生与发展

我国最早出现的公司是在清末洋务运动时成立的如招商局一类的企业，虽然其名称为局，但其组织形式为现代公司。1903年清廷颁布的《公司律》是我国最早的成文公司法。该法共131条。中华民国成立后，于1914年在清公司律的基础上颁布了《公司条例》。

新中国成立后，我国公司制度的发展大体上沿着苏联经济的模式发展。社会主义改造完成之后，在西方国家普遍存在的公司形式就不复存在了，存在的叫作“公司”的企业并不以营利为目的。1979年我国开始实行对外开放，相继出现了一些公司。1979年我国制定了中外合资经营企业法，规定中外合资企业的组织形式是有限责任公司。1988年我国颁布了私营企业条例。首次将企业按其组织形式的不同划分为独资企业、合伙企业和有限责任公司。1992年5月15日国家体改委、国家计委、财政部等联合发布《股份制企业试点办法》，国家体改委颁布了《股份公司规范意见》和《有限责任公司规范意见》。1993年12月29日我国颁布了具有历史意义的《中华人民共和国公司法》（以下简称《公司法》），该法经多次修订，其中2005年10月27日进行了大幅度修订，2013年12月28日又对《公司法》中的公司资本制度等进行了修改。

目前，我国《公司法》规范有：《公司法》（2013年修订），该法规定了有限公司、股份公司、公司债券、公司财务会计、公司合并分立等十三章共计218条；《公司登记管理条例》（2014年修订）；此外，最高人民法院发布了三件《关于适用〈中华人民共和国公司法〉若干问题的规定》，明确了司法审判中的认定规则。

三、公司的类型

（一）有限责任公司

1. 有限责任公司的概念

有限责任公司又称有限公司，是指由符合法定人数的股东依法组成的股东仅以出资额为限对公司的债务承担有限责任，公司以公司的全部财产对公司的债务承担责任的一种公司形式。

在所有公司类型中，有限责任公司的形式出现最晚，在立法上最早见于1892年德国颁布第一部有限责任公司法，接着世界上很多国家都纷纷效仿德国颁布各自的有限责任公司法，逐步使有限责任公司形式成为现代公司制度中的一种重要形式。

2. 有限责任公司的特征

有限责任公司除具备公司的一般特征而外，与其他公司相比较，它还具备一些独到的特征：

（1）有限责任公司是一种人合兼资合的公司。有限责任公司是在总结其他公司的优缺点的基础上产生的，它吸取了股份公司的资合性，保留了公司股东对公司债务仅就出资额为限承担有限责任的优点，同时又吸收无限责任公司的人合性特点以加强股东在合作经营方面的凝聚力。有限责任公司通过资本的联合和股东之间的相互信任为基础，既解决了公司的资本来源又有良好的信用，是一种既便于设立的公司又是一种适应商品经济的公司形式。

（2）有限责任公司是一种封闭性的公司。有限责任公司的封闭性表现在：第一，有限责任公司的股东人数有限制，公司资本的来源只能从有限的股东中获得；第二，有限责任公司只能采取发起方式设立，且公司不能发行股票，而只向投资人发放出资证明书，出资证明书不能上市交易，其股东相对稳定。第三，有限责任公司由于不能发行股票，因而有限责任公司的财务会计报告也不用向社会公开。

（3）有限责任公司的规模可大可小，适应性强。有限责任公司的股东人数有不同的规定，如美国特拉华州公司法规定股东人数最高为30人。日本、英国、法国、比利时等国家规定股东人数最高为50人。我国也规定为50人。有的国家无上限规定，如德国、奥地利、意大利、瑞士、荷兰、丹麦等国家则未规定股东的上限。由于公司股东人数有上限的限制使得公司的规模受到影响，但如果每个股东的出资额都很大则公司的规模也可能很大。由于有限责任公司的规模可大可小，因而这类公司具有很强的适应性，它成为现代国家采用最多的公司形式，其数量在公司总数中占第一。

（4）有限责任公司设立程序简单。在具有人合兼资合的公司中股东之间的权利义务主要可依赖股东之间的相互信赖和内部协议来调节，资金的筹集和转让对社会公共利益影响较小，政府的干预相对较少。因而正在有限责任公司的设立上也反映为国家干预较少，有限责任公司的设立一般采用准则主义，除一些特殊行业的经营外，只要符合法律所规定的法定条件就可予以注册登记。

（5）组织机构灵活。从国外的法律规定看来，因有限责任公司多属于中小型企业，股东会、董事会、监事会等机构的设置往往可根据需要而选择，而不像股份公司那样属于法定的必须设置的机构。比如在日本、英国、法国等国家规定除非公司章程另有规定，股东会决定有限责任公司的所有事务，即有限责任公司可以根据公司的具体情况选择由董事会作为公司的决策机构，只有在公司章程未作规定的情况下，股东会才成为法定的决策机构。公司设置了股东会可不设置董事会而只设置一名执行董事。比如法国没有关于有限责任公司董事会的规定，执行经理由股东会任命和撤换。我国《公司法》也规定在公司规模较小时可以不设立董事会而只设立一名执行董事。监事会是一任意机构。有限责任公司是否设立监事会各国法律的规定各不相同。美国、英国、法国等一般不设监事会，而像奥地利、荷兰则规定有限责任公司达到一定的规模时必须设立监事会。我国则规定有限责任公司可根据规模的大小只设一名执行监事。

（二）股份有限公司

1. 股份有限公司的概念

股份有限公司又称为股份公司，是指公司的全部资本划分为若干等额股份，由一定数量的股东持有，股东以其所持股份为限对公司债务承担责任，公司以公司全部财产对公司债务承担责任的一种公司形式。

股份有限公司起源于17世纪的荷兰和英国。荷兰的东印度公司和英国的东印度公司就是世界上最早的股份有限公司。成立于1602年的荷兰东印度公司是殖民地商品经济的产物，当时其内部组织尚无股东大会，董事的选任和经营范围也不受投资人的限制，董事由政府以特许状指定有经营能力的殖民者担任。尽管股份公司一产生就成了殖民者对外侵略和对外扩张的工具，但它作为集资经营、共担风险的经济组织形式，在社会生活中起的作用是其他公司形态无法取代的。许多西方的经济学家和法学家将股份公司视为新时代的伟大发现，认为它的重要性并不亚于蒸汽机与电力的发明。[①] 这说明企业形态的变革对于生产力的发展有着十分重要的作用。四百年来，股份公司在西方国家得到了长足的发展，成为西方国家占统治地位的公司形式。

2. 股份有限公司的特征

股份公司是现代公司制度中最重要的一种形式，与其他公司相比较，它具有以下的特征：

（1）股东责任的有限性。股份公司的股东仅以其所持有的股份数为限对公司的债务承担责任，除此而外不对公司及公司债权人承担任何财产责任。公司的债权人只能要求用公司的财产进行清偿，不能直接要求股东承担责任。

（2）股份公司的资合性。股份有限公司是一种典型的资合性公司。在这类公司中股东的身份对公司没有实质意义，公司的信用在于公司的财产，公司的股东人数没有上限的限制，股东之间也不强调相互的信赖，由于股份的自由转让性使得股东人数和股东随时处于变动之中。因而该类公司的设立和经营完全是以公司的财产为基础，它是一类最典型的资合公司。

（3）股份公司的开放性。股份公司的资本来源除了由发起人投资而外，往往可通过公开募集的方式由社会公众来形成，即股份公司的股东既包括发起人，也包括许多不特定的社会公众。由此也就决定股份公司的财务必须公开，使广大的股东及潜在的投资者对于公司的经营情况进行了解和作出判断。由于股份公司的经营情况涉及千家万户的利益，因而对这类公司的监管也比有限责任公司要严格。

（4）股份公司资本的等额划分性。股份公司的资本划分为若干等额的股份，股份是公司资本的最小构成单位，由不同人数的股东分别持有。在股份公司中分别以股东所持有的股份数的多少表示股东权益。公司总的资本就等于公司发行的股份数与每股面值的乘积。这样既便于公司资本和股东权益的计算，也便于公司筹集资本。

（5）股份公司股份的流通性。股份公司发行的股份以股票的形式存在，股票是证券市场上一种非常重要的有价证券，它可以进行交易。即股份公司的股东可以自由转让股份而不必经其他股东的同意，这与有限责任公司股东有限制地转让出资形成对比。自由转让的结果使股东频繁地变动，使得股东与公司的分离更加彻底。

（6）股份公司设立程序的复杂性。由于股份公司是一种开放性的公司，它涉及广大股东的利益，因此各国都对股份公司从其设立到经营过程进行严格的监管。表现在公司设立过程中，它是按照审批方式来设立，公司设立除了符合法定条件而外，必须经过相关国家机关的审批和批准才能进行相应的行为。

3. 股份公司与有限责任公司的区别

股份公司和有限责任公司是现代社会中两种重要的公司形式，但它们也存在着以下

---

① L S. Sealy, *Company law and Commercial Reality*, Sweet &Maxwell, 1984, p3.

一些重要的区别：

(1) 资本结构不同。有限责任公司的资本不分为等额股份，而股份有限公司的资本则需要分为等额股份。资本结构的不同，产生了其他方面的差别，比如资本的流行性、经营的公开性、结构的繁简性。

(2) 设立的方式不同。有限责任公司采用准则主义方式设立而股份公司则采用核准主义方式设立。因此决定了有限责任公司的设立程序很简单而股份公司的设立程序很复杂，后者的设立除了符合法定条件而外，必须经过相关国家机关的审批和批准。

(3) 经营公开程度不同。有限责任公司是一种相对封闭的公司，公司资本的来源和转让均有限制，有限责任公司往往被称为封闭性公司。而股份公司则是一种开放性的公司，表现在公司股份公开募集、公司的财务情况公开、股份的转让自由等。

(4) 组织机构繁简不同。有限责任公司的组织机构根据公司的情况可以灵活设置，在公司规模不大的情况下可以只设立执行董事和监事。而股份公司的组织机构则很健全和规范，必须依法设立股东会、董事会、监事会。

(三) 国有独资公司

1. 国有独资公司的概念

国有独资公司是我国《公司法》确认的一种特殊的公司形态，它是指国家单独出资，由国务院或者地方政府授权本级政府国有资产监管机构履行出资人职责的有限责任公司。

2. 国有独资公司的特征

(1) 国有独资公司是有限责任公司的特殊形态。国有独资公司是一种特殊的有限责任公司，前面我们介绍公司的特征时说公司具有社团性的特点，即公司至少应由两个以上的股东组成。而国有独资公司却只有一个股东，投资主体具有单一性的特点。它是由国家授权投资的机构和授权投资的部门专门投资成立的一种有限责任公司。尽管在投资主体上具有特殊性，但它仍然是一种有限责任公司。

(2) 国有独资公司投资主体的特殊性。国有独资公司是由国有资产监管部门作为唯一的投资主体投资设立的公司。除此而外的其他主体不能投资成立这类公司。

(3) 国有独资公司的内部组织机构的特殊性。国有独资公司的组织机构既不像国有企业实行厂长负责制，其内部组织机构的设立也不像一般有限责任公司那样，它无须设立股东会，公司的生产经营主要由董事会负责。同时法律规定公司董事会成员中应当有职工代表。监事会成员不得少于5人，其中职工代表的比例不得低于三分之一，由职代会选举产生，其他监事会成员由国有资产监管机构委派。

(四) 一人公司

一人公司是指只有一个自然人股东或者一个法人股东的有限责任公司。我国《公司法》规定：一个自然人只能投资设立一个一人有限责任公司。该一人有限责任公司不能投资设立新的一人有限责任公司。一人有限责任公司的股东承担有限责任的前提是必须能够证明公司财产独立于股东自己的财产，否则应当对公司债务承担连带责任。

(五) 上市公司

上市公司是指公司依法公开发行股票，并在获得证券交易所审查批准后，其股票在证券交易所上市交易的股份有限公司。

上市公司是股份公司的一种。获准上市是指股票在证券交易所能进行交易。在我国股份公司要成为上市公司必须符合法定的条件和经过法定的程序，只有经国务院或者国务院授权的证券管理部门批准的股份公司才能成为上市公司，未经批准的公司不能成为上市公司。在证券交易所进行的交易又称为挂牌交易，只有公司股票在证券交易所挂牌交易的公司才是上市公司。

四、公司的功能

（一）便于资本集中

公司是筹集资金最有效的企业形式。公司这方面的作用在股份公司表现最明显。公司筹集资金的方式多样，比如包括向银行贷款及发行债券以及发行股份等，但在这些方式中股份筹资有明显的优越性。首先，股份融资成本低。企业无论是发行债券还是向银行贷款都要到期还本付息。而公司通过股份筹资则无还本付息的压力，公司对资金的使用具有永久性，除非公司解散。其次，股份筹资手段灵活。公司筹资可根据不同的情况发行不同的股票，可以发行普通股和优先股，也可以发行可转换公司债。第三，股份筹资的规模大、速度快。公司发行股票首先要公开招股说明书，可将愿意进行投资的社会闲散资金迅速地集聚到一起。另外股份集资的基本单位小，出资的股东范围广，股东分散，承担的风险相对小，因此筹资相对容易。第四，股份融资转让方便。股份以有价证券的方式存在，股票可以在股票市场上流通和转让。当公司经营不好时，投资者可在股票市场上通过转让股票而收回投资，再根据情况另作投资，这对促进生产要素的流动很有好处。因此马克思指出："如果必须等到积累以使某些单个资本增长到能够修建铁路的程度，那么，恐怕直到今天世界上还没有铁路，但是，通过股份公司的方式筹措资本，转瞬之间就把这件事完成了。"

（二）提供投资机制

投资机制是指在投资获利最大化目的下将投资风险限制到最小的机制。公司提供了这种机制。一方面，公司是一种营利性组织，公司的营利性非为公司本身，而是为公司的股东，公司的一切经营收益最终都要分配给公司股东。[①] 公司的经营业绩决定股东的投资收益，而公司涉及经营中的重大事项由股东会决定，公司是被广泛采用的投资方式。

任何投资都有风险，投资者在追求利润的过程中也应当尽量降低风险。在对企业直接投资中，向合伙企业和个人独资企业投资的风险远远大于公司，因为向公司投资后股东仅以出资为限对公司债务承担责任。公司的有限责任性割断了股东与公司责任的连带性，从而使得投资风险得到有效的控制。同时股东还可以通过向不同的公司投资来进一步分散风险。

（三）利于企业管理

公司有其独特的内部组织管理机构，形成相互协调相互制约的内部管理机制。具体表现为：其一，所有权与管理权相分离。股东会作为公司的最高权力机构，选举产生董事会，由董事会行使公司的生产经营决策权。公司还要设立监事会，依法对董事会和公

① 赵旭东：《公司法学》，高等教育出版社，2003年，第33页。

司经理以及财务负责人进行监督。其二，决策权与执行权相分离。董事会是公司的最高决策机构，负责对公司的生产规模、投资安排、资金筹划及重要职员的任免等重大事项做出决策，由行政管理职能的经理具体执行，使企业管理成为一项专门的科学从而有利于加强企业的科学管理。

（四）平衡多元利益

现代社会的公司是多元利益的集合体，也构成社会细胞。公司不仅包含了股东、职工、债权人的利益，还反映消费者、政府、社会的利益诉求。公司通过一定法律机制和制度安排，使多元利益得以平衡，也成为社会稳定的基础。

五、公司法概念与特点

（一）公司法的概念

公司法是调整公司在设立、组织、经营过程中和解散时所发生的社会关系法律规范的总称。事实上公司法是调整公司对内对外关系的法律。公司法调整的对象和范围包括公司设立过程、存续期间和终止过程中的法律行为和法律关系。

公司法有形式意义上的公司法和实质意义上的公司法之分，形式意义上的公司法是指直接以公司法命名的法律，而实质意义上的公司法是指公司法律规范总称意义上的公司法，是商法中的重要法律部门。

（二）公司法的特点

(1) 从公司法内容上看，公司法是一部组织法与行为法相结合的法律。公司法以调整公司的组织关系为主要内容，同时也调整与公司组织关系密切相关的活动。公司法既要规定公司的组织机构如何设立和组织机构之间的职权划分，又要规定公司在存续期间如何开展经营活动。

(2) 从公司法的体例上看，公司法是一部实体法与程序法相结合的法律。公司法一方面规定股东及公司组织机构之间的权利义务关系，规定公司的经营活动，另一方面规定公司如何设立、公司变更、公司解散清算等程序问题。公司法把这两者有机地结合在一起，有利于法的实施和操作。

(3) 从公司法的规范性质上看，公司法是一种强制性规范与任意性规范相结合的法律。公司法作为组织法主要表现为强制性规范，以维护商事活动中交易的安全；公司法在突出强制性规范的同时也包含大量任意性规范，从一定程度上体现股东和公司的意愿。对于这一特点有人称之为商法的二元性，也有人称之公司法具有私法的公法化[①]。

(4) 从公司法确认的规则看，公司法是具有一定的国际性特征的国内法。尽管各国的政治制度和法律体制千差万别，但由于经济活动具有共性和规律性，加之国际经济一体化趋势的逐步形成，各国公司法在保留其个性的同时必须概括出公司的共同组织原则和活动规则。因而公司法尽管属于各国的国内法但具有国际趋同性。所以我国在公司法制定和修改过程中大量借鉴和吸收了西方发达国家公司法的立法经验。

（三）公司法的适用

关于公司法的适用主要涉及适用的时间、空间和适用主体三个方面的问题。公司法

---

① 江平主编：《新编公司法教程》，法律出版社，1994 年，第 3 页。

的适用时间，一般都起于公司法的制定并实施，终止于公司法的废止。我国现行《公司法》于 1993 年颁布后，经过 1999 年、2004 年、2005 年和 2013 年四次修改，最后一次修改从 2014 年 3 月 1 日起实施。公司法的适用空间一般是在一国领土范围之内。我国《公司法》只在我国大陆地区适用，在香港、澳门和台湾地区不适用。公司法的适用主体是指哪些公司适用公司法。我国《公司法》适用于在中国境内设立的有限责任公司和股份有限公司，也适用于外国公司在中国的分支机构。

六、公司法基本原理

公司法的基本原理，是指公司法建立公司制度、规范公司行为、调整公司关系的一般原则和道理。我们经过分析和研究，归纳出公司法如下四个方面的基本原理：

（一）人格拟制

公司法通过法律拟制技术，将自然人的人格特征拟制于公司，使公司成为具有法律人格的法律主体。同时，区别投资者人格和公司人格。这种人格区分，使得投资者和公司两种主体、两种权利、两种责任的划分成为可能，也为股东有限责任和公司独立责任奠定了法律基础。从这个意义上讲，人格拟制不仅塑造了公司的独立法律地位，还确立了股东有限责任。

（二）权利置换

公司是多数人投资形成的组织。分清投资人与公司的权利义务关系，是解决资本流转、利益分配、责任承担的基础。公司财产来源于股东投资，当股东将财产投资到公司后，公司就拥有股东投资而形成的公司法人财产权，而股东通过向公司投资则把所有权、知识产权、土地使用权等转换成了对公司享有的股权。在股东与公司之间存在着权利置换关系，公司成立和公司并购以及公司结算清算等过程中，都存在着公司与投资人、投资人之间、公司之间用一种权利置换另一种权利的情形。权利置换使得公司的产权关系清晰，法律关系清楚，法律调整准确。

（三）分权制衡

在公司的发展演变过程中，公司投资人和管理人逐步分离，公司的具体经营管理事务由公司董事会和经理机构完成。如何保障投资人利益，使公司稳健发展，需要通过一定机制来加以保障。集权机制便于决策和执行，但是会产生权力滥用和决策以及执行错误难以纠正，从而损害投资人利益和公司的长远发展利益。采取分权制衡机制，将公司的决策权、执行权和监督权分别由股东会、董事会、监事会享有。监事会监督董事会和经理以及公司财务，同时赋予股东以诉权，防止和纠正股东会、董事会的错误决议。这种机制，是公司管理科学化的体现。

（四）利益协调

公司是一个具有独立利益的组织，同时也是汇集了多元利益的集合体。股东希望投资利润最大化并且实现投资回报最大化，职工希望自己互利最大化，高级管理人员希望自己报酬最大化，也希望支配资源能力最大化，政府希望公司税收最大化，债权人要求债权能够得到最安全的保障……而所有这些诉求，都要在公司资产和利润既定的条件下来实现，势必发生冲突。如果通过协商的方式来解决，当然是一种理想的状态，但事实不可能。于是，通过规则的方式加以调控，合理界定与协调各方的诉求，动态保护各方利益，就成为制度建设的必要。而公司法恰恰提供了这样的利益协调机制。

第二节　公司设立

一、公司设立概述

（一）公司设立的概念

公司设立是指发起人依照公司法的规定，在公司成立之前循序连续进行的以取得公司法人资格为目的一系列法律行为的总称。公司设立的本质在于使一个尚不存在的公司逐步具备条件并取得法律上的商事主体资格，是公司从无到有的创建过程。

公司设立的内容是指在公司成立之前为了取得公司法人资格而进行的一系列的活动。这一系列的活动包括有：订立发起人协议，制定公司章程，选举公司组织机构，缴纳出资，募集股份，取得公司的经营场所，召开公司创立大会，申请公司注册登记等活动。这些活动必须是围绕着取得公司法人资格的目的而开展。

（二）公司发起人

公司发起人是指向公司出资或者认购公司股份，并承担公司筹办事务的公司创设人。公司发起人的作用主要在于向公司出资和承担公司筹办事务。

关于发起人的法律地位主要有四种观点：①

（1）无因管理说。此说认为，发起人与公司之间的关系是无因管理关系。公司成立后发起人因设立公司所产生的权利、义务，移归公司。

（2）为第三人利益合同说。此说认为，发起人因发起设立公司与他人所缔结的法律关系，是以将来成立的公司为受益第三人的合同。

（3）设立中的公司之机关说。该说认为发起人是发起设立中的公司的机关，其因设立行为所生权利、义务自然归属于将来成立的公司。

（4）当然承继说。此说认为，发起人的权利、义务，在公司成立的同时，当然由公司承受。

有学者分析认为发起人的法律地位应当从以下两个方面来确定：②

从发起人作为个人来说，其法律地位表现在发起人之间的关系中。各发起人以设立公司为目的而结合在一起，他们之间要签订发起协议，所以发起人之间是一种合伙关系；从发起人作为一个整体来说，其法律地位表现在发起人与设立中公司的关系中。设立中的公司是无权利能力的社团，发起人作为设立中公司的机关，对外代表设立中的公司，对内履行设立义务。因而由于发起人的行为使公司利益受到损害时，发起人应当承担法律责任。然而当公司成立后，发起人就变成了公司的股东，成立的公司事实上是设立中的公司的继续，因而发起人在设立中的有关权利义务应当归属于成立后的公司。本书支持这种观点。

---

① 郑玉波：《公司法》，三民书局，1980年，第86—87页。

② 王保树、崔勤之：《中国公司法原理》，社会科学文献出版社，2000年，第164—165页。

（三）公司设立的原则

按照各国对公司设立所采取的态度不同，我们通常可把公司设立的立法原则分成以下四种：

1. 自由设立主义

自由设立主义又称为放任主义，是指国家对公司的设立从法律上不加干预，全凭当事人的自由意志为之。从罗马社会到中世纪，商业社团是依事实而存在，而不是依法创立。法律对商业社团既不承认是"法人"也不对其存在加以干预，故成立商业社团或公司既无法定条件的限制，亦无须进行注册登记。但是这种情况下极易导致滥设公司的后果，故其在近代已逐渐被淘汰。

2. 特许设立主义

特许主义是指凡要成立公司取得法人资格者，必须经过国家元首特别许可或者经过国家立法机关颁发特别法令予以许可，否则公司不能成立。通过这种方式设立的公司多为一些作用特殊或具有较强政治色彩的大公司。例如，1600 年成立的英国东印度公司就是由英国女王伊丽莎白一世特许成立的。此种方式主要盛行于 17 世纪至 19 世纪，至今，英国仍保留了特许公司。

3. 审批设立主义

审批设立主义是指公司的设立除必须具备法定条件外，还必须经国家监管机关审查批准才能成立。这种立法例始创于法国路易十四时代颁发的商事条例，后为许多国家采用，由于这种体例使公司的设立条件过于严格，故在现代各国除有特别监管需要的公司设立采用审批主义外，已逐步为准则主义所取代。

4. 准则设立主义

准则设立主义是指法律预先规定公司设立及取得法人资格的要件作为基本准则，准备设立公司者以此为准则，符合已规定条件就予以登记注册并取得法人资格。1862 年的美国公司法首先采用这些立法体例。但按照许多国家的规定，即使采取准则主义，亦应呈请国家主管机关登记，主管机关登记时只进行形式审查而不进行实质审查，由于这种方法也会造成公司设立过多过滥，故目前大多数国家采取的是严格准则主义。其严格性主要体现为一方面对公司成立要件日趋严格化，另一方面加重公司发起人的设立责任。

我国公司设立的原则经历了较大的变化，目前公司法对公司设立采取准则主义与审批主义相结合的立法模式。一般而言，对于多数有限责任公司和股份公司的设立，采用准则主义，即符合公司法规定的设立条件的，由公司登记机关分别登记为有限公司或者股份公司；而法律、行政法规规定设立公司必须报经批准的，应当在公司登记前依法办理批准手续，采用审批主义。如设立证券公司，按照《证券法》规定，必须经国务院证券监督管理机构审查批准。

（四）公司设立的方式

1. 发起设立

发起设立是指公司的资本由发起人全部认购，不向发起人之外的人进行募集的公司设立方式。

发起设立具有程序简单，筹资成本低的优点，因而是一种较为通行的公司设立方式。但发起设立必须要求发起人筹足全部资本，使发起人的出资责任很重，对资金需求量很大的公司，发起设立难以胜任。因此发起设立通常被认为是中小型公司所常采用的一种设立方式。

2. 募集设立

募集设立是指发起人仅认购公司资本中一定比例的股份，其余部分由发起人之外的人认购而设立公司的方式。募集设立与发起设立的主要不同在于公司在设立阶段就可以向外招募股份。股份有限公司可以采取募集设立的方式来创设公司。我国《公司法》规定，以募集方式设立的股份公司，发起人认购的部分不得少于公司股份总数的35％。

募集设立与发起设立相比较，主要的优越性在于可以通过发行股份的方式一方面充分吸收社会的闲散资金，在短期内筹足公司所需要的巨额资本；另一方面，全部资本不需要发起人筹足，可缓解发起人出资压力，有利于公司成立。但募集设立公司的程序极为复杂，受到许多方面的制约，筹资过程较长，筹资成本较高，募集设立的方式主要是需要巨额资金的公司设立时选择的方式。

二、公司设立条件

（一）公司设立条件概说

1. 人的条件

发起人即公司的创始人，是指申请设立公司并向公司投资且对公司设立承担责任的人。发起人除其具备民事权利能力和民事行为能力外，法律还对发起人的人数和资格作出了限制。

绝大多数国家都规定公司发起人必须在2人以上，对股份公司的发起人人数要求更高。我国除国有独资公司和一人公司而外，有限责任公司必须要2—50人股东，股份有限公司的发起人为2人以上200人以下。

一般而言公司发起人可以是法人，也可以是自然人。但有些国家公司法对发起人的身份作了特殊要求。如瑞典公司法要求股份公司发起人必须是本国人，意大利公司法规定外国人拥有意大利公司30％以上股份时，需经意大利财政部的批准。我国《公司法》对有限公司发起人没有国籍限制，但是股份公司发起人须有半数以上在中国境内有住所。

2. 物的条件

物的条件是指公司应具备的必要物质条件，主要是资本条件。资本来源于股东的出资。物的条件还包括公司要有住所。

3. 行为条件

行为条件是指公司发起人必须完成规定的设立行为，且设立行为应符合法律规定。行为条件中最基本也是最重要的，是完成公司章程的制定。

4. 组织条件

公司设立的组织条件主要包括确定公司名称、类型、组织机构等。公司名称是公司与其他商事主体相互区别的标志，是公司的法定登记事项；而公司团体意志的形成和实现必须借助于一定的组织机构；经营场所是公司从事生产经营的地方和空间。因此公司必须要有公司名称，有符合法律规定的组织机构。

（二）有限责任公司的设立条件

有限责任公司是一种法定的公司形式，而且有限责任公司的设立大多采用准则主义，因而公司设立的条件必须在法律中应有明确规定。我国《公司法》第23条对有限责任公司设立的法定条件作了明确的规定：

（1）股东符合法定人数。我国《公司法》将有限责任公司的股东规定为50人以下。

（2）有符合公司章程规定的全体股东认缴的出资额。认缴出资不同于实缴出资，前者只需要认领而不必实际缴纳。该规定大大降低设立有限公司的条件，有利于设立有限公司。

（3）股东共同制定公司章程。有限责任公司的章程是公司必备的法律文件，是规范公司的组织机构和公司的经营活动以及股东权利义务的书面文件，是全体股东的共同意思表示，对全体股东、公司的组织机构和经营管理人员均有法律上的约束力。有限责任公司的公司章程应由全体股东共同制定并签字。

（4）有公司名称和组织机构。公司的名称是公司独立人格的标志，公司发起人可以自由拟定公司名称，但是公司名称必须要符合企业名称登记管理规定，并且名称中必须要包含“有限责任公司”或者“有限公司”的字样。公司名称要经过名称预先核准登记程序才可正式采用。

（5）有公司住所。公司住所是公司主要办事机构所在地，是公司章程的必要记载事项，也是确定公司管辖和文书送达的重要标志。

（三）股份公司的设立条件

股份公司是一种相对开放性的公司，其设立和经营会涉及更多投资人和债权人的利益，因而公司法对股份公司设立的监管较为严格，对其设立条件有明确而具体的规定。我国《公司法》第76条对股份公司的设立规定了下列条件：

（1）发起人符合法定人数。设立股份公司其发起人应当是2人以上200人以下，其中须有过半数以上的发起人在中国境内有住所。

（2）有符合公司章程规定的全体发起人认购的股本总额或者募集的实收股本总额。公司法不再对资本数额做具体规定，但法律、行政法规以及国务院对公司注册资本实缴、注册资本最低限额另有规定的，从其规定。比如，根据《保险法》规定，设立保险公司，其注册资本的最低限额为人民币二亿元，且必须为实缴货币资本。

（3）股份发行、筹办事项符合法律规定。这主要是指符合《公司法》第五章第一节股份发行的规定以及《证券法》第二章证券发行的规定。

（4）发起人制订公司章程，采用募集方式设立的经创立大会通过。此项设立条件要求发起设立的股份公司由发起人制订公司章程，而采用募集设立方式设立的股份公司其章程首先由发起人制订，然后要通过公司创立大会通过。

（5）有公司名称，建立符合股份公司要求的组织机构。

（6）有公司住所。

三、公司设立程序

公司设立主要包括设立行为和注册登记两个阶段。设立行为是依据法律准备法律规定的条件的过程，这个过程包括一系列的法律行为，一般认为这些行为属于民事行为；

而注册登记是由法定机关赋予公司法律人格的过程，这个行为属于商事登记行为。

（一）有限责任公司设立的程序

有限责任公司设立的程序相对比较简单，主要包括如下环节：

（1）发起人发起。有限责任公司只能采用发起设立方式。发起人欲设立有限责任公司时，应订立发起人协议以明确公司在设立过程中发起人之间的权利义务关系及公司不能设立时的责任承担，另外发起人也应研究公司设立的可行性。

（2）申请名称预先核准。凡设立公司应当申请名称预先核准，通过该程序可以使公司的名称在申请设立登记之前就具有合法性和确定性，从而保证公司设立登记的顺利进行。因为在公司设立登记过程中需要使用公司名称，比如在制定章程以及申请登记时都需要公司名称。

（3）制订公司章程并认缴出资。公司章程是公司设立及公司经营过程中的必备法律文件。发起人应当依法制定有限责任公司的公司章程。有限责任公司在公司章程中要明确规定股东认缴的出资额、出资方式和出资时间。

（4）申请登记并领取营业执照。发起人在准备齐所有的法律文件之后，就可向公司登记机关申请登记，对于符合条件的登记机关予以登记并发给营业执照。营业执照的签发之日就是有限责任公司的成立之日。

（二）股份公司设立的程序

股份公司的设立方式有发起设立和募集设立两种，募集设立的基本程序与发起设立相同，只是需要经过向社会公开招募股份这一关键环节。现将股份公司的设立程序概括如下：

（1）确定公司的发起人并订立发起人协议。由于股份公司的设立主要依赖于发起人的发起行为，因此各国公司法均对发起人作出了规定。各国对发起人的人数规定各不相同，我国规定发起人为 2－200 人。发起人之间为了明确相互的权利义务、责任承担、认购的股份数等应当签订发起人协议。

（2）制定公司章程。发起人应当制定公司章程，并经全体发起人同意、签章。公司章程是关于公司组织和活动的基本准则，也是社会公众了解公司情况的主要法律文件，对每个股东均有法律约束力。

（3）申请名称预先核准。根据公司登记管理条例的规定，股份公司在报送行政审批前应先申请名称预先核准。

（4）发起人认缴股份和提出募股申请。发起人应当依照章程规定认缴股份。采用募集设立的方式除了发起人认缴股份而外，需向发起人而外的社会公众筹集资金，必须向国务院证券管理部门递交募股申请，在申请募股时需要提交的法律文件包括：批准设立公司的法律文件、公司章程、经营估算书、发起人姓名或者名称及发起人认购的股份数、招股说明书、代收股款银行的名称及地址、承销机构的名称及有关的协议。

（5）公告招股说明书。募股申请被批准后，发起人应当制作招股说明书并进行公告。招股说明书应当附发起人制定的公司章程，并载明下列事项：发起人认购的股份数、每股的票面金额及发行价格、无记名股票的发行总数、认购人的权利义务、本次募股的起止期限及逾期未募足时认购人可撤回所认购股份的说明。

（6）制作认股书，向社会公开募集股份。认股书上应载明招股书上记载的内容，由认股人填写所认购的股份数、金额、住所，并签名盖章。认股人按其认购数对公司承担出资责任。

（7）缴纳股款。在填写完认股书后发起人和其他认购人应当在规定的时间内向公司缴纳股款。发起人可以用货币、实物、工业产权、非专利技术、土地使用权等出资。如以实物、工业产权、土地使用权、非专利技术出资必须进行评估作价并折算为股份。非发起人只能用货币方式出资，认购人应当在约定的时间内把足额的货币交付到指定的代收股款的银行。发行的股份全部募足之后，必须经法定的机构出具验资证明。

（8）召开创立大会。创立大会由认股人组成，应由代表股份总数 1/2 以上的认股人出席方可举行。创立大会的职权主要有：审议发起人关于公司筹办情况的报告、通过公司章程、选举董事会成员、选举监事会成员、对公司的设立费用进行审核、对发起人用于抵作股款的财产的作价进行审核、发生不可抗力或经营条件发生重大变化直接影响公司的设立时可作出不设立公司的决议。

（9）申请设立登记。董事会应当在创立大会结束后 30 日内向公司登记机关报送登记文件，包括有：公司登记申请书、创立大会的会议记录、公司章程、验资报告、法定代表人、董事、监事的任职文件及其身份证明、发起人的法人资格证明及其身份证明、住所证明等，登记机关在接到申请之日起 30 日内应作出是否登记的决定。对符合法律规定条件的颁发营业执照，营业执照的签发日期是公司成立的日期。

（10）公告。由于股份公司是开放性的公司，其成立会影响广大投资者和社会公众的利益，因此股份公司的成立通常会按照商业惯例进行公告。采用募集设立方式成立的股份公司还应当将募集股份的情况向国务院证券管理部门备案。

对于股份公司的设立，如果法律、行政法规或者国务院决定规定设立股份有限公司必须报经批准的，还需要经过批准。

四、公司设立效力

（一）公司成立

公司成立是指对已具备法定条件，完成申请程序的公司由主管机关发给经营执照从而取得公司法人资格的过程，公司成立日期就是营业执照的签发日期。公司成立之后，公司设立阶段中发起人为了公司所做的行为就由成立后的公司来承担法律责任。一般情况下，领取公司营业执照即意味着取得了公司法人人格和经营资格，标志着公司正式成立。

（二）公司设立失败

设立失败是指公司未能成立，即公司未能取得公司法人营业执照。导致公司未能成立的原因有多种，有主观原因也有客观原因，但是最常见的原因就是公司设立在条件上不符合法律规定或者程序上不按照规定进行。

对于公司设立失败，发起人要承担一定的法律责任。第一，对设立行为所产生的债务和费用承担连带责任；第二，对于认股人已经缴纳的股款，负有返还并加算银行同期存款利息的连带责任。

（三）公司设立无效

公司设立无效是指公司设立虽然在形式上已经完成甚至公司已经获得营业执照，但是实质上却存在条件或者程序方面的缺陷，法律规定应当撤销公司登记，该公司的设立被认定为无效。[①] 根据我国《公司法》规定，虚报注册资本、提交虚假材料或者采取其他欺诈手段隐瞒重要事实取得公司登记，情节严重的，撤销公司登记。

公司设立无效与民法上的行为无效不同，公司设立无效即公司登记被撤销不具有溯及力。

（四）设立中的公司

设立中的公司，是指在公司设立过程中，尚未取得公司营业执照之前的公司状态。设立中的公司尚未取得公司法人人格，但是在这个过程中却要发生一系列的法律关系，分别在不同的主体之间产生相应的权利义务。对于设立中的公司的法律地位在理论界存在四种学说：①无权利能力的社团说；②合伙说；③非法人团体说；④具有自身特性的非法人团体说。但是这些学说都不能很好地解释发起人与公司之间的关系。设立中的公司的法律地位应当从这些方面来确定：一方面应从设立中的公司与发起人的关系来看，发起人作为一个整体，应属于设立中公司的机关，对外代表设立中的公司进行创设活动。由于设立中的公司与成立后的公司其实体是一致的，所以发起人因设立行为所发生的权利义务自然归成立的公司来承担。但是发起人的行为必须经公司创立大会予以确认才产生由公司承担的结果。另一方面从发起人之间的关系来看，发起人之间通过订立发起人协议而形成合同关系，其性质应当属于投资协议。

第三节 公司资本与资产

一、公司资本及其相关概念

（一）公司资本

公司资本又称股本，是指公司成立时由章程所确定的由股东投资构成的公司的财产总额。

通常认为公司资本是公司赖以生存的“血液”，是公司运营的物质基础，是公司债务的总担保。由于股东都承担有限责任，公司资本便成了公司债务的一般担保。

（二）注册资本

注册资本是指公司成立时注册登记的资本总额，也是公司章程中必须载明的事项。注册资本在我国的含义会因为公司不同而有所区别。有限责任公司的注册资本是指公司注册登记时全体股东认缴的出资额；发起设立的股份公司的注册资本是指公司注册登记时全体发起人认购的股本总额；募集设立的股份公司的注册资本是指公司注册登记的实收股本的总额。

（三）授权资本

授权资本又称名义资本，是指公司董事会根据公司章程授权可以发行的全部资本。英美公司法规定公司应该在章程中注明授权资本，否则不予登记。

---

① 赵旭东主编，《公司法学》，高等教育出版社，2003年，第112页。

（四）发行资本

发行资本是指公司发行股份时，已经发行的资本总额。对公司该资本称为已发行的资本，对股东则称为认购股份。

（五）认缴资本

认缴资本，又称承诺资本，是指公司设立时或者设立后增加注册资本时，由股东承诺确认履行足额缴纳出资义务而形成的公司资本数额。认缴资本确定后，股东要实际履行出资缴纳义务。

（六）实缴资本

实缴资本也称已缴资本、实收资本，是指股东已经向公司缴纳的资本。发行资本不等于实缴资本，实缴资本与待缴资本之和构成发行资本。

（七）待缴资本

待缴资本又称催缴资本，是指公司已发行且股东已经认购但是尚未缴纳的资本。对于待缴资本公司有权要求股东缴纳，这也是股东应当向公司履行的出资义务。

资本是个十分复杂的概念，不存在普遍适用于各国公司法的统一的资本概念。

二、公司资本原则与资本制度

（一）法定资本制

法定资本制又称确定资本制，是指公司设立时，必须在公司章程中载明公司的资本总额，并在公司成立时由发起人或者股东一次全部认足或者募足的公司资本制度。法定资本制特别强调资本确定、资本维持以及资本不变三项原则（资本三原则），其立法的意图主要在于保证公司资本的真实确定。法定资本制具有以下特点：第一，公司资本记载于公司章程之中；第二，公司资本在公司设立过程中必须全部认足；第三，认购人在认购股份后应负有缴纳股款的义务。

1. 资本确定原则

资本确定原则是指公司设立时，必须在章程中对公司的资本总额作出明确的规定，并必须由全体股东认购，否则公司就不能成立。该原则有两项基本要求，其一是要求公司资本总额必须明确记载于公司章程，使之成为一个具体的、确定的数额，其二是要求章程所确定的资本总额在公司设立时必须由全体股东认足。资本确定原则能够有效地保证公司的资本真实确定。

2. 资本维持原则

资本维持原则又称为资本充实原则，是指公司在其存续过程中，应经常保持与其资本额相当的财产。因此公司成立后股东不得抽回出资。公司资本不仅是公司赖以生存和经营的物质基础，也是公司对债权人的一般担保。在公司经营过程中由于盈利或亏损的存在，使公司的实有财产的价值高于或低于公司的资本，公司的资本实际上不再是注册登记时的数额，而是一个变数，当公司财产价值高于公司注册资本时，其偿债能力会随之提高，当公司的实际财产价值低于公司注册资本时，则意味着公司的偿债能力随之下降。为了防止公司资本减少而危害债权人的利益，同时也为了防止股东对盈利分配过多而影响公司的经营，各国都确认了资本维持原则。在资本维持原则的要求下不允许抽逃出资，规定公司在税后利润中必须提取公积金，公司利润在对股东分配之前必须先弥补亏损等。资本维持原则是从价值上保障资本稳定。

3. 资本不变原则

资本不变原则是指公司的资本一经确定，未经公司章程的修改等程序而不得变更。公司资本不变并非绝对不能改变，事实上，公司成立后，因各种原因都可能导致公司资本增加或减少。这里所指资本不变是指公司资本不能随意变更，如果符合法定程序公司资本可以变更。就立法目的而言，资本不变原则与资本维持原则基本一致，都是为了防止因公司资本总额的减少而导致公司责任能力的缩小，从而强化对债权人利益和交易安全的保护。资本不变原则是从形式上保障资本稳定。

资本三原则是大陆法系国家公司资本制度的核心，其出发点是为了保护债权人的利益及交易的安全性。资本三原则对英美法系国家的公司资本制度也产生了重大的影响。但是法定资本制度作为不变信条而僵硬的施行于一切场合之后，也就产生了另一方面的问题。因为首先公司成立之后对资金的需求取决于经济形势、市场需求等难以事先预见的因素。而每次增减资本都需要修改公司章程、召开股东会、变更注册登记，不仅增加了成本，而且董事经理也难以利用商业机会而及时作出有利于公司的决策。其次，股份公司能否募足首期发行的股份与证券市场行情、政府对证券发行量的控制、金融形势等因素有关。在资本确定原则的要求下，如果股份公司的股份在法定期限内不能募足，公司则不能成立。再者，公司的偿债能力并非取决账面净资产，而是取决于可以即时变现的净资产。

（二）授权资本制

授权资本制是指公司设立时，资本总额记载于公司章程中，但并不要求发起人或股东全部认足，只需要认足或缴付资本总额中的一部分，公司即可成立，未认足部分，授权董事会根据公司发展的需要随时募集。授权资本制度克服了法定资本制度的缺点，它的优点主要表现在：第一，公司不必一次发行全部资本或股本，减轻了公司设立的难度；第二，授权董事会自行决定发行资本而不需经股东会决议变更公司章程，简化了公司增资程序；第三，董事会根据具体情况发行资本，既适应了公司经营活动的需要，又避免了大量资金在公司中的冻结和闲置，能充分发挥财产的效益。但是授权资本制度也有一些弊端：公司章程中的资本仅是一种名义上的，由于未对公司首次发行资本的最低限额以及发行期限和具体认购作出规定，因而容易形成公司的实缴资本与实际经营规模和资产实力的严重脱节，发生欺诈性的商业行为，并对债权人的利益构成风险。

（三）折中资本制

折中资本制是在法定资本制和授权资本制基础上演变的资本制度。具体又分成许可资本制和折中授权资本制。

许可资本制是指在公司设立阶段，必须在章程中明确规定资本总额，并一次性发行，全部认足或者募足。同时公司章程可以授权董事会在公司成立后一定期限内在授权公司资本的一定比例内发行新股，而无须股东会的特别决议。许可资本制既坚持了法定资本制的基本原则，又吸收了授权资本制的灵活性，但是其核心仍然是法定资本制。

折中资本制是指在公司设立时，也要在公司章程中记载资本总额，并只需发行和认足部分资本公司就可成立，未发行部分授权董事会根据需要发行，但是授权发行的部分不得超过公司资本的一定比例。这种资本制度既坚持了授权资本制的基本精神，又体现了法定资本制的要求，但是其核心是授权资本制。

我国《公司法》虽然经过2005年、2013年修改，但依然采取法定资本制。有所不同的是，2005年修改之前采取的是一次募足的法定资本制，修改之后对有限公司和发起设立的股份公司采取的是一次认足的法定资本制，而对募集设立的股份公司则采取一次募足的法定资本制。2013年修改，取消了首次出资额、出资年限、最低注册资本的限制，但并没有改变法律对注册资本一次认足或募足的要求。

三、公司资本的构成与形成

公司资本的构成，是指构成公司资本的出资方式，或者说是可以用何种出资构成公司资本。公司资本的形成，是指在特定的出资方式之下，通过特定程序使出资形成资本的过程。

（一）公司资本的构成

公司资本在公司章程中表现为一定的货币资本金额，但就其实际出资而言，却不是单一的货币资本，股东的出资具有多元化。根据我国《公司法》的规定，公司资本可以由现金、实物、知识产权、土地使用权等多元化的财产构成。

1. 现金

现金是资本的最基本构成形式，因为现金是商品交换中的一般等价物，公司以营利为目的就必然有商品交换活动，因而现金是必不可少的。以现金出资不仅价值准确，无须作价，且运用方便，不受任何限制。

2. 实物

实物，又叫有形资产，主要包括建筑物、厂房、机器设备、原材料、成品和半成品等。有些实物是公司经营中必不可少的，因此，当股东有条件为公司提供所需的实物时，各国公司都允许以实物作为投资。作为出资的实物应当具有可估价性和可转让性。

3. 其他非货币财产

其他非货币财产主要包括知识产权、土地使用权等可以用货币评估并可以依法转让的非货币财产。知识产权包括专利权、商标权、著作权、专有技术等。

我国2005年之前的公司法实行严格的出资形式法定主义。2005年修改之后的公司法则采取出资方式条件主义，即主要符合三项条件的出资都是允许的：第一，可以用货币评估作价；第二可以依法转让；第三，法律、行政法规不禁止。从出资形式法定化到出资条件化，一方面扩大了出资自由的空间，有利益发挥财产的资本效用，另一方面也带来一些需要研究的问题，比如股权、债权出资等问题。

（二）公司资本的形成

公司资本是通过募集与股份发行过程而形成的。公司资本的募集也称为资本的发行，指以一定的条件向投资者发行资本，由投资者出资认购并取得股权，公司因此获得相应的资产。公司资本的形成必须通过募集行为和过程。

1. 资本募集的方式

有限责任公司和股份公司的资本募集方式不同。对于有限责任公司而言其资本的募集主要通过发起人募集、不公开募集、一次性募集和内部募集的方式。而股份公司的开放性决定其资本的募集通常采用认股人募集、公开募集、分次募集和外部募集的方式。

2. 资本募集的法律形式

对于采用发起人募集方式的，其募集的法律形式采用签订发起人协议的形式，约定发起人的出资金额和出资比例以及权利义务；对于采用认股人募集方式的，其募集的法律形式采用由全体认股人签订认股协议，约定各认股人认购资本的义务及其具体的比例和金额。在发起人未签订发起人协议或者认股人未签认股协议的情况下，公司章程中规定的出资金额和出资义务就是公司资本形成的法律形式。而对于股份公司而言，如果要采用公开募集的方式，其公司资本形成的法律形式就是招股说明书和认股书。因此，在不同的资本募集方式下所采用的法律形式有所区别，但是主要都是合同或者协议的形式。

公司资本形成过程中的验资程序，是对出资事实的审核验证。我国 2013 年以前的公司法要求所有的公司在股东缴纳出资后都要进行验资。2013 年修订的公司法中对此进行了较大的修改，取消了有限责任公司和发起设立股份公司的法定验资程序，但对于募集设立的股份公司，依然要求完成验资并提供验资证明。

3. 增资、减资

公司资本形成之后，因为市场、经营等方面的原因，而需要对资本进行增减。

增加资本的原因通常是扩大经营规模、投资新的项目而需要更多资本。增加资本有多种方式和途径。一种是在公司股东范围内按一定比例增加出资；第二种是通过将公司公积金转增资本；第三种是吸收新的投资或者发行新股。

减少资本的原因一般是资本过剩、公司亏损。减少资本的方式，一是回扣股份并注销；而是缩小投资比例或者股份金额。

由于增加和减少资本涉及股东的直接利益，同时也关系到债权人利益，因此在法律上对增资减资规定了严格的法律程序。按照我国《公司法》，增资减资属于特别事项，必须通过股东会、股东大会特别决议，并且需要公告和进行变更登记。

（三）股份与股票

1. 股份

股份是股份公司股东的投资，是公司资本经等比例分割后所形成的均等份额，它是构成公司资本的基本组成单位。股份具有最小性、均等性、流转性等特点。股份总额构成股份公司注册资本额。但是股份价额，则反映公司资本数额。出资额是有限公司股东的投资，出资额通常用固定数额或者比例数额表达，不需要最小化和均等化。一般来说，出资总额等于注册资本，但出于投资政策考虑，允许出资总额大于注册资本。

2. 股票

股票是股份公司向股东签发的证明股东所持股份及股东权益的要式有价证券。股票是可以流通转让的有价证券，具有要式性，即股票形式与记载事项符合法律要求；还具有证权性，即股票是证明股东与公司之间股权关系的一种法律凭证，具有权利证书的效力，不具有创设权利的效力。因此股票是一种证权证券而非设权性证券。

股票可以作如下分类：

（1）按是否记载股东的姓名，可以把股票分成记名股票和无记名股票。股东的姓名直接记载于股票的票面上的是记名股票。这种股票的转让必须将受让人的姓名记载于股票上，并同时要变更股东名册，否则不发生转让的效力。而无记名股票则不要求在股票上记载股东的姓名，持票人是当然的股东，在股票买卖时只需将股票交付于受让人即产生股票转让的效力。

(2) 按股票上是否有金额把股票分成面值股票和无面值股票。面值股票是指在股票上标明一定的金额，而后者在股票的票面上并不标明具体金额而只标明每股占总资本的比例。我国《公司法》只对面值股票作了规定。

(3) 按股票持有人所享有的权利义务不同可以把股票分成普通股股票和优先股股票。普通股是指具有一般股东权利义务的股票，这种股票的持有人既享有收益的分配权，又享有投票权和对公司重大事项的决策权。而后者则比普通股享有某些优先权，比如其股息可以预先确定和股息可以优先支付。另外在公司破产清算时，优先股可以优先于普通股而受偿。但优先股不享有表决权，对公司的公积金也不享有权益。

除此而外公司的股票还有其他分类方式，如等价股、溢价股、折价股、A股、B股、H股、国家股、法人股等。

四、公司资产及其相关概念

(一) 公司资产

公司资产是一个容易与公司资本混淆的概念。公司资产是指公司在成立之后所拥有的可支配全部财产。在财产形态上，资产分成流动资产、长期投资、固定资产、无形资产和递延资产等；根据资产的偿债能力可以分成速动资产和流动资产等，速动资产是指可立即用以清偿到期债务的那一部分流动资产，包括有现金、银行存款、有价证券、应收账款。流动资产等于速动资产加上存货。在财产来源上，资产主要来源于股东出资、公司对外负债以及公司资产收益和经营收益，因此公司资产等于净资产与负债之和。财务公式表述为：公司资产=净资产+负债。

(二) 净资产

净资产是公司自有资产的价值，也是其实质的财产能力和资产信用的基础。公司刚成立，对外没有负债，净资产就等于资本，公司成立后，净资产则会随着公司的经营情况发生变化，可能高于资本也可能低于资本。在公司刚成立时，净资产就等于股东缴纳的全部股款，而在公司成立后净资产会随着公司经营情况变动而变动的，但是净资产在会计上的项目包括股本、公积金和未分配利润等。

(三) 公司债券

公司债券是指公司依法发行的约定在一定期限内还本付息的有价证券。公司债券具有收益确定、相对安全的特点。

公司债券可以有不同分类，比如：(1) 按公司债券上是否记载姓名，可将公司债分成记名债券和无记名债券。(2) 按公司债券的发行有无担保，可将公司债券分成有担保的公司债券和无担保的公司债券。(3) 按公司债券的偿还期限，可将公司债券分成短期债券、中期债券、长期债券。(4) 按公司债券能否转换成股票，可将公司债券分成不能转换的公司债券和可转换公司债券。(5) 按公司债券能否在证券市场公开交易，可以将公司债券分成可上市的公司债券和非上市的公司债券。(6) 按照公司债券的存在形式，可以把公司债券分成实物债券、凭证式债券和记账式债券。

（四）公司债券与股票的区别

(1) 发行主体不同。就发行主体而言，股票的发行主体只有股份公司，其他任何形式的主体都不能发行股票，而债券的发行主体比较广泛，包括股份公司也包括有限责任公司；

(2) 持有人地位不同。股票的持有者是公司的股东，可以对公司的重大事项作出决策。而公司债券的持有人是债权人，不能参与公司的经营管理。

(3) 收益的方式和顺序不同。股票获得收益的主要方式是股息和红利或股票交易的价差，因而收益的好坏与公司的经营业绩密切相关；而公司债券收益的方式则是债券的利息，利息多少是事先约定的。就收益的顺序而言，债券利息的支付要优先于股息与红利。

(4) 风险不同。股票的风险要大于债券的风险。因为股票只能转让而不能退回公司，股票的收益与公司的经营情况密切相关，当公司经营不善发生亏损甚至破产时，股票持有人会损失本金。而公司债券具有到期还本付息的特点，不管公司经营情况如何必须按事先约定的利息对债权人进行支付。

(5) 期限不同。股票是一种永久性投资，没有法定的还款期，只有公司被宣告破产后股票权利人才能就清偿债务人后剩余的财产要求分配；而公司债券是一种有期限的借款凭证。

五、公司盈余分配

公司资产会随着公司的经营情况而发生变化，当公司有盈余时就涉及盈余的分配问题。

（一）公司盈余分配的原则

公司盈余是指公司当年的盈利在扣除一切税额后所剩余的利润。公司盈余分配要遵循以下原则：

(1) 公司必须以当年发生的实际盈余作为分配的依据，当年无盈余的原则上不能派发股息。

(2) 公司盈余的分配必须按法律规定的顺序和比例进行。

(3) 公司盈余分配必须经股东会或股东大会批准后由董事会执行。

（二）公司盈余分配的顺序

(1) 弥补公司上一年度的亏损。

(2) 提取法定公积金。提取的比例是公司盈余的 10%。当法定公积金累计的总额达到公司注册资本的 50%时，可以不再提取。

(3) 提取任意公积金。对于公司是否提取该项公积金和提取比例由股东会决定。

(4) 剩余利润分配股东。公司在完成上述分配后如还有剩余，即可按确定的分配方案向股东进行分配。有限责任公司按股东的出资比例分配，股份公司按股东持有的股份比例分配。

（三）公积金

1. 公积金的概念

公积金又称为储备金，是指为了巩固公司的财务基础，依照法律和公司章程的规定或股东会的决议，按规定的比例从营业利润或其他收入中提取的，不作分配而留存于公司内部的具有特定用途的基金。

2. 公积金的种类

公积金按其提取的依据不同分成法定公积金和任意公积金。法定公积金是指依照法律必须提取的公积金。法定公积金提取的比例由法律直接规定，公司必须遵守，公司不能以章程或股东会的决议加以变通。我国《公司法》规定的法定公积金的比例是公司税后利润的10%。当法定公积金累计的总额达到公司注册资本的50%时，可以不再提取。任意公积金是指根据公司章程或股东会决议于法定公积金外提取的公积金。是否提取该公积金以及提取的比例均由公司自由选择，法律对此不作强制性的规定。

公积金按其来源不同分为盈余公积金和资本公积金。盈余公积金是指公司从税后利润中按一定比例提取的公积金，我国《公司法》规定的法定公积金来源于盈余公积金。资本公积金是指由公司资本或资产以及其他原因所形成的公积金，其来源主要有：股票溢价发行的溢价款，资产评估增值部分，处分资产或出售资产的溢价收入，接受捐赠的财产等。资本公积金不是提取，而是按照财务制度处理。

3. 公积金的用途

公积金的用途有三个方面：第一，弥补公司亏损。这是公积金的首要的用途，也是维持公司稳定发展和保护债权人利益的必然要求。盈余公积金可以用于弥补亏损，但是资本公积金不能用于弥补亏损。第二，转增公司资本。即将公司的部分公积金按股东的原有股份比例派送一定数量的新股或是增加每股的实际金额。但法定公积金转增资本时，所留存的该项公积金不得少于转增前公司注册资本的25%。第三，扩大公司的经营。公司在经营过程中可以将公司提取的公积金用于扩大公司的生产经营。

第四节 公司章程

一、公司章程概述

（一）公司章程的概念

公司章程是指公司必备的规定公司设立目的、公司组织机构以及公司活动基本准则的书面文件，是以书面形式固定下来的全体股东共同一致的意思表示。公司必须有自己的章程，公司章程既是规范公司行为的基本准则，也是公司成立的基本前提。经注册登记的公司章程对所有股东和公司以及公司的董事、经理、监事均有法律约束力。公司章程应采取书面形式，制定人应签名或盖章。在不同的国家，章程表现为不同的书面法律文件，在法国、日本和我国公司章程只是一种书面文件，而在英美国家，公司章程则有“章程大纲”和“章程细则”之分。前者主要涉及公司对外的基本事项，而后者则是公司的内部规则。[①]

对于公司章程的法律性质，学术上素有分歧，有的认为章程是合同，是当事人需求相同的、并行的意思表示；有的则认为章程是社团法人的自治规则。其主要内容在于规

① 罗培新：《公司法的合同解释》，北京大学出版社，2004年，第136页。

定公司内部组成人员关于对内对外事宜的权利和义务，具有自治团体规约的属性。其中第二种观点是通说，其原因在于，公司章程一经订立，其效力并不仅局限于制定章程的当事人之间，对于后加入公司的人也有约束力。

（二）公司章程的法律特征

1. 法定性

公司章程的制定、修改、章程的内容以及效力在公司法中均有明确的规定。各国公司法规定公司章程是公司必备的法律文件，因此在公司设立阶段必须制定公司章程。公司章程的修改属于公司的重大事项必须依照法定程序进行修改。法律对于公司章程必须具备的内容也作了明确规定。另外公司章程的效力也由公司法所赋予，公司章程对于公司、股东以及公司高级管理人员均有约束力。

2. 公开性

公司章程不是公司的秘密文件，章程的内容都允许被社会公众所知悉。我国法律规定，公司章程应当进行工商登记，股东也有权查阅章程，因此公司应当将章程置备于公司。不仅如此，对于发行股票或者公司债券，章程是公司必须披露的法律文件之一。

3. 自治性

公司章程是公司的自治性规则，由公司自主制定、自主修订。章程的具体内容由公司决定。章程的自治性在于不同的公司，其章程的内容不同。我国《公司法》中大量出现“公司章程另有规定的除外”这样的规定，充分体现了公司章程的自治性特点。但是章程自治是有界限的，其界限在于不能与法律、行政法规的强制性规定抵触，不能损害他人合法权益和社会利益。

二、公司章程的内容

公司章程的内容，依据法律是否对其记载事项有明确的规定，可分为必要记载事项和任意记载事项。按照法定的必要记载事项对章程效力的影响，还可以将必要记载事项分为绝对必要记载事项和相对必要记载事项。

（一）绝对必要记载事项

绝对必要记载事项是指必须记载于章程中，章程如果缺少其中一项或某项记载不合法，整个章程即归于无效。由于章程是公司设立的必要条件，章程无效会导致设立中的公司不能成立。

依据我国《公司法》的规定，有限责任公司章程的绝对必要记载事项有公司名称、住所、经营范围、注册资本、股东名称或姓名及住所、股东权利义务、股东出资方式、出资额、出资缴纳期限、出资转让、利润分配、董事名额及产生、法定代表人、组织机构及职权、公司终止事由等。股份公司章程的绝对必要记载事项包括有：公司名称及住所、经营范围、设立方式、注册资本、股份总数、每股金额、发起人的名称，认购的股份数以及出资的时间和方式、组织机构及职权、法定代表人、公司利润分配、公司及格会计、公司终止及清算、章程判定及修改、公司的通知和公告办法等。

（二）相对必要记载事项

相对必要记载事项是指法律列举的由当事人根据所设立公司的需要选用的事项。这些事项是否记载于章程中由当事人自定，如果记载，则发生效力，如果不予记载，也不影响整个章程效力。如果记载的事项不合法，则只是该部分无效，并不导致整个章程无效。在有些国家的公司法中，相对必要记载事项主要有发起人所得的特别利益、分公司的设立、公司年限、董事和监事的报酬等。

（三）任意记载事项

任意记载事项是指除以上必要记载事项而外，在不违反法律和社会公序良俗的前提下，发起人或创办人认为有必要列入章程的事项。这些事项通常与公司的营业活动有关，可由发起人任意选择，但一经载入被核准的章程，该事项即发生效力，不能任意变更，如果需变更，需依法修改章程并办理变更登记。我国《公司法》第25条和81条规定："股东会（或股东大会）认为需要规定的其他事项"，就属于任意记载事项。

三、公司章程的效力

章程的效力主要涉及章程在时间上和对主体的效力两个方面。

（一）公司章程时间效力

公司章程的时间效力是指章程的生效时间和失效时间。就公司章程的生效时间主要有两种观点：其一是章程自发起设立的股东在章程上签章生效；其二是认为章程从公司正式成立生效。各国关于公司章程生效时间的规定并未有统一的模式，这两种观点都存在一些问题。由于公司章程调整的内容涉及公司的设立和公司的经营，如果认为章程由发起股东签字就生效而当时公司尚未成立且股份公司尚未召开创立大会，如果认为章程在公司成立时才生效则无法规范设立过程。因此就公司章程的生效问题事实上是一个比较复杂的问题。本书认为对于章程的整体生效应当是公司成立，但是对于章程中规定公司设立过程中的有关内容应当是股东签章生效，这部分内容具有合同的性质，事实上有一些公司除了公司章程而外还有发起人股东订立的发起人协议，其实发起人协议中的内容与章程中规定发起阶段的有关事项本质上是一致的，但是也并非所有的公司在设立过程中都订立的发起人协议。

（二）公司章程对人效力

公司章程对人效力是指章程对哪些主体具有法律上的约束力。

1. 章程对公司的效力

公司章程对公司具有法律上的约束力，这种约束力表现在章程规定公司的内部组织机构的设立、职权的赋予和行使，以及章程还规定公司对外的行为。一般公司章程中都要规定公司的股东会、董事会、监事会的产生、组成、职权和职权的行使；另外还会规定公司的经营范围，公司的变更、终止，公司在存续期间权利能力受到的限制等事项。

2. 章程对股东的效力

公司章程对所有的股东都有法律上的约束力，无论是发起人股东还是非发起人股东，无论是同意章程内容的股东还是对章程内容持有异议的股东，都有法律上的约束力。因为公司章程在经公司创立大会讨论通过时采用的是"资本多数决"的通过原则。一般公司章程中都会规定股东的权利义务。股东最主要的义务就是履行出资义务，不得抽回出资的义务以及不得滥用股东权利的义务；股东同时也有一系列的权利，公司章程需要对法律所赋予股东的权利通过章程进一步具体化使之具有可操作性。

3. 章程对公司高管的效力

公司成立后，股东人格与公司人格相分离。公司要依法组成组织机构，包括股东会、董事会和监事会、经理。公司事务事实上是由董事、经理、监事等人员在负责和执行，因此他们在公司中扮演着十分重要的角色。

我国《公司法》规定，公司章程对公司、股东、董事、监事、高级管理人员有约束力。

四、公司章程的制定和修改

（一）制定

公司章程是公司股东共同意思的表示，因此，有限责任公司的章程应在公司设立阶段由公司最初的全体股东共同制定。所谓共同制定，是指所有股东都应该在公司章程上签章。股份公司章程的制定分为两种情况，发起设立的股份公司由全体发起人制定。募集设立的股份公司由发起人制订，还须由公司创立大会以决议方式通过，即由出席公司创立大会的股东 2/3 以上的表决权通过。

（二）修改

公司章程制定之后经核准登记则产生效力，其内容应保持相对稳定，不得随意变更。但随着社会经济情况和公司内部情况的变化通常会导致公司不得不变更章程的内容。如因情况变化，确应变更章程，在无限责任公司及两合公司，应经全体股东同意。有限责任公司和股份有限公司修改公司章程的，应由特别决议通过，有限公司应由代表 2/3 以上表决权的股东通过。股份公司须经出席股东大会的股东所持表决权的 2/3 以上通过。凡变更章程的，均须依法向原登记机办理变更登记。如未经登记，公司则不得以其变更事项对抗善意第三人。

第五节 股东和股权

一、股东概述

（一）股东的概念

股东是相对于公司的一种特殊身份。股东是指对公司投资或者基于其他的合法原因而持有公司资本的一定份额并享有股东权利的主体。一般而言，有限责任公司的股东是指在公司成立时向公司投入资金或者在公司存续期间依法继受取得出资而对公司享有权利和承担义务的人；股份公司的股东是指在公司设立时或者在公司成立后合法取得公司股份并对公司享有权利和承担义务的人。

公司的股东一般有三种类型，第一种是原始股东，即参与公司设立或者认购公司首次发行股份的投资人；第二种是公司成立之后的继受股东；第三种是指公司成立之后因为公司增资而新加入的股东。

（二）投资人

投资人是一个比股东使用得更为广泛的概念，凡是对外投资并期望获得回报的主体都是投资人。投资方式具有多元化，有投资取得债权也有投资取得股权，有直接投资也有间接投资，按照不同的划分标准可以把投资划分成不同的类别，因此在不同的投资方式下投资人的称呼也就各不相同。当投资人向公司进行投资，那么当公司成立起来之后，投资人就是公司的股东。当投资人以还本付息的方式对外投资，则投资人就称作为债权人。需要注意投资人与股东的关系，在公司没有成立时，投资人不是股东，当公司成立之后，投资人才取得股东资格，但是也有投资取得债权的投资人，则不是股东。

（三）发起人

发起人是指参加订立发起人协议、提出设立公司的申请、认购公司出资或股份并对公司设立承担责任的主体。发起人与股东是一个既有联系又有区别的概念，发起人在公司设立的过程中要受发起人协议的约束。而一般意义上的股东是指在公司设立阶段或者在公司成立之后认购了公司股份或者受让出资或者股份的主体。因此发起人因为都需要认购股份所以都是股东，但是股东不见得就是发起人。尽管发起人都是股东，但是由于发起人在公司设立阶段就参与公司的设立事务且需要对公司的设立过程承担责任，因此法律对发起人规定的权利义务与通常股东的权利义务有一定的区别。

二、股东资格的取得和丧失

（一）股东资格的取得方式

1. 原始取得

在公司设立阶段因参与公司设立或认购公司首次发行的出资或股份而成为公司股东的，属于股东资格的原始取得，这些股东称为原始股东。

2. 继受取得

凡因转让、继承、公司合并等原因取得公司出资或者股份并成为公司股东的，属于公司股东的继受取得。

（二）股东资格的限制

一般情况下自然人和法人均可成为公司的股东，但是各国对自然人和法人作为股东也有一定的限制。通常情况下要求自然人作为发起人必须要有完全的民事行为能力，比如英国未成年人认购股票可以导致合同被撤销，甚至某些公司的细则往往限制或禁止未成年人成为股东，或者限制未成年人的表决权。① 我国《公司法》未对这个问题作出规定，但是由于投资行为是具有风险性的法律行为，因此根据《民法通则》的规定，限制行为能力的人和无民事行为能力的人不能成为公司的股东。除此而外有些国家的公司法还对股东的国籍和住所有所限制。另外公司章程也可能对股东的资格作出一定的限制，尤其对于有限责任公司，这类公司具有人合的因素，因此合同中的有关约定也会制约股东资格的取得。

（三）股东资格的丧失

一般情况下股东的身份不会丧失，除非出现一定的法定情形。这些法定情形包括有：股东死亡无人继承或者不能继承、股份的转让、未履行约定的义务而受到公司的除名处理、因违法而被没收财产从而剥夺股份等。

---

① 董安生编译：《英国商法》，法律出版社，1991年，第258页。转引自赵旭东主编：《公司法学》，高等教育出版社，2003年，第274页。

三、股权

（一）股权的概念与性质

1. 股权的概念

股权是股东享有的权利，是股东基于股东地位而对公司所享有的各项权利的总和。股权是投资人将财产投资到公司之后，其对投资部分的财产权在公司形式下所置换的另一种财产权形式，股权作为股东相对于公司所享有的一种特殊的财产权，其内容具有特殊性，它集合了社员权和财产权的共性。

2. 股权的法律性质

各国对于股权性质的认定大相径庭，常见的学说有所有权说、债权说、社员权说、股东地位说和独立民事权利说等。①

所有权学说认为股权的性质就是物权中的所有权，在公司中事实上存在两种所有权，即股东的所有权和公司的所有权，可称作“所有权的二重结构”。在这种二重结构中股东所有权仅仅表现为收益权和处分权。该学说也认识到这种所有权与民法中的所有权有所不同，因此将股东所有权称为变态所有权，把民法中的所有权称为常态所有权。二者的重要区别在于：传统所有权中所有人对财产具有直接支配权而在股权中表现为间接支配权；另外传统所有权的客体为有形物，股权的客体则为公司。

债权学说认为从公司取得法人资格之日起，公司就是财产的所有权人，股东持有股份只是为了获得股利。因此股权的性质实质为民法中的债权，是以请求股利分配为目的的债权或者附条件的债权。但是该学说存在的问题在于：债权是基于当事人之间的约定而产生的财产权关系，而股权除了财产权外还包括管理权，反映财产的支配和归属关系。

社员权学说认为股权是股东基于其在营利性社团中的社员身份而享有的权利，包括财产权和管理参与权。该学说在德国和日本成为通说，我国学者也有不少人持这种主张。

股东地位学说认为公司是由股东组成的企业法人，股东按照自己认缴的出资或持有的股份享有一定的权利和承担一定的义务，股权是股东因拥有股份或出资而在公司取得的成为各种权利基础的法律地位，以此法律地位为基础获得的权利义务的集合体是股权的内容。

独立民事权利学说认为股权是一种自成一体的独立权利类型。股权具有目的权利和手段权利的有机结合、团体权利和个人权利辩证统一，同时兼有支配权和请求权的属性，具有资本性和流转性。

（二）股权的内容

股权的内容具有综合性。股权既有财产权的内容，也有非财产权的内容。财产权的内容主要包括股东享有股利分配的请求权和剩余财产分配的请求权；而非财产权的内容主要包括股东的表决权、选举和被选举权、对公司的建议权、质询权等。这些权利内容通常在学理上被称为自益权和共益权。自益权是股东以自己的利益为目的而行使的权利，而共益权是股东以自己的利益并兼以公司的利益为目的而行使的权利。自益权和共

① 赵旭东主编：《公司法学》，高等教育出版社，2003年，第283—285页。

益权相辅相成，共同构成了完成的股权。我国《公司法》规定，股东依法享有资产收益、参与重大决策和选择管理者等权利。

（三）股权的行使

通常情况下，自然人股东的股权由本人亲自行使，但是本人因故不能亲自行使的，可委托他人代理行使；法人股东的股权可由法定代表人行使，也可由其指定的代理人行使。尤其对于股份有限公司，股东人数众多且分散，因此在股份公司中委托代理人行使股权是一种典型的形式。

就各国的公司法规定来看，委托代理行使股权主要有两种方式，一种是委托公司的经营者或者其他个人为代理人，实践中大多委托董事为代理人，英美公司立法多采用这种代理制度。第二种是将代理权委托给一个有组织的中间人，通常选择银行作为代理人，德国的公司法就采用这种代理制度。

在通过委托代理的方式行使股权的过程中，可能会采用代理权招揽制度。代理权招揽是股东有偿招揽其他股东行使股权的委托书，对于这种制度不同的国家立法态度各不相同，我国《公司法》对这个问题没有作出任何规定。

（四）股权的转让

股权转让是股东将自己的股权转让给他人的行为。股权转让是转让人和受让人之间的一种自愿处分行为，法律一般不干预。但是股权转让不仅是转让人和受让人的关系，还涉及其他股东的利益，因此法律对股权转让进行必要干预是合理的。

股份公司股东的股权转让，采取依法自由转让原则，股权可以转让给其他股东，也可以转让给股东之外的其他人。但是，为了防止内幕交易，公司法对股份公司特定股东股权转让要进行必要限制。我国《公司法》规定：发起人持有的本公司股份，自公司成立之日起一年内不得转让。发起人持有的本公司公开发行股份前已发行的股份，自公司股票在证券交易所上市交易之日起一年内不得转让。公司董事、监事、高级管理人员在任职期间每年转让的股份不得超过其所持有本公司股份总数的25%；所持本公司股份自公司股票上市交易之日起一年内不得转让。上述人员离职后半年内，不得转让其所持有的本公司股份。公司章程可以对公司董事、监事、高级管理人员转让其所持有的本公司股份作出其他限制性规定。

有限公司股东的股权转让，由于公司人和性要求，一般是在公司内部转让，如果要对外转让，则必须得到其他股东的同意，并且在同等条件下其他股东有优先购买权。

（五）股权的救济

股权的救济是指股东的股权无法实现或者其合法权益受到侵犯时对股东的救济。其救济的方式主要有两种：一种是自力救济，即通过公司法所赋予的权利来使得自己的权利得以实现。第二种是公力救济，即通过司法程序进行救济。一般认为第一种是股东自己事前的预防救济，而后一种则是事后救济。

1. 自力救济

公司法上常用的自力救济方式主要有：累计投票制、股东对召开临时股东大会享有提议权等。

（1）累计投票制度。在传统的“一股一票”制度下，以分散的公众股为主体的少数股东在股东大会上根本无法与控股股东制衡，公司实际就是大股东的公司。为了保护中小股东的合法权益，各国纷纷对资本多数决原则进行限制，其中累计投票制就是其中的手段之一。累计投票制是指股东大会选举董事或监事时，每一股份拥有与应选董事或者监事人数相同的表决权，股东拥有的表决权可以集中使用的一种计票制度。我国《公司法》规定了这种制度。

(2) 召开临时股东大会的提议权。通常情况下，股东大会由董事会负责召集，但是为了保护中小股东的合法权益，许多国家的公司法规定的少数股东有召开临时股东大会的提议权。比如德国《股份公司法》第 122 条第 1 款规定："如果其股份总计已达到基本资本的 1/20 的股东以书面形式说明了目的和理由要求召集股东大会时，股东大会应当召集。这项要求应呈交董事会。章程也可以规定，那些只拥有基本资本中较少份额的股东也有权要求召集大会。"我国《公司法》也规定了股东享有临时股东大会召开的提议权，股东提议权的条件是单独或者合计持有公司 10%以上股份的股东即可提议。

(3) 异议股东回购请求权。公司决议采取资本多数决时，法律必须注意对少数反对股东的利益保护。在法律上通过规定有限公司少数股东的回购请求权来实现。按照我国《公司法》规定，有以下情形之一的，对股东会该项决议投反对票的股东可以请求公司按照合理的价格收购其股权：①公司连续五年不向股东分配利润，而公司该五年连续盈利，并且符合本法规定的分配利润条件的；②公司合并、分立、转让主要财产的；③公司章程规定的营业期限届满或者章程规定的其他解散事由出现，股东会会议通过决议修改章程使公司存续的。如果自股东会会议决议通过之日起六十日内，股东与公司不能达成股权收购协议的，股东可以自股东会会议决议通过之日起九十日内向人民法院提起诉讼。此时，自力救济转化成为公力救济。

2. 公力救济

股权的公力救济主要有股东代表诉讼制度和股东直接诉讼制度。

(1) 股东代表诉讼制度。股东代表诉讼制度是指当公司的董事、监事或者高级管理人员等主体侵犯公司利益，而公司怠于追究其责任时，符合法定条件的股东以自己的名义代表公司提起诉讼。在这种情况下股东的利益并没有受到直接的损害，但是由于公司利益受到损害股东利益会受到间接损害。在股东代表诉讼中，胜诉后的利益归公司所有。股东代表诉讼制度的建立有利于制约董事、监事和高管人员的行为，保护中小股东的合法权益。但是为了防止股东滥用这项制度，各国对股东代表诉讼制度的条件进行了规定，只有符合法律规定的条件才能适用该项制度。通常情况下要求股东在提起代表诉讼之前应请求董事会、监事会提起诉讼，只有在这种请求权被拒绝后才能提起股东代表诉讼，除非对于有一些危急情况可以例外，比如不立即起诉将会使公司利益受到难以弥补的损失。我国现行公司法的第 152 条规定了股东代表诉讼制度，在该条款中对此项制度的适用条件和程序均作出了较为详细的规定。

(2) 股东直接诉讼制度。股东直接诉讼制度是指股东为了自己的利益，以自己的名义向公司或者其他权利侵害人提起诉讼。与股东代表诉讼制度相比，二者产生的根据、受到的约束、维护的利益和诉讼的结果归属等方面都有区别。股东直接诉讼是针对股东利益直接受到损害而建立的救济制度，在这种情况下为了保护自身的合法权益，法律赋予股东诉讼的权利，由于受到损害主体是股东，因此诉讼的结果归属于股东自己。对于股东直接诉讼的范围各国规定各不相同，有的国家范围较宽，比如美国就包括十几种情况，而有的国家规定的范围较窄，比如德国、日本。我国现行公司法第 153 条规定了股东直接诉讼制度，其对范围的规定具有概括性，凡董事、高管违反法律、行政法规或者公司章程的规定，损害股东利益的，股东都可以提起直接诉讼。

四、股东有限责任例外

股东有限责任是现代公司的一个显著特点，也是公司相对于其他经济组织最具有吸引力的地方。但是当出现一些特殊情况则会排斥股东有限责任。股东有限责任的例外实质就是公司法人格否认制度。对于这种制度英美国家称为“揭开公司面纱”，德国、日本则称为“直索理论”。公司是一种法人，具有独立的财产和独立的责任能力，这种独立性使得股东与债权人之间树立起一道屏障，其股东对于公司的经营风险仅就其出资额和所持股份为限承担有限责任。这种有限责任既能保护股东通过公司获得投资回报，又能阻挡股东对债权人直接承担责任。但是这种制度也有可能使得股东滥用有限责任而损害债权人利益，因此在一些特殊情况下，法律会否认股东的有限责任，让股东对债权人承担一种无限连带责任。

公司法人人格否认是指为了阻止公司独立人格的滥用和保护公司债权人利益以及社会公共利益，就具体的法律关系中的特定事实，否定公司的独立人格，责令股东对公司债权人和公共利益负责，以实现公平和正义为目标而设立的一项法律制度。采用公司法人人格否认只在特定的情形中适用，在法律所规定的情形不存在时，公司仍然具有独立的人格。我国现行公司法第 20 条对公司法人人格否认制度作出了相关的规定。当出现法律规定的滥用公司法人地位和股东责任有限，严重损害了债权人的利益的，股东需要对公司债务承担连带责任。该项制度的法定化有利于防止股东滥用有限责任损害债权人利益。

第六节 公司的能力

一、公司的权利能力

（一）公司权利能力的概念

公司的权利能力是指公司所具有的以自己的名义参与民事活动、取得民事权利和承担民事义务的资格。由于公司法人与自然人在性质上的差异，以及公司法对公司的特殊要求，决定了公司的权利能力在性质上、法律上和目的上都受到限制，并由此而形成了公司权利能力区别于自然人权利能力的种种特性。公司的权利能力开始于公司营业执照签发之日，终止于公司注销登记之日。

（二）公司权利能力的限制

1. 性质上的限制

由于公司是依法拟制的法律主体，因此公司并不具有自然人具有的性质，因此公司也不享有自然人基于其自然属性所具有的权利，比如生命健康权、肖像权等。

2. 法律上的限制

（1）转投资限制。公司作为商事主体应具有向其他公司或经济组织投资的权利能力，但为了保证公司的正常运转，维护公司债权人的合法权益，各国公司法对公司转投资均毫无例外地做了限制。各国公司法均禁止公司成为其他营利性经济组织中承担无限责任的成员。包括成为无限责任公司或其他两合公司中的无限责任股东以及承担无限责任的合伙人。我国《公司法》也不例外，我国《公司法》第 15 条规定："公司可以向其他企业投资，但是，除法律另有规定外，不得成为对所投资企业的债务承担连带责任的出资人。"该条的立法本意在于禁止公司向除有限责任公司和股份有限公司等公司制而外的其他主体投资，比如公司不得向合伙企业投资。

（2）担保的限制。除公司为自身债务设定抵押而外，公司资产原则上不作为他人债务的抵押物，否则必将危及公司股东与公司债权人的利益。同样，公司为其他债务人的保证人，其后果亦同。因此，禁止公司为他人债务提供担保或保证是保障公司经营安全的一项制度。比如我国台湾公司法规定："公司除依其他法律或公司章程规定得为保证者外，不得为任何保证人。"尽管台湾地区公司法对物的担保未作明文限制，但在实践中因其"与为他人保证之情形，并无不同。"而同样予以限制。[①] 我国《公司法》对于公司对外担保的规定也比较谨慎，公司向其他企业投资或者为他人提供担保，依照公司章程的规定，由董事会或者股东会、股东大会决议；公司章程对投资或者担保的总额及单项投资或者担保的数额有限额规定的，不得超过规定的限额。公司为公司股东或者实际控制人提供担保的，必须经股东会或者股东大会决议。

3. 目的上的限制

公司章程应当记载公司的目的，规定公司的经营范围，公司应当在公司章程规定的经营范围内从事经营活动。我国《公司法》第 12 条规定："公司的经营范围由公司章程规定，并依法登记。公司可以修改公司章程，改变经营范围，但是应当办理变更登记。公司的经营范围中属于法律、行政法规规定须经批准的项目，应当依法经过批准。"

二、公司的行为能力

公司的行为能力是指公司以自己的意思或行为独立地取得权利、承担义务的资格。由于对法人的本质有不同的看法，因此在对待公司的行为能力的问题上，也有分歧。采用法人拟制说的认为，只有自然人才可以成为权利义务的主体，而法人乃是法律上的假设，并无实体存在。因而法人无行为能力，公司当然也无行为能力，公司只能通过其代理人来表达其意思；采取法人实在说的则认为法人并非法律拟制的结果，法人有其实体存在，因而法人有行为能力，公司通过其代表机关来实施意思表示。

公司不同于自然人，其本身不能实施民事行为，是通过他的机关来实现其行为能力的。公司的机关是公司的组成部分，公司机关以公司的名义对外从事民事行为就是公司本身的行为。因为他体现着公司的团体意识，代表的是公司的整体利益，其产生的权利义务也应由公司享有和承担，因而公司的行为能力是通过公司的机关来实现的。

公司的行为能力通过法定代表人来实现。各国对于公司代表人制度有不同的安排，日本采用单独代表制，每一董事均可以对外代表公司；德国采用共同代表制，除公司章程有相反规定而外，董事会成员应共同代表公司。我国《公司法》第 13 条规定："公司

① 柯枝芳：《公司法论》，三民书局，1985 年，第 28 页—29 页。

法定代表人依照公司章程的规定，由董事长、执行董事或者经理担任，并依法登记。公司法定代表人的变更，应当办理变更登记。”

公司在对外活动中，其意思表示不仅可以通过代表机关来实现，也可以通过代理来实现，但是代理必须在公司法定代表人的授权下，且必须在授权范围内。

三、公司的责任能力

公司的责任能力是指公司对自己的行为承担法律责任的能力。这里主要涉及公司侵权责任能力和社会责任能力。

（一）公司的侵权责任能力

公司的侵权责任能力是指公司具有承担因自身行为或者其工作人员执行职务时侵害他人合法权益所生损害赔偿的责任资格。公司有无侵权行为能力因采用法人拟制说和法人实在说不同而不同。按照实在说，公司机关在执行职务的过程中致人损害，公司不能推卸其赔偿责任，因此公司有侵权行为能力。我国《公司法》未对此作明确的规定，但民法通则中规定企业法人对他的法定代表人和其他工作人员的经营活动承担民事责任。[①] 因而公司应当对其董事、经理执行职务的行为承担责任。

公司侵权责任的构成要件应当符合一般侵权行为的构成要件。

（二）公司的社会责任能力

公司的社会责任能力是指公司具有承担社会责任的资格。公司的社会责任是指公司在谋求股东利益最大化之外所负有的维护和增进社会利益的义务。现代社会的公司目标是二元的，除了追求利润最大化而外，公司还应当增进和提升社会公益。公司的社会责任既是公司的法律义务也是公司的道德义务。通常情况下公司的社会责任包括对雇员的责任、对消费者的责任、对公司债权人的责任、对环境资源的保护和合理利用的责任、对社会、社区经济发展的责任、对社会福利和社会公益事业的责任等内容。通常情况下公司的社会责任与股东利益最大化之间存在表面直接冲突，但是从整体来考察，二者之间又存在辩正统一的关系。外国公司法规定了公司从事经营活动必须承担社会责任。

第七节　公司治理

一、公司治理概述

（一）公司治理概述

随着公司规模的扩大，公司股东越来越分散，公司所有者与管理者之间逐步分离，股东对公司经营者的控制越来越小，而公司董事会逐渐成为公司的中心。在这种情况下如何使具有独立利益的经营者最大限度地维护所有者的利益便显得很突出。于是法学家、经济学家、管理学家开始探讨如何突破旧的制度去设计适当的组织结构和制度安排，从而平衡公司各方利益并最终维护股东的根本利益。公司治理的理念和制度创新由此而开始。

① 参见我国《民法通则》第43条的规定。

公司治理（corporate governance），是指一种与公司管理和利益配置有关的机制。广义上的公司治理是从公司内部和外部关系中配置和平衡相关利益的制度，不仅包括公司投资人，还涉及利益相关人的利益平衡和利益实现。狭义的公司治理是指，为实现投资人利益而设计的对经营管理层的激励与约束机制。这种机制又被称为法人治理结构。公司治理是经济学、管理学和法学研究的共同对象。公司法上的公司治理，主要是从狭义的公司治理角度中的约束机制来加以规范，通过合理分配公司的权力资源与安排公司的监督机制，促使公司良性运转，以实现公司的经营目标并最终实现股东利益最大化。

（二）公司治理的模式与结构

各国公司治理的模式各不相同，在证券市场成熟、股权高度分散的国家，一般采用"外部监控模式"。这种模式主要更加强调信息披露、公司接管等证券市场的力量，当公司治理出现问题，股东往往采取抛售股票的"用脚投票"方式来制衡公司组织机构；在股权结构较为集中的国家，银行持股和法人交叉持股比较普遍，因而公司治理更加强调股东、董事通过公司内部权力机关对公司进行直接控制，这种模式称为"内部监控模式"。尽管各国选择的治理模式不同，但是各国公司治理的组织机构还是存在基本共性。通常根据公司治理需要，公司组织机构有权力机构、执行机构、监督机构。而在不同的法律制度下，行使这些权力的机关有所不同，在英美法系国家，由股东会、董事会来行使这些权力，而董事又分成内部董事和外部董事；在大陆法系国家则分别由股东（大）会、董事会、监事会来分别行使相关的权力。

（三）董事、监事以及高管人员的任职资格和义务

公司治理的主要对象是公司的高级管理人员。公司董事、监事以及高级管理人员的人选直接关系到公司和股东的利益，因而法律上对公司董事、监事的任职资格均有所规定。一般而言担任公司董事的人选必须具有较强的经营管理能力，而公司监事不能由公司董事、高级管理人员担任。就其任职条件而言一般包括积极条件和消极条件两个方面。积极条件是指应当具备什么样的条件才能担任公司董事、监事、高级管理人员，而消极条件则是指在哪些条件下不得担任公司董事、监事、高级管理人员。就积极条件的规定通常从国籍、年龄、持有的股份数等方面进行规定；而消极条件主要包括不具有完全行为能力的人、有特定犯罪前科的人、破产者以及其他具有不适宜担任相应职务的情况。

我国《公司法》第146条主要从消极提条件方面规定了董事、监事、高级管理人员的任职资格。不得担任公司的董事、监事、高级管理人员的情形有：无民事行为能力或者限制民事行为能力；因贪污、贿赂、侵占财产、挪用财产或者破坏社会主义市场经济秩序，被判处刑罚，执行期满未逾五年，或者因犯罪被剥夺政治权利，执行期满未逾五年；担任破产清算的公司、企业的董事或者厂长、经理，对该公司、企业的破产负有个人责任的，自该公司、企业破产清算完结之日起未逾三年；担任因违法被吊销营业执照、责令关闭的公司、企业的法定代表人，并负有个人责任的，自该公司、企业被吊销营业执照之日起未逾三年；个人所负数额较大的债务到期未清偿。公司违反规定选举、委派董事、监事或者聘任高级管理人员的，该选举、委派或者聘任无效。

为了保障公司治理的有效性，法律除了规定董事、监事等高管人员的任职资格而外，还对其在在职期间义务作出了规定。在任职期间他们对公司负有一系列的义务，这

些义务高度概括起来就是忠实义务和勤勉义务。忠实义务是董事、监事、高级管理人员负有不得损害公司利益的义务。勤勉义务是董事、监事、高级管理人员在执行职务过程中负有审慎注意、勤勉尽责的义务。法律对忠实义务和勤勉义务的规定，采用概括与列举结合的方式。[①]

二、股东会

股东会的概念有广义与狭义两种，从广义上说，股东会泛指各类公司中由全体股东组成的公司权力机构。狭义的股东会仅指有限责任公司中全体股东所组成的公司权力机构，而股份公司的权力机构称为股东大会。

（一）股东会的地位

股东会是由全体股东所组成的代表全体股东团体意志的机构。它是公司的最高权力机构，拥有对公司重大事务的决策权。但股东会不是公司的常设性机构，因而它对外不代表公司，对内不执行公司事务。它是公司的意思形成机关，但不是公司的意思表示机关。

（二）股东会的职权

股东会作为公司的最高权力机关，它享有对公司重大事务的决策权。股东会的职权，由法律规定和章程规定。根据我国《公司法》的规定，有限责任公司股东会的主要职权有：①决定公司的经营方针和投资计划；②选举和更换非由职工代表担任的董事、监事，决定有关董事、监事的报酬；③审议批准董事会的报告；④审议批准监会或监事的报告；⑤审议批准公司的年度财务预算方案、决算方案；⑥审议批准公司的利润分配方案和弥补亏损方案；⑦对公司增加和减少注册资本作出决议；⑧对发行公司债券作出决议；⑨对公司合并、分立、变更公司形式、解散和清算等事项作出决议；⑩修改公司章程；⑪公司章程规定的其他职权。

股东大会是股份公司的权力机构，其与有限责任公司股东会具有相同的职权范围。

（三）股东会会议的召开

股东会的会议有首次会议、定期会议、临时会议。首次会议由出资最多的股东召集；定期会议是按照章程的规定按时召开的，通常每年举行一次或两次。代表十分之一以上表决权的股东，三分之一以上的董事，监事会或者不设监事会的公司的监事提议召开临时会议的，应当召开临时会议。

一般股东会由董事长召集和主持。董事长因特殊原因不能履行职务时，由董事长指定的副董事长或者其他董事主持。股东会的召集应以书面形式于会议召开的一定期限之前通知或公告股东。通常有限责任公司比较宽松，甚至可不经召集程序而直接开会，只要会议是经全体股东同意或由全体股东参加。我国《公司法》规定有限责任公司召开股东会应当在会前15天通知全体股东；股份公司召开股东大会应当将会议的时间、地点、审议事项于会议召开的20日前通知各股东，临时股东大会应当于会议召开15日前通知各股东，发行无记名股票的，应当于会议召开30日前公告会议召开的时间、地点和审议事项。无记名股票持有人出席股东大会会议的应当于会议召开5日前至闭会时将股票

---

① 参见《中华人民共和国公司法》第147、148、149条之规定。

交存于公司。

（四）股东会的议事方式

股东会议事的方式采取表决方式。对于股东的表决权国外立法有“均一主义”和“资额主义”。前者是指一个股东不论其出资多少均只有一项表决权，侧重于维护公司的人合性；后者是指按出资额或出资比例来分配股东的表决权，侧重于维护公司的资合性特点。我国《公司法》第 42 条规定：“股东会会议由股东按照出资比例行使表决权；但是，公司章程另有规定的除外。”因而在我国股东表决权原则采用的是“资额主义”。股东会对表决事项形成的决议有两种形式：一种是普通决议，另一种是特别决议。普通决议是指股东会对一般事项所作的决议，由代表 1/2 以上表决权的股东通过；特别决议是指对公司的重大事项所作的决议，按照法律规定应以特别决议方式通过的事项有：公司注册资本的增加或减少；公司章程的修改；公司的合并分立；公司解散。特别决议应经由 2/3 以上有表决权的股东通过。股东会应对所议事项的决定做成会议记录，由出席会议的股东签名并妥善保管，以备股东查阅。

三、董事会

（一）董事会的概念和地位

董事会是由股东会选举产生的，由全体董事组成的负责公司经营管理的执行机关。董事会由股东会选举产生因此对股东会负责，董事会是对内执行公司业务、对外代表公司的常设性机构。

董事会是公司的业务执行机关和法人机关。尽管股东会是权力机关，但是它不是一个常设性机关，它仅是一个意思形成机关，股东会做出的各项决议需要由董事会来负责主持实施和执行。董事会是公司的法定的常设机关，由董事会集体执行公司事务，它是公司的法人机关。董事长是公司的法定代表人。

我国《公司法》规定，有限责任公司的董事会成员为 3—13 人。如果公司的规模较小，可不设董事会而只设一名执行董事。执行董事由股东会选举产生，对内行使经营管理权对外代表公司，是公司的法定代表人。股份公司的董事会由股东大会选举产生，并对股东大会负责，董事会的成员为 5—19 人。

（二）董事会的职权

董事会的职权，由法律规定和章程规定。根据我国现有公司法的规定，董事行使以下职权：①负责召开股东会并向股东会报告工作；②执行股东会的决议；③决定公司的经营计划和投资方案；④制定公司的年度财务预算方案、决算方案；⑤制定公司的利润分配方案和弥补亏损方案；⑥制定公司的增加和减少注册资本的方案；⑦拟订公司合并、分立、变更公司形式、解散的方案；⑧决定公司的内部管理机构的设置；⑨决定聘任或解聘公司经理及其报酬事项，并根据经理的提名决定聘任或解聘公司副经理、财务负责人及其报酬事项；⑩制定公司的基本管理制度；⑪公司章程规定的其他职权。

（三）董事会会议的召开

董事会会议由董事长召集和主持。董事长因其他原因不能履行职务时由董事长指定副董事长或其他董事召集和主持。董事会会议应对所决定的事项作出会议记录并由出席会议的董事在会议记录上签名。董事会作出决议，一般须半数以上的董事出席，并以出席董事的过半数同意通过。对于某些特别决议事项，法律或章程还规定了更高的要求。董事会决议的表决，实行一人一票。

（四）经理

经理具有两层含义，从法律性质来看，经理是董事会之下的工作机构。从人员关系来看，经理是公司董事会聘任的主持日常经营工作的公司管理人员。经理一般由公司章程任意设立，设立之后就成为公司常设的辅助业务执行机关。经理从属于董事会，对董事会负责。我国《公司法》规定，有限公司的经理属于任意设立，股份公司经理不属于任意设立，但是可以由董事兼任。经理的职权通常来源于法律规定和董事会的授权。我国《公司法》规定公司经理的职权主要有：①主持公司的生产经营管理工作；②组织实施公司年度经营计划和投资方案；③拟定公司内部管理机构方案；④拟定公司的基本管理制度；⑤制定公司的具体规章；⑥提请聘任或者解聘公司副经理、财务负责人；⑦聘任或者解除应由董事会聘任或者解聘以外的负责管理人员；⑧董事会授予的其他职权。

四、监事会

（一）监事会的地位和组成

监事会是由监事组成的对公司经营活动进行监督的专门机构。监事会监督的对象是董事、高级管理人员以及公司财务。

监事会主要是大陆法系的国家所采用的监督机构，英美法系的国家一般没有监事会的设置，因此就由独立董事来对公司实施监督。我国《公司法》规定：有限责任公司设立监事会，其成员不得少于 3 人。股东人数较少和规模较小的有限责任公司，可以设 1—2 名监事。国有独资公司则不设监事会。股份公司必须设立监事会，其成员不得少于 3 人。监事会一般不参与公司的业务决策和管理，也不对外代表公司进行业务活动。监事会的成员由股东代表和适当比例的公司职工代表组成，董事、高级管理人员等不得担任公司监事，监事的任期每届 3 年，可以连选连任。

（二）监事会的职权

监事会的职权由法律、章程规定。我国《公司法》规定，监事会或监事依法行使以下职权：①检查公司财务；②对董事、高级管理人员执行公司职务的行为进行监督，对违反法律、法规、公司章程或者股东会决议的董事、高级管理人员提出罢免的建议；③当董事、高级管理人员的行为损害公司的利益时，要求董事、高级管理人员予以纠正；④提议召开临时股东会，在董事会不履行职责召集和主持股东会会议时召集和主持股东会会议；⑤向股东会会议提出提案；⑥依照法律规定对董事、高级管理人员提起诉讼；⑦公司章程规定的其他职权。此外，为了更好对董事执行公务的行为进行监督，规定监事有列席董事会会议的权利。

第八节　公司变更与终止

这里所称公司变更，是指公司在营运过程中组织体的改变，包括公司合并、分立、转换。公司终止，是指公司因解散、关闭、被撤销经过清算而失去法人资格。

一、公司合并

（一）公司合并的概念和特征

公司合并是指两个或两个以上的公司依照公司法规定的条件和程序，通过订立合并协议，共同组成一个公司的过程。

公司合并具有以下特征：第一，公司合并是变更公司组织体的行为，会产生公司消灭的后果。第二，公司合并是当事人之间的一种自由行为，其合并与否及合并的方式完全取决于当事人的意志。第三，公司合并是一种无须通过解散清算即可消灭和变更公司的行为。公司合并可以在不进行清算的前提下改变公司的存在、财产结构和股权结构。

公司合并不同于公司购并，公司购并是通过一个公司通过购买另一个公司的股权而控制该公司的行为。被购并的公司可以继续存在。

（二）公司合并的方式

按照我国《公司法》的规定，公司合并的方式有两种。一种是吸收合并。吸收合并是指一个公司吸收其他公司，被吸收公司解散，吸收公司继续存在的公司合并。另一种是新设合并。新设合并是指两个以上公司合并设立一个新的公司，合并各方解散，新设公司存在的公司合并。无论采取吸收合并还是新设合并，都将由存续下来的公司对原有公司的债权债务进行概括式承担。

（三）公司合并的程序

公司合并首先由合并各方订立合并协议，并编制资产负债表和财产清单；然后由股东（大）会以特别决议的方式讨论通过合并协议；在作出合并决议之日起 10 日内通知债权人，并在 30 日内在报纸上发布公告；债权人在接到通知之日起 30 日内，未接到通知的自公告之日起 45 日内，可以要求公司清偿债务或者提供相应的担保，不清偿债务也不提供担保的公司不得合并。合并之后办理相应的工商登记手续，这些手续可能为注销登记、变更登记或者设立登记等。

二、公司分立

（一）公司分立的概念和特征

公司分立是指一个公司根据法律的规定依照一定的条件和程序分成两个或两个以上公司的过程。公司分立有以下特征：第一，公司分立是一种自愿的法律行为，公司分立涉及公司的债权、债务和公司财产的分割，因此有关各方应达成一致协议。第二，公司分立是一种变更公司的行为。公司分立后并不导致公司的完全解散，也不导致公司清算的发生，而只是使公司的存在形态发生了变化。第三，公司分立是一种依法进行的法律行为。公司分立必须依照公司法和其他有关法律的规定来进行，必须履行要求的审批手续和响应的分立程序。

（二）公司分立的方式

公司分立的方式有两种：一种是分解分立。分解分立是指将原来的一个具有法人资格的公司分解成两个或两个以上的具有法人资格的公司的法律行为。其条件是原有的公司法人资格消灭，而分立出来的公司符合法人条件的应当办理登记手续。第二种是派生分立。派生分立是指将原来一个公司的部分财产、人员和营业分离出去建立一个新的公司的法律行为。原公司的法人资格仍然存在，但应办理变更手续，分立出去的公司符合公司条件的应办理登记手续。对于公司分立涉及公司财产的分割，将影响到公司债权人的利益，因此法律规定公司分立前的债权债务由分立后的公司承担连带责任，但是在分立前与债权人就债务清偿另有约定的除外。

（三）公司分立的程序

公司分立首先由股东（大）会以特别决议的方式讨论通过；然后编制资产负债表和财产清单；在作出决议后10日内通知债权人，并在30日内在报纸上公告。公司分立之后在工商部门应办理相应的变更手续。

三、公司转换

公司转换是指在保持公司法人人格持续的条件下，将公司从一种组织形式变更为另外一种组织形式。公司转换的意义是不终止公司主体资格和公司营业而改变公司组织形式，可以适应投资者对公司组织形式选择要求，同时减少了一种公司组织解散，再成立另一种公司而发生的费用和机会成本。

我国《公司法》允许有限责任公司转换成股份公司，也允许股份公司转换为有限责任公司。但是，有限责任公司转换股份公司，必须符合股份公司的条件；股份公司变成有限责任公司，必须符合有限责任公司的条件。法律同时还规定，公司变更前的债权、债务由变更后的公司承担。

四、公司解散

（一）公司解散的概念

尽管在理论上对公司解散的概念有“公司消灭的原因”和“公司消灭的程序”之争。有学者认为“公司之解散，非公司法人人格之消灭，乃公司法人人格之消灭原因。详言之，即已成立之公司，发生法律上之原因，而丧失其营业上之能力。”① 还有学者认为“解散是从程序角度而言的，是确定法人将要终止，这种确定虽不会导致法人消灭，但它必将会导致法人消灭。”② 但是不管说是原因还是程序，公司解散从顺序上讲都发生在公司清算之前，公司解散后就会进行公司清算，将会导致公司人格的消灭。为了便于理解，本书将公司解散界定为：公司解散是指以消灭公司法人资格为目的而进行的终止公司业务活动并对公司财产进行清算的行为。

（二）公司解散的原因

公司解散的原因可以分为自愿解散原因和强制解散原因。自愿解散取决于公司多数股东的意愿。强制解散则不以股东意志决定。

一般来说，自愿解散的原因有：公司章程规定的营业期限届满或公司章程规定的其他事由出现；股东会决议解散公司；公司合并或分立而需要解散公司。强制解散的原因主要有：公司被吊销营业执照、责令关闭或者被撤销；

除了上述原因之外，还存在自愿于强制结合解散的原因。主要表现在，公司经营管

---

① 张国键：《商事法论》，三民书局1980年，第186页。

② 江平：《法人制度论》，中国政法大学出版社，1993年，第154页。

理发生严重困难，出现公司僵局，部分股东申请法院解散公司。

（三）公司解散后的法律地位

公司解散并不直接导致公司法人人格的消灭，但产生一系列的法律后果。包括公司的权利能力受到限制，即公司的存在不再以营利为目的，而是为了进行清算，为了依程序消灭公司法人人格而继续存在；公司原来的代表机关和业务执行机关丧失其地位和职权，不得代表公司行使职权，公司将成立清算组。我国现行公司法第 186 条第 3 款规定：清算期间，公司存续，但是不得开展与清算无关的经营活动。在此条规定中明确公司解散后其法律地位仍然存续。按照此规定，公司解散的直接法律后果是消灭了公司经营资格，但是尚未消灭公司主体资格。

五、公司清算

（一）公司清算的概念

公司清算是指公司解散后处分公司财产，终结其法律关系从而消灭公司法人资格的法律程序。根据我国《公司法》的规定，公司除合并与分立而解散外，其余原因引起的解散均需经过清算程序。因为公司是由股东投资组建的法人实体，而股东对公司的经营风险承担有限责任；公司在存续期间对内对外发生大量的法律关系，为了保护股东和债权人的利益必须依法将其资产向股东和债权人进行分配，终结其现存的全部法律关系，因此必须进行清算，此为各国的通例。

（二）清算组

公司进入清算程序之后由清算组取代公司机关的地位。清算组是公司解散之后依法组成的专门负责清算事务的机构。我国《公司法》规定在公司解散事由出现之日起 15 日内应成立清算组。有限责任公司的清算组由股东组成，股份公司的清算组由股东大会确定人选或者董事组成，逾期不成立清算组的债权人可以申请法院指定有关人员组成清算组。清算组在清算期间的职权主要有：清理公司财产并编制资产负债表和财产清单、通知公告债权人、处理清算公司未了的业务、清缴税款、清理债权债务、处理公司剩余财产、代表公司参与民事诉讼等。清算组成员应当忠于职守，依法履行清算义务。

（三）清算的程序

清算组成立之后，按照下列程序进行清算工作：

（1）公告和通知债权人。清算组应当自成立之日起十日内通知债权人，并于六十日内在报纸上公告。债权人应当自接到通知书之日起三十日内，未接到通知书的自公告之日起四十五日内，向清算组申报其债权。

（2）清理财产，制定清算方案。清算组在清理公司财产、编制资产负债表和财产清单后，应当制定清算方案，并报股东会、股东大会或者人民法院确认。清算组在清理公司财产、编制资产负债表和财产清单后，发现公司财产不足清偿债务的，应当依法向人民法院申请宣告破产。

（3）分配财产。公司财产在分别支付清算费用、职工的工资、社会保险费用和法定补偿金，缴纳所欠税款，清偿公司债务后的剩余财产，有限责任公司按照股东的出资比例分配，股份有限公司按照股东持有的股份比例分配。

（4）制作公司清算报告。公司清算结束之后，清算组应当制作清算报告，报股东

(大)会或法院确认。

(5)申请公司注销登记。公司在结束清算后应报送公司登记机关申请注销公司登记，公告公司终止。

学习总结与拓展

【关键词】

公司　公司法　有限公司　股份公司　上市公司　一人公司　法定资本制　授权资本制　公司资本　公司章程　盈余公积金　资本公积金　股份　股权　股票　公司债券　发起人　股东　公司人格否认　公司治理　吸收合并　新设合并　公司转换　公司解散　公司清算

【思考题】

1. 公司法的基本原理是什么？请自己思考和归纳。
2. 我国《公司法》采取哪种资本制度？
3. 公司法如何保护股东利益？
4. 公司法怎样保护公司债权人？
5. 股东权利的性质、内容是什么？
6. 上海中福企业投资发展有限公司（以下简称“中福公司”）、王慧及案外人黄淑玲均系上海兴昆建材有限公司（简称“兴昆公司”）的股东，三方于2003年4月签署的股东会决议载明：同意王慧将其83%的股权转让给上海佰分佰通讯设备制造有限公司（以下简称“佰分佰公司”）和王琦，中福公司和黄淑玲均放弃优先购买权。同年5月，王慧等人签订股权转让协议，约定佰分佰公司和王琦各以1元价格受让49.8%和33.2%的股权，并按持股比例继承兴昆公司的债权债务，后兴昆公司为此进行了工商变更登记。同年7月，中福公司以王慧等人伪造股东会决议，侵犯其优先购买权为由诉请法院判令股权转让协议无效、其支付2元价格优先受让上述股权。原审法院认为，中福公司未能提供足够证据支持其主张，而其签署的股东会决议又明确表明其已放弃优先购买权，故诉请予以驳回。中福公司不服，提起上诉，并提交了有关文件鉴定材料。二审法院认为，股东会决议上的中福公司印鉴经鉴定确认并非其于2003年使用的真实印鉴，而王慧等人也未能举证证实该印鉴的真实性，故原审依据该决议认定中福公司同意放弃优先购买权有误，应予纠正；王慧等人签订的股权转让协议侵犯了中福公司的优先购买权，依法不能成立，应予撤销；中福公司另诉请判令其以2元价格优先受让系争股权，但其未在同等条件下行使该权利，故该项诉请不予支持。

问：如何认定“同等条件”？二审法院为何不支持中福公司以2元的价格受让该股权？

7. 某有限责任公司注册资本为500万元，由49个自然人投资设立。2009年7月，公司召开股东会，以超过表决权三分之二的多数通过了“关于修改公司章程的决议”之后，原告童某等13个股东向法院提起诉讼，要求判决该决议无效。理由是修改公司章程决议的以下内容违法：(1) 自然人股东死亡后，合法继承人继承股东权利和义务，继承人可以出席股东会议，但必须同意由股东会作出的各项有效决议；(2) 股东会议作出有关公司增加资本或者减少注册资本，分立、合立、解散或者变更公司形式及修改章程的决议必须经出席会议的股东所持表决权的三分之二以上通过；(3) 公司不设监事会，设监事一名，由公司工会主席担任。公司董事、总经理及财务负责人不得兼任监事。

问：原告是否有权起诉？原告的理由是否成立？

7. 华兴鞋业有限责任公司于2004年7月成立，注册资本522万。2006年1月，由于公司经营状况不佳，公司召开董事会作出决议，决定将公司注册资本减少为350万。公司股东杨某向法院起诉请求判决董事会该决议无效。法院经查实，判决华兴公司董事会减少注册资本的决议无效。

问：

(1) 法院判决华兴公司减资行为无效的法律依据何在？

(2) 公司增加或减少资本对股东利益会产生哪些影响，应当如何解决由此产生的矛盾？

9. 2006年12月26日，上海自来水公司召开一届二次董事会会议，会议形成一份由全体董事签名的决议。该决议载明：自来水公司持有的16,985,320股光大银行法人股，经上海财瑞资产评估公司评估并报国资委备案，截至2005年5月31日价值为人民币28,365,484.40元。为规避该笔投资可能带来的风险，使公司有足够现金获得发展，自即日起，公司全权委托上海水务公司办理转让该笔投资有关事宜，委托期限3个月。转让结束，公司完全收回该笔投资，高于或低于此价部分完全由上海水务公司承担。

2007年1月24日，上海水务公司就被告自来水公司名下的16，985，320股光大银行法人股，以委托人身份与金槌拍卖公司签订委托拍卖合同，合同载明委托人对拍卖标的拥有无可争议的处分权。委托人交与拍卖方审验的证明材料有：上海水务公司的营业执照、组织机构代码证（以上两份盖有上海水务公司公章）、光大银行股权证复印件（有经复印的自来水公司公章印文和盖有上海水务公司公章）。同月26日，金槌拍卖公司在《上海商报》刊发定于2月6日对上述股权进行拍卖的公告。同月29日，又在该报上刊发拍卖更正启事，更正了竞买人条件。同年2月6日，金槌拍卖公司对上述股权进行了拍卖，并由原告巴菲特公司以最高价买受。拍卖成交确认书载明的拍卖单价为3.10元，成交总价为52,654,492.00元。2月12日，巴菲特公司向金槌拍卖公司交付全部拍卖佣金2,632,724.60元；巴菲特公司通过金槌拍卖公司向上海水务公司交付全部股权款52,654,492.00元。

根据拍卖结果，上海水务公司（出让方）与原告巴菲特公司（受让方）于2007年2月12日签订《光大银行法人股股权转让协议》一份。该协议载明：上述股权的合法股东系自来水公司，出让方保证其有权转让本协议项下的股权，并已取得转让股权所必需的全部授权；出让方应在本协议签订之日起及受让方向出让方提交了为受让上述股权所需的全部文件起5个工作日内，向光大银行董事会办公室提交股权转让所有资料，办妥股权转让申请手续。

2007年2月15日，中国水务投资有限公司（以下简称中国水务公司）致函被告自来水公司，认为系争股权处置应由股东会决定，要求设法中止股权交易。同日，中国水务公司致函上海水务公司，希望不转让股权。3月1日，自来水公司向光大银行发出

《关于中止股权变更有关事宜的函》称："先前因公司改制需委托上海水务资产经营发展有限公司办理股权变更有关事宜，目前由于情况发生变化，我公司尚未递交转让方股权转让申请，根据我公司上级主管机构的意见，决定中止我公司光大银行股权变更手续。"3月8日，上海水务公司向自来水公司发出《关于光大银行股权转让有关事宜的告知函》，认为自来水公司向光大银行出具的中止函违背董事会决议，将造成国有资产巨大损失，要求自来水公司立即撤销"中止函"。4月18日，上海水务公司向光大银行董事会发出《关于尽快办理光大银行股权过户手续的函》。4月19日，原告巴菲特公司向光大银行发出《要求尽快办理股权过户手续的函》。4月23日，光大银行董事会办公室致函巴菲特公司，要求补齐股权过户的相关文件（股东单位的股权转让申请函）。

2007年9月15日，上海自来水公司第四次股东会决议载明：各股东一致同意，从公司利益出发，继续保留光大银行法人股股权，并一致对外。该决议由中国水务公司、上海水务公司、自来水公司三方现有股东代表签字。同年11月30日，自来水公司致函原告巴菲特公司称：上海水务公司无权处分我司财产，上海水务公司与巴菲特公司签订的股权转让协议不予追认。自来水公司同时致函上海水务公司称：立即采取补救措施，撤销与巴菲特公司签署的股权转让协议；对上海水务公司将我司董事会决议泄露给拍卖公司、巴菲特公司的行为保留赔偿请求权。对于上述函件，巴菲特公司、上海水务公司未给予书面回复。

问：

1. 上海自来水公司一届二次董事会决议是否有效？
2. 上海自来水公司第四次股东会决议是否有效？
3. 上海水务公司与巴菲特公司签署的股权转让协议是否有效？

【阅读资料】

1.《中华人民共和国公司法》及司法解释。
2. 江平：《法人制度论》，中国政法大学出版社，1993年。
3. 赵旭东：《公司法学》（第三版），高等教育出版社，2014年。
4. 施天涛：《公司法论》（第三版），法律出版社，2014年。
5. 叶林：《公司法原理与案例教程》，中国人民大学出版社，2010年。
6. 宋晓明、刘俊海：《人民法院公司法指导案例裁判要旨通纂》，北京大学出版社，2014年。
7. 罗培新：《公司法的合同解释》，北京大学出版社，2004年。

第四章 证券法

【学习提示】 证券法是规定证券发行、证券交易规范、证券服务机构职能以及证券监管规则的法律。证券法上的证券主要指股票、债券和投资基金券。公开、公平、公正原则是证券活动的基本准则，保护投资者利益是证券监管最主要的目标。信息公开制度是证券法的核心和基石。证券法制定了一系列强制性交易规则，以最大限度地消除证券交易风险。上市公司收购是证券交易的一种特别方式，要遵循特别规则。证券服务机构主要有证券交易所、证券公司、证券登记结算机构和证券交易服务机构等。

第一节 导 论

一、证券概念与特征

（一）证券的概念

从法学的角度分析，证券的概念有广义和狭义之分。广义的证券包括有价证券、无价证券。有价证券是记载和反映财产权利的证券，“指设定并证明某项财产权利并且能够流通的一种书面凭证”。[①] 其与无价证券的区别在于，券面载明的权利直接对应于法律上的财产权利。因此，有价证券不仅直接表彰一定的权利，而且具有流通的功能。它是各种证券中的最主要部分，也是世界各国较为常见的信用凭证和流通工具。狭义的证券概念仅指有价证券。而有价证券同样存在广义、狭义之分。广义上的有价证券包括货币证券和资本证券两类。其中，货币证券具有与货币类似的支付、结算、流通、信用等主要功能，是对货币享有请求权的凭证。如：汇票、本票、支票。资本证券则是表明持券人对一定的资本金所带来的收益享有请求权的凭证。其最典型的形式就是股票和债券。狭义上的有价证券即指资本证券。我们可以通过下图有更清楚的了解：

- 广义“证券”
  - 有价证券
    - 广义“有价证券”
      - 货币证券
      - 资本证券
    - 狭义“有价证券”：资本证券
  - 无价证券
- 狭义“证券”：有价证券

然而，证券的种类及范围，不能一概而论，视各国立法例而不同，视市场的需要而

① 佟柔主编：《中国民法》，法律出版社，1990 年，第 57 页。

变化。

美国关于证券种类及范围的规定极其广泛，可谓世界之最，其目的在于防止遗漏以保护投资人。美国1933年《证券法》第2（a）条也许是世界范围内最雄心勃勃的“证券”定义了：本法所称“证券”，系指任何票据、股票、库存股票、公债、公司信用债券、债务凭证、息票或参与任何分红协定的证书、以证券做抵押的信用证书、组建前证书或认购书、可转让股份、投资合同、股权信托证书、证券存款单、石油、煤气或者其他矿产小额利息滚存权、任何股票的出售权、购买权、买卖选择权或优先购买权、存款证明、一类证券或者证券指数（包括其中的任何利益或者以其价值为基础）或者在全国证券交易所中与外汇有关的任何股票的出售权、购买权、买卖选择权或优先购买权；还包括一般说来被普遍认为是“证券”的任何权益和凭证，或者上述任何一种的息票或参与分红证书、暂时或临时证书、收据、担保证书、认股证书、订购权、购买权。如此冗长的定义，旨在把一切与公众投资有关的金融工具都囊括其中，以便为投资者提供周全的保护。日本证券交易法规定的证券范围也很广，不仅将一般意义上的证券纳入“证券法”，而且将表面不是证券，但实际上有财产价值和流通功能的各种凭证均尽收其中。

我国《证券法》所称证券，是资本证券。主要包括：

（1）股票，是股份有限公司公开发行的、用以证明投资者的股东身份和权益，并据以获得股息和红利的凭证。在我国，股票包括A股和B股，是我国证券市场上主要的交易品种。A股的正式名称是人民币普通股票，它是由我国境内的公司发行，供境内机构、组织或个人（不含台、港、澳投资者）以人民币认购和交易的普通股股票。B股的正式名称是人民币特种股票，它以人民币标明面值，以外币认购和买卖，在上海、深圳证券交易所上市交易①。

（2）债券，是政府或公司为筹集资金而发行的承诺定期支付利息和到期偿还本金的证券，包括政府债券、公司债券。

（3）投资基金券，是由投资基金发起人向社会公开发行的，表示持有人按其所持份额享有资产所有权、收益分配权和剩余资产分配权的凭证。我国《证券投资基金法》对证券投资基金有专门的规定。

与其他国家证券法对“证券”的界定相比，我国证券的种类及范围较窄，主要还是传统的证券种类，未将“证券衍生品种”纳入证券法的调整范围。这与我国证券市场刚起步、证券法律制度尚不完善有关。实践中，市场上发行与交易的证券已经远远大于《证券法》目前列举的范围，包括但不限于：期货、期权、资产支持证券、权证、交易所交易基金等。随着社会主义市场经济的发展、证券市场的发达以及证券法律制度的完善，我国的证券种类及范围亦会扩充。

（二）证券的特征

在证券法上，证券除应具备有价证券的一般特征外，还应具有以下基本特点：

（1）证券是直接投资工具。从证券发行人的角度，证券是证券发行人采取的融资工

---

① 平时我们还会看到诸如H股、N股、S股之类称谓的股票。其中，H股，即注册地在内地、上市地在香港的外资股。由于香港的英文是Hong Kong，取其字首，在港上市外资股就叫作H股。依此类推，纽约的第一个英文字母是N，新加坡的第一个英文字母是S，纽约和新加坡上市的股票就分别叫作N股和S股。

具，而从证券投资者角度看，证券也是证券投资者的投资工具和手段。投资者接受证券并向发行人缴纳资金，属于直接投资，证券发行人与投资者之间形成直接资金供求关系，无须借助银行或其他金融机构的中介职能，证券发行人对证券投资者承担还本付息或支付股利的义务。

（2）证券是证权证券。证权证券是指证明权利存在的证券，证权证券是权利载体而不是权利本身。如果证权证券遗失或者毁损，也不妨碍证券权利的合法存在，证券投资者可依照法定程序申请补领证券。与证权证券对应的是设权证券，具体内容参见本书第五章票据法部分。

（3）证券是标准化权利凭证。证券发行人为便于向社会公众投资者募集资金，会将募集资金总量划分为若干相等份额，并向投资者发行该种证券。证券发行人同次发行的同种证券，在每份证券权利证书的记载格式、内容和事项以及所代表权利等方面，应当整齐划一。同时，每份权利凭证在券面金额、证券持有人权利和义务、证券发行人偿还或利益支付条件等方面，也应当整齐划一。民事权利经标准化处理以后，各份证券在投资者权益和相关限制等方面保持一致，且各份证券之间具有可替代性和互换性。

（4）证券是流通证券。流通是证券的基本属性，当事人可以在证券市场自由转让和买卖证券。流通使证券潜在的经济价值变成现实：证券本身不具有价值，由于其对应的是财产权利，因而具有为持有人带来一定经济利益的可能性，这种可能性通过证券的流通，具有了交换价值，从而变成了现实的经济利益；另一方面，流通是证券具有的经济功能得以充分释放的必要条件。证券的流通，使得实物资产带有了虚拟化的成分，虚拟经济尽管伴随着投机和泡沫的产生，但其带来的正效应是大大提高了经济运作的效率，促进了资源配置的优化，使社会财富能够得到最大限度的利用。

二、证券市场法律监控

（一）证券法的定义

证券法是调整证券的发行、交易、服务、证券市场监管以及其他相关活动而产生的社会关系的法律规范的总称。各国证券立法的情况不一样，有的仅有证券交易法，没有证券法，如日本证券交易法；有的则既有证券法，又有证券交易法，如美国1933年证券法和1934年证券交易法；还有的国家没有专门的证券交易法，而用公司法等法律来规范证券市场，如英国。在我国，证券法律体系较为复杂，主要包括三部分：

（1）《中华人民共和国证券法》。该法于1998年颁行，后经多次修改，[①] 是我国证券发行和交易法律体系的核心，是证券发行和交易管理的基本法律规范。

（2）根据证券法制定的有关法规、规章和规则。这些法规、规章和规则对证券法的基本规定进行了具体的补充，具有实用性和可操作性，也是进行证券监督管理的重要法律文件。例如国务院颁布的《关于股份有限公司境外募集股份及上市的特别规定》、中

① 《中华人民共和国证券法》于1998年12月29日第九届全国人民代表大会常务委员会第六次会议通过。2004年8月28日第十届全国人民代表大会常务委员会第十一次会议第一次修改。2005年10月27日第十届全国人民代表大会常务委员会第十八次会议第二次修改。2013年6月29日第十二届全国人民代表大会常务委员会第三次会议《关于修改十二部法律的决定》第三次修改。2014年8月31日第十二届全国人民代表大会常务委员会第四次修改。

国证监会发布的《上市公司收购管理办法》、沪深证券交易所制定的《股票上市规则》等；

3. 与证券法相关的其他法律，如《公司法》《证券投资基金法》等。

（二）证券法的主要内容

证券法是为了规范和管理证券的交易与发行，管理和监督证券交易场所、证券商、发行公司等主体的行为而制定的。因此，其主要内容有：

(1) 规范国家证券监管机关与证券市场主体之间的监管关系，规定证券管理的主管机关，规定其职责、职权和工作范围，以及该主管机关和其他管理机关之间的关系。

(2) 规范证券投资者、发行人、证券商、证券交易所之间的平等关系，规定证券的发行及交易制度。包括：保障证券真实性的制度；保证有价证券交易顺利、公正进行的制度；对投资者进行其他保护的制度；以实现行政监管为目标的各种具体管理制度。

(3) 规定法律责任。对于违反证券交易法律、法规、规则的各种行为，须追究法律责任。既规定了以民事赔偿为基本形式的民事责任，又规定了惩罚制裁为目的的行政责任和刑事责任。

三、证券法基本原理

（一）证券法产生的根源

所谓证券市场，是指股票、公司债券、金融债券、政府债券、外国债券等有价证券及其衍生产品（如期货、期权）发行和交易的场所。在现代市场经济中，证券市场是一种高级的市场组织形态，它是完整市场体系的重要组成部分，也是资本市场中最重要的组成内容。法律之所以需要对证券市场进行监控，其特殊根源在于证券业独有的特征：

1. 证券业是一个高风险产业，具有内在不稳定性

收益与风险是证券投资的主题，投资者之所以情愿减少当前消费来投资有价证券，是因为他们期望未来会获得更多更好的消费，这就是证券投资收益的真正含义①。证券投资收益由两部分组成：(1) 债息、股息及红利收入，又称经常性收入。这是基于股东身份而享有的权益，一般由公司法进行保护；(2) 证券价格变动带来的损益②，又称资本利得（可以为负值）。这是基于投资者身份而获得的收益，一般由证券法给予保护。然而，风险总是与收益相伴而生，为了取得投资收益就必须承担投资风险。对于证券投资者来说，风险即意味着损失。证券投资的损失也分为两种：(1) 因公司财产减少而间接遭受的损失；(2) 因股价变动而直接遭受的损失。

证券法对投资者的保护重在救济后一种风险损失：证券市场容易产生过度投机，由此造成股市价格的暴涨暴跌，从而引起整个证券市场的动荡。证券业的高风险还表现在虚拟资本的运动形态方面，证券这一虚拟资本主要在投资者之间不断转手，股价的确定带有很大的主观性和随意性，很容易背离其代表的真实价值，导致股市震荡，股市风险由此产生。虽然在投资者自愿入市的情况下，法律推定他也自愿承担投资风险，但并不

① 谢百三主编：《证券投资学》，清华大学出版社，2005年，第61页。

② 多数的证券投资者并不是追求证券现实能带来的利益（以取得大股东地位来控制公司为目的的除外），而恰恰看中的是证券的投资价值，即预期该证券价格在未来会上涨，以便通过抛售来赚取买卖之间的差价。

是所有的风险都是要投资者来承担的。如何合理地在投资者和相关人员之间分配上述投资风险，是各国证券法所要解决的根本问题之一。证券业的高风险和内在不稳定因素，客观上需要国家在遵循经济规律的前提下，依法干预，化解市场风险，维护市场稳定。如规范证券市场交易行为，禁止操纵市场等不正当交易；对证券公司、证券投资顾问、证券投资信托等专业机关进行管理与规范，防止投资者因这些机构的不当行为遭受损害，从而保护投资公众的合法利益。

2. 证券业是具有广泛社会性的产业

证券投资额的起点很低，投资者只要持有少量货币就可以购买证券从事投资活动，所以证券投资主体遍及社会各行各业，具有显著的社会性。如果放任证券市场而不加监管，将直接和间接地影响到社会上大多数人的利益。另外，证券市场的盛衰将直接影响企业资金的筹集，进而影响国家的经济增长率。证券市场的过度投机、操纵以及不合理的价格波动，极可能引起贸易、交通、工业及社会福利的严重问题，造成社会的不安定因素，严重时还可能引发国家的政治或经济危机。

因此，证券市场绝非完全自律而不受外界干预的私人俱乐部，相反，证券市场关系到广大一般投资者的利益，因而证券市场需要监管①。证券法负担着树立投资公众的投资信心和增强其安全感的使命。考虑到公众投资者在证券市场上处于相对弱小的地位，他们的合法权益容易受到侵害，法律需要正视个人与社会的差异，支援社会弱者，并牵制社会的强者，从而达到真正的平等。

3. 证券市场是信息的市场，存在信息不对称的市场缺陷

证券市场存在的信息问题，包括市场内信息供给不充分、隐匿有关信息等现象。证券市场上所公开的多种证券信息相对于每一个投资者而言都是相同的，在这些相同的不完全信息面前，投资公众常常得出相同或相近的预测结果，由此进行盲目的购进或抛售，这将进一步加深行情的涨跌。另一方面，由于证券市场信息偏在十分突出，证券市场中少数人利用信息优势从事非法投机活动，进行内幕交易或操纵市场以牟取暴利。证券市场的失灵需要政府通过强制性信息披露制度介入市场、弥补市场信息不完全缺陷。但是，法律在要求公开规制的同时，最大限度地确保市场主体的选择自由。即证券市场有关发行和交易的选择自由权利仍然属于市场主体，法律只是确保证券有关信息能够平等、一视同仁地传递给投资大众。

（二）证券监管的目标

证监会国际组织（ISOCO）在《证券监管目标和原则》（2003年修订）中指出，证券监管的三项主要目标是“保护投资者；确保市场公正、有效和透明；减少系统风险”。② 这三项目标是紧密相连的，而且在某些方面还有相互重叠的，许多确保市场公平、有效和透明的要求，也会促进对投资者的保护，并帮助减少系统风险。同样，许多减少系统风险的方法，也会为投资者提供保护。尽管在各国证券市场结构中存在着地区差异，这些目标还是为建立一套有效的证券监管体系奠定了基础。

---

① 参见李东方：《证券监管法律制度研究》，北京大学出版社，2002年，第37页。

② 中国证监会国际合作部译：《证券监管目标和原则》，载《证券市场导报》2006年7月号。

1. 保护投资者

证券法上的"保护投资者"，并非保障有价证券的价值，也并非防止投资者因证券交易所受损失，或确保能获得一定投资收益为目的。证券投资本身就是一种风险投资，投资者必须以自己的判断及责任进行投资。证券法不以保护投资者能获取一定的利益或填补损失为目的。证券法的目的在于：确保投资者有公平、公正地进行证券交易的机会，并排除那些妨碍投资者依自己的自由判断及责任而进行证券交易的不正当行为，保护投资者免受因误导、操纵或欺诈（包括内幕交易、抢跑道和非正当挪用客户资产等）造成的损失。因此，证券法上的"保护投资者"，仅指尽量减少投资风险，维护证券市场发行与交易的正常秩序及安全，预防投资者上当受骗，在投资者权益遭受侵害时能提供适当救济的管道和措施等。

2. 确保市场公正、有效和透明

证券市场是个高风险市场，更涉及众多社会公众投资者利益的特殊市场。由于利益机制的促动和驱使，证券市场无法实现完全自由的美好梦想。相反，只有建立、健全有效的市场监管体系，才能维持证券市场的健康、稳定发展。要确保证券市场的公正性，有关交易所、交易系统营运者和交易规则的建立应该征得监管机构的同意，以执行和适用统一的证券发行与交易规则。在一个有效的市场里，相关信息的传播应该是及时的和广泛的，并可以反映在定价程序中。证券法应确保投资者拥有平等的机会了解市场及价格信息，并促进市场运作以确保对客户订单公平处理和可靠的定价程序。同时，证券监管还需要确保信息的最高透明度，确保有关交易的信息在实时的基础上最大程度的公之于众。

3. 减少系统风险

系统风险对证券市场的影响主要在于"交易之基础设施"方面，即市场运作及清算和交割体制。[①] 尽管我们不可能期待证券监管防止市场中介机构出现倒闭，但是监管应旨在减少倒闭的风险，减少因中介停业而对客户或交易对方造成的损失，避免造成任何系统性破坏。另外，证券市场有必要建立一套有效和精确的清算、结算程序，这套程序应得到正确的监管，并运用有效的风险管理工具。

（三）我国证券法的基本原则

1. 公开、公平、公正原则

鉴于证券发行、交易活动的参与者众多，为了有效保护投资者的合法权益，必须实行公开、公平、公正的原则，即"三公"原则。这是整个证券法的首要原则。"公开"指公开证券的质量，以便投资者在知情的情况下买卖证券。具体来讲，主要是指有关证券发行、交易的信息要依法如实披露、充分披露、持续披露，让投资者在充分了解真实情况的基础上自行作出投资决策；所公开的信息不得有虚假记载、误导性陈述或重大遗漏。此外，证券法的公开原则还包括办事程序、办事规则的公开。"公平、公正"原则，

---

① 张明远：《证券投资损害诉讼救济论》，法律出版社，2002年，第3页。系统风险主要包括一个交易者不履行其付款或交付证券的义务导致其他交易者连锁反应的蔓延风险；投资者对市场突然丧失信心的风险；市场自身交割或清算系统突然崩溃的风险；市场失灵的风险；清算担保资金不足的风险；交割期间过长的程序性风险；股价波动过巨甚至影响其他股市的市场风险；法律方面的风险。

一方面作为公开原则的价值追求目标，并与公开原则构成辩证的统一体，另一方面，也有自己独立的含义。公正原则包括规则公正、管理行为公正、制止不正当竞争行为三个方面。公平原则对证券发行和交易而言，是兼顾机会平等和结果平等的基本要求，以反对证券公司和从业人员内部交易为核心。

2. 分业经营、分类管理原则

分业经营是指证券业、信托业、保险业等金融行业分业经营和分业管理。分类管理是指证券公司分为综合类证券公司和经纪类证券公司，并加以分类管理。综合类证券公司必须将其经纪业务和自营业务分开办理，业务人员、财务账户均应分开，不得混合操作。经纪类证券公司不得开展自营业务。

3. 国家集中统一监管和证券业自律管理相结合原则

由于证券市场信息的不对称，广大投资者被欺诈的可能性大大高于一般市场。对于证券市场上正常的风险，投资者是愿意承担的；但是如果是因为被欺诈而受损失，必然是投资者不愿接受的。因此，必须由政府对证券市场进行监管，予以调控。证券法本身就是对证券市场进行调控的手段之一，政府的监管也就成为整个证券法的必要内容之一。我国成立了专门的国家证券监管机构，即中国证券监督管理委员会，对全国证券市场实行统一的监管。但是，证券业是一个特殊的行业，专业性强、业务复杂，仅仅靠国家的监管还不足以全面维护证券市场的正常运行，还需要证券从业者的高度自律，进行自我约束、自我管理。在我国，中国证券业协会是证券业的自律性组织，它是社会团体法人，证券公司应当加入证券业协会。中国证券业协会的功能可精辟概括为“自律、服务、传导”[①]。另外，证券交易所属于场内交易的自律组织，证券交易所通过制定章程，具体规定证券交易所会员资格的取得、丧失和转让等问题，详细规定证券交易所成因违法或违反章程时的责任，还通过制定证券交易所业务规则和上市规则等，规范证券交易所成员的交易行为。

第二节 证券发行

一、证券发行概述

（一）证券发行的概念及特征

证券发行是指发行主体为筹集建设资金或经营资本，向投资者签发代表一定权利的有价证券，将投资者手中的闲置资金转化为建设资金或经营资本的行为。[②]

证券发行有以下法律特征：

（1）证券发行的主体是符合法定条件的经济组织或政府。现代各国证券法通常都对证券发行人规定了严格的条件限制和资格限制，我国《证券法》规定：“公开发行证券必须符合法律，行政法规规定的条件。”这里的“条件”即包括了发行主体应当符合的条件。目前我国法律规定的发行主体主要包括五类：公司、企业、金融机构、证券投资

---

① 参见中国证券业协会的网站：http://www.sac.net.cn/cn/homepage/index.html

② 李飞主编：《中华人民共和国证券法（修订）释义》，法律出版社，2005年，第3页。

基金发行人以及政府。

(2) 证券发行的客体是有价证券，即股票、债券、投资基金券。

(3) 证券发行的对象多数是社会投资者。一般来讲，证券向不特定的对象销售，或者向 200 人以上的特定对象销售，才能称为公开发行。

(4) 证券发行的目的在于筹集资金或调整股权结构。国家政府和企业发行证券的主要目的是筹集资金。企业发行证券既有筹集资金的目的，也有调整股权结构的目的。

(5) 证券发行的程序由法律规定，具有较强的技术性。由于证券发行的对象大都是社会投资者，行为牵涉面大、影响广，蕴涵着巨大的信用和投资风险，因此各国法律均规定了证券发行程序法定原则，保证其公开和公平性。证券发行的法定程序通常包括证券发行的准备、审批、核准或登记注册、信息公开等，这些环节涉及专业技术性较强。

(二) 证券发行的类别

依照不同的标准，可以对证券发行作多种分类：

(1) 依证券发行是否通过发行中介机构分为直接发行和间接发行。

证券发行人不通过证券承销商，而由自己办理发行事宜，自己承担发行风险的发行方式叫作直接发行。若发行人借助于证券承销商的帮助，通过与承销商签订证券承销合同，以证券包销或证券代销的方式由承销商代为发行，则称为间接发行。在我们国家，法律只允许发行人以间接发行的方式发行证券。

(2) 依发行对象是否特定分为公募发行和私募发行。

公募发行是以非特定公众投资者为对象，公开募集发行证券的发行方式。在公募发行情况下，所有合法的社会投资者都可以参加认购。私募发行则是以特定少数投资者为发行对象。比如美国的对冲基金，专门向净资产至少在 100 万美元以上的投资机构或最近两年里个人年收入至少在 20 万美元以上的个人投资者发行，被称之为富翁们的俱乐部。

(3) 依发行价格与证券票面金额关系分为溢价发行、平价发行和折价发行。

按照证券票面额发行的是平价发行。若发行人经营业绩好，又有发展前途，一般采用高于面值的溢价发行，溢价发行是最常见的方式。而发行价格低于证券面值的折价发行，一般国家很少采用，有的基本不允许折价发行。

此外，证券发行还存在其他多种分类，例如依发行证券的种类不同，主要分为股票发行、债券发行和基金发行；依发行目的分为设立发行和增资发行；依发行地域范围不同分为国内发行和国外发行，等等。

二、股票和债券发行

股票发行是指股份有限公司以筹集资金为目的，依照法定程序向社会投资者要约出售股票的行为。股票发行是证券发行的最基本类型，也是股份有限公司募集设立和增资扩股的基本法律手段。股票发行又包括初次发行、增发新股、配股。

债券发行是指发行人以借贷资金为目的，依照法定程序向不特定投资人要约出售代表一定债权和兑付条件的债券的行为。依照债券发行主体和债券性质的不同，债券发行又分为政府债券发行、金融债券发行和公司债券发行三类。

我国《证券法》及相关法律对股票和公司债券的发行作出了规定：

1. 保荐人制度

发行人申请公开发行股票、可转换为股票的公司债券，依法采取承销方式的，或者公开发行法律、法规规定实行保荐人制度的其他证券的，应当聘请具有保荐资格的机构担任保荐人。保荐人对证券发行依法出具保荐书，并承担相应的法律责任。

2. 股票和公司债券的发行条件

我国《证券法》既规定了设立股份有限公司公开发行股票的条件，又规定了公司公开发行新股的条件。从《公司法》和《证券法》的规定来看，设立股份有限公司申请公开发行股票的，应符合以下规定：(1) 股票的发行必须同股同利，同股同权；(2) 同次发行的股票，每股的发行条件和价格应当相同，任何单位或个人所认购的股份，每股应当支付相同的价额；(3) 股票发行可以按票面金额，也可以超过票面金额溢价发行，但不得低于票面金额；(4) 公司的发起人应当有2人以上200人以下，其中有半数以上的发起人在中国境内有住所；(5) 发起人认购的股份数不得少于公司股份总数的35%。股份公司成立后基于增资目的而申请公开发行新股的，除应具备股票设立发行所需条件之外，还应当符合《证券法》规定的如下条件：(1) 具备健全且运行良好的组织机构；(2) 具有持续盈利能力，财务状况良好；(3) 最近三年财务会计文件无虚假记载，无其他重大违法行为；(4) 经国务院批准的国务院证券监督管理机构规定的其他条件。

公开发行公司债券的条件为：(1) 股份有限公司的净资产不低于人民币3000万元，有限责任公司的净资产不低于人民币6000万元；(2) 累计债券余额不超过公司净资产的40%；(3) 最近三年的平均可分配利润足以支付公司债券一年的利息；(4) 筹集的资金投向符合国家产业政策；(5) 债券的利率不超过国务院限定的利率水平；(6) 国务院规定的其他条件。

3. 对股票和公司债券实行审核

目前，我国实行证券发行核准制，国务院证券监督管理机构设发行审核委员会，依法审核股票发行申请。随着资本市场健康发展的需要，我国将积极稳妥推进股票发行注册制的改革。

4. 发行人在股票发行阶段的信息真实、公开和保密义务

发行人向国务院证券监督管理机构或者国务院授权的部门报送的证券发行申请文件，必须真实、准确、完整。证券发行申请经核准，发行人应当依照法律、行政法规的规定，在证券公开发行前，公告公开发行募集文件，并将该文件置备于指定场所供公众查阅。发行证券的信息依法公开前，任何知情人不得公开或者泄露该信息。

三、证券承销

（一）证券承销的概念

证券承销是证券发行的方式，是指证券公司根据承销协议，依法协助证券发行人推销其所发行的证券的行为。由于证券承销商具有专业的证券承销知识与技能，积累了证券承销经验，拥有证券销售渠道，所以不仅能使证券的发行工作进行得更顺利，使公司在短期内筹集到所需资金，而且还可能使发行公司获得一个较好的发行价。我国《公司法》和《证券法》均规定，发行人向社会公开发行证券的，必须由证券公司承销。

（二）证券承销的相关法律规定

1. 承销方式

承销证券一般采取两种方式：包销和代销。证券代销是指证券公司代发行人发售证券，在承销期结束时，将未售出的证券全部退还给发行人的承销方式。证券包销则是证券公司将发行人的证券按照协议全部购入，或者在承销期结束时将售后剩余证券全部自行购入的承销方式。我国《证券法》对上述的两种承销方式均有规定。

对于券商来讲，包销的风险大于代销。包销实际上是券商与发行人之间的买卖合同关系，证券发行的风险自包销协议签订之时转移给券商承担；而代销则是一种代理合同关系，证券发行的风险由发行人自己负担。另一方面，券商要承担发行风险，也就需要获得高收益。包销商提取的报酬比例往往高于代销商的报酬比例。对于发行人来讲，采用包销的方式，虽然应向包销商付出高酬金，却可以迅速可靠地获取资金；而在代销的情况下，承销商要将代销期限内未售出的证券退还给发行人，将延长发行人的资金回收时间。

2. 证券承销协议

承销协议是指证券发行人与证券承销机构就证券承销而共同订立的明确双方权利义务的法律文书，分为包销协议和代销协议两种。根据《证券法》的规定，证券公司承销证券，应当同发行人签订代销或包销协议。代销或包销协议应载明下列事项：当事人的名称、住所及法定代表人姓名；代销、包销证券的种类、数量、金额及发行价格；代销、包销的期限及起止日期；代销、包销的付款方式及日期；代销、包销的费用和结算办法；违约责任；国务院证券监督管理机构规定的其他事项。

3. 承销商对发行文件的核查义务

《证券法》规定了承销商对公开发行募集文件的核查义务。应当对募集文件的真实性、准确性、完整性进行核查；发现含有虚假记载、误导性陈述或重大遗漏的，不得进行销售；已经销售的，必须立即停止销售，并采取纠正措施。同时，《证券法》还规定了因文件不合法所致投资者在证券交易中遭受的损失，发行人和承销商应承担赔偿责任。若承销商事前对发行文件进行了认真审查，则可免于上述责任。

4. 承销证券先行出售给认购人的原则

《证券法》规定，证券公司在代销、包销期内，对所代销、包销的证券应当保证先行出售给认购人，证券公司不得为本公司事先预留所代销的证券和预先购入并留存所包销的证券。法律这一规定可以防止承销商利用自己的优势地位，损害投资者利益，维护证券市场的公正。

第三节 证券交易

一、证券交易概述

由于证券投资是投资者依法完成认购后不得任意撤回的投资，这就产生了投资者所追求的资本的短期性与筹资者所追求的资本的长期性的矛盾，证券交易市场的产生，便解决了这种资金投入与运行在时间上的矛盾。证券交易市场的主要功能，就是使投资者能够依据其经济状况和市场状况随时出卖证券并收回资本。投资者们对依法发行的证券进行买卖的活动，就是证券交易。在证券市场上，最频繁、最活跃和风险最集中的就是证券交易行为，证券立法的最重要任务便是规范和监督证券交易活动，确立证券交易的基本原则。

在证券市场的发展过程中，证券交易的种类在不断地创新，出现了现货交易、期货交易、期权交易和信用交易等交易方式。

（1）现货交易。这是常规的证券交易方式，又称现金现货交易，具体操作模式是证券出让方将有价证券立即或在很短时间内交付给购买方，购买方以现款交付。主要特点表现在现金与实物的等价交易，可以真实反映市场供求状况和规范交易行为，有利于证券主管机关的监督管理和制定宏观调控政策。但是，现货交易不能适应买卖双方对市场预期价格变动的预测，及有效投资选择的要求。

（2）期货交易。指证券交易双方在签订的证券期货合约中约定，在该契约规定的日期以约定的证券价格进行清算交割的交易方式。证券期货交易的主要特点是买卖双方成交后不立即进行钱券的清算交割，而是以期货交易合约中确定的日期作为清算交割日。金融期货的品种很多，目前已经开发并得到广泛应用的品种主要有：外汇期货、利率期货和股票指数（股指）期货。

（3）期权交易。期权是一种选择权，期权的买方向卖方支付一定权利金后，就获得该选择权，即拥有在一定时间内以一定价格出售或购买一定数量标的物（商品、证券或者期货合约）的权利，这就是期权交易。期权买方买入叫买权，卖出叫卖权。期权买方在付出一定权利金买入或卖出期权后，既可以行使期权（选择权），即行权，也可以不行使期权，即弃权。期权买方行权时，卖方必须按照期权合约规定的内容履行义务。期权买方弃权时，买方损失权利金，卖方则赚取权利金。金融期权主要有外汇期权、股票期权、股指期权等。

（4）信用交易。又称保证金交易或垫头交易，也被称为买空卖空，是指证券投资者向证券经纪人融资或融券的方式进行交易。证券融资融券交易最显著的特点是借钱买证券（买空）和借证券卖证券（卖空）。信用交易的风险较大，需要有严密操作规则和监管体系。2010 年，我国证监会发布了《关于开展证券公司融资融券业务试点工作的指导意见》。

二、证券上市

（一）证券上市的概念

证券上市是指发行公司与证券交易所之间订立上市契约，使发行公司能将其发行的有价证券，在证券交易所的集中交易市场买卖，而证券交易所得向发行公司收取上市费用的法律行为[①]。凡在证券交易所内交易的有价证券统称为“上市证券”，主要包括股票、债券、证券投资基金券等。对于上市的股票或公司债券来说，其对应的发行人被我们称为“上市公司”。

对于上市公司而言，一方面，由于证券上市需满足一定的标准和条件，获准上市是

---

① 吴光明：《证券交易法论》，三民书局，1996 年，第 165 页。

对上市公司业绩、管理水平等实力的肯定。因此，证券上市能大大提高上市公司的社会地位和社会形象，同时证券上市加强了证券的流通性，便于公司筹措资金。另一方面，股票上市后，上市公司因股权高度分散，使其减少了因证券过度集中而为少数投资者把持的危险，为公司的科学管理提供了股权结构基础。

对于投资者而言，证券上市使得证券发行时的认购人获得了方便、简捷并以较合理的价格转移、变现的机会，同时也增加了投资者的积极性。由于证券上市对证券投资者的利益有着较大的影响，因此，法律应当通过对证券上市条件、上市程序等问题进行规范，由证券市场管理者对所有上市公司进行监管，以及时发现问题、解决市场隐患，从而维护证券交易秩序和保障投资公众的利益。

（二）证券上市的条件

对于证券上市的条件，国外一般由证券交易所来制定。由于不同的交易所制定的上市条件不可能完全相同，所以在同一个国家的若干交易所也会存在证券上市条件的差异。在我国，证券上市的条件是由法律、法规以及上海证券交易所、深圳证券交易所的上市规则来共同确定的。

1. 股票上市的条件

根据《证券法》以及沪深两所的《股票上市规则》的相关规定，我国股票（包括B股）上市必须符合下列条件：

（1）股票经国务院证券管理部门批准已向社会公开发行。

（2）公司股本总额不少于人民币3000万元。

（3）公开发行的股份达到公司股份总数的25%以上；公司股本总额超过人民币4亿元的，公开发行股份的比例为10%以上。

（4）股票发行人在最近3年内无重大违法行为，财务会计报告无虚假记载。

（5）国家法律、法规、证券监督管理委员会及交易所规定的其他条件。

2. 债券上市的条件

债券上市依照上市程序不同，可分为授权上市和认可上市两种。授权上市是指上市发行的股份有限公司提出申请，并经证券交易所依照规定程序而批准的债券上市。授权上市的条件和程序较为严格，证券交易所要对申请债券上市的公司进行严格的资格审查，并有权否决不符合本证券交易所上市条件的上市申请，也有权在公司债券上市后终止其继续在本交易所上市。

认可上市，是指直接经证券交易所认可后就可以进入本证券交易所上市。认可上市的债券仅限于各种政府债券，如国库券。这种债券可以豁免申请而直接成为证券交易所的交易对象，证券交易所也无权拒绝或终止这种债券的上市。

可见，金融证券和公司债券必须符合一定的条件，方可在证券交易所上市交易。金融债券与公司债券的上市条件、审批程序等均有不同，在此我们仅了解公司债券的上市条件。《证券法》、上海交易所《交易市场业务试行规则》和深圳证券交易所《业务规则》等对公司债券的上市条件作了详细的规定：

（1）公司债券的期限为一年以上；

（2）债券实际发行额不少于人民币5000万元；

（3）公司申请其债券上市时仍符合法定的公司债券发行条件。

（三）证券上市的步骤

一般来讲，证券上市应当遵循的法定程序包括以下内容：

（1）上市申请。这是公司股票或公司债券上市的前提。根据《证券法》的规定，股票上市与债券上市均实行核准制，申请股票或公司债券上市的，公司的上市申请应当报经中国证监会核准。《证券法》对申请股票上市与公司债券上市所应提交的文件分别做了相应规定。

（2）上市审查。各国关于证券上市的审查制度可分为许可上市与申报上市。许可上市，是指发行者必须向政府主管部门申请，经其许可后方能上市；申报上市，是指证券交易所拥有证券上市的决定权，发行者只需向政府主管部门申报即可。《证券法》在坚持许可上市制度的同时，又规定国务院证券监督管理机构可以授权证券交易所依照法定程序和法定条件核准股票和公司债券上市申请。

（3）安排上市。在我国，股票或公司债券上市申请经国务院证券监督管理机构核准后，发行公司应当向证券交易所提交核准文件和申请文件。交易所自签收该股票发行人提交的有关文件之日起6个月内，或者该公司债券发行人提交的有关文件之日起3个月内，应当安排该股票或该公司债券上市。

（4）订立上市协议。一旦证券被批准上市，上市公司应当与证券交易所订立上市协议，以明确上市公司与证券交易所之间的权利和义务。

（5）进行上市公告。根据《证券法》规定，股票和公司债券上市交易申请经证券交易所同意后，上市公司应当在上市交易的5日前公告有关文件，并将该文件置备于指定场所供公众查阅，以便投资者作出投资决策。

（四）暂停上市与终止上市

如果上市公司在上市期间出现了某些不再符合上市条件的情况，或上市公司发生了某些重大的违法行为，都有可能导致上市公司被证券交易所决定暂停其股票上市交易、终止其股票上市交易。

1. 暂停上市

暂停上市，是指上市公司由于出现法定情形，证券交易所依法决定暂停其股票或公司债券上市交易的措施。

由于股票和公司债券上市的条件不同，它们暂停上市的标准也有所区别。

股票暂停上市的情形，我国《证券法》规定了如下四种：①公司股本总额、股权分布等发生变化不再具备上市条件；②公司不按规定公开其财务状况，或者对财务会计报告作虚假记载，可能误导投资者；③公司有重大违法行为；④公司最近三年连续亏损。

公司债券暂停上市的情形，我国《证券法》规定了以下五种：①公司有重大违法行为；②公司情况发生重大变化不符合公司债券上市条件；③公司债券所募集资金不按照审批机关批准的用途使用；④未按照公司债券募集办法履行义务；⑤公司最近2年连续亏损。

暂停上市后，公司仍然属于上市公司，但它的证券将停止上市交易，有可能在一定期间之后，再恢复上市。因此，公司应当努力消除先前导致暂停上市的原因，恢复符合上市的法定条件。

2. 终止上市

终止上市，是上市公司退出证券市场的法律事实，也是上市公司退市的一种制度。终止上市包括两种情形，一种是主动退市，另一种是强制退市。

主动退市，是指上市公司通过对上市地位维持成本收益的理性分析，或者为充分利用不同证券交易场所的比较优势，或者为便捷、高效地对公司治理结构、股权结构、资产结构、人员结构等实施调整，或者为进一步实现公司股票的长期价值，可以依据《证券法》和证券交易所规则实现主动退市。①

强制退市，是指上市公司出现法定情形，证券交易所依法决定终止其股票或公司债券上市交易的措施。根据我国《证券法》的规定，证券交易所决定终止股票上市交易的情形有：①上市公司股本总额、股权分布等发生变化不再具备上市条件，在证券交易所规定的期限内仍不能达到上市条件；②公司不按规定公开其财务状况，或者对财务会计报告作虚假记载，且拒绝纠正；③公司最近 3 年连续亏损，在其后一个年度内未能恢复盈利；④公司解散或者被宣告破产。⑤证券交易所上市规则规定的其他情形。根据《证券法》规定，对公司债券暂停上市在限期内未能消除法定情形的，证券交易所可以决定终止公司债券上市交易。

三、信息公开制度

信息公开制度（disclosure regulation）是人们接触证券立法和证券市场时耳熟能详的概念。至今任何一个概念都尚未超越信息公开制度对于证券法律制度的影响。

（一）信息公开的意义

证券市场在本质上是一个信息市场，证券市场的运作过程就是一个证券信息处理的过程，证券市场效率的关键问题是如何提高证券信息的充分性、准确性和对称性。因此，信息在证券市场运行过程中起着核心作用，信息失灵往往直接导致证券市场的失灵。维护证券信息的公开、公平及效率，是保证投资公众的信心与利益，实现资本优化配置的关键所在。基于此，信息公开制度成为证券法确立的一项重要制度，具有国际化的特征。

1. 信息公开的概念

信息公开制度起源于英国，在美国证券市场得以发展和完善。这里的公开一词译自英文 disclose，其英文含义有“uncover，allow to be seen；make known”，意为“披露；使显露；透露”。② 因此，信息公开制度亦称为信息披露制度，这两种称谓在本质上并无区别。信息公开制度是指证券发行公司于证券发行，以及发行后上市交易的一系列环节中，依法将与其证券有关的一切真实信息以一定的方式向社会公众予以公开，以便投资者知晓其真实情况作出证券投资判断的法律制度。所谓信息，即指对上市公司证券价格或投资决策有实质影响的事实，或依据这些事实所产生的观点。所谓公开，即通过一定的媒介载体向社会公众发表或公布他人尚未得知的信息。

---

① 参加中国证监会《关于改革完善并严格实施上市公司退市制度的若干意见》，2014 年 11 月 16 日起施行。

② Oxford Advanced Learner’s Dictionary of Current English with Chinese Translation，Oxford University Press，1984，p. 336.

信息公开制度一般由证券发行时的信息公开和证券上市后的信息公开两部分组成。其中，证券发行时的信息公开称为发行公开，或初次公开、初期公开，是指证券发行人在首次发行证券时完全公开公司以及与其发行证券有关的所有信息和情况；证券上市时及上市期间的信息公开称为继续公开、持续公开，是指证券发行后，依法进行交易过程中，发行人或上市公司应定期或不定期公开与其发行证券相关的影响证券交易价格的重大信息。上述信息的公开均应以法定的方式进行，至于具体的公开形式，各国规定有所不同。

2. 信息公开制度的功能

（1）保护公众投资者的投资权益。为了杜绝证券市场上引起股价剧烈波动的人为操纵因素，消除证券市场上的信息偏在、信息垄断以及信息封锁，需要建立有法律保障的、及时准确而真实的信息系统。信息公开制度要求发行公司及时、充分、真实地公开有关信息，使投资者在平等的条件下获取信息，这是防止证券欺诈和内幕交易行为，保护公众投资者投资权益的关键。因此，有学者认为“证券立法基本框架的中枢，就是公司信息公开”①。

（2）优化发行公司的内部管理。信息公开制度要求发行公司定期和不定期地公开其经营状况和财务状况，以及内部人员交易、股权结构变化等情况。因此，信息公开制度具有监督功能，一方面使发行公司内部管理得到不断优化，杜绝徇私舞弊的行为；另一方面，防止发行公司发生有损投资者利益的行为和违法行为，维护公司股东的权益。

（3）加强证券市场的管理。信息公开制度要求义务人及时、真实、全面地公开有关信息，公开的信息中不得有虚假记载、误导性陈述或遗漏。证券监管机构通过对发行公司公开的信息资料进行监督和审查，有效地发挥其监督管理职能，保证上市公司的质量，维护投资者利益，促进证券市场高效运营。

（二）信息公开的主体

首先需要区别两个概念：“信息公开义务主体”与“信息公开义务的执行主体”。以自己的名义，对有关自身的经营、财务或交易的重大信息加以公开的当事人，是信息公开义务主体。而基于职务需要，根据接受授权的事实，负有执行信息公开义务主体所承担的披露义务的主体，是信息公开义务的执行主体，例如董事、经理等公司管理人员。

具体来说，独立承担信息公开义务的当事人包括：

（1）证券发行公司。信息公开制度首先就是针对证券发行人而设计的。为了确保投资者能够自始至终地享受公开原则的保障，证券发行公司所承担的披露义务贯穿了证券发行、流通等市场交易和运行活动的始终。只要公司发行的证券没有退出市场流通，它所承担的公开义务也就不会终止。

（2）公司的董事、监事、高级管理人员以及控股股东或者实际控制人。传统公司法理论中的利益冲突，主要是指实际控制公司的人与公司或普通投资者之间的利益冲突，也就是公司董事和控股股东与公司或普通投资者之间的利益冲突。当董事等高级管理人员或控股股东与公司之间发生关联交易，或者存在公司管理层薪酬这类敏感话题时，投资者应当有权及时知晓。

① 杨志华：《证券法律制度研究》，中国政法大学出版社，1995年，第91页。

（3）一定份额的持股者和收购人。注意，绝非所有的投资者都会承担披露义务，这里主要是指那些持有一家上市公司相当数量的持股者以及上市公司的收购人。相应的，有别于我们通常所指的以发行人的信息尤其是财务信息为主的披露，这些投资者的披露转向了围绕交易行为的信息。因为，证券供给与需求量的交易变化，也是影响证券价格变动的重要因素，这些交易信息显然有助于证券投资者进行判断。

（三）信息公开的法律要求

通常，将蕴涵着信息公开应当具备的内容以及披露方式的规范提炼为这样几个原则：完整性、真实性、准确性、时效性和便捷性。[①]

1. 完整性。

证券价格是对证券市场上所有信息综合反映的结果，因此，从法律上要求披露义务人将其拥有的有关发行证券公司的经营状况、财务状况和其他信息全部予以披露。当然，这里提到的“完整性”并不是指与证券发行公司相关的所有信息，而是强调对投资判断有影响的那些信息。立法会直接规定信息公开的标准条款，告诉人们在哪些情况下（发行阶段、上市阶段或者上市之后）应当披露哪些信息。

2. 真实性。

“真实性”被称为信息公开的根本准则。证券投资判断的正确性，首先以获得有关信息的真实性为前提条件。只有那些真实反映公司经营状况的信息，才能使得投资判断建立在必要的客观基础之上；任何虚假的公司信息都将在一定程度上干扰投资者的视线。

为了确保公开信息的真实性，除了本节后文提到的追究虚假陈述人的法律责任外，确立事前介入的法律机制尤为重要。这包括：（1）信息公开的担保。（2）独立中介机构的审查验证。法律要求披露的文件涉及资产评估、财务会计、法律等事项的，必须由独立、公正的资产评估机构、会计师事务所、律师事务所进行审查验证。（3）监管机关的审查。披露义务人在向社会公开信息的同时，向监管机关提交公开文件以便于监管者及时了解情况，保持高度的警戒。因此，所有的信息披露，在程序上包含两个同时并行的步骤：向社会公告和向监管机关报告。

3. 准确性。

公开的信息必须确切表明其含义，不得具有误导性的内容与表达方式。为了防止上市公司“含糊披露、蒙混过关”，法律要求：（1）文件的形式应当符合统一格式。如上海证交所制定了《上市公司临时报告系列格式指引》，以指导上市公司制作规范、准确、完整的临时报告；（2）用语规范，使文件能够容易地被投资者解读。要求公司应当通俗易懂、简明扼要地说明事件真实情况。另外，为维护信息披露的严肃性，公告中应当避免使用宣传、广告、恭维或者诋毁等性质的词句；（3）纠正义务。当企业的经营或财务状况与先前自己所披露的信息不相符合时，应当及时加以纠正；当证券市场上的各种传闻可能影响该公司信息准确性时，也应加以澄清。

4. 时效性。

要求披露的信息能够反映证券发行人及相关主体当时的客观情况，而且披露人必须

---

① 盛学军：《证券公开规则研究》，法律出版社，2004年，第171页。

毫不迟延的披露信息。上市公司除了会隐瞒公司不好的消息外，还会推迟披露不好消息，或者选择“最佳”时机披露不好的消息。只有及时的信息才能增加证券交易的公平性，减少内幕交易，真正地保护投资者利益，尤其对于临时报告而言，及时性是灵魂。因此，法律对信息的时效性有严格的要求，同时根据披露文件的内容不同而有所区别。我国沪深两所的《股票上市规则》专门确定了重大事项首次披露的时点，为首次披露确定了几个时间表，迫使上市公司及时披露重大信息，防止市场捕风捉影。同时还引进了“暂缓披露制度”：拟披露的信息存在不确定性、属于临时性商业秘密的，及时披露可能损害公司利益或误导投资者，可以在一定的条件下申请暂缓披露。

5. 便捷性。

如果信息披露人披露信息的途径造成投资者不能方便获取，也会在相当程度上削弱信息公开制度的功效，因此，为了确保投资者能够便捷地获得并真正享有所有公开的信息，义务人公开信息时必须确保公众接收信息的途径要方便。在我国，信息公开的途径一般有：直接交付给投资者、在指定地点公布，如证券交易所、证券经营机构，通过新闻媒体披露，如中国证监会指定的报纸以及网站。

（四）信息公开的内容

一个公司从申请上市到最后退市，必须提交多少份信息披露的文件，这是一个没有固定、准确答案的问题。企业存续的时间长短、企业存续期间内所发生的事件的多少，都会影响到企业实际提交披露的文件的数量。通常，一个企业（包括前面提到的所有披露义务人）必须要提供的文件包括以下几个部分：（1）证券发行及上市，必须提供相应的招股说明书或募资说明书、上市公告书；（2）定期报告，包括年度报告、中期报告等；（3）特殊事件与重大事件，主要的报告手段即临时报告书。

1. 公司申请上市的信息披露

证券发行是发行人与证券认购者之间的一种交易关系，由此形成了证券市场中的一级市场，它是证券二级市场的前提和基础。证券发行分为初次发行和增资发行。在我国的实践操作中，公司初次发行证券往往与证券上市联系在一起。为防止欺诈，保护投资者利益，各国证券法无一例外的规定了证券发行时的信息公开，规定在证券发行前，发行人必须依法并公开制作股票的招股说明书或债券的募资说明书，以供投资者购买证券时作出判断和决定。

（1）招股说明书。招股说明书是股票发行人向社会公众公开发行股票时，依照法律规定的格式、内容和程序向社会公众公开相关信息，并邀请公众认购公司股票的规范性文件。在招股说明书中发出的邀请，属于合同法上的要约邀请[①]。其宗旨是让投资者了解情况，使投资者得以对证券的投资价值做出估价，它既是证券发行的销售凭证，也是具有法律效力的文件，必须依法编制。由于招股说明书更侧重向市场传递公司未来的信息，因此包含了大量的前瞻性信息。

（2）募资说明书。募资说明书也称债券公开说明书，我国《证券法》称之为债券募集办法。募资说明书是发行公司在发行公司债券时，根据法律规定的要求制作的记载与公司债券发行相关的实质性重大信息的一种规范性文件。我国公司依法发行债券，应当

---

① 参见《中华人民共和国合同法》第14条、第15条。

公告公司债券募集说明书。

(3) 上市公告书。上市公告书是证券交易所规定的申请股票或公司债券上市的发行公司必须提交并公布的报告，它是上市申请时所提交的重要文件之一。上市公告书的内容除招股说明书或募资说明书的主要内容外，还包括上市情况、证交所要求事项。

2. 上市后的定期报告

所谓定期报告书，是指股票或公司债券上市交易的公司定期公布其财务和经营状况的文件，主要包括年度报告和中期报告。各国（地区）证券法对上市公司在证券交易市场上的信息持续公开都有不同的制度规定。比如，我国台湾的定期报告包括年度、半年度财务报告以及季度报告和月报告，美国的定期报告则仅指年度报告和季度报告。

(1) 年度报告（annual report）。年度报告是指股票或公司债券上市交易的公司在每个会计年度结束后一定时期内，向证券监管部门呈报的，并向社会公众公告的，反映该公司在该会计年度中的经营状况和财务状况的书面报告。与招股说明书和上市公告书相比，年度报告是对公司一个会计年度已发生事宜及财务状况的总结，不包含前瞻性的内容。

(2) 中期报告（semi-annual report）。中期报告是股票或公司债券上市交易的公司在每一会计年度的前 6 个月结束后向证券监管部门提交的，并向社会公众公告的书面报告。中期报告是信息公开的一种表现形式，其目的在于弥补年度报告披露信息在时效方面的局限，确保证券发行公司信息公开的最新性。

中期报告的内容通常与年度报告的内容相似，我国《证券法》有相关规定。中期报告主要包括：资本变动、大股东情况、股价及其交易量状况、涉及公司重大诉讼事项、经营成果分析等。在具体规定方面，各国立法有差异，如日本要求记载资本额变动、大股东状况、董事和监事人员变动、员工情况、与前半期及前年同期生产经营业绩的比较、设备变动、设备添置计划的执行及其财务状况等；美国则要求记载公司总销售量、营业收益、租税扣除前后的纯利益、特殊事项等。①

为了保证公司信息公开的及时性，自 20 世纪 70 年代以来，一些国家或地区的证券法要求发行公司每一季度都公开一次本公司的营业情况，即为季度报告书。例如，我国台湾“证券交易法”规定，发行公司应于每营业年度第一季度及第三季度终了后一个月，公告并申报经会计师核阅之财务报告。中期报告与季度报告结合，使投资者在每个季度都能够获得上市公司的相关信息。我国目前尚无季度报告制度的规定，是否设立这一制度，还有待于探讨。

3. 临时报告书（current report）

定期报告在反映公司经营发展情况方面缺乏迅速性、及时性，不能适时地将影响证券价格的重大事件和公司相关的重大信息提供给广大投资者，不利于投资者的投资判断。而临时报告是向投资大众传达信息最迅速的方法，可以有效弥补定期报告的不足。所谓“证券的临时公开”，是指在发生了法律法规及交易所相关规则所规定的事件时，证券发行人或其他信息公开义务人应依法编制公开有关信息的临时报告，并按法定方式和期限予以公开。为了限制上市公司选择性信息披露，各国监管部门设计了许多管制方

---

① 陈共等主编：《证券与证券市场》，中国人民大学出版社，1996 年，第 345 页。

式，比如，美国SEC于2000年8月颁布了公平披露规则（Regulation FD），其标题就是"选择性披露与内幕交易"。2004年我国沪深两所修订《股票上市规则》时也引入了"公平披露"的概念。所谓公平披露，简单地说就是向市场各方同时披露重大信息，进而保证投资者有公平的机会同时获得同质同量的信息。法律禁止上市公司选择性披露信息，旨在防止侵犯投资者平等获取信息的权利，以保证证券市场公平、公正、公开原则得到贯彻。

按照《股票上市规则》的规定，临时报告一般包括"董事会、监事会和股东大会决议"、符合条件的"应披露的交易"、"关联交易"以及"其他重大事件"，如重大诉讼和仲裁、变更募集资金投资项目、业绩预告和盈利预测的修正、利润分配和资本公积金转增股本事项、股票交易异常波动和澄清事项、可转换公司债券涉及的重大事项、公司面临重大风险情形以及发生相关事项变更情形。沪深交易所颁布的《上市公司临时报告系列格式指引》①，对临时报告的格式做了比较详细的规范。

以下是比较典型和常见的三种临时报告：

（1）重大事件报告。重大事件报告，属于狭义的临时报告，是指股票或公司债券上市交易的公司因发生了可能影响其证券的市场价格，影响投资决策的重大事件时，公司立即向证券监管部门提交并向社会公开说明事件实际情况的报告。从一定层面而言，我们可以将"重大性"视为信息披露义务人履行义务、达到"完整性"的底线。美国SEC将"重大性"标准界定为"一个理性投资者在决定是否购买注册证券时会认为该证券具有的重要、实质可能性"。

我国《证券法》要求：发生可能对上市公司股票交易价格产生较大影响、而投资人尚未得知的重大事件时，上市公司应当立即将有关该重大事件的情况向国务院证券监督管理机构和证券交易所提交临时报告，并予公告，说明事件的实质。例如，公司经营方针和经营范围的重大变化；公司的重大投资行为和重大的购置财产的决定；公司订立重要合同，而该合同可能对公司的资产、负债、权益和经营成果产生重要影响；公司发生重大债务和未能清偿到期重大债务的违约情况；公司发生重大亏损或者遭受超过净资产的10%以上的重大损失；公司营业用主要资产的抵押、出售或者报废一次超过该资产的30%；发起人或者董事的行为可能依法负有重大损害赔偿责任；公司的合并或者分立等等事项，都属于"重大事件"。

（2）上市公司收购公告。上市公司的收购公告是公开上市公司收购信息的文件。目标公司被收购后，其经营权可能丧失，而目标公司的股东在收购要约发出时，必须决定是否出售持有的证券，如果没有售出，并且收购成功，则股东成为另一合并公司的股东，对其权益将产生重大影响。因此，世界各国均规定对上市公司收购的信息给予公开。例如，美国1934年《证券交易法》第13条（d）（1）规定，凡取得公司5%以上股权时，收购人须向证券管理委员会提交13D计划表，并将有关文件资料传递给发行

---

① 包括14类临时报告：《上市公司收购、出售资产及债务重组公告格式》《上市公司关联交易公告》《上市公司分配及转增股本实施公告》《上市公司股东大会召开通知》《上市公司股东大会决议公告》《上市公司对外（含委托）投资公告》《上市公司为他人提供担保公告》《上市公司改变募集资金用途公告》《上市公司股票交易异常波动公告》《上市公司澄清公告》《上市公司涉及诉讼、仲裁公告》《上市公司新股发行（配股、增发）获准公告》《上市公司变更证券简称公告》《独立董事候选人声明、提名人声明公告》。

公司和证券上市的每个证交所。日本《证券交易法》第 27 条规定，收购人必须向大藏大臣提出公开购买申报书，记载该公开购买的期限，购买价格及其他规定的事项。在该申报未发生效力前，不得进行收购，同时还必须将公开购买申报书副本递交目标公司。一旦生效，必须依法将申报书中保护公益及投资者利益所必要且适当的内容，登载于指定的日刊报纸加以公告。

(3) 关联交易报告。实际上，很多上市公司的造假丑闻都不同程度地与关联交易有关。比如，安然通过关联交易虚增利润、隐瞒负债，阿德尔菲亚通过关联交易将上市公司财富转移到家族。因此，全面规范关联交易的信息披露非常有必要。据美国法院在 Hoffman Machinery Corporation Vs. Ebenstein 一案中的解释，“交易”(transaction) 是指能够引起一定法律后果的任何处理事务的行为，包括出售、租赁、借入、贷出、担保等活动，是一个比合同 (contract) 更为宽泛的术语。根据我国《股票上市规则》的定义，上市公司的关联交易是指上市公司或其控股子公司与上市公司关联人之间发生的转移资源或义务的事项。

可以看出，与上市公司具有某种“关联关系”的关联人的存在是关联交易发生的前提，所以，界定“关联人”的范围非常重要。各个国家和地区对关联人 (connected Person) 的范围界定是不同的①——有的是原则规定，是否为关联人，应视“控制”或“重大影响”的存在与否而定，如国际会计准则委员会 1984 年颁布的《国际会计准则第 24 号——对关联者的揭示》规定：关联者，是指在制订财务或经营决策中，如果一方有能力控制另一方，或对另一方施加重大影响，则认为它们是有关联的。有的则是详加列举，对关联人的范围予以清晰界定，如美国 1940 年《投资公司法》。我国《股票上市规则》也详细列举了上市公司关联人的范围 (包括关联法人和关联自然人)。

按照我国《股票上市规则》的要求，关联交易的信息披露分为三种情况：一是上市公司与关联自然人发生的交易金额在 30 万元以上的关联交易，应当及时披露。二是上市公司与关联法人发生的交易金额在 300 万元以上，且占上市公司最近一期经审计净资产绝对值 0.5%以上的关联交易，应当及时披露。三是上市公司与关联人发生的交易金额在 3000 万元以上，且占上市公司最近一期经审计净资产绝对值 5%以上的关联交易，除应当及时披露外，还应当比照规定聘请具有执行证券、期货相关业务资格的中介机构，对交易标的进行评估或审计，并将该交易提交股东大会审议。

四、证券交易禁止行为

(一) 内幕交易行为

内幕交易也称为知情者交易，是指内幕信息的知情人和非法获取内幕信息的人员以获取利益或减少损失为目的，利用内幕交易信息进行证券发行与交易的活动。关系→内幕信息→赚钱，它已经成为许多投资者奉行的标准游戏模式。它的最基本的特征是，将知悉内幕信息并实施内幕交易的人与不知悉内幕信息的投资者置于不同的起跑线上，损害了普通投资者的利益。自美国首开规制内幕交易之后，禁止内幕交易已普遍为世界各国接受，成为证券立法的重要内容之一。

---

① 唐晓东：《论上市公司的关联交易》，载于《证券法律评论》2001 年第一期，法律出版社。

1. 内幕信息的范围

内幕交易当中一个核心的概念就是“内幕信息”。所谓内幕信息，是指涉及公司的经营、财务或者对该公司证券的市场价格有重大影响的尚未公开的信息。

在判断什么是内幕信息时，非公开性（Non-Pubic）和重大性（Materiality）是最突出的两个要件。如果公司将某项非公开信息列为公司的机密信息，并采取了保密措施，那么该信息一般可以直接认定为重大非公开的信息。为了减少在确定内幕信息范围上的不确定性，我国法律对内幕信息采取了列举式的规定，具体包括“具有重大事件性质的内幕信息”和“其他内幕信息”。内幕信息不包括运用公开的信息和资料（如公司中期业绩、年度业绩），对证券市场作出的预测和分析，也不包括公开媒体以各种方式披露的公司销售情况、市场占有率情况等。我国《证券法》对内幕信息的具体范围作出了规定。

2. 内幕交易行为的主体

从各国立法来看，是否掌握内幕信息是决定一个人是否可以被称为内幕交易行为主体的关键因素。美国对消息受领人理论，欧盟的第二受领人概念、日本和我国台湾、香港地区对“掌握内幕信息”对要求，都是将掌握内幕信息作为内幕交易主体的认定标准。在我国，内幕交易行为的主体包括内幕信息的知情人和非法获取内幕信息的人员，前者由《证券法》做出列举式规定，后者强调内幕信息是通过非法途径知悉的。有学者认为，随着我国证券市场的发展，内幕交易行为的主体还应当包括任意无意中获得内幕信息的人。

3. 内幕交易的法律责任

利用内幕信息进行证券内幕交易对证券市场的危害极大，为了遏制内幕交易，各国证券法都规定了内幕交易者应承担的法律责任，包括了民事责任、行政责任和刑事责任。在美国，对利用内幕信息进行非法交易的自营商，美国证券交易委员会有权限制其活动包括暂停营业一年，直至取消执业资格，注销其营业登记证书。我国《证券法》规定对内幕交易者的行政处罚是，责令依法处理非法获得的证券，没收违法所得，并处以违法所得一倍以上五倍以下或者非法买卖的证券等值以下的罚款。同时，我国《刑法》第180条规定了应当追究刑事责任的内幕交易行为。

（二）虚假陈述行为

信息是直接影响投资者投资决策的基本元素，但是，受经济利益最大化和节省披露成本目标的驱使，信息披露义务人总是千方百计地不披露对自己不利的信息或者少披露信息。只要未按照有关规定披露信息，都是违反信息披露义务的行为，其中最主要的形态就是虚假陈述。

1. 虚假陈述的定义

证券市场虚假陈述，是指信息披露义务人违反证券法律规定，在证券发行或者交易过程中，对重大事件作出违背事实真相的虚假记载、误导性陈述，或者在披露信息时发生重大遗漏、不正当披露信息的行为。①

① 2003年1月9日，最高人民法院公布的《关于审理证券市场因虚假陈述引发的民事赔偿案件的若干规定》（自2003年2月1日起施行）对虚假陈述行为下了定义。

2. 虚假陈述的表现形式

概括而言，虚假陈述行为的表现形式主要有四种：（1）虚假记载，是指信息披露义务人在披露信息时，将不存在的事实在信息披露文件中予以记载的行为。例如2002年5月14日，中国证监会的行政处罚认定银广夏最近4年期间累计虚构销售收入10亿多元，虚增利润7.7亿多元，并要求其对以往财务报告实行纠正。这就是典型的虚假记载。（2）误导性陈述，是指虚假陈述行为人在信息披露文件中或者通过媒体，作出使投资人对其投资行为发生错误判断并产生重大影响的陈述。（3）重大遗漏，是指信息披露义务人在信息披露文件中，未将应当记载的事项完全或者部分予以记载。（4）不正当披露，是指信息披露义务人未在适当期限内或者未以法定方式公开披露应当披露的信息。

3. 虚假陈述的法律责任

基于虚假陈述所带来的危害性，虚假陈述人所承担的法律责任同样也包括行政、刑事和民事责任三类。按照《证券法》的规定，发行人、承销的证券公司公告招股说明书、公司债券募集办法、财务会计报告、上市报告文件、年度报告等，存在虚假陈述、误导性陈述或者有重大遗漏，致使投资者在证券交易中遭受损失的，发行人、承销的证券公司应当承担赔偿责任，发行人、承销的证券公司的负有责任的董事、监事、经理应当承担连带赔偿责任。中国证监会对于发行人处以三十万元以上六十万元以下的罚款；对直接负责的主管人员和其他直接责任人员给予警告，并处以三万元以上三十万元以下的罚款。构成犯罪的，依法追究刑事责任。

（三）操纵市场行为

1. 操纵市场行为的定义

操纵市场行为，是指在证券交易中，单位或者个人以获取利益或减少损失为目的，利用资金、信息等优势或者滥用职权操纵市场，影响证券市场价格，制造证券市场假象，诱导或者致使投资人在不了解事实真相的情况下作出证券投资决定，扰乱证券市场秩序的行为。应当说，获利或者减少损失，是操纵市场行为者的最终目的。而实现该目的的手段则是，抬高、压低或固定证券价格和诱使他人买卖证券。同时，在判断是否构成操纵市场行为时要注意，只有实施了法律禁止的不正当手段，并且造成了“操纵证券交易价格或者制造证券交易的虚假价格或者证券交易量”的结果，才构成操纵市场行为。

2. 操纵市场行为的具体表现

具体来说，操纵市场的行为主要有以下几种表现：

（1）通过单独或者合谋，集中资金优势、持股优势或者利用信息优势联合或者连续买卖，操纵证券交易价格。这主要表现为资金大户、持股大户利用其优势，对某种有价证券连续以高价买进或以低价卖出，以造成该种证券的市场假象，诱使他人上当，而使自己获取暴利。联合买卖不需要彼此相互买卖，可以是一起买或者一起卖，也可以是一个买一个卖，而且不需要以约定的时间、价格或者方式买卖。连续买卖则是指自行或与一个或多个人在短时间内对同一证券反复进行买进又卖出的行为。

（2）相对委托（matched orders），又称合谋或相互委托，俗称“对敲或倒仓”，是指与他人串通，以事先约定的时间、价格和方式相互进行证券交易或者相互买卖并不持有的证券，影响证券交易价格或者证券交易量。这种行为目的在于虚假造势，抬高或压低该证券的价格，诱骗其他投资者买入或卖出同一证券，使行为人达到高位出货或低位吸筹的目的。

(3) 洗售（wash sale），也称冲洗买卖，俗称“庄家对倒”，简单地说就是自买自卖。洗售是证券市场上最典型也是最常见的操纵行为，主要表现为行为人开立多个证券交易户头，自己卖出证券自己又买入证券，虽然行为人的证券所有权并没有转移，但给其他投资者造成一种该交易活跃的假象，为行为人出货或吸筹提供机会。例如亿安科技的四大庄家，就是利用对敲和庄家对倒的方式炒涨股价的。①

(4) 以其他方法操纵证券交易价格。例如散布谣言、不实资料这种早期市场操纵者的常用手段，国内著名的案例有“北海正大假收购苏三山”。② 当然，单纯散布谣言和不实信息并不构成操纵市场的行为，必须有拉高或者压低股价的行为，同时利用股价的变动获取不正当利益或者转嫁风险。还比如我国台湾地区“证券交易法”第155条第1项的第1款规定的违约交割行为，即在集中市场报价，已经有人承诺接受而拒不成交或不履行交割的，足以影响市场秩序的行为，也属于操纵市场行为。

3. 操纵市场的法律责任

各国对操纵证券市场的行为都予以严厉禁止和惩罚，除了规定操纵者应承担民事性的赔偿责任外，还应承担相应的刑事责任。按照我国《证券法》的规定，操纵市场者将受到没收违法所得及违法所得一倍以上十倍以下罚款的行政处罚。《刑法》第182条规定了操纵证券交易价格罪的刑事责任。

（四）欺诈客户行为

欺诈客户行为，是指单位或个人在证券发行与交易及其相关活动中，违背被代理人真实意思进行代理的行为，或诱导客户委托其代理进行证券交易的行为，以及其他损害客户利益的行为。在证券市场上，客户主要有两类：一类是投资者，一类是发行人。这里的欺诈“客户”仅限于投资者。我国《证券法》规定的欺诈客户行为主要有以下表

---

① 亿安科技是我国证券市场上第一只百元大股，亿安科技的百元神话完全是庄家有意操纵的产物。1998年10月至2001年2月间，广东欣盛投资顾问有限公司、广东中百投资顾问有限公司、广东百源投资顾问有限公司、广东金易投资顾问有限公司集中资金，利用627个个人股票账户及3个法人股票账户，大量买入“深锦兴”（后更名为“亿安科技”）股票。持仓量从1998年10月5日的53万股，占流通股的1.52%，到最高时2000年1月12日的3001万股，占流通股的85%。同时，还通过其控制的不同股票账户，以自己为交易对象，进行不转移所有权的自买自卖，影响证券交易价格和交易量，联手操纵“亿安科技”的股票价格。截至2001年2月5日，上述四家公司控制的627个个人股票账户及3个法人股票账户共实现盈利4.49亿元，股票余额77万股。2001年4月，中国证监会对联合操纵亿安科技股票价格的广东四家投资顾问公司作出行政处罚决定：没收其违法所得4.49亿元，并处以等量的巨额罚款。同时，责令上述四家公司在收到本处罚决定之日起3个月内，在交易所监督下卖出剩余股票77万股，并注销违规开立的个人股票账户，盈利予以没收。

② 1993年11月6日，海南《特区证券报》头版头条发布了“北海正大置业致函本报向社会公告收购苏三山股票”的消息，并全文刊载了广西北海正大置业有限公司致特区证券报编辑部的函件。该函声称，到11月5日下午3时30分，北海正大置业公司已经持有250.33万股江苏昆山三山公司股票（苏三山股票），占该公司流通股的5.006%，并表示“将按规定程序继续收购该公司的股票”。这一报道引起了社会各界的广泛关注，并且引起了苏三山股票价格的较大波动。证监会立即对此进行调查，截至11月9日，中国证监会和深圳证券交易所均未收到广西北海正大置业公司购买三山股票的口头或者书面的报告；北海市工商行政管理部门没有广西北海正大置业公司的企业登记记录；深证券交易所和深圳证券登记公司均没有北海正大置业公司开户和交易记录。12月19日，证监会公布了所谓“北海正大置业有限公司”大量买入江苏省昆山县三山股份有限公司股票事件，是一起精心策划的骗局。

现：(1) 违背指令。证券商是投资者的代理人，在代客买卖时，应当严格按照客户的委托指令进行，不得超出委托范围买卖证券。包括没有客户买或卖的委托而为其买卖证券；客户虽有买或卖的委托，但买或卖的证券种类、交易价格、数量和时间中至少有一项内容违背了客户的委托；(2) 不在规定的时间内向客户提供交易的书面确认文件；(3) 挪用客户所委托买卖的证券或者客户账户上的资金；(4) 私自买卖客户账上的证券，或者假借客户的名义买卖证券；(5) 过量交易。在证券交易中，投资者一般依据投资意向、财产状况以及投资经验等进行适当交易，若证券商为多牟取佣金收入，诱使客户进行不必要的证券买卖，或者在客户账户上翻炒证券，则属于过量交易。

按照我国《证券法》的规定，证券公司因欺诈客户而给客户造成损失的，应承担民事赔偿责任。同时，《证券法》针对欺诈客户的行为，分别对证券公司、证券登记结算机构及其从业人员给予了不同的行政处罚，比如没收违法所得、责令关闭或者吊销责任人员的从业资格证书。

第四节　上市公司的收购

一、上市公司收购概述

(一) 上市公司收购的概念及特征

简单地说，上市公司收购是指投资者购买一上市公司的股权，以获得对该公司的控制权。从经济学意义上说，上市公司收购指收购人通过购买上市公司股份的产权交易方式，以获取该公司的控制权，从而实现扩大自身经济实力，拓展市场占有规模，实现资源优化配置等经济目的的行为。从法律意义上说，上市公司收购指收购人通过在证券交易所的股份转让活动持有一个上市公司的股份达到一定比例、通过证券交易所股份转让活动以外的其他合法途径控制一个上市公司的股份达到一定程度，导致其获得或者可能获得对该公司的实际控制权的行为①。由于我国上市公司股权分裂，既存在可以自由流通的社会公众股，又存在非流通的国家股和法人股，这就导致了我国上市公司的收购既可以通过证券交易所集中买卖，又可以通过私下协议的方式买卖。公司收购通常涉及三方利益关系人，即收购方、出售者及目标公司。从上市公司收购的一般情况来看，它具有如下的法律特征：

(1) 上市公司收购的主体是不特定的证券投资者。各国法律一般规定，收购人可以是目标公司发起人之外的任何人，既包括上市公司与非上市公司，也包括法人、自然人或其他组织。我国《证券法》规定投资人要通过证券交易所交易而持有上市公司5%股份时，都有可能成为上市公司要约收购的收购人。而对于协议收购的收购人则没有持股的比例限制。

(2) 上市公司收购的目标公司为上市公司，收购的标的是上市公司已经依法发行的股份。这是上市公司收购与一般企业购并的主要区别之处。只有经证券主管机关批准公开向社会发行股票，并在深圳或上海证交所挂牌上市交易的股份有限公司，才能成为目

---

① 中国证监会于2002年9月28日发布，2002年12月1日施行的《上市公司收购管理办法》第2条。

标公司。同时，能够成为上市公司收购标的的，既包括A股，又包括境内上市外资股即B股。而境外上市外资股如H股、N股由于要到另一国家或地区上市，因此不能成为我国上市公司收购的标的。

(3) 上市公司收购的目的一般是为了控制或兼并目标公司。所谓控股，是指投资者通过购买上市公司的股份达到足以控制该公司决策权的程度。世界各国根据不同的情况制定了不同的控股标准，如美国是5%，日本是10%，香港是35%，英国是30%。而按照我国《证券法》的规定，持股必须达到30%才能实现控股直至兼并的目的。所谓兼并，是指吸收合并目标公司的行为。通过收购取得目标公司股票并将该公司撤销的，属于公司合并。合并后的目标公司予以解散，不再享有独立的主体资格，目标公司的股东成为收购人的股东。

(4) 上市公司收购的最终结果是，目标公司控制权和股权分布发生变更甚至丧失上市资格，或者公司主体资格出现新设、变更或消灭等情况。当收购人持有的目标公司的股份数达到控股比例时，该上市公司的控制权归收购人拥有；当收购人持有的目标公司的股份数达到该公司已发行的股份总数的75%以上时，该上市公司的股票应当终止上市交易。若收购行为完成后，目标公司不再具有公司法规定的条件的，应当依法变更其企业形式。如果收购人兼并了目标公司，将该公司撤销的，目标公司就失去了主体资格。

(二) 上市公司收购的方式

根据不同的划分标准，我们把上市公司收购分为以下几种方式：

1. 根据收购是否受到法律强制因素介入来划分，可分为自愿收购和强制收购

(1) 自愿收购，是指收购人自主决定在未达到强制收购的法定比例时收购目标公司的行为。从我国法律看，只要收购人购买的目标公司股份未达到30%，其收购行为应为自愿收购。

(2) 强制收购，是指收购人在持有目标公司股份达一定比例时必须依法向目标公司股东发出要约进行收购的行为。我国《证券法》规定，通过证券交易所的证券交易，投资者持有一个上市公司已发行的股份的30%时，继续进行收购的，应当依法向该上市公司所有的股东发出收购要约。

2. 根据目标公司与收购人合作与否来划分，可分为友好收购与敌意收购

(1) 友好收购，是指在得到目标公司管理层的同意与支持的情况下进行的收购。这种收购是在双方自愿、合作、公开的前提下进行的，双方就购买条件、价格、付款方式等事项达成一致后签订股权转让协议或公布要约。

(2) 敌意收购，是指在遭到目标公司管理层反对和抗拒的情况下，或者在目标公司并不知晓的情况下进行的收购。由于敌意收购没有取得目标公司管理层的支持，管理层往往会采取反收购战术予以阻挠，但目标公司的股东也可能会基于高价的诱惑而同意转让股权。因此，敌意收购常常给目标公司的原股东带来暴利，却损害公司其他利益相关者。

3. 根据收购人在收购中使用的手段不同来划分，可分为要约收购与协议收购

(1) 要约收购，指收购人通过向目标公司的股东发出购买所持有该公司股份的书面意思表示，并按照收购要约中所规定的收购条件、价格、期限以及其他规定事项，收购

目标公司股份的方式。

（2）协议收购，指收购人通过与目标公司的股东反复磋商，并征得目标公司管理层同意的情况下，达成协议，并按照协议所规定的收购条件、价格、期限以及其他规定事项，收购目标公司股份的方式。

（三）上市公司收购的一般原则

1. 目标公司股东公平待遇原则

目标公司股东公平待遇是上市公司收购的一项根本原则，其基本含义为：在上市公司收购中，目标公司的所有股票持有人均须获得公平待遇，而属于同一类别的股东必须获得同等待遇。该原则是各国有关上市公司立法和制度的核心。英国《收购与合并守则》对公司收购与合并集中规定了十项一般原则，其中第一项原则即为要约人必须对目标公司同类股东给予类似的待遇。这一原则成为一条红线，贯穿于整个守则的始终。我国《证券法》同样也体现了保护中小投资者的合法权益、保证目标公司股东在公司购并中得到公平待遇这一基本精神。例如，法律要求收购要约必须向所有股东公开，并向所有受要约人支付相同的价格；在进行部分收购时，当目标公司股东承诺出售的股票数量超过收购者计划购买的数量时，收购者必须按比例从所有同意出卖股份的股东那里购买，而不论股东作出同意出卖其股份的意思表示的先后，这与一般证券交易中遵循的“时间优先原则”明显不同。

2. 收购者信息公开原则

收购过程信息公开的原则，是证券市场信息公开化原则的发展和具体化，也是目标公司股东公平待遇原则的一项具体内容。收购者信息公开的主要内容是收购过程中收购者持股情况的公开披露，具体包括：任何人直接或间接持有一个上市公司发行在外的股份达到一定比例或达到此比例后持股量一定比例的增减变化，必须依法将有关情况予以披露。本原则在我国《证券法》中主要表现有两个：一为大额持股披露。是指股东在持股达到一定比例时，有报告并披露其股份增减状况和持股意图的义务。二为收购要约和收购意图的披露。收购要约与收购意图是使目标公司股东作出投资判断的主要依据。我们看到，信息公开原则在保护目标公司中小股东利益的同时，也使收购的难度增加。收购者不能再秘密的突然发起收购，以便在较短时间里以较低的价格完成收购，收购者必须提前公开他的收购意图，并公开有关信息。法律所规定的要约收购期限，也为其他的收购竞争者参与收购竞争提供机会，收购目标公司也有事件进行反收购的准备。

3. 收购者强制要约原则

要约收购制度的强制性就在于，如果收购人持股达到启动点，不管是否完成控股收购，要约收购都将不以收购人的意志为转移而启动。根据我国《证券法》的规定，30%这个点是收购要约的启动点。也就是说，当收购人所持有、控制一个上市公司的股份达到该公司已发行股份的30%，需继续增持股份或增加控制的，应当以要约收购方式收购该上市公司，若收购人认为其所持30%股份已经控股，而无须继续收购的，则不会引起强制要约收购。强制要约原则的目的同样是为了保护目标公司的小股东利益：如果公司的控制权进行了转移，所有股东都应有机会以新的控制者付出的最高价格出售自己的股份。

二、要约收购

要约收购是上市公司收购的一种最常见、最典型的方式。英国和加拿大法中称之为“Take Over-Bid”（即T. O. B）；美国法中称之为“Tender Offer”；日本法称为“公开买付”。要约收购其实就是公开收购，即上市公司收购人以公开方式向目标公司所有股东发出购买其所持有股票的要约，在受要约股东承诺后进行股份转让，以实现收购目的的上市公司收购方式。

要约收购具有以下特征：

(1) 收购要约是要约收购人的单方意思表示行为。依照证券法的规定，持有上市公司发行在外30%以上股份的收购人，决定继续收购的，须以收购要约形式向其他股东发出收购意思表示。所谓意思表示，为要约人希望与相对人建立某种民事权利义务关系的意思的外部表示，此意思一经合法作出，即对收购要约人产生约束力，要约生效后，收购人必须按照收购要约制定的条件履行收购义务。

(2) 要约收购是要式行为。收购要约应采取书面形式，并记载与收购直接关联的各种条件，如收购人名称、住所、被收购上市公司名称、预定收购的股份数量、收购期限和价格等。

(3) 要约收购的相对人为上市公司全体股东。收购人收购上市公司，可以收购上市公司的全部股份，也可以收购上市公司的部分股份。为了保证上市公司收购的公平性，保护目标公司的所有股东的权利，收购人应当向目标公司的所有股东发出收购要约，不能只向目标公司的部分股东发出收购要约。当约定收购股份数低于目标公司的股东出售的股份数时，收购人应当在收购要约中约定按比例①收购。

(4) 要约收购的条件具有统一性。收购人在收购要约中提出了各项收购条件，适用于目标公司的所有股东。如果在要约有效期内，要约人需要变更要约条件或者提高要约价格的，则要约人应当对所有出售股份的股东适用变更后的价格，而无论该股东是在变更前接受要约，还是在变更后接受要约，这称为“最高价格原则”，要约人变更其他条件的，应当与此同理。

(5) 要约收购要遵守证券法规定的特别程序。要约人发出收购要约时，必须公告上市公司收购报告书并同时提交证券交易所；收购要约在收购期间不得撤回；收购要约的条件只能以更优的条件变更；被收购公司股东的承诺在收购期间届满前可以撤回等等。

三、协议收购

协议收购是收购人与目标公司的股东通过达成书面转让股权协议进行收购的方式。对于要约收购而言，协议收购对于收购人较为有利，收购人可以不用经过要约收购的繁琐手续而迅速取得目标公司的控制权；协议收购一定属于善意收购，且不在证券交易所内进行，不必交纳任何佣金或费用，因此可大大降低收购成本。但是，由于协议收购在信息公开、交易公正、机会均等诸方面具有很大的局限性，证券监管机构很难对此实施有效的监管，因此多数国家和地区的法律都排除了协议收购的合法性。目前只有美国、

① 此处的比例就是指投资者打算收购的股份数和目标公司的股东出售的股份数的比。

英国、澳大利亚等少数几个证券市场发达、监控措施完备的国家允许协议收购，即所谓的“私下收购协议”，买方单独同一位股东进行谈判，就股份数额、价格、支付方式、时间等问题达成协议。

协议收购具有以下特点：

（1）协议收购是收购人与目标公司的个别股东之间进行的收购行为。因而，协议收购的相对人是特定的，通常是目标公司的较大股东。

（2）在协议收购的场合，收购协议实际上就是股份转让合同，其订立方式与一般的合同订立方式无异。收购协议双方当事人的股权转让意思一旦达成一致，协议即可生效实现。

（3）协议收购是不公开进行的，通过收购人与目标公司个别股东之间进行的要约承诺过程达成协议。在达成协议之前，收购的协商过程、收购协议的内容等，通常不需要公开。

（4）协议收购的范围有限。按照我国《证券法》的规定，收购人拟收购目标公司股份超过 30%，则必须适用强制要约收购，故我国的协议收购通常以收购人拟收购的股份不超过目标公司已发行股份 30%为限。

第五节　证券相关机构

一、证券交易所

（一）证券交易所的概念

证券交易所是依法设立的提供证券集中交易场所的组织。我国《证券法》对其定义为：证券交易所是为证券集中交易提供场所和设施，组织和监督证券交易，实行自律管理的法人。

证券交易所是最为重要的证券市场组织，具有组织证券交易、保证交易安全、提高交易效率、搜集整理市场行情、规范市场秩序等功能。通过证券交易所，能够进行大宗的证券交易，能够比较迅速准确地反映证券市场行情，以及由证券市场行情所反映的相关企业的经营状况和经济领域的运行状况。

证券交易所的组织形式有两类：公司制证券交易所和会员制证券交易所。公司制证券交易所是由投资者以入股方式组建的，设置场所与设施，经营有价证券集中交易市场的股份有限公司，是以营利为目的的企业法人。世界上一些主要的证券交易所陆续由会员制改为公司制，公司制证券交易所已成为世界主流。

我国现阶段证券交易所有两家：上海证券交易所和深圳证券交易所，分别成立于 1990 年 11 月和 1991 年 7 月。证券交易所是典型的特许法人，其设立和解散由国务院决定；设立证券交易所必须制定章程，章程必须经国务院证券监督管理机构批准。我国证券交易所采取会员制。会员制证券交易所由证券商同业所设立，共同出资组成，不以营利为目的。交易所采取自律管理制，会员共同制定规则、相互约束，并选举产生组织机构。交易所的费用一般由会员分担，收取的费用比较低，不分派盈余。只有会员才可进入交易所的集中市场进行交易。证券交易所不承担交易中任何责任，交易中的损失包括风险和违约损害，都由投资者双方自己承担。

(二) 证券交易所的主要职责

证券交易所是证券流通市场的核心，它为证券交易所双方提供证券交易的基本场所。世界一些国家和地区均通过赋予证券交易所一定的职权和规定其履行必要的义务对自己的会员进行自律管理，这就是证券交易所的职责。

(1) 提供证券交易集中竞价交易的场所、设施及交易的详细信息。交易所应当提供如现代化的交易系统、交易大厅、办公用房、电脑设备和通信网络，编制并公布即时证券交易行情表，向投资者通报、提供证券发行公司的经营状况、财务状况以及组织人事变动等信息。

(2) 制定证券交易规则，对证券交易活动进行监督管理。各国证券立法均规定证券交易所有权制定市场准入规则、交易规则、会员管理规则等。交易所对上市公司、作为会员的证券公司、对交易所内进行的交易活动这三个方面随时地监督管理，将有关行情报告证券主管机关。

(3) 依法采取技术性停牌和临时停市。停牌是指暂停某一证券的继续交易；临时停市是指证券交易所临时停止交易所内的全部交易活动。在因突发性事件而影响证券交易的正常进行时，证券交易所可以采取技术性停牌的措施；因不可抗力的突发性事件或者为维护证券交易的正常秩序，证券交易所可以决定临时停市。证券交易所对突发性事件，享有特殊的监管和处理权力。

二、证券公司

(一) 证券公司的概念及分类

证券公司是指依法设立的，从事证券经营业务的金融机构。我国《证券法》对证券公司的定义是：依照《公司法》和《证券法》的规定设立的经营证券业务的有限责任公司或者股份有限公司。证券公司是证券市场上活跃的中介机构，为证券的发行与流通、为市场的稳定和发展起着不可低估的作用。

按照证券公司业务范围的不同，证券公司分为经纪类证券公司和综合类证券公司。

(1) 经纪类证券公司，是指在证券交易中受客户委托买卖证券，从事中介业务的具有法人资格的证券经纪人。经纪类证券公司是证券公司中数量最多、最活跃的一部分，与投资公众接触广泛，责任也较大，因此法律对其规范也较为集中。在证券经纪业务中，证券公司的基本职责，就是依照证券法律、法规和证券交易规则的规定，执行投资者作出的委托指令。

(2) 综合类证券公司，是从事证券经纪业务以及证券自营业务、证券承销业务或其他证券业务的证券公司。综合类证券公司除依法从事证券经纪业务外，还可同时从事核定的其他证券业务，如以自己的名义和账户，自己决策从事证券买卖，为自己获取利润，自负风险；作为证券发行人与认购人的中介，承办证券销售的有关事宜。

(二) 证券公司的业务范围

1. 基本业务

证券公司的基本业务就是证券承销、经纪和自营。为了切实维护投资者利益和防止过分投机，世界各证券市场都要求证券商分业经营，特别是强调经纪与自营分业。有的禁止两类证券公司业务交叉，如我国台湾地区立法规定经纪商不得自行买卖证券、自营商不得代客买卖，若承销商兼自营买卖的，则承销期内，不得为自己取得所承销的证券；有的则在附加条件限制的基础上允许交叉，如韩国两项业务的最低资本额为20亿韩元，经营三项业务的最低资本额为30亿韩元。我国《证券法》规定证券公司既可以从事证券经纪、承销也可从事证券自营业务，只是要求的最低注册资本额不同。

2. 与证券相关的其他业务

与证券业务相关的其他业务，包括证券投资咨询、证券投资信托、债券收款和还本付息、代付代收红利股息、证券代保管和鉴证、代办证券登记过户以及证券贴现证券抵押贷款、代发行商业票据和可转换存款单等。这些业务中有的由专职机构办理（如证券投资顾问、投资信托、登记过户等），有的由商业银行办理（如贴现、贷款等）。不少国家和地区的法律原则上不允许证券公司经营其他业务，但作为例外，经批准，证券公司可兼营其中若干业务。我国《证券法》规定，经国务院证券监管机构批准，证券公司可以从事证券投资咨询，与证券交易、证券投资活动有关的财务顾问，证券资产管理等与证券相关的业务。

3. 证券公司业务行为的限制

对证券公司从事的经营活动进行限制，是为了维护证券市场乃至整个金融市场秩序，也是为了保护市场主体包括证券公司自身的合法权益。

（1）经营存款贷款业务的禁止。从防止过度投机和保护存款人利益出发，各国都禁止商业银行直接介入证券市场，同样，从稳定证券市场和保护投资人利益出发，也不许证券公司从事商业银行的业务。因此，证券公司不得从事商业银行业务性质的存款贷款业务，也不能从事存贷款的代理或顾问。

（2）经纪业务与自营业务混合操作的禁止。综合类证券公司将经纪业务与自营业务混合操作，就可能利用其特殊地位，侵犯客户利益而为自己牟取不法利益，如挪用客户资金、证券，占用经纪业务交易席位等，还可能发生联手作市、虚买虚卖等证券欺诈行为，因此，各国立法均禁止证券商经纪、自营业务混合操作。

（3）资金和证券使用的限制。合理限制自营业务资金来源，是降低证券公司及证券市场风险的重要手段。证券公司自营业务资金主要限定在自有资金范围内，它可以是证券公司股东投入的股本金，也可以是证券公司经营过程中积累形成的资金，而不得是向银行或其他机构或个人借入资金，也不得是各种名义下的往来款。同时，证券公司的资金和证券只能用于业务范围内开展业务，按照我国法律，为客户买卖证券提供融资融券服务，应当按照国务院的规定并经国务院证券监管机构批准。

（4）实名制规则。证券公司在办理自营业务过程中，必须使用证券公司的真实名义，不得以虚拟名义或借用他人名义开立资金账户或证券账户。证券公司不得将自营账户借给他人使用。采取实名制有助于加强证券监管机构对证券市场的监管，减少证券交易中的违法和违规现象。

三、证券登记结算机构

证券登记结算机构是办理证券登记、托管和结算服务的专门机构。由于证券具有高度的流动性，确认和记载其权属状态就非常重要。

证券登记，是确认证券合法持有人和处分权人，确定证券权利状况，完成过户登记的行为。证券托管，是托管委托人将其名下持有或受托保管的实物证券，交存给托管人实行代保管的活动。按照我国法律规定，上市公司或拟上市公司必须遵守强制托管规则，将其发行的股票交给证券登记机构托管。证券结算包括清算和交收，即将买卖双方及证券公司之间的证券买卖数量和金额分别予以抵消，计算应收应付证券和款项的特殊程序，以实现证券和款项的最少实际交割数量。通过证券托管和结算程序，可以简化证券交割手续，避免交叉交割和重复交割，同时有助于提高证券的流通性。

证券登记结算机构是一种证券交易的服务机构，它的活动有很大的技术性操作成分，是证券交易中不可缺少的一个环节。其法定职责主要有：证券账户、结算账户的设立；证券的存管和过户；证券持有人名册登记；证券交易所上市证券交易的清算和交收；受发行人的委托派发证券权益等等。为了履行这些法定职责，证券登记结算机构必须具有必备的服务设备和完善的数据安全保护措施；建立健全的业务、财务和安全防范等管理制度，建立完善的风险管理系统。其法定义务还包括：不得将客户的证券用于质押或者出借给他人；妥善保存登记、托管和结算的原始凭证；设立结算风险基金，并存入指定银行的专门账户。

依照我国《证券法》的规定，证券登记结算采取全国集中统一的运营方式。就目前的情况来看，上海证券交易所和深圳证券交易所各有各自成体系的结算系统，上海证券中央登记结算公司是上交所的全资公司，负责上交所证券交易的登记结算工作；深圳证券结算公司是深交所的全资公司，负责深交所证券交易的登记结算工作。

四、证券服务机构

证券服务机构，是指为证券投资、证券发行和证券交易活动提供各种专业服务的机构。包括两大类：一是专业的投资咨询机构、资信评估机构（主要是债券评级和股票评级机构等）；二是对证券发行和交易出具审计报告、法律意见书和评估报告的注册会计师事务所、律师事务所和资产评估事务所。这些服务机构也是证券市场上重要的组成部分，它们的行为对于维护证券市场的运行和信用有着相当大的作用。

证券交易服务机构提供的是一种有偿的营业服务，获得服务的客户应当支付费用和报酬，但是证券交易服务的收费必须合理、公开、统一。在证券市场活动中，证券交易服务机构作出的咨询内容和评估结果，以及审计报告和法律意见书等，是投资者进行投资判断和决定的重要信息。为防止证券交易服务机构及其人员利用其业务活动进行内幕交易和操纵市场，证券法对证券交易服务机构从业人员的行为进行了特别规范。同时，法律要求为证券发行、上市或者证券交易活动出具有关文件的专业机构和人员，必须保证其所出具文件的真实性、准确性和完整性。若因过错制作、出具的文件有虚假记载、误导性陈述或重大遗漏，给他人造成损失的，应当与发行人、上市公司承担连带赔偿责任。

五、证券监管机构

证券监督管理机构是指代表国家对证券的发行和交易行为以及与证券的发行和交易有关的个人、组织进行管理的执法机关。从世界各国和地区立法及实践来看，政府证券监管机构的设立基本可分为专设型和兼管型两类。所谓专设型，即由设立专门的证券监管机构对证券市场实行管理。例如美国联邦证券交易委员会（SEC）、法国证券交易所管理委员会、意大利公司与证券交易所管理委员会等。所谓兼管型，即不设专门的证券监管机构，由原有的监督机构监管证券事务，例如比利时银行委员会。根据我国《证券法》规定，国务院证券监督管理机构即中国证券监督管理委员会（简称“证监会”）依法对证券市场实行集中统一监督管理，维护证券市场秩序，保障其合法运行。

国务院证券监督管理机构职责主要有：依法制定有关证券市场监督管理的规章、规则，并依法行使审批或者核准权；依法对证券的发行、上市、交易、登记、存管、结算，进行监督管理；依法对证券发行人、上市公司、证券公司、证券投资基金管理公司、证券服务机构、证券交易所、证券登记结算机构的证券业务活动，进行监督管理；依法制定从事证券业务人员的资格标准和行为准则，并监督实施；依法监督检查证券发行、上市和交易的信息公开情况；依法对证券业协会的活动进行指导和监督；依法对违反证券市场监督管理法律、行政法规的行为进行查处。在履行职责中，国务院证券监督管理机构有现场检查权、调查取证权、询问查阅、复制权、材料封存权、冻结查封权、限制被调查事件当事人证券交易权等。

学习总结与拓展

【关键词】

资本证券　股票　公司债券　投资基金券　“三公”原则　证券发行　证券承销　证券交易　现货交易　期货交易　期权交易　信用交易　证券上市　暂停上市　终止上市　信息公开　关联交易　内幕交易　操纵市场　虚假陈述　欺诈客户　上市公司收购　要约收购　协议收购　证券交易所　证券公司　证券监管机构

【思考题】

1. 如何理解证券法的“三公”原则？

2. 请对照我国《证券法》对内幕交易和操纵市场行为规定的民事赔偿责任，思考这些规定的理论基础。

3. 律师所事务所在证券服务机构中的作用是什么？

4. 证券发行保荐制度的意义和法理基础是什么？

5. 红光公司是成都红光实业股份有限公司的简称，1997 年 6 月在上海证券交易所上市。其前身国营红光电子管厂，是在成都市工商行政管理局登记注册的全民所有制工业企业，该厂是我国“一五”期间 156 项重点工程项目之一，是我国最早建成的大型综合性电子束器件基地，也是我国第一只彩色显像管的诞生地。经成都市体改委批准，1993 年 5 月，由原国营红光电子管厂以其全部生产经营性净资产投入，联合四川省信托投资公司、中国银行四川省分行、交通银行成都分行作为发起人以定向募集方式设立了红光公司。成都市科学技术委员会认定红光公司为高新技术企业，为全国现代企业制度试点企业。经中国证监会证监发字［1997］246 号文和［1997］247 号文批准，红光公司于 1997 年 5 月 23 日以每股 6.05 元的价格向社会公众发行 7，000 万股社会公众股，占发行后总股本的30.43%，实际筹得4.1亿元资金。但是，1998年月4月30日，红光实业刊登其上一年度（即1997年）年度报告摘要称，1997年该公司实际净利润为—19840万元、每股收益为−0.86元。这与上市公告书和招股说明书中的盈利预测净利润7055万元形成巨大反差，并成为中国股市发展7年来首家上市当年就亏损的公司。为此，中国证监会对其进行了调查，于1998年11月20日公布了调查结果。经核查证实：红光实业发行前已经严重亏损，在股票发行上市申报材料中，采取虚构产品销售、虚拉产品库存和违规账务处理等手段，将1996年的实际亏损10300万元，虚报为盈利5400万元，骗取发行资格，并隐瞒不能维持正常生产的重大情况。为此，中国证监会对红光实业、承销商、上市推荐人、会计师事务所、资产评估事务所、财务顾问公司、律师事务所及直接责任人员做出了处罚。另有一位董事因在红光实业股票发行并上市的董事会决议上投了反对票，因而没有被追究法律责任。

问：

（1）红光实业的行为属于何种证券违法行为？

（2）红光实业、承销商、上市推荐人、会计师事务所、资产评估事务所、财务顾问公司、律师事务所及其直接责任人员应该承担什么法律责任？

（3）董事会决议上投了反对票的董事为什么没有被追究法律责任？

6. 假设你购买了一家上市公司的股票，该公司在中国证监会指定的信息披露网站上公布了2002年年度报告，同时你又在该公司自己的网站上看到了另一则2002年年报，你发现，这两份年度报告的格式和内容相差甚远，在公司自己网站上的年报只有22页，所包含的信息非常有限，并且，没有任何公司财务数据的信息……作为投资者，你将如何对待这种“含糊披露、蒙混过关”的伎俩？如何保护你的权益？

7. 广发证券公司在自营账户买卖“南油物业”股票时，共动用资金5.4亿元，并使用不同的账户对南油物业股票作价格、数量相近、方向相反的交易，拉高股价。据统计，自10月11日至11月29日，广发证券公司通过自营账户之间自买自卖该股票3365241股，使该股票价格由8.55元上升至20.49元，涨幅达1.4倍。12月2日至12月30日，该公司再次相对委托南油物业14324982股，相对委托买卖量大，笔数频繁，价量配合明显。

请分析广发证券公司行为的性质、特征和法律责任。

8. 假设你是一家国有大型企业的董事长，目前企业的经营状况稳中有升，为了规范企业的治理结构，并为企业提供长期、稳定的融资渠道，你们按照上级主管部门的指示，打算改制成公司并上市。请问，你们面临的上市条件和上市程序有哪些？

9. 某证券公司于1999年9月15日起至2002年6月18日起，先后在11家营业部利用1个法人股票账户和922个个人股票账户，动用资金23850万元，大量买入并持有某上市公司股票，累计买入51866257股；至1999年12月27日，当日最高持有该上市公司股票7101510股，占该公司流通股股份的28.69%；其中，1999年11月17日自买自卖217358股，占当日总成交量的46.34%，股价由23.00元涨至23.70元，涨幅为3%。同日，上证指数由1675.19下跌到1662.80，跌幅为0.7%；2000年1月13日自买自卖161100股，占当日总成交量的68.75%，股价由24.45元涨至24.94元，涨幅为2%。同日上证指数由1437.45下跌到1424.44，跌幅为0.9%。问：该证券公司买卖证券的行为是否属于我国法律所禁止的交易行为？应当受到哪些法律制裁？

10. 上海延中实业股份有限公司（以下简称“延中”）成立于1985年，股份全部为流通股。1993年9月，深圳宝安集团（以下简称“宝安”）安排下属的三家企业——宝安上海公司、宝安华东保健用品公司和深圳龙岗宝灵电子灯饰公司共同收购延中股票。1993年9月28日，宝安华东公司、深圳龙岗公司共有延中股份合计为6.09%。1993年9月29日，宝安上海公司已持有延中股票的4.56%。在未履行法定义务和公告义务之前，宝安上海公司于1993年9月30日再行扫盘，致使三公司共持有延中股票的17.07%。9月30日11：15分，延中被停牌，电脑屏幕上映出了宝安公司的公告：本公司于本日已拥有延中实业股份有限公司发行在外的普通股5%以上，现根据国务院《股票发行与交易管理暂行条例》第四章“上市公司收购”第47条之规定，特此通告。之后，为巩固其大股东的地位，到10月6日，宝安公司增持延中公司股份到19.8%，成为延中公司的第一大股东。在毫无准备的袭击面前，延中稍有忙乱，他们表示不排除采取反收购行动的可能。同时，延中聘任在应付敌意收购很有经验的施罗德集团香港宝源投资有限公司作为延中的顾问。延中提出疑问：9月29日，宝安上海公司已持有延中股票4.56%，按照5%就要申报的规定，就只能再买0.5%。然而，9月30日集中竞价时，宝安一次就购进延中股342万股，如此跳过5%公告后达到17%多。

延中表示，很遗憾宝安没有事先与延中沟通、协商，由于对方意图表现出敌意，袭击又来得突然，严重影响了延中目前的正常经营。宝安则表示，无意与延中公司发生对立，因为那样会给广大中小股东带来不必要的损失，并且正在考虑以某种形式使中小股东避免损失。股份公司的管理说到底是为全体股东服务的，在认识上和行动上绝不能脱离广大股东的利益；宝安的目标只是想做延中的第一大股东，对延中实际控股，以直接介入公司的经营决策，提高公司经营水平，尽力以较大的利润回报广大投资者。延中认为，宝安从4.56%一下子跳到17%显然有违规之处。延中公司则认为宝安公司19.8%的持股中，除5%以外的股份外，均是非法取得、不合规范取得的。同时宝安是恶意收购，因而延中向法院诉请确认超过5%的近15%股份取得无效。

事件发生后，中国证监会与其他有关部门对此事进行了联合调查。10月22日，中国证监会在上海做出裁决，认定宝安上海公司通过在股市买入延中股票获得的股权是有效的。但是宝安上海公司及其关联企业在收购延中股份的过程中存在着违规行为，并据此对宝安上海公司及其关联企业给以警告处分、罚款200万元。罚款上缴国库。另外，在证券主管部门的斡旋下，宝安上海公司与延中公司经协商达成和解协议，宝安公司放弃改选延中董事会的要求，同时延中公司也不采取反收购的措施。宝安公司持有的19.8%延中股票的收益权全部归宝安公司所有，但其表决权的55%由延中公司董事长行使，宝安公司拥有剩余45%的表决权；宝安公司委派两名董事进入延中公司董事会，分别任副董事长、副总经理，但不得干预延中公司的日常经营管理；宝安公司增、减持延中股份须征得延中公司董事会同意。

问：

(1) 宝安公司存在哪些违法行为？

(2) 如何理解中国证监会的处罚决定，即既对宝安上海公司及其关联企业给以警告、罚款，又认定宝安上海公司通过在股市买入延中股票获得的股权是有效的？

(3) 试分析宝安上海公司与延中公司和解协议内容的合法性。

【阅读资料】

1.《中华人民共和国证券法》
2. 盛学军:《证券公开规制研究》,法律出版社,2004 年。
3. 李东方:《证券监管法律制度研究》,北京大学出版社,2002 年。
4. 周友苏:《新证券法论》,法律出版社,2007 年。
5. 于莹:《证券法中的民事责任》,中国法制出版社,2004 年。
6. 陈洁:《证券欺诈侵权损害赔偿研究》,北京大学出版社,2002 年。
7. 高如星、王敏祥:《美国证券法》,法律出版社,2000 年。
8. 郭锋:《证券法律评论》系列,法律出版社,2001 年开始出版。
9. 黄红元:《证券法苑》系列,法律出版社,2009 年开始出版。
10. 刘俊海:《现代证券法》,法律出版社,2011 年。

第五章 票据法

【学习提示】票据法是规范票据行为、保护票据权利、建立票据秩序的法律。票据作为有价证券，其支付结算功能可以替代货币，其信用融资功能可以创造货币。然而票据使用最重要的是安全性，票据法通过对票据行为实施和票据权利行使的规定，建立票据流通秩序。在学习时，需要注意理解票据法基本原理和我国《票据法》的基本规定。尤其是要注意体会票据关系与基础关系的分离，票据行为无因性、独立性的道理。

第一节 导 论

一、票据法的历史发展

票据产生于商人之间的商事活动所需。在12世纪，意大利及地中海沿岸国家与地区之间的商业活动发达，各国商人之间商贸活动需要货币的自由兑换、汇款及支付便捷化。因此在意大利产生了“兑换证书”。该种兑换证书具有本票或汇票的特征。[①] 随着商事活动及人类文明的不断进化发展，兑换证书的形式及内容也不断完善，各国立法机关陆续将其本国的商事票据惯例法律化。法国国王路易十四在1673年颁布的《商事条例》中，专门设第五、六章规定票据。[②] 该条例主要涉及汇票及本票。1865年，法国颁布《支票法》。德国于1871年正式颁布《票据法》，1908年颁布《支票法》。英国在1878年正式颁布了《汇票法》。[③] 1957年英国颁布《支票法》。[④] 美国最初受英国法院判例影响，主要以判例法方式处理票据纠纷。在借鉴英国1878年《汇票法》的基础上，1895年美国全国统一法委员会制订了《统一流通证券法》 (Uniform Negotiable Instruments Law)，最终美国各州议会分别通过了该项法案。1942年，美国制订了《统一商法典》，其中第三章为流通票据。现在美国各州，甚至以传系大陆法系特色的路易斯安那州，都采用《统一商法典》的票据规定。英美两国的票据法现已经发展成为以成文法为主，判例法相助的格局。

中国在清朝之前，没有票据法产生。但是，在民间仍有票据的历史起源痕迹。比较有名的是唐代出现的“飞钱”。飞钱是一种表示能获得兑付的票券。谢怀拭先生认为飞

---

① 谢怀栻：《票据法概论》，法律出版社，1990年，第20页。

② 郑孟状：《票据法研究》，北京大学出版社，1999，第7页。

③ Gilbert *Commercial Paper & Payment Law*, 1997, Harcourt brace Legal and Professional Publications, Inc. P. 2

④ 谢怀栻：《票据法概论》，法律出版社，1990年版，第15页。

钱类似于今天的汇票。[①] 宋朝出现了“便钱”，“交子”，和“帖子”三种有价证券。宋太祖开宝三年，设立“便钱务”，作为政府管理“便钱”的机关。商人向中央政府交纳钱款，如果要到各地从商取钱。就可以领取便钱务票券。地方政府见到后当日支付票款。[②]

1929年，民国政府立法院通过了《票据法》，这是我国第一部《票据法》。1937年立法院又制订了《票据法施行法》。但因国家长期处于战争状态，票据制度在中国没有得以推广。

中华人民共和国成立后，废除了旧法统，实行计划经济，个人支票、汇票及本票均被废除使用。只在单位之间使用转账支票。

20世纪80年代，我国开始进入经济体制改革并实行对外开放。在金融领域，银行开始恢复使用票据。在我国传统金融城市上海，票据结算得以较为广泛的使用。1982年中国人民银行上海市分行制定了《票据承兑、贴现办法》，1986年上海市人民政府发布《上海市票据暂行规定》。1983年，中国人民银行开始办理银行汇票结算业务。从1990年起，中国人民银行总行开始起草票据法草案。1995年5月10日，第八届全国人民代表大会常务委员会第13次会议通过了《中华人民共和国票据法》。这是新中国历史上第一部票据法。该法于1996年1月1日起实施。2004年8月28日，该法进行了微小修改。[③]

二、票据的现实功能

（一）票据的支付功能

票据是以货币的替代物而出现的金融支付工具。票据的使用可以克服商人之间大笔货币交易的不便和风险。票据作为货币的替代物，能使人们在日常生活中不必天天将货币随身携带，而只带上自己的个人票据，从而使人们免受抢劫、盗窃等非法侵害。票据在西方国家中得到普遍使用，人们可以直接以票据支付每月的水、电、气等支出费用。人们甚至可以通过自动提款机将支票向银行提示，而不必亲自到银行办事处提取现金。

（二）票据的汇兑功能

异地交易现已成为世界各国商业活动的普遍形式。异地交易令商人头疼的是大笔资金的转移问题。票据因其票面可以不受限制地记载票据金额及币种。因此，可以解决商人之间的现金转移困难问题。

（三）票据的信用功能

票据的最大功能还在于其信用功能。票据出票人可以在没有完全具备从事商业交易的全部资金的情况下，根据对自身信用的判断，提前消费。例如，使用远期汇票的当事人可以在实际支付发生前先享用票据对价的收益。票据的信用功能还体现在其解决多重债务能力上，票据不仅能处理两方当事人之间的债权债务关系，还可以处理三方当事人之间的关系。

---

① 谢怀栻：《票据法概论》，法律出版社，1990年，第19页。

② 郑孟状：《票据法研究》，北京大学出版社，1999，第3页。

③ 仅删除第75条。该条规定：本票出票人的资格由中国人民银行审定，具体管理办法由中国人民银行规定。

假设，A欠B人民币100元，债务于6月1日到期。5月15日，B向C购买一批货物，价格为100元。C要求6月1日支付价款。如果A是一个有信用能力的公司或个人，那么，C就可以接受B所开立的以B为付款人的远期汇票。B作为出票人，要求A向C于6月1日无条件地向C支付人民币100元。如果当C向A提示票据后并得以付款，那么票据就有效地解决了三方当事人相互之间的债务。

三、票据的概念、特征与种类

（一）票据的概念

票据是出票人签发的、约定由自己或者自己委托的人无条件支付确定的金额给持票人的有价证券。票据有广、狭二义。广义的票据，指各种表彰财产权的凭证，包括钞票、发票、提单、仓单、保单、车票、船票、机票、入场券、债券、股票、汇票、本票、支票等。狭义的票据，仅指以无条件支付一定金额为内容且由票据法规范的有价证券，包括汇票、本票及支票。

（二）票据特征

票据是有价证券，但与其他有价证券（股票、债券、提单等）比较，票据有如下特征：

1. 票据是设权证券

设权证券，是指创设权利义务的证券。票据作为设权证券，是指票据权利产生于票据做成时，票据权利以票据的制作存在为条件，票据本身就是权利而不仅仅是权利载体。设权证券为持票人创设了一个新的票据债权而不是证明原有债权的存在。与设权证券对应的是证权证券，证权证券是证明权利存在的证券，证权证券是权利载体而不是权利本身。如果证权证券遗失或者毁损，也不妨碍证券权利的合法存在，证券投资者可依照法定程序申请补领证券。但设权证券遗失或者毁损，需要按照民事诉讼法规定的公示催告程序，经过除权判决来救济。

2. 票据是文义证券

文义证券，是指证券上的权利义务按照证券上的文字含义来确定的证券。如果票据文义并未准确表达票据签章人的真实意图，也不能够直接采用民事行为中重大误解救济方式来处理，而只能按照票面文义来确定票据权利义务。

3. 票据是无因证券

无因证券，是指权利义务不与原因联系的证券。票据上的权利义务，与票据基础原因关系分离，即或票据基础原因关系无效，也不影响票据权利义务的有效。无因证券之特征是票据得以正常流通使用的保障。

4. 票据是要式证券

要式证券，是指应具备必要形式的证券。票据要符合法律规定的记载事项和表现形式，否则会影响票据的效力。

5. 票据是流通证券

流通证券，是指可以自由流通的证券。票据流通以背书或者交付即可有效转让，不需要办理过户登记。

（三）票据的种类

各国票据法对票据种类采取法定主义，不允许任何人自行创制法定种类之外的票据。由于商业上票据规则传统的差异和立法模式的不同，各国票据法上关于票据种类的规定，存有差别。大陆法系国家，大多认汇票与本票为票据，支票则属不同的另外一种证券，因此，于 1930 年在日内瓦缔结公约，制定《统一汇票和本票法》，后又于 1931 年同在日内瓦订立《统一支票法》。这种将支票另外对待，与汇票和本票分别立法的做法，在票据法学上称为“分立主义”。德、法、日、意大利、瑞士、葡萄牙等参加日内瓦国际票据法统一会议的国家，均采这种做法。《英国票据法》把汇票和本票看作票据，把支票定为汇票的一种。《美国统一商法典》第 3—104 条规定，汇票、本票，支票、存款证都是票据。这种规定票据包括汇票，本票、支票的立法，在票据法学上叫作“合并主义’或者“包括主义”。[①]

我国《票据法》规定，票据包括汇票，本票和支票。汇票包括银行汇票和商业汇票两大类别。而支票则分为现金支票和转账支票。至于本票，目前我国《票据法》只规定银行本票。

银行汇票是出票银行签发的，由其在见票时按照实际结算金额无条件支付给收款人或者持票人的票据。银行汇票的出票银行为银行汇票的付款人。[②] 商业汇票是出票人签发的，委托付款人在指定日期无条件支付确定的金额给收款人或者持票人的票据。商业汇票分为商业承兑汇票和银行承兑汇票。

支票是出票人签发的，委托办理支票存款业务的银行在见票时无条件支付确定的金额给收款人或者持票人的票据。支票上印有“现金”字样的为现金支票，现金支票只能用于支取现金。支票上印有“转账”字样的为转账支票，转账支票只能用于转账。

银行本票是银行签发的，承诺自己在见票时无条件支付确定的金额给收款人或者持票人的票据。银行本票分为不定额本票和定额本票两种。定额银行本票面额为 1000 元、5000 元、10000 元和 50000 元。

第二节　票据法基本原理

一、票据关系与基础关系

（一）票据关系

票据关系，是指当事人基于票据行为而发生的债权债务关系。[③] 票据关系是基于票据行为而产生，只有符合票据法规定的票据行为，才能产生票据权利义务。票据关系产生于出票行为，经过背书、承兑、保证，终于付款行为。票据权利，主要是持票人向票据债务人请求支付票据金额的权利。票据义务，是票据债务人向持票人支付票据金额的义务。

---

① 刘心稳：《票据法》，中国政法大学出版社，2002 年，第 8 页。

② 《支付结算办法》第 53 条。

③ 谢怀栻：《票据法概论》，法律出版社，1990 年，第 35 页。

票据关系的产生，存在有一定原因，但是这个原因与票据关系分离，被称为非票据关系，属于产生票据的基础关系。

（二）基础关系

票据是一种金融支付工具，票据的产生一般依赖相应的民事基础法律关系。票据法所规定的法律关系是票据产生及产生之后所发生的票据关系。对于产生票据的民事法律关系则由民法规定。学理上把产生票据的前提民事法律关系称为票据的基础关系。票据基础关系分为票据的原因关系、票据的资金关系及票据的预约关系。

1. 票据原因关系

我们知道，支付是票据最主要的原始功能。如果要产生票据支付，就必定要有其发生原因。进一步讲，票据的产生必须依赖于某种民事法律行为所产生的民事债权债务。如果没有这个民法上的债权债务基础，那么就无从谈及票据的出票、背书、包装、承兑即付款等一系列票据行为的产生和发展。现实生活中的买卖、租赁、加工承揽、借贷、特许权交易、知识产权贸易、纳税等都可以成为产生票据支付的原因。

2. 票据资金关系

在汇票和支票中，出票人应当无条件的向进行付款提示的合法持票人进行支付。但实施付款行为的付款人并不是出票人本身。在汇票和支票中都有一个第三方付款人。这个付款人是受出票人的委托向持票人进行付款。因此，在付款人与出票人之间必定以存在一定的资金委托关系为付款人付款的前提。因此，票据资金关系是指汇票或支票的出票人与付款人之间的基础关系。例如，付款人（银行）处存有出票人（存款人）的资金时，出票人因某项支出开出一张支票，这样就会在付款人与存款人之间产生票据关系。可见，票据关系的产生除了有原因关系之外，出票人与付款人之间的资金委托关系也是必不可少的基础关系。

3. 票据预约关系

票据预约关系是指在基础关系中的当事人在订立买卖合同磋商之时，就双方之间将要采用的票据类型的具体内容进行约定。这种约定包括票据的种类、金额、到期日、付款地等事项。双方达成的一致性内容将归入买卖合同体系之中。这种约定就是一种票据预约，它本身不是票据关系。在票据当事人间，首先有原因关系，其次有票据预约，尔后才有根据预约发出票据之后所产生的票据关系。

我们可以通过以下事例来理解上述票据关系和基础关系：

甲与乙之间订立一个汽车买卖合同，甲购买乙的汽车。合同约定采用支票支付，甲委托付款人丙无条件支付车款 20 万元。于是甲向乙签发了一张支票。乙将该支票转让给丁，丁向丙要求付款。但是甲发现汽车存在质量问题，于是通知丙拒付。

在这个事例中，甲乙之间的买卖合同形成直接的债权债务关系。这种债权债务关系系民法上的合同之债，是产生票据关系的原因关系。当甲向乙签发支票，甲、乙之间产生了一个新的法律关系——票据关系。甲、乙在合同中约定采用支票支付，这是票据预约关系。而付款人丙能够为甲付款，是因为甲、丙之间存在资金委托关系。甲向乙签发支票，票据关系成立，并相对独立于买卖关系。乙将该支票转让给丁，丁持票要求付款人支付票据金额，尽管汽车存在质量问题，但是付款人丙不能以汽车存在质量问题而拒付票据款额。

二、票据行为

(一) 票据行为的含义和内容

票据行为是指依照票据法规定的条件和程序实施的行为，以发生、变更和消灭票据关系，确定和实现票据权利和义务为目的的法律行为。

票据行为一般包括出票行为、背书行为、承兑行为、保证行为和付款行为。出票是签发票据的行为，出票行为创设票据关系。背书是记载票据事项或转让票据行为，背书行为使票据得以流转。承兑是汇票付款人承诺兑付票据金额的行为，承兑使汇票付款人得以确定。保证是对票据承兑、付款加以担保的行为，保证加强了票据权利实现的安全性。付款是支付票据金额的行为，付款消灭票据关系。票据行为的基本方式是在票据上签章。这种签章行为产生按照票据所记载的事项承担票据义务，行使票据权利的法律效果。关于具体票据行为的阐述，请见第三节。

(二) 票据行为的特征

票据行为区别于其他法律行为的特征有：

(1) 要式性，即票据应该具备法律要求的必要形式并符合法律规定的记载事项。我国法律非常强调票据的格式及制作要求，所有票据格式必须统一。[①] 要式性是票据使用的基本判断标准。

(2) 文义性，即票据签章人在票据上的权利和义务严格按照票据文字记载为准。文义性是票据责任确定的依据。例如，支票的文字上表述为“三万元”。而在数字栏记载为 3.000.00 元。严格依照文义性原则的国家法律会规定，文字效力优于阿拉伯数字，当文字在语法上有错时，该支票无效。我国《票据法》则规定票据金额以中文大写和数码同时记载，二者必须一致，二者不一致的，票据无效。

(3) 无因性，即票据一经有效签发成立并投入流通以后，票据关系与产生票据的基础原因关系相分离，因票据基础原因关系的瑕疵而发生的有效抗辩事由，不得对抗票据关系中正当持票人。无因性是票据得以流通使用的保障。例如，甲与乙之间订立买卖合同，买卖标的是一辆中华汽车。甲向乙签发了一张汇票。乙收到后又将该汇票转让给丙。甲接收汽车后驾驶一段时间发现，汽车发动机有问题，经鉴定，发现该发动机有严重的质量瑕疵。而此时丙持票向付款人提出付款请求。甲要求停止支付。理由是乙严重违约。本例中，甲对乙所主张的抗辩成立，但该抗辩对于丙则不能成立。因为丙从乙处获得票据时是一个善意的，不知情且支付了对价的第三方。为了保证票据的安全有效流通。正当持票人可以对抗基础合同中的抗辩。

(4) 独立性，即票据签章人的行为相互独立，互不影响。独立性是防御票据风险的要求。比如，票据上有伪造、变造的签章的，不影响票据上其他真实签章的效力。无民事行为能力人或者限制民事行为能力人在票据上签章的，其签章无效，但是不影响其他签章的效力。

---

① 《中华人民共和国票据法》第 109 条规定：“汇票、本票、支票的格式应当统一。”

三、票据权利

（一）票据权利的含义

持票人向票据债务人请求支付票据金额的权利，包括付款请求权和追索权。在理解上应当注意：

1. 票据权利是票据金额给付请求权

票据虽为有效支付工具，在一定程度上可以替代通用货币，但毕竟不能完全等同于货币，只是表明金钱的有价证券而已，因此，票据上文义所表明的权利，是票据金额给付请求权，持票人占有票据，不等同于占有票面记载的金钱，只有经过请求票据债务人付款，票据债务人满足此请求，兑付票面金额，将票面金额交付持票人，持票人才取得金钱。

2. 只有合法持票人才享有票据权利

凡以出票、背书等票据行为和继承等合法取得票据者，均为合法持票人。只有合法持有票据者才真正享有票据权利，以不法方式取得票据者，不得享有票据权利。我国《票据法》规定，以欺诈、偷盗或者胁迫等手段取得票据的，或者明知有前列情形，出于恶意取得票据的，不得享有票据权利。持票人因重大过失取得不符合本法规定的票据的，也不得享有票据权利。

3. 票据权利包含双重权利

票据权利包含了双重权利，即付款请求权和追索权。这两种权利并非同时并行存在，追索权只是在付款请求权无法实现的前提条件下方能产生。追索权本身仍是一种“付款请求权”。票据权利真正的实质是一种债权。付款请求权是第一顺序的票据债权，而追索权是第二顺序的票据债权。追索权，是票据法上特有之票据权利，其性质应属付款请求权的从权利，它与付款请求权同生、同存亡，共同组成票据权利。付款请求权实现，追索权亦消灭，付款请求权不能实现，既存之追索权便得以行使。

（二）票据权利的取得

1. 原始取得

原始取得是指因出票行为而取得票据权利，以及从无票据权利处分人手中善意取得票据权利。

（1）出票取得，是指持票人通过出票人交付票据而取得票据权利。出票时的记载必须符合票据法的强制规定，如果没有达到要求，那么票据就会无效或效力受到限制。

出票取得是否需要支付对价，是颇有争议的问题。我国《票据法》规定，票据的取得，必须给付对价，即应当给付票据双方当事人认可的相对应的代价。不得签发无对价的汇票用以骗取银行或者其他票据当事人的资金。美国票据法也强调正当持票人的前提条件之一是持票人必须在获得票据前已经支付了对价。这里涉及一个术语“对价”。对价一词是根据英美合同法的“Consideration”翻译。依照英美合同法的原则，合同的有效性必须依赖于对价支持，如果合同没有对价支持，那么合同就不具备强制执行力。票据在英美法中也被视为合同关系，因此，一项票据如果没有对价支持，那么也得不到法律的强制执行保护。我国《票据法》规定了对价，但是没有规定无对价的后果。票据对价与票据无因性存在冲突。

（2）善意取得，是指持票人从无票据处分权处无过失地受让票据，得依法定条件取得票据权利的法律事实。善意取得可以发生在两个票据行为阶段。第一，票据的出票阶段，即票据的持票人不知交付票据的人无开立票据的权利，而向对方支付对价并获得票据。第二，票据的流通阶段，票据受让人不知对方不享有票据权利而支付对价并获得票据。

2. 继受取得

继受取得是指持票人从票据权利人处以法定流通方式所获得的票据。与票据的原始取得不同，继受取得主要是从出票人以外的前手获得。继受取得基本是在票据正式流通后发生，各国票据法对于票据的流通方式大都规定了两种形式。一是以背书方式流通，另一种是以单纯交付票据方式流通。票据继受取得是获得票据权利的主要方式。在流通时，人们大都以背书方式转让票据权利。各国票据法都规定了各自的背书具体种类及要求。我国《票据法》规定，背书是指在票据背面或者粘单上记载有关事项并签章的票据行为。

（三）票据权利的行使

票据权利的行使，是指票据权利人向票据债务人提示票据请求履行票据债务的行为。狭义的票据权利行使，指请求付款（行使付款请求权）、进行追索（行使追索权）。广义的票据权利行使，还包括请求承兑、请求定期付款。有学者指出，请求承兑和请求定期付款，不是权利的行使，是行使权利的准备工作。[①] 笔者赞同此观点，因为票据法明确指出，本法所称票据权利，是指持票人向票据债务人请求支付票据金额的权利，包括付款请求权和追索权。

（1）付款请求权的行使。付款请求权是票据权利人实施其票据权利的基本法律手段。行使付款请求权主要有三个阶段：第一，持票人向票据付款人提示付款；第二，票据付款人进行票据审查；第三，票据付款人实际付款并收回票据。

（2）追索权的行使。追索权是持票人在票据到期不获付款或票据到期前不获承兑或者有其他法定原因时，依法保全了票据权利后，向其前手请求偿还票据金额、利息及其他法定款项的一种法定权利。当票据权利人的付款请求权无法得以实现时，票据权利人可以行使追索权。票据理论把付款请求权称为票据上的第一次请求权，把追索权称为第二次请求权。追索权的当事人称为追索权人和被追索人。追索权人包括原追索权人和再追索权人。持票人是原追索权人，其前手是被追索人，被追索人在清偿票据债务后再向其前手追索，即为再追索权人。

（四）票据权利的保全

票据权利保全，是指票据权利人为防止票据权利丧失所进行的行为。票据权利的保全方式包括进行票据提示、做成拒绝证书、中断票据时效。票价权利保全的多数行为实质上也是票据权利的行使。票据权利的行使与保全都必须遵守票据法的具体规定程序进行，这是票据行为要式性特征所决定的。票据权利行使和保全一要遵守时间要求，二要遵守实施行为的地点和场所要求。持票人在法定期间内提示票据行使票据权利，也是保全票据权利的方式之一，我国《票据法》规定持票人只有在法定期间内提示票据请求付

---

① 谢怀栻：《票据法概论》，法律出版社，1990年，第62页。

款被拒绝的，方可行使追索权；期前追索的进行也以按期提示请求承兑被拒绝为条件之一。我国《票据法》还规定，持票人行使追索权时，应当提供被拒绝承兑或被拒绝付款的有关证明。而在持票人提示承兑或者提示付款被拒绝时，承兑人或者付款人必须出具证明。持票人对票据债务人行使票据权利，或者保全票据权利，应当在票据当事人的营业场所和营业时间内进行，票据当事人无营业场所的，应当在其住所进行。

四、票据抗辩

票据抗辩是指票据持票人在行使其票据权利时，票据债务人依据票据法的规定，对票据债权人拒绝履行义务的行为。我国学理上将票据抗辩权分为对物抗辩和对人抗辩两类。

（一）对物抗辩

对物抗辩又称绝对抗辩或者客观抗辩，对物抗辩是指票据因票据行为不合法或者票据权利不存在，从而可使票据债务人对任何持票人行使的抗辩权。其最大特点在于抗辩事由是基于票据本身效力瑕疵问题，这种抗辩事由可以用于对抗所有的持票人。对物抗辩事由主要有：

（1）票据不符合法定的绝对记载要件而被认定无效所主张的抗辩。票据法对于各种不同的票据分别规定了必须记载的绝对形式要件，如果其中任何一项记载有误或漏记，那么票据无效。

（2）行使票据权利时不符合票据法规定的时间要件而主张的抗辩。行使票据权利，持票人必须在票据法及票据上所记载的时间内及时行使，如果超过期限，则票据权利丧失。票据债务人得以进行抗辩。

（3）行使票据权利时不符合票据法所规定的场所要件而主张的抗辩。票据法规定，持票人对票据债务人行使票据权利，或者保全票据权利，应当在票据当事人的营业场所内进行，票据当事人无营业场所的，应当在其住所进行。因此，如果持票人不遵守场所要件规定，持票人得以进行抗辩。

（二）对人抗辩

对人抗辩是指基于票据之外的特定票据当事人的原因而发生的票据上的抗辩。该抗辩是因票据债务人与特定的票据债权人之间的法律关系而发生的，由于这种抗辩是基于票据当事人之间的原因，而非基于票据本身的原因发生的，因此称为对人抗辩。由于这种抗辩仅能对特定的票据权利人主张，一旦发生票据转让，票据债务人即不得以与原应受抗辩的持票人之间的抗辩事由，对抗善意受让票据人，因此人的抗辩又称为“相对的抗辩”。不得对善意持票人主张的抗辩在票据法理论上称之为“对人抗辩的切断”。又由于对人抗辩是由当事人主观上的原因而发生的，因此又称为“主观的抗辩”。对人抗辩主要有以下情形：

（1）票据债权人丧失受偿能力。如票据债权人失去行为能力。

（2）持票人取得票据欠缺合法的形式，从而丧失受偿资格。如所持票据背书不连续。

（3）持票人恶意取得票据。如以欺诈、偷盗或者胁迫等手段取得票据的，或者明知有前列情形，出于恶意取得票据的，不得享有票据权利。持票人因重大过失取得不符合本法规定的票据的，也不得享有票据权利。

(4) 票据直接当事人之间原因关系无效或不成立；如甲因贩毒向乙签发本票，原因关系无效，乙向甲主张票据权利，甲可以对乙抗辩。

(5) 直接当事人之间欠缺对价。如甲以购买乙的货物为原因向乙签发本票，但是乙没有供货，则甲可以抗辩乙的支付票款请求。

五、票据救济

票据在实际运用过程中会遇到各种风险，最常见的是持票人丧失票据的占有。丧失票据既可能是因为票据作为一种实物而被形态消灭，如焚烧、撕毁以及严重涂改而毁灭等，也可能是因为票据的丢失、被盗、被抢等而脱离真正持票人对票据的占有。对于后者，我国《票据法》规定了三种救济的办法：挂失止付、公示催告和诉讼的方式。

(一) 挂失止付

挂失止付就是指失票人为了避免票据权利被他人行使，将票据丧失的事实通知付款人，请求付款人暂时停止支付所失票据记载的款项，付款人在款项未付时暂时满足失票人请求的失票救济方法。挂失止付只是一种临时性的应急措施，具有暂时性，我国《票据法》规定了挂失止付的适用范围：票据丧失，失票人可以及时通知票据付款人挂失止付，但是未记载付款人或无法确定付款人或代理付款人的票据除外。付款人或者代理付款人收到挂失止付通知书，应当立即暂停支付。付款人或者代理付款人自收到挂失止付通知书之日起 12 日内没有收到人民法院的止付通知书的，自第 13 日起，挂失止付通知书失效。[①]

(二) 公示催告

公示催告程序，是为了适应我国市场经济的迅速发展以及票据的广泛运用，在持票人票据丧失后的一种权利救济和保全措施，是一种票据丧失的最终补救措施，一般依据民诉法确定，是民事诉讼的一种特殊诉讼程序。我国《民事诉讼法》在第十八章专门对此问题做出了明确而具体的规定。所谓公示催告，是指票据丧失以后具有管辖权的人民法院根据失票人的申请，以公告的方法催促不定的利害关系人在一定期限内申报权利，如果逾期不予申报，则产生失权效果的一种法律程序。如果说挂失止付只是暂时冻结了票据当事人之间的关系，那么，公示催告则可以从根本上解决他们之间的利益冲突，而更好地维护失票人的合法权益。从这个意义上说这一救济方式是最终的，更加有效。

公示催告程序的一般规则是：可以背书转让的票据在丧失后，失票人可以向人民法院提出申请，请求人民法院以公告的方式通知不分明的利害关系人限期申报权利。人民法院在 7 日内若决定受理申请，应当同时通知付款人停止支付，并在 3 日内发出公告，催促利害关系人申报。公示催告的期限，由人民法院根据具体情况确定，但不得少于 60 日。付款人收到人民法院停止支付的通知，应当停止支付，直至公示催告程序终结。利害关系人应当在公示催告期间向人民法院提出票据，申报权利。若在公示催告期间有关利害关系人向人民法院申报权利，人民法院应当裁定终结公示催告程序，并通知申请人和付款人。逾期没有人申报的，或者申报被人民法院驳回的，人民法院应当根据申请

① 《票据管理实施办法》第 20 条。

人自申报权利期间届满次日起3个月内申请作出除权判决，宣告该票据无效，以使票据权利与票据本身相分离；若申请人逾期不申请，终结公示催告程序。判决应当公告，并通知付款人。自判决公告之日起，申请人有权向票据付款人请求付款。此外，为了保护善意取得人的合法权益，《民事诉讼法》还规定，如果利害关系人有正当理由不能在判决前向人民法院及时申报权利的，自知道或应当知道判决公告之日起1年内，可以向作出判决的人民法院提起诉讼。

（三）诉讼救济

诉讼的救济措施是指失票人在丧失票据后，直接向法院提起民事诉讼，请求法院判令票据债务人向其支付票据金额，从而使其票据权利得以救济和实现的一种法律制度。我国《票据法》虽规定提起诉讼为失票人票据丧失的救济方法之一，但是却没有详细规定，这是一个欠缺。因为从票据法理上来讲，失票人在自己遗失票据后，不论对票据上的付款人还是出票人或是背书人等，都没有起诉权利。所以，这个问题必须以法律的形式加以规定。

根据英美法系国家的通行做法，诉讼救济方法的措施是：①票据丧失后，失票人应当向法院提供其对所丧失票据拥有所有权及丧失票据所记载的主要事项和内容的书面证明，但当失票人因特殊情况无法提供有关证明时，也应提供证据和票据所载事项。②在失票人向法院起诉要求票据付款人支付或清偿票据金额时，法院或票据付款人应要求失票人提供担保，以用来补偿未来可能出现的损失。③如果票据付款人与失票人就担保问题达不成协议时，可由法院来裁定担保的方式和期限等；当失票人不能提供担保时，可由法院裁定将票据款项从票据付款人处提存到法院或由法院指定的机关保存。④失票人根据法院的生效判决请求票据付款人付款时，被请求付款的票据付款人必须付款。⑤在对丧失票据付款后，如果失票人丧失的票据又出现，票据付款人又依照票据法的规定付款的，票据付款人有权从失票人提供的担保中取得补偿或请求法院同意后收回所提存款项，并及时通知失票人。

六、票据时效

票据时效，是指消灭持票人票据权利的法定时间。我国《票据法》规定：票据权利在下列期限内不行使而消灭：

（1）持票人对票据的出票人和承兑人的权利，自票据到期日起二年。见票即付的汇票、本票，自出票日起二年；

（2）持票人对支票出票人的权利，自出票日起六个月；

（3）持票人对前手的追索权，自被拒绝承兑或者被拒绝付款之日起六个月；

（4）持票人对前手的再追索权，自清偿日或者被提起诉讼之日起三个月。

因为票据时效届满，持票人的票据权利消灭，但是基础关系中的民事权利还可以存在。可以请求出票人或者承兑人返还其与未支付的票据金额相当的利益。此时主张的权利，称为利益返还请求权。

持票人在主张利益返还请求权时，无须提示票据。因为此项权利并非票据权利。但是，持票人应负举证责任，除证明其享有的票据权利于时效或手续欠缺外，还应证明出票人、承兑人已获得利益。比如，出票人签发票据时或签发票据后曾获得收款人给付的对价利益；承兑人因承兑而获得出票人给付的资金或资金利益。持票人向出票人主张利益返还请求权的，应当在出票人的住所进行；持票人向承兑人主张利益返还请求权的，应当在付款地进行。

第三节 汇 票

一、汇票的概念和种类

汇票是指出票人签发的，委托付款人在见票时或者在指定日期无条件支付确定的金额给收款人或者持票人的票据。

汇票涉及三方基本当事人，出票人、持票人、付款人。按照出票人不同，汇票分为银行汇票和商业汇票。银行汇票是出票银行签发的，由其在见票时按照实际结算金额无条件支付给收款人或者持票人的票据。[①] 商业汇票是指出票人签发的，委托付款人在指定日期无条件支付确定的金额给收款人或者持票人的票据。商业汇票分为商业承兑汇票和银行承兑汇票。前者由银行以外的付款人承兑，后者由银行承兑。

二、汇票的出票与背书

(一) 出票

票据的发生，必须依赖于有权制作票据的合法主体依法进行票据签发行为。我国《票据法》规定，出票是指出票人签发票据并将其交付给收款人的票据行为。

这一概念涉及几个要素：出票人、签发票据、交付行为。我国《票据法》没有直接对出票人定义加以规定，但却规定票据出票人制作票据，应当按照法定条件在票据上签章，并按照所记载的事项承担票据责任。汇票的出票人可以是基础关系中的债务人，但是汇票的出票人并非都是票据债务人。比如银行承兑商业汇票的票据债务人是承兑银行。

出票行为的重点在于签发票据。出票人必须依照法定的要求将票据的基本必须内容填写。票据上有多种可记载的事项。票据理论上分为绝对必要记载事项和相对必要记载事项。绝对必要记载事项是指法律规定必须记载事项，缺少该任一记载事项，汇票无效。相对不要记载事项，是指可以记载事项，但是不记载不影响票据效力。

按照我国《票据法》规定，汇票的绝对必要记载事项有：①表明“汇票”的字样；②无条件支付的委托；③确定的金额；④付款人名称；⑤收款人名称；⑥出票日期；⑦出票人签章。

票据法对于上述七项汇票绝对记载事项中的每一具体分项，都有一定要求。以下分别介绍：

1. 票据种类记载

我国《票据法》采纳了大陆法系票据立法的特点，明确规定出票人在出票时必须明确记载告示该票据的系属种类。这种立法要求与英美票据法的要求不同。英美法不要求

---

① 《银行支付结算办法》第53条第1款。

出票时出票人必须写明该票据的系属名称，该票据属于那类票据，则要根据票据的实际内容加以判断。美国《统一商法典》中没有任何条文要求出票人写明具体的票据名称。我国银行的实务基本上是将票据种类的字样印制在票据正面中央。由于我国法律规定票据必须由中国人民银行统一印制，票据名称事项就印制在票据上，签发票据时出票人无须另行记载，只是根据需要，选择所要开立的具体票据类别即可。

2. 确定的金额

票据是一种金钱证券，因此，在票据票面上记载的只能是金钱而不能以其他实物记载代替金钱。票据上记载的货币，可以是本国货币也可以是外国货币。一般各国法律都规定本国的法定货币为票据上的可记载金额。是否允许使用外国货币取决于各国的货币政策。大凡采取货币自由流通的国家都允许出票人与收款人自行决定货币种类。而在实施外汇管制国家则会有一定限制。

我国《票据法》没有将货币的范围加以规定。但是我国是实行货币管制比较严格的国家，在经济领域的结算中要求以我国法定货币人民币结算。由于我国对外开放程度日益深化，强令单一货币选择无疑会对国际贸易设置障碍。我国《票据法》也没有强制性规定出票时必须记载人民币。而在票据付款时规定，汇票金额为外币的，按照付款日的市场汇价，以人民币支付。① 但如果票据为国外票据，则在票据的记载及支付上应以记载的外币为最终清偿方式。

在填写金额时，各国票据都要求出票人用其本国法定官方语言及阿拉伯数字同时记载，两者记载应当是统一的记载。问题是，实践中出票人往往会犯错误，文字与数字不统一。依照票据文义性原则，各国票据法大都规定文字的效力优先于数字。例如，美国《统一商法典》的3－114节规定文字效力优于数字。我国《票据法》规定，当文字与数字不同时，该票据无效。② 从法理上讲，文字效力应该优于数字效力。

3. 无条件支付的委托

各国票据法都规定，票据上必须记载无条件支付的委托或承诺。日内瓦《统一票据法》第1条、美国《统一商法典》第3－104条及英国票据法第3条都要求记载无条件支付规定。各国的票据上多将无条件支付的文句印制在票据正面，出票人无须另行填写。我国《票据法》虽然规定票据出票的绝对记载事项应包括无条件支付或承诺，但在具体的银行实务中，该条却没有得以完整的贯彻。我国所印制的大部分票据没有无条件支付的文句。只是在承兑汇票中承兑人表示承兑一栏内有无条件支付的文句。如此普遍的忽略票据法的法定要求不能不说是极大的遗憾。那么，如果出票人在其所开立的票据上不加入“无条件支付或承诺”的手写文句，其开立的票据是否有效？在具体实务中，我国银行界从来没有要求出票人手写上述文句，只要出票人依据格式在空白栏填写上具体的金额及其他事项，就统一认定有效。但从准确法律意义上看，我国目前银行所印制的票据几乎无一达到法定要求。即使上述商业银行承诺汇票中所记载的“无条件支付”文句也是指承兑人愿意无条件支付的意思表示。但是，对于出票人是否愿意无条件支付，我们从票据本身上无法判断。有学者认为，票据的无条件支付是票据绝对记载中的

① 《中华人民共和国票据法》第53条。

② 《中华人民共和国票据法》第8条。

一个特殊事项，即其他绝对记载事项都必须在票据上记载，而无条件支付则可以不加记载，只是要求在票据上不能记载任何对于支付或承诺的附加条件。法律在这个问题上认为并不需要从正面直接记载，而是从反面限制附加条件的运用。[①] 简单理解，这似乎有道理，但深入研究，我们发现该说法有一定问题，第一，票据法本身非常明确提出，票据必须记载无条件支付的委托或承诺。我们很难发现，票据法对于记载的要求可以解释为只要没有限制条件的文句就表示到达无条件的支付意义。票据法本身也没有将无条件支付记载列入特殊事项中，而是要求与其他必须记载事项同时并列。

4. 出票日期

票据出票人对时间的记载，主要是两种。一是出票时间，二是付款时间。票据上记载出票时间，有着诸多方面的作用。其一，确定出票人在出票时有无行为能力或有无代理权。我国《票据法》规定，无民事行为能力人或者限制民事行为能力人在票据上签章的，其签章无效。[②] 其二，出票后定期付款的汇票，可以据此确定其到期时间。其三，见票后定期付款的汇票，可以据此确定其提示时间。其四，如果有利率条款记载的，可以据此确定利息起算日期。另外，持票人行使追索权，可以请求被追索人支付汇票金额自到期日或者指示付款日起至清偿日止按照中国人民银行规定的利率计算的利息，出票日期的记载，对于到期日的确定及付款提示日的确定都是有着直接的意义的，因此，出票日期对于这一段利率及利息的计算，有着不可或缺的作用。其五，汇票上有保证行为，但保证人未在票据上注明保证日期时，确定保证成立日。我国《票据法》规定，保证人在汇票或者粘单上未记载保证日期的，出票日期为保证日期。

正是因为出票日期的上述作用，我国《票据法》把它明确地规定为票据绝对记载事项，没有这一事项的记载，无论汇票、本票还是支票都是无效票据。[③]

出票时间记载应当准确，完整。实践中票据所记载的出票时间可能早或晚于实际出票日。美国《统一商法典》规定，票据的出票时间可以早于或晚于实际出票日。[④] 我国《票据法》没有对该问题作直接规定。学者对该问题认识不一，有人认为，出票日为出票人意思表示的内容，不是事实上日期额记录。因此，可以记为实际出票的日期，也可以提前或滞后，记载之出票日与事实出票日不符的，不影响票据的效力。持票人行使票据权利，以票据文义为凭。在出票日方面，自无例外。[⑤] 也有学者认为，实际出票日晚于票据票面记载日，票据有效。而实际出票日如早于票据票面记载日，在法律上有争议。[⑥]

5. 付款人

付款人是票据的当事人之一。汇票和支票都是由票据的最终债务人——出票人委托另一个主体担任付款人。汇票和支票的出票人与付款人之间存在一种委托法律关系。票据法上将这两种票据称为委付票据。本票是由出票人自己承诺向持票人付款，付款主体

① 郑孟状：《票据法研究》，北京大学出版社，1999 年，第 56 页。

② 《中华人民共和国票据法》第 6 条。

③ 《中华人民共和国票据法》第 22 条，第 76 条及第 85 条都规定必须记载出票时间。

④ U. C. C. Section 3－103.

⑤ 刘心稳著：《票据法》，中国政法大学出版社 2002 年版，第 155 页

⑥ 郑孟状著：《票据法研究》北京大学出版社，1999 年，第 65 页。

就是出票人自己，故本票为自付票据。任何票据在出票时必须记载付款人。我国《票据法》规定在汇票和支票的法定记载事项中必须有付款人名称记载。本票由于其为自付票据，在票据上记载了出票人后就没有必要记载付款人，因此，我国《票据法》没有规定付款人为本票的法定记载事项。

付款人的名称应当是其真实法定名称。付款人的表现形态有不同种类。如果付款人是自然人，其名称有其法定姓名，也可能有笔名、学名、绰号等。我国《票据法》要求在票据上的签名，应当为该当事人的本名。我国《票据管理实施办法》规定，本名是符合法律、行政法规以及国家有关规定的身份证件上的姓名。如果付款人是法人，法人和其他使用票据的单位在票据上的签章，为该法人或者该单位的盖章加其法定代表人或者其授权的代理人的签章。

6. 收款人

收款人也是票据的基本当事人之一。票据上记载收款人的方式有多种表现，各国有所不一，大致上有：

(1) 限制性抬头，如“仅付给 X X X 或 仅付给 X X X，不得转让”。

(2) 指示性抬头，如“付给 X X X 或 其指定来人”。

(3) 无记名抬头，如“交付来人或交付持票人”。

各国票据法根据上述不同的记载，也把票据分为两类，一是记名票据，另一是无记名票据。上述前两种为记名票据，最后为无记名票据。记名票据和无记名票据的最大不同在于，记名票据的转让必须经过在票据上记载有效的持票人同意方为成立。而无记名票据由于无法从票据表面上确定持票人的真实姓名。我国《票据法》规定，汇票和本票必须记载收款人的名称。如果欠缺收款人名称，那么，汇票和本票为无记名票据，票据无效。而对于支票，我国法律允许支票上不记载收款人名称。故支票可以为记名和无记名票据。无记名票据有与记名票据不同的特点。由于票据无记名，人们只有从外观形态上考察票据的权利主体。无记名票据与货币一样，只要由某一主体持有，那么该主体就应当被视为该票据或货币的合法主体。而对于记名票据而言，持票主体除要实际持有票据之外，还必须是以合法背书方式从有票据权利的前手中流通转让到其手中。所以，当小偷从某持票人除偷到一张记名票据后，小偷无法获得票据权利。小偷如果伪造签名转让票据，由于真正的票据权利人没有同意转让票据，故后来的持票人不能获得正当持票人的法律权利。

7. 出票人签章

我国《票据法》规定，票据出票人制作票据，应当按照法定条件在票据上签章，并按照所记载的事项承担票据责任。持票人行使票据权利，应当按照法定程序在票据上签章，并出示票据。其他票据债务人在票据上签章的，按照票据所记载的事项承担票据责任。票据签章是票据的法定记载事项之一。出票人以签章的方式向收款人及后来的持票人表示其愿意无条件支付票据金额。出票行为意味着出票人对其所承担的票据责任的一种法律正式认可。因此，各国都统一的将出票人签章规定为票据的必须事项。依照我国《票据法》规定，票据的有效签章有三种，一是签名，二是盖章，三是签名加盖章。出票人在出票时可以选择三者中的任何一种为之。但法人或其他使用票据的单位，在票据上作签章，除需有法人或其他单位印章外，还应当有其法定代表人或者其授权的代理人的签章，单纯的盖上单位印章，并不构成有效的签章。我国《票据法》规定：在票据上的签名，应当为该当事人之本名，即身份证件上的姓名。依照这一规定。票据上只能记载与出票人身份证件上相同的姓名，而不能使用化名、笔名、艺名等，更不陷使用一种符号。

（二）背书

背书是指在票据背面或者粘单上记载有关事项并签章的票据行为。背书的意义在于转让票据权利。

在汇票背面或其粘单上签名或盖章并注明年月日以转让票据权利的人，称为背书人。根据背书而取得票据权利的人叫被背书人，也称作受让人。凡在票据背面或其粘单上签章从而在形式上符合背书要求的，该签名人均应依其所载文字承担背书的责任。

1. 背书的分类

背书可以分为两种：转让背书；非转让背书。

(1) 转让背书。背书实质上是为转让票据而设置的一种票据制度。故背书本身就是一种票据转让行为。根据背书的记载方式不同，转让背书可以分为记名背书、空白背书、回头背书及期后背书。

①记名背书，又称正式背书和完全背书，是指背书人在票据背面或粘单上详细记载被背书人名称并由背书人签章的票据行为。记名背书的票据再转让时，必须由被背书人再为背书签名，否则背书不连续，必然影响后手的票据权利。背书须在票据背面背书位置上进行，被背书人的记载须以足以辨认为原则。若票据背面的背书位置已经记满，则背书人可在粘单上作背书。记名背书的样式如下：

被背书人 B	被背书人 C	被背书人 D	被背书人 E
背书人 A 日期：2002－12－8	背书人 B 日期：2002－12－9	背书人 C 日期：2002－12－10	背书人 D 日期：2002－12－12

②空白背书，又称无记名背书、略式背书和不完全背书，是指在票据背面记载背书文句时不记载被背书人姓名，而仅由背书人在票据背面签名的背书。与记名背书一样，空白背书的年月日等任意记载事项是否记载由背书人决定，并不影响背书的效力，但一经记载即发生票据法上记载的效力。如背书未载明年月日的，则推定其做成于到期日以前。空白背书的票据可以由背书人变更为记名背书的票据后再予以转让持票人也可以先将自己记载为被背书人，将空白背书变更为记名背书，然后再以空白背书或记名背书的方式转让汇票；或者持票人在汇票背面空白内记载他人为被背书人再为转让，即持票人还可记载他人为被背书人，并将汇票交付给该受让人，在此种情况下，因持票人并未将自己记载为被背书人，故其自己不必在票据背面签名背书，亦不负担票据上的责任。我国《票据法》规定：汇票以背书转让或者以背书将一定的汇票权利授予他人行使时，必须记载被背书人名称。因此，票据法不承认空白背书。但是，持票人将自己的名称记载于被背书栏，司法实践中认为有效。①

③回头背书，又称还原背书和逆背书，是指以票据上的原有债务人（包括出票人、

① 最高人民法院《审理票据纠纷案件若干问题的规定》第 49 条。

背书人、承兑人、保证人等）为被背书人的转让背书。一般转让背书的被背书人都是票据债务人以外的人，而回头背书则相反，回头背书的被背书人仅限于汇票上已记载的票据债务人，回头背书的结果是让票据权利再次让渡给债务人，该债务人因背书再次取得票据权利，从而还原到票据权利人的地位，但被背书人作为票据债务人时的债权债务关系并不消灭，即票据债务人因回头背书取得票据权利成为票据权利人时，仍应承担其作为票据债务人时应负的担保承兑和付款的责任。根据回头背书中被背书人在原票据债务人的不同身份，还可以分为对出票人的还原背书，对背书人的还原背书，对保证人的还原背书，对付款人、承兑人的还原背书等。

④期后背书，是指到票据期限届满后所为的背书。票据期限届满后，一般不得再继续流通，经过背书而转让的，不发生票据流通的效力，背书人不承担票据上的责任。在此种情形下，到期日后的被背书人通常只能依据民法的相关规定向背书人主张债权，而不能依票据法的规定向其前手及出票人、保证人、承兑人等主张票据权利。与其他国家不同，我国《票据法》规定，汇票被拒绝承兑、被拒绝付款或超过付款提示期限的，不得背书转让；背书转让的，背书人应当承担汇票责任。由此可见，票据法在确立汇票到期不得背书转让这一原则的同时，对于违反此项规定的背书人，责令其依然承担向持票人支付票据金额的义务，旨在切实保护持票人的合法权益。

（2）非转让背书。非转让背书是指非以转让票据权利为目的而进行的背书，包括委任背书和设质背书。

①委任背书，是指背书人以行使票据上权利为目的而授予被背书人一定代理权限的票据行为。此种背书仅授予被背书人代为取款的权利，在背书人与被背书人间建立起一种票据代理关系，故又称为“代理背书”。委任背书时背书人须在票据上载明以授权被背书人行使票据上的一定权利。背书记载“委托收款”字样的，被背书人有权代背书人行使被委托的汇票权利；但被背书人不得再以背书转让汇票权利。至于应如何记载委任取款的意思，除了票据法上规定的“委托收款”外，按照惯例，“托收”、“委任”、“代收”等均可表示委任取款的意思。委任取款背书仅授予被背书人代为行使票据权利的代理权，并非转让票据权利，故票据的权利人仍为背书人。背书人与被背书人间的权利义务关系由双方另行约定，而不属票据法的调整范围。在委任取款背书中，背书人与被背书人之间因背书而建立起被代理与代理的代理关系，被背书人可以以背书人的名义代背书人行使其票据上的权利，包括付款请求权、受领权、请求做成拒绝证书权、请求偿还或提起诉讼的权利等，但被背书人只能行使处分权以外的其他票据权。如委任取款背书未载明委任取款的文义时，该被背书人视为一般转让背书的被背书人，作为其后手的善意持票人有权向其行使追索权，此时该被背书人不得以委任取款为由进行对抗。

②设质背书，系指背书人以票据权利设定质权为目的而进行的背书。汇票可以设定质押，质押时应当以背书记载“质押”字样；被背书人依法实现其质权时，可以行使汇票权利。设质背书是随着现代商业的发达而产生的，在国外较为流行，通常用未到期的票据作为质物抵押贷款，故为许多国家的票据立法所确认。背书人为设质背书时，应将票据交付给被背书人即质权人，同时应在背书位置载明“设定质权”、“设定担保”或其他表示设定质权的文句。背书人基于背书而将票据权利质押给被背书人后，不论票据所担保的债权是否到清偿期，被背书人均可提示付款或再行背书。需注意的是，由于设质

背书系权利担保性质，质权人因背书取得的仅是收款的权利，票据权利并未因背书而移转于质权人，质权人也并未因此而承受背书人的权利瑕疵，故其他票据债务人不得以对抗背书人的事由对抗质权人。

我国《票据法》规定，汇票以背书转让或者以背书将一定的汇票权利授予他人行使时，必须记载被背书人名称。从该规定看，我国《票据法》是要求以完全背书的方式。《票据法》进一步规定，以背书转让的汇票，背书应当连续。持票人以背书的连续，证明其汇票权利；非经背书转让，而以其他合法方式取得汇票的，依法举证，证明其汇票权利。背书连续，是指在票据转让中，转让汇票的背书人与受让汇票的被背书人在汇票上的签章依次前后衔接，即票据上记载的从收款人至最后持票人之间各背书在形式上均相互衔接而不间断。背书连续是确定持票人是否享有票据权利的法定标准，持票人以背书的连续证明其票据权利。如果持票人系以非法恶意方式取得票据，即使票据形式上背书连续仍然不得享有票据权利。

2. 背书的效力

背书行为完成后，对于背书人和被背书人都产生各自的法律效力。对于背书人而言，其法律效力主要体现为，背书人由原来的持票人变为非持票人，其法律身份也由票据债权人变为票据债务人。背书人因此而承担一定的法定担保责任。各国票据法都规定了有关背书人应当承担的担保责任，以我国《票据法》为例，背书人应向被背书人保证其所转让的票据在将来能获得承兑及付款。背书人所承担的担保责任也是票据持票人在行使追索权的重要法律诉因。对于被背书人而言，票据上的所有权利全部由其获得，被背书人也是持票人。

三、汇票的承兑与保证

（一）承兑

承兑是指汇票付款人承诺在汇票到期日支付汇票金额的票据行为。就汇票来说，出票人在出票时委托他人作为汇票的付款人，代替其向持票人进行付款，而该付款人在出票的当时并未在汇票上签名，并无当然的支付义务。因而，为确认付款人能够进行付款，就需要付款人进行承兑。承兑是汇票所特有的一种制度，本票是由出票人本人承诺付款，而支票是由出票人指示自己的开户银行进行付款，所以本票、支票均无须承兑。

承兑的基本原则是承兑自由，因此承兑并不是出票人与付款人之间的合同行为，而是付款人表明承担票据债务的单方行为。票据上记载的付款人无承兑的义务，即付款人可以承兑或拒绝承兑，而付款人一旦做出承兑行为，其就成为汇票的第一债务人，负有对到期汇票金额足额支付的义务。同样，是否向付款人提示承兑，持票人亦有选择权。当然，见票后定期付款的汇票由于到期日确定的性质，所以必须提示承兑。

在通常情况下，汇票承兑会涉及三方当事人，即出票人、票上所载的付款人和持票人。其中持票人可能是票上所载收款人，也可能是依背书而受让票据的人。承兑人可以是银行及其他金融机构（银行承兑汇票），也可由银行或其他金融机构以外的法人（商业承兑汇票）。各方当事人的主要法律关系如下：

首先，承兑在出票人与付款人之间形成了票据上的付款委托关系。汇票的出票人在出票时，向付款人发出了委托其付款的要约。在汇票上所载付款人对汇票进行承兑后，即表明其接受了出票人发出的、委托其付款的要约，从而确定地承担付款责任。这里，付款人与出票人之间是否存在资金关系并不重要，有资金关系时，付款人可拒绝承兑而不负票据责任；无资金关系时，付款人亦可承兑而承担代为付款的票据责任。

其次，承兑在付款人与持票人之间形成了票据上的主债权债务关系。汇票未经付款人承兑时，付款人并非票据债务人，无绝对的付款责任；但持票人的票据权利确已产生，此时的票据主债务人是汇票的出票人。在付款人进行承兑后，付款人作为承兑人即成为票据的主债务人，对于承兑汇票的持票人不仅承担绝对的付款责任，而且还承担着最终的票据付款责任。即使该汇票的出票人成为持票人，也不妨碍其向承兑人行使票据权利。

再次，承兑在持票人与出票人之间形成了票据上的从债权债务关系。付款人承兑后，付款人成为票据主债务人；相对于票据权利人来说，出票人则成为从债务人，不承担票据的直接付款责任，只承担担保责任。

汇票的付款人向持票人承诺到期支付票据金额，意味着付款人的法律身份变为承兑人。在法律上的作出承诺意味承兑人承担绝对的付款责任。当票据持票人向付款人提示时，付款人（承兑人）就不能以出票人破产或抽逃资金为由拒绝持票人的付款请求。承兑人对于持票人的支付义务也是无条件的支付。

承兑的方式主要有正式承兑和略式承兑。所谓正式承兑，学理上称为在汇票正面签章并记载承兑应记载事项的承兑。承兑必须记载在票据正面。记载必须记载“承兑”字样以及付款人签章。我国《票据法》规定，付款人承兑汇票的，应当在汇票正面记载“承兑”字样和承兑日期并签章；见票后定期付款的汇票，应当在承兑时记载付款日期。因此，我国《票据法》要求正式承兑。所谓略式承兑，指付款人仅在汇票正面签章，未记载承兑字样。根据我国《票据法》规定，略式承兑没有得到我国法律认可。

承兑的程序有两步，第一，提示承兑；第二，承兑。提示承兑是指持票人向付款人出示汇票并请求付款人承诺付款的票据行为。承兑是票据付款人依法在汇票上进行承兑记载和签章并将汇票交与持票人的票据行为。我国《票据法》对于提示承兑的期限规定：①定日付款或者出票后定期付款的汇票，持票人应当在汇票到期日前向付款人提示承兑。②见票后定期付款的汇票，持票人应当自出票日起 1 个月内向付款人提示承兑。

汇票未按照规定期限提示承兑的，持票人丧失对其前手的追索权。付款人收到提示承兑请求后，必须在法定期间内作出是否承兑的答复。我国《票据法》规定，付款人应当自收到提示承兑的汇票之日起 3 日内承兑获拒绝承兑。

（二）保证

票据保证，是指票据债务人以外的第三人，为保证票据上特定债务人票据债务的履行，以担保该特定债务人票据责任履行的一种票据行为。

票据保证使保证人承担票据责任，保证人与被保证人共同对于持票人承担连带责任。票据保证可以是全部保证和部分保证。所谓全部保证，是指保证人的保证范围为票据整个票面金额。保证不得附有条件；附有条件的，不影响对汇票的保证责任。按照我国《票据法》规定，被保证的汇票，保证人应当与被保证人对持票人承担连带责任。汇票到期后得不到付款的，持票人有权向保证人请求付款，保证人应当足额付款。因此，部分保证在我国《票据法》上不被承认。

票据保证必须有特定的法定记载方式，我国《票据法》规定，保证人必须在汇票或粘单上记载：①表明“保证”的字样；②保证人名称和住所；③被保证人的名称；④保证日期；⑤保证人签章。其中第①、②、⑤为绝对记载事项，第③、④项为相对记载事项。依照票据法，保证人在汇票或者粘单上未记载被保证人的，已承兑的汇票，承兑人为被保证人；未承兑的汇票，出票人为被保证人。保证人在汇票或者粘单上未记载保证日期的，出票日期为保证日期。

票据保证与担保法中保证有较大差异，具体讲有以下相异点：

（1）票据保证是保证人的单方法律行为，是保证人一方的意思表示，不必征得持票人的同意。担保法上的保证是一种契约行为，通过保证合同的形式而存在。

（2）票据保证是流动的，保证人不仅为被保证人的直接后手保证，实际也为被保证人的所有后手持票人提供了保证。担保法上的保证是固定的，仅为特定债权人提供了保证。

（3）票据保证中的债务转移，通过背书即可完成，无须征得保证人的同意。而担保法上的保证，其所提供保证的债务转移，应当征得保证人的同意，保证人对未经其同意转让的债务，不再承担保证责任。

（4）票据保证不得附加条件，附加条件的，其所附加的条件无效，保证有效。担保法上的保证，只要债权人表示同意，保证人可以在保证合同中提出附加条件。

（5）票据保证为法定连带保证。保证人为二人以上的，保证人之间承担连带责任。担保法上的保证，保证人的责任可以经由约定，或为连带保证，或为一般保证。多个保证人为被保证人提供保证时，也可经由当事人约定，按保证份额承担保证责任，没有约定的，保证人承担连带责任。

（6）票据保证存有独立性，被保证的主债务因实质要件欠缺而消灭，保证责任依然存在。担保法上的保证，单纯地从属于被保证的主债务，主债务消灭，保证责任也随之解除。

（7）票据保证持票人允许被保证人延期清偿，保证人即使未曾知悉或未曾同意，也不能因此而解除担保责任。担保法上的保证，如债权人允许被保证人延期清偿债务，须经保证人同意，如未经其同意，保证人对原保证债务，不再承担保证责任。[①]

四、汇票的付款

付款，是指票据的付款人向持票人支付票据金额、使票据关系消灭的行为。票据法上的付款，限定于票据付款人向持票人支付票据金额。持票人向背书人、出票人等票据债务人行使追索权时，被追索者也向持票人支付票据金额，但此种支付行为，不是票据法所定之付款。

付款应当按票据记载的币种支付，记载为人民币的，不得以其他币种替换。但是，我国是实施外币管制的国家，我国《票据法》明定，汇票当事人对汇票支付的货币种类另有约定的，从其约定。汇票金额为外币，需要人民币的，应按照付款日的市场价格折算为人民币。付款是消灭票据关系的行为。付款使持票人的票据权利得以实现，票据完

① 郑孟状：《票据法研究》，北京大学出版社，1999 年，第 165－166 页。

成了其使命，票据关系失去了存在的基础，自然归于消灭。对此，我国《票据法》规定，付款人依法足额付款后，全体汇票债务人的责任解除。

我国《票据法》规定汇票的付款时间分为四种。①见票即付；定日付款；③出票后定期付款；④见票后定期付款。第一种和第二种类型的汇票可以归入即期票据类型，后两种可以认为是远期票据。见票即付的票据应当在法定的期限内向出票人或付款人提示请求付款。见票即付的汇票，自出票日起 1 个月内向付款人提示付款。

付款程序一般要经三个环节：①持票人提示付款；②付款人审查；③付款人付款或者拒绝付款。

提示付款的期限，为法定期限。我国《票据法》规定，汇票提示付款的期限分为两种：①见票即付的汇票，期限为 1 个月。自出票日起 1 个月内应提示付款。②定日付款、出票后定期付款、见票后定期付款这三种汇票，期限为 10 日。自票据到期日起 10 日内应向承兑人提示付款。

持票人应在承兑人、付款人的营业场所和营业时间内提示付款，无营业场所的，应当在其住所进行。提示付款是持票人行使付款请求权和保全票据权利的行为。从权利行使方面讲，是行使付款请求权；从保全权利方面讲，是保全追索权。持票人不为提示付款，便无法得知付款人是否付款，是否拒绝，就无从得到拒绝证明，持票人不能出示拒绝证明的，丧失对其前手的追索权。所以，不提示付款，也就无法保全追索权。

付款环节的重要流程是付款人的审查。付款人的审查义务有二：①审查票据背书是否连续，即提示付款人是不是票据权利人。②审查提示付款人的身份证明或者有效证件，即查清提示付款人是否真为票据权利人本人或代理人，有无假冒等。付款人及其代理付款人以恶意或者有重大过失，发生错付的，应当自行承担责任，即对真正票据权利人仍应负付款责任。付款人审查无误的，应于持票人提示付款的当日，足额付款。持票人获得付款时，应当在汇票上签收，并将汇票交给付款人。持票人委托银行收款的，受委托的银行将代收的汇票金额转账收入持票人账户，视同签收。

五、汇票的追索权

追索权是指持票人在票据到期不获付款或期前不获承兑或者有其他法定事由，并在实施保全票据上权利的行为后，可以向其前手请求偿还票据金额、利息一种票据权利。

追索权产生的实质条件有：第一，汇票到期被拒绝付款；第二，汇票在到期日前被拒绝承兑；第三，在汇票到期日前，承兑人或付款人死亡、逃匿的；第四，在汇票到期日前，承兑人或付款人被依法宣告破产或因违法被责令终止业务活动。在发生上述情形之一的，持票人可以行使追索权。如果持票人未按法定期限及时要求行使付款请求权属于持票人自身的过错，应由持票人自行承担相应责任，丧失对部分票据债务人的追索权。

追索权的发生除了构成前述实质条件之外，还须具备一定的形式条件。这一形式条件即是持票人行使追索权必须履行一定的保全手续而不致使追索权丧失。保全手续包括：第一，在法定提示期限提示承兑或提示付款；第二，在不获承兑或不获付款时，在法定期限内取得拒绝证明。拒绝证明主要有拒绝证书及退票理由书两种。持票人提示承兑或者提示付款被拒绝的，承兑人或者付款人必须出具拒绝证明，或者出具退票理由书。未出具拒绝证明或者退票理由书的，应当承担由此产生的民事责任。持票人因承兑人或者付款人死亡、逃匿或者其他原因，不能取得拒绝证明的，可以依法取得其他有关证明。承兑人或者付款人被人民法院依法宣告破产的，人民法院的有关司法文书具有拒绝证明的效力。承兑人或者付款人因违法被责令终止业务活动的，有关行政主管部门的处罚决定具有拒绝证明的效力。

汇票的出票人、背书人、承兑人和保证人对持票人承担连带责任。持票人可以不按照汇票债务人的先后顺序，对其中任何一人、数人或者全体行使追索权。持票人对汇票债务人中的一人或者数人已经进行追索的，对其他汇票债务人仍可以行使追索权。被追索人清偿债务后，与持票人享有同一权利。

持票人行使追索权，可以请求被追索人支付：①被拒绝付款的汇票金额；②汇票金额自到期日或者提示付款日起至清偿日止，按照中国人民银行规定的利率计算的利息；③取得有关拒绝证明和发出通知书的费用。被追索人清偿债务时，持票人应当交出汇票和有关拒绝证明，并出具所收到利息和费用的收据。被追索人清偿票据债务后，可以向其他汇票债务人行使再追索权，请求其他汇票债务人支付：①已清偿的全部金额；②自清偿日起至再追索清偿日止按照中国人民银行规定的利率计算的利息；③发出通知书的费用。

第四节　本票与支票

一、基本概念

（一）本票概念与特点

本票是出票人签发的，承诺自己在见票时无条件支付确定的金额给收款人或者持票人的票据。本票只有两方当事人，即出票人（付款人）和持票人（收款人）。本票的特点是自付票据。

目前我国法律规定的本票只有银行本票。

（二）支票的概念和种类

支票是出票人签发的，委托办理支票存款业务的银行或者其他金融机构在见票时无条件支付确定的金额给收款人或者持票人的票据。支票涉及三个基本当事人，出票人、收款人和付款人。因此，支票属于委付票据。

我国的支票分为现金支票和转账支票两种类型。现金支票只能支付现金，而转账支票不能支取现金。

二、特殊规则

本票、支票的出票、背书、保证、付款行为和追索权的行使，基本上适用汇票的规则，只是本票属于自付票据，支票属于委付票据，因而支票出票人签发汇票后，即承担保证该支票付款的责任。

（一）本票特殊规则

（1）本票必须记载下列事项：①表明“本票”的字样；②无条件支付的承诺；③确

定的金额；④收款人名称；⑤出票日期；⑥出票人签章。本票上未记载上述事项之一的，本票无效。

银行本票分为定额本票和不定额本票。定额本票有1000元、5000元、10000元、50000元四种。不定额本票则有票据当事人协商而定。

（2）银行本票的提示付款期限自出票日起最长不得超过2个月。银行本票结算具有信誉度高，支付能力强，使用方便的特点。与汇票不同，本票为见票即付的票据，汇票中的承兑制度不适用于本票。

（3）本票的出票人必须具有支付本票金额的可靠资金来源，并保证支付。本票的出票人在持票人提示见票时，必须承担付款的责任。本票的持票人未按照规定期限提示见票的，丧失对出票人以外的前手的追索权。

（二）支票特殊规则

（1）支票必须记载下列事项：①表明“支票”的字样；②无条件支付的委托；③确定的金额；④付款人名称；⑤出票日期；⑥出票人签章。支票上未记载前述事项之一的，支票无效。

与汇票和本票不同，支票的绝对记载事项中不包括收款人名称，也就是说，支票可以是记名的也可以是无记名的。如何选择，权利在于支票当事人自行决定。

（2）禁止签发空头支票。空头支票是指出票人签发的支票金额超过其付款时在付款人处实有的存款金额的支票。

（3）付款规则。支票限于见票即付，不得另行记载付款日期。另行记载付款日期的，该记载无效。支票的持票人应当自出票日起十日内提示付款；超过提示付款期限的，付款人可以不予付款；付款人不予付款的，出票人仍应当对持票人承担票据责任。

学习总结与拓展

【关键词】

票据　汇票　本票　支票　票据行为　出票　背书　承兑　保证　付款　票据权利　追索权　票据行为无因性　票据行为独立性　票据文义性　票据抗辩　票据救济　挂失止付　公示催告　票据时效　利益返还请求权票据关系　基础关系　商业承兑汇票　银行承兑汇票　商业汇票　银行汇票　空头支票

【思考题】

1. 什么是票据行为无因性？有何意义？
2. 什么是票据行为独立性？有何意义？
3. 为什么票据关系与基础关系需要分离？
4. 行使票据权利应该注意哪些问题？
5. 如果票据丢失，依法应该如何处理？

6. 甲公司与乙公司签订一份加工承揽合同，甲公司是受托加工方，乙公司是委托方，甲公司为乙公司加工脚手架钢构件300吨，需购买钢材40吨，价值180万元。甲公司的资金不足，要求乙公司提供钢材，但乙公司称如果甲公司不能自己解决资金问题，就找其他公司合作。甲公司没有办法，只能答应乙公司的要求。但是，甲公司在协商合同条款时坚持要乙公司开出一张180万元的商业承兑汇票，作为6个月后付款的工具。乙公司在票据的背面书写了“不得背书”的字样后，交付给甲公司一张180万元的商业承兑汇票。甲公司拿着这张商业承兑汇票去自己的开户银行要求贴现，因甲公司在银行的信用记录良好，生产经营情况正常，银行就在扣除了票据未到期的利息后，将票面余额174万元借给了甲公司。

问：

(1) 甲公司能否要求乙公司提供商业承兑汇票作为将来履行合同付款义务的工具?

(2) 甲公司以未到期的商业承兑汇票贴现融资的行为的法律依据何在?

(3) 如何认定银行在票据扣除未到期利息后，将票面余额借给持票人的行为属于何种法律性质?

7. 甲公司与乙公司签订一份精密仪器润滑油购销合同，价值200万元。合同约定甲公司在一个月内交付全部润滑油，并约定了严格的质量检验条款。乙公司在合同生效后的第3天交付给甲公司一张面额200万元、期限为2个月的商业承兑汇票。因欠丙公司的房租和物业管理费200万元物业，甲公司在收到汇票后即将该汇票背书转让给丙公司。甲公司在合同约定的时间内交付了润滑油，但是在检验质量时，乙公司发现润滑油不符合约定的质量标准，即通知自己的开户银行停止对该张商业承兑汇票付款。银行答应对该汇票拒绝付款。在票据到期时，丙公司持票要求提示付款，银行即电话询问乙公司，问该汇票是否还是停止付款?乙公司答复因为润滑油不符合质量标准，所以，作为货款的200万元商业承兑汇票不能付款。所以，银行就拒绝向丙公司付款。丙公司对银行说，你拒绝付款是违反票据法规定的，是没有银行信用的行为。但银行说我们是根据出票人的通知拒绝付款的，是你与出票人之间的事情，你们自己协商解决问题吧，与我们银行没有关系。丙公司向乙公司和甲公司追索都受到拒绝，无奈之下向银行所在地的法院提起诉讼。

问：

(1) 乙公司是否有权通知银行停止付款?

(2) 甲公司转让汇票的行为是否割断了票据抗辩关系?

(3) 乙公司与甲公司之间的票据原因关系能否对抗乙公司与丙公司之间的票据付款关系?

(4) 银行拒绝付款是否符合票据法的规定?如果不符合法律规定，应当承担何种法律责任?

8. 某公司职员张某的儿子小张15岁，一天与同学出去参加生日聚会，同学的父亲王某开车。车到了目的地停车入位时不慎碰了他车，撞坏其左前车灯，被撞车主成某要王某赔偿修车费5000元。王某不愿意赔这么多，成某就不让王某走。小张见状就掏出其父亲张某的个人支票簿，说：不就是5000元嘛，我来赔。于是就签发了一张面额5000元的转账支票。下午小张的父亲知道后，就立即通知银行停止对该支票转账，理由是该支票是由自己未成年孩子开出的，孩子的充阔佬开票据的行为不构成票据行为，该票据没有法律效力。成某向银行提示付款受到拒绝，就将张某告到法院，请求法院判决张某承担付款责任。

问：

(1) 小张的出票行为有无法律效力？

(2) 张某拒绝付款的行为是否符合票据法的规定？

(3) 成某向法院提起诉讼的请求能否得到支持？

9. 甲公司与乙公司签订一份技术改造合同，约定由乙公司在一个月内改造甲公司的锅炉除尘工程，将锅炉的粉尘排放量控制在国家环境法规定的幅度内。甲公司将向乙公司支付工程款130万元，为此给乙公司开了一张60万元的支票，一张70万元的商业承兑汇票，约定在三个月内锅炉除尘验收合格。三个月后除尘工程竣工，但验收不合格，除尘达不到国家环境法规定的要求。甲公司就通知银行拒绝付款。但乙公司称银行的做法是违反票据法规定的应当无条件付款的规定，是无效的，并称与甲公司之间的除尘技术标准是不合理的，他们之间的争议应当交给国家科技管理部门和环境管理部门管，而不能归银行管，银行拒绝付款是一种违法行为。

问：

(1) 甲公司是否有权通知银行拒绝付款？

(2) 乙公司的抗辩有无法律依据？

(3) 此案应当如何解决？

10. 2003年1月5日甲公司销售一批大豆给乙公司，乙公司签发了一张面额15万元的支票给甲公司。甲公司的业务众多，经理收了这张支票后就顺手放在抽屉里。后来几次想起来支票尚未提示付款，就想去银行。但每次都有重要的事情耽搁了。接着就发生了“非典”，好多单位都关门不营业，放假躲非典了，甲公司也是如此。等非典过后的7月12日，甲公司持票去银行提示付款。银行见该支票的签发日期是6个月之前的，就拒绝付款。甲公司说，虽然过了6个月，但是根据票据法的规定，只要出票人有正当的理由的，银行还得要付款。前一段时间不是非典嘛，大家都不上班，你们为何这么较真不付款。但是银行坚持拒绝付款。甲公司就向法院提起了诉讼。

问：

(1) 支票的时效是多长，甲公司过了6个月能否提示付款？

(2) 银行拒绝付款的做法有无法律依据？

【阅读资料】

1.《中华人民共和国票据法》及司法解释。

2. 谢怀栻：《票据法概论》(增订版)，法律出版社，2006年。

3. 张民安：《票据法案例与评析》，中山大学出版社，2006年。

4. 胡德胜，李文良：《中国票据制度研究》，北京大学出版社，2005年。

5. 王小能：《票据法教程》第2版，北京大学出版社，2001年。

6. 刘心稳：《票据法》修订本，中国政法大学出版社，2002年。

7. 汪世虎：《票据法律制度比较研究》法律出版社，2003年。

8. 吕来明：《票据法学》北京大学出版社，2011年。

第六章 保险法

【学习提示】保险法是调整保险关系、规范保险合同、处理保险事务、进行保险监管的法律。保险法规定的保险是商业保险。学习保险法，一方面要理解保险的基本原理，明确保险危险、保险利益、最大诚信、近因判断、损失补偿等基本含义和相互关系，熟悉保险专业术语；另一方面要认识保险关系当事人之间关系，掌握保险合同的基本规则和特殊规则，学会处理保险事务，解决保险纠纷的方法。

第一节 导 论

一、保险的概念及要素

（一）保险的概念

人类社会的进步和科学技术的提高，使人类的物质生活条件越来越好，但同时也为我们带来严峻的生存危机。地震、洪水、疾病、污染及各种各样的意外事故频频发生，为了分散危险事故造成的损失，人类发明了保险。

保险，原本含义是稳妥可靠，后延伸成为一种通过风险分担而形成的保障机制。保险基本原理是，通过多数参与人缴纳一定费用而筹集到较大资金，当特定缴费人遭遇风险受到损失的时候，使用筹集资金来救济风险受损人。这样就将风险损失由多数人分担，从而避免了风险损失集中带来的不利后果。

商法上的保险，是指投保人根据合同的约定，向保险人支付保险费，保险人对于合同约定的可能发生的事故因其发生所造成的财产损失承担赔偿保险金的责任，或者当被保险人死亡、伤残、疾病或者达到合同约定的年龄、期限时承担给付保险金责任的商业保险行为。

（二）保险的构成要素

保险的构成要素主要包括三方面。即前提要素、基础要素、功能要素。

（1）保险的前提要素是危险的存在。无危险则无保险，保险是相对于危险而存在的，保险产生的原因是由于客观上有危险的存在。特定的危险事故的存在是保险存在的前提要件，是第一要素。但世界上并非一切危险可以进行保险，可以进行保险的危险主要包括人身危险、财产危险和法律责任的危险这三种。

危险是指不可预料或不可抗力之事故。危险事故具有以下特征：第一，发生与否不能确定。如果某种危险肯定不发生，必然就没有人愿意支付保险费去购买这种保险；反过来，如果某种危险必然会发生，则没有保险公司会愿意承担这种必然的责任。第二，发生的具体地点不能确定。比如驾驶机动车辆都有发生交通事故的危险存在，但交通事故究竟在哪里发生则无法预见。第三，发生的时间不能确定。比如人都可能生病，但何时生病则不能预见。第四，事故发生后带来的损失程度不能确定。有的事故的损失大而有的事故带来的损失小，对于事故的损失程度事前无法预见和估计。由于危险具有这样的特征因此人们需要保险。

(2) 保险的基础要素是众人协力，即多数人参与。由于保险是建立在“我为人人，人人为我”的基础之上的，因此保险必须要有多数人的参与才能达到分散风险的目的。只有众多的人都参与了保险并缴纳了保费，才会形成巨额的保险基金，当特定的危险事故发生时所造成的损失才能得到足额的补偿。如果只有很少的人参加保险，当危险事故发生时，则没有足够的资金使受损失的人受到的损失得到补偿。因此，保险不仅与危险同在，也与大多数人的共同参与同在。保险需要多数人的参与，且人越多越好。

(3) 保险的功能要素是损失补偿。危险客观上存在，我们不能有效地避免，即使我们参加了保险也不能避免危险的存在。但是在参加保险之后如果出现了危险事故，则可以对危险事故所造成的损失进行弥补。对保险事故的损失进行补偿是保险最主要的功能。为了实现保险的这种功能，通常需要投保人依保险合同向保险人缴纳保险费，保险人将众多投保人所缴纳的保险费集中管理建立保险基金，当投保人发生保险事故时用于对其损失进行补偿。

保险的功能要素在财产保险和人身保险中并不完全一致。财产保险的保险标的是财产或与财产有关的利益，能够用货币准确量化其价值。当危险事故发生时也能准确衡量其损失，根据其损失的大小进行补偿。保险人给予被保险人的经济补偿正好填补被保险人因保险事故所受到的损失。从理论上讲，补偿金如果高于损失则形成不当得利，如果低于损失则未完全填补被保险人的实际损失。而在人身保险中，保险标的是人的身体和寿命，人的身体、健康、生命无法用货币来衡量。当危险事故发生时，对被保险人所造成的损失也无法用货币来衡量。因此人身保险采取定额方式，一旦保险事故发生则按合同约定的金额来支付保险金。一般而言，人身保险事故对被保险人或投保人所造成的损失既有经济上的损失，同时又有无法用金钱弥补的心理和精神上的伤害，后者往往很难用保险金的方式来弥补，但对前者却仍然适用经济补偿原则。

二、保险分类

(一) 根据保险标的不同可以把保险分成财产保险和人身保险

保险的标的不仅包括有形的财产和人身，同时还包括无形资产和责任。但由于无形资产和责任总是与财产和人身联系在一起。因此，总的来说可以把保险分成财产保险和人身保险。

(二) 根据保险性质不同可以把保险分成强制保险和自愿保险

强制保险又叫法定保险，这种保险是基于国家政策的需要而产生的，是否保险与当事人的意志无关。强制保险的实施有两种形式。一种是国家通过立法程序公布强制保险条例来实施，并授权保险公司为执行机构。这种保险其保险标的或对象直接由法律规定，例如在我国的航空、铁路、轮船旅客的意外伤害险就属于强制保险，自旅客买票开始旅行保险责任就开始，保险费已包括在票价内。有关保险金的支付，保险责任及除外责任等都依国家规定的条例来执行。另一种方法是规定一定范围内的人或物必须投保，否则就不能从事法律所许可的活动。这种方式对被保险人有约束力，但是保险关系的建立仍然需要双方签订保险合同。例如，许多国家规定雇主必须为其雇员投保意外伤害险，我国规定所有机动车辆必须投保机动车交通事故责任强制保险，否则不予年检等。法律的强制性是强制保险的最根本特征。

自愿保险是指保险双方当事人在平等互利、协商一致的基础上自愿订立保险合同，被保险人自由决定保险与否，保险人也有权决定承保与否的保险。自愿保险是一种普遍形式，绝大多数保险业务都是自愿保险形式。

（三）根据保险机构承担责任的顺序不同可以把保险分成原保险、再保险和共同保险

原保险也称为第一次保险，是指保险人对被保险人所受到的保险事故损失直接承担风险责任。

再保险又叫分保险或第二次保险，是指原保险人将其承担的保险责任的一部分或全部再进行投保。我国《保险法》规定：保险人将其承担的保险业务，以分保形式，部分转移给其他保险人的，为再保险。再保险以原保险为存在前提，它是国际保险市场上一种通行的做法，通过再保险可以使保险人避免危险过于集中，将其承保的风险进行分散，对保险经营起稳定的作用。随着经济的发展，保险的标的越来越大，风险越来越集中，为了让保险充分起到分散风险的作用，再保险成为保险业务中越来越重要的一环。

共同保险是指对于相同标的、相同利益，由多家保险人共同承担保险责任的保险方式。共同保险在原保险或者再保险中都存在。共同保险在发生保险事故时由多家保险人共同承担保险责任，这样在保险人之间也起到分散风险的作用。

（四）根据保险是否以营利为目的可以把保险分成商业保险和社会保险

凡是以营利为目的的保险被称为商业保险，几乎所有的保险公司所经营的保险都是商业保险。商业保险一般都建立在自愿的基础上。

社会保险是指国家为了保障社会成员生活福利而提供的各种物质帮助措施的总称，它具有非营利性和强制性。社会保险由国家成立专门的机构来管理。

三、保险与相关概念的比较

（一）保险与储蓄

人身保险的多数险种中都具有返还性特点，从一定程度上与储蓄很类似，但两者毕竟不同。第一，实施的方法不同。储蓄可以单独、个别进行；而保险必须有多数人的参与。第二，遵守的原则不同。储蓄遵循的是“存款自由，取款自由”，而保险必须符合保险合同中约定的条件才可使用保险费和保险金。第三，目的不同。储蓄的目的是将多余的货币用于可预见的将来的需求，而保险的目的是为了应对客观上存在但是无法准确预见的危险事故。第四，给付的标准不同。储蓄的给付是在存款的基础上加上利息，而保险的给付不具有均等性，它是针对意外事故或约定事件的发生与否来确定给付标准，获得的保险赔偿通常高于所支付的保险费用。

（二）保险与赌博

保险能否获得赔偿具有随机性和偶然性，有的人支付了保险费但不一定获得赔偿，

而有的人在支付保险费后会获得大大高于保险费的赔偿。从这种表现上保险与赌博有点类似。但实际上这是两种完全不同的行为。首先，保险是一种合法行为，而赌博则在大多数国家被认为是一种违法行为。其次，保险的目的是为了分散风险，是一种互助共济的行为，而赌博则是一种损人利己的行为，给社会带来负面的影响。

（三）保险与保证

保险与保证是两种不同的行为。首先，保险中保险人与被保险人互负义务，而保证中保证人对债权人履行义务是有条件的，只有主债务人不履行债务时，保证人才代替债务人履行债务。第二，保险中保险人对被保险人进行赔偿是依合同约定履行自己的义务，而保证中保证人履行义务是代替主债务人，因而在履行债务后，保证人获得向主债务人求偿的权利。

四、我国保险立法概况

我国保险立法区分商业保险与社会保险，分别制定法律调整。

1995 年 6 月 30 日第八届全国人民代表大会常务委员会第十四次会议通过并于 1995 年 10 月 1 日起实施《中华人民共和国保险法》（以下简称《保险法》），该法是商业保险法，规定了人身保险合同、财产保险合同、保险公司、保险经营规则、保险代理人和保险经纪人、保险业监督管理等规范。该法经过了 2002 年、2009 年、2014 年三次修订。根据该法，国务院于 2006 年 3 月 1 日制定了《机动车交通事故责任强制保险条例》。最高人民法院分别于 2009 年发布了《最高人民法院关于适用〈中华人民共和国保险法〉若干问题的解释（一）》（法释［2009］12 号），2013 年发布了《最高人民法院关于适用〈中华人民共和国保险法〉若干问题的解释（二）》（法释［2013］14 号）。

2010 年 10 月 28 日第十一届全国人民代表大会常务委员会第十七次会议通过并于 2011 年 7 月 1 日起实施《中华人民共和国社会保险法》，规定了基本养老保险、基本医疗保险、工伤保险、失业保险、生育保险、社会保险费征缴等规范。此前，国务院制定了《失业保险条例》（1999 年）、《工伤保险条例》（2003 年）等。

商法中的保险是商业保险，故本书仅对商业保险原理和规则进行阐述。

第二节　保险法基本原理

保险法通过规范设计，用一定条件和程序将保险原理转换成为可以操作实施的制度，其中的原则和道理，就是保险法的基本原理。首先，需要对保险危险加以界定，然后需要确定合理的保险利益，而整个过程都需要保险人和投保人本着诚实守信的观念和行为来对待对方。如果出现了危险，保险人是否承担赔偿责任则需要判断保险危险与损失结果之间是否具有因果关系，如果存在因果关系，保险人承担赔偿责任。

一、保险危险

危险是一种客观存在的可能造成损害的具有不确定性的潜在状态。面对危险人们的应对措施有：避免、减轻、自行承担、转移或者分散。而分散危险最好的方法就是保险。危险是客观存在的社会现象，但是其发生具有不确定性。但是并非所有的危险都能保险，能够构成保险的危险必须具有一定的条件。保险危险具有以下特点：

（一）保险危险具有可能性

危险的发生在客观上具有可能性，想象中的危险不能成为保险危险。保险是针对可能发生的事故造成的损失进行弥补，因此保险危险必须在客观上是可能的。

（二）保险危险的发生具有不确定性

危险发生的不确定性是主观上的不确定，这种不确定是指是否发生不确定、发生的时间不确定、发生的地点不确定、导致的结果不确定。

（三）保险危险具有意外性

危险的发生对于被保险人而言必须是非故意的，保险危险具有或然性，是当事人无法预见的，其发生具有偶然性。如果保险危险可以是当事人故意的行为，那么就会诱发道德风险的发生。道德风险是指因保险而引起的幸灾乐祸的心理，即被保险人在心里潜伏的希望保险危险发生或者扩大的愿望，道德风险是制造危险的危险。[①]

（四）保险危险具有同质性

危险的同质性是指共同团体的每一个成员，必须都可能因遭受到某种同类危险而受到损失。只有具有同一性的危险，才可能算出保险费率。危险的同质性是基于大数法则。大数法则是概率论的基本定律，它以确切的数学形式，通过对大量个体变量的概括，消除偶然的、次要的因素所引起的个别差异，在理论上阐述大量的、在一定条件下反复出现的随机事件。在大数法则的数理基础上，保险人可以将个别危险单位遭到损失的不确定性，变成多数危险单位可以预知的损失，从而使得保险费率的计算变得较为准确。

二、保险利益

（一）保险利益的概念

保险利益又叫可保利益，是指投保人对保险标的具有法律上承认的利益。各国的保险法都将保险利益作为保险合同生效和有效的重要条件，主要有两方面的含义：(1) 对保险标的有保险利益的人才具有投保资格。(2) 保险利益是认定保险合同有效的依据。保险利益强调的是保险人承保的保险标的一定要与投保人有利益关系。如果投保人把与自己没有利益关系的财产或生命进行保险，那就等于把保险变成了赌博。许多国家的法律都规定无保险利益的合同是一种无效合同。比如英国1745年的《海商法》规定："没有可保利益的，或除保险单以外没有其他可保利益证明的，或通过赌博方式订立的海上保险合同无效。"我国《保险法》规定：投保人对于保险标的应当有保险利益，投保人对于保险标的不具有保险利益的，保险合同无效。因此保险利益原则是各国保险法的重要原则之一。

（二）保险利益的判断

保险利益在保险法中起着十分重要的作用。首先，可以防止赌博的发生；其次，可以防止道德风险的发生，投保人如果对保险标的无利害关系，那么他会期待保险事故的发生，甚至人为制造保险事故以达到获得赔款的目的，这就使保险失去了原来的意义，

① 桂裕：《保险法论》，中国台湾三民书局，1981年，第12页。

变成了危害社会的事物；最后，保险利益可以限制赔偿的程度，防止被保险人获得额外的利益，保险补偿的额度不能超过合同约定的保险金额，即不得超过合同确定的保险利益。

保险利益的构成要件有三项：第一是适法性，即保险利益必须是受法律保护的利益，不法利益不能成为保险利益。比如抢劫的财物和走私的财物均不能构成保险利益。第二是经济性，保险利益必须是经济利益，即可以用货币进行量化的利益。对于保险人政治上的损失和行政职务上的损失不能构成保险利益，因为这样的利益无法通过保险补偿的方式进行弥补。第三是确定性，保险利益必须是确定的利益，可以用货币形式进行估价，它是客观上存在的利益，既包括现有利益，也包括期待利益。

在财产保险中享有保险利益的人员主要有：一是对该财产享有法律上权利的人，包括所有权人和留置权人。二是财产保管人。三是合法占有人，如承包人和承租人。以上这些主体具有财产保险的保险利益。

在人身保险中如何判断享有保险利益的主体，按照我国《保险法》规定：投保人对下列人员具有保险利益：①本人；②配偶、子女、父母；③前项以外与投保人有抚养、赡养或者扶养关系的其他家庭成员、近亲属；④与投保人有劳动关系的劳动者。此外，被保险人同意投保人为其订立合同的，视为投保人对被保险人具有保险利益。关于人身保险中保险利益存在的期间我国也作出了明确的规定，在人身保险中，在订立合同时，投保人就必须对保险标的具有保险利益；而在保险事故发生时，投保人对保险标的是否具有保险利益则无关紧要。人身保险的这一特殊性，主要是因为投保人投保之后，将来所应得的保险金是过去交纳的保险费及其利息的积存，具有储蓄性的特点。

三、最大诚信

所有的民事活动当事人都应当遵守诚实信用原则。所谓诚实信用是指任何一方当事人对他方不得隐瞒欺诈，都须善意地全面地履行自己的义务。这项原则起源于罗马法。我国《民法通则》和《保险法》均对保险做了诚实信用的规定。由于保险活动的特殊性，保险的危险具有不确定性，且投保的人数特别多，保险人主要依据投保人对保险标的的告知和保证来决定是否承保和收取保费，因此法律对诚实信用的要求程度远远高于其他民事活动，保险合同被称为是最大的诚信合同。

保险中的诚信原则主要有下面这些方面的要求：

（一）投保人的忠实告知义务

投保人的忠实告知义务既包括狭义的方面，也包括广义的方面。狭义的方面是要求投保人在订立保险合同时应将与保险标的有关的重要情况如实告知保险人。而广义的告知义务除了指在投保时应如实告知而外，还包括当保险标的的危险增加时的通知义务和保险事故发生时的通知义务。通常所指的忠实告知义务是指狭义的。这里所指的重要的情况是指凡是能够影响一个正常的谨慎的保险人决定其是否接受承保和据以决定费率的重要事实。

忠实告知的方式主要有两种，一种是询问回答式的告知，即保险人书面询问的问题是主要事实，投保人应当如实回答，除此而外的问题，投保人无回答的义务；目前大多数国家都采用这种告知方式，我国也采用这种告知方式，我国《保险法》第 16 条规定：

“订立保险合同，保险人就保险标的或者被保险人的有关情况提出询问的，投保人应当如实告知”。另一种告知方式是无限告知，即对告知的内容无明确的规定，只要与保险标的有关的重要事实，投保人都有义务告知保险人。这种告知方式对投保人特别苛刻。目前，英国、美国、法国等国家仍然采用这种方式。

对于违反如实告知义务的结果是保险人有权解除合同。我国《保险法》规定：投保人故意隐瞒事实，不履行如实告知义务，或者过失未履行如实告知义务，足以影响保险人决定是否同意承保或者提高保险费率的，保险人有权解除合同。但该合同解除权，自保险人知道有解除事由之日起，超过三十日不行使而消灭。自合同成立之日起超过二年的，保险人不得解除合同；发生保险事故的，保险人应当承担赔偿或者给付保险金的责任。

我国《保险法》还区分了投保人未履行如实告知义务的不同情形：投保人故意不履行如实告知义务的，保险人对于合同解除前发生的保险事故，不承担赔偿或者给付保险金的责任，并不退还保险费。投保人因重大过失未履行如实告知义务，对保险事故的发生有严重影响的，保险人对于合同解除前发生的保险事故，不承担赔偿或者给付保险金的责任，但应当退还保险费。保险人在合同订立时已经知道投保人未如实告知的情况的，保险人不得解除合同；发生保险事故的，保险人应当承担赔偿或者给付保险金的责任。

（二）保险人的说明义务

我国《保险法》规定：订立保险合同，采用保险人提供的格式条款的，保险人向投保人提供的投保单应当附格式条款，保险人应当向投保人说明合同的内容。对保险合同中免除保险人责任的条款，保险人在订立合同时应当在投保单、保险单或者其他保险凭证上作出足以引起投保人注意的提示，并对该条款的内容以书面或者口头形式向投保人作出明确说明；未作提示或者明确说明的，该条款不产生效力。

我国《保险法》的这些规定充分说明在订立保险合同的过程中保险人具有说明义务，目的是防止保险宣传中的夸大其词引起不必要的纠纷，保险人的说明义务是一项法定义务。同时法律还规定对免除保险人责任的条款应当做出足以引起投保人注意的提示。

（三）保证的义务

保证是指保险人和投保人在保险合同中约定投保人对某一事项作为或者不作为，或者担保某一事项的真实性。如人身保险中投保人保证在规定的时间内不出国，财产保险中投保人保证在保险标的中不存放危险品。除了这些明示的担保外，还包括一些默示的担保，比如在海上保险合同中，适航能力、不改变航道、具有合法性等都无须在合同中以成文方式表示但却必须做到。

（四）弃权与禁止反言

所谓弃权是指保险人放弃投保人或者被保险人违反告知义务或保证义务而产生的保险合同解除权。禁止反言是指保险人放弃自己的合同解除权，将来不得反悔再向对方主张已经放弃的权利。比如投保人明确告知保险人在其保险标的旁边存放了危险物品，保险人仍然愿意承保且未抬高保险费，则将来保险人不得因为存放危险物品而解除合同，发生危险损失也不得拒赔。

四、近因判断

(一) 近因判断的概念

近因判断是指损坏结果的形成与危险事故的发生是否具有因果关系的判断。只有存在因果关系，保险人才负损害赔偿的责任。近因判断所遵循的原则又被称为近因原则、因果关系原则。

尽管近因原则为保险法的重要原则，但对它的解释却有分歧。主要在于对近因的解释不同。

(二) 近因判断的应用

1. 单一原因造成的损失

如果造成损失的原因只有一个，而这一原因又是保险人承担的风险，那么这一原因就是损失的近因，保险人应当承担保险责任。例如投保人为被保险人投保了意外伤害险，而被保险人在驾驶车辆的过程中发生了交通事故造成了伤害，则保险人应当承担保险责任。

2. 多种原因造成的损失

在有多种原因造成保险标的损失的情况下，持续起决定作用和支配作用的原因是近因。

(1) 原因同时发生。如果同时发生的原因都是保险事故，保险人应赔偿所有原因造成的损失。如多种原因既有保险危险，又有非保险危险，保险人则只负保险事故所造成的损失。如果无法分清保险事故和非保险事故，则由保险人与投保人协商。

(2) 原因连续发生。有两个以上事故连续发生造成的损失，一般以最近的有效原因为近因。但以下三种情况除外：第一，后因是前因的直接必然结果；第二，后因是前因的合理连续；第三，后因属于前因自然延长的结果。多种原因连续发生，保险人是否承担保险责任也有三种情况：第一，连续发生的原因都是保险危险的，保险人应当承担赔偿责任；第二，非保险危险先发生，保险危险后发生，如果保险危险是非保险危险的结果，则保险人不承担保险责任。例如英国有一个著名的判例，一艘船舶投保了水险，但敌对行为造成的损失除外。第一次世界大战期间，该船在英吉利海峡被鱼雷击中，但仍然驶抵目的港。因港口当局害怕船沉在码头，要求该船移到港口外，由于海浪冲击，船舶沉没海底。法院认为，船舶的损失原因是被鱼雷击中而非海浪的冲击，保险公司不予赔偿。第三，保险危险先发生，非保险危险后发生，如果非保险危险仅为因果连锁中的一环，则保险人仍然应负保险责任。

(3) 多种原因间断发生。前因与后因之间不相关联，发生保险事故是由一个独立的原因引起的，就叫多种原因间断发生。多种原因间断发生，保险人是否承担保险责任有两种情况：）①新的独立原因为保险危险，即使发生在不保危险之后，由保险危险造成的损失仍然由保险人赔偿。但由于连续中断，对前因不保危险造成的损失，保险人不负保险责任。②新的独立原因为不保险危险，即使发生在保险危险之后也不负赔偿责任，但对以前保险危险造成的损失应当赔偿。

近因原则强调在保险合同中保险人仅赔偿由保险人承保的、保险责任范围内的保险标的的损失。其目的是为了保障保险人的利益。

五、损失补偿

（一）损失补偿的概念

损失补偿是指当保险事故的发生使被保险人遭受到损失时，保险人应在其责任范围内对被保险人所受到的损失进行赔偿。这是由保险的经济补偿性职能所决定的。

保险的目的在于通过弥补投保人和被保险人的损失使其尽快恢复生产和安定的生活。因此在财产保险中，损失补偿只限于损失财产的实际价值，如果是部分损失则部分赔偿，如果是全部损失则全部赔偿，但最高级赔偿金额不得超过保险金额。在人身保险中，保险人的补偿金额就是保险金额。

代位原则和重复保险分摊原则等就是从损失补偿原则中派生出来的。所谓重复保险分摊原则是指在财产保险中，如果投保人对同一保险标的、同一保险利益、同一保险事故分别向两个以上保险人订立保险合同，当发生保险事故时，除合同另有约定外，各保险人按照其保险金额与保险金额总和的比例承担赔偿责任，被保险人从各保险人那里所获得的赔偿不能超过保险价值。所谓代位原则是指在财产保险中，如果保险事故是由于第三人的责任造成的，那么被保险人从保险人处获得全部赔偿后，必须将其对第三人所享有的要求赔偿的权利转让给保险人，由保险人代位对第三人要求赔偿，被保险人不得再要求第三人赔偿。

（二）损失补偿的范围

(1) 保险事故发生时，保险标的的实际损失。在财产保险中，最高赔偿额是以保险标的的保险金额为限，在保险金额以下根据保险标的的实际损失为保险的赔偿范围；在人身保险中以约定的保险金额为赔偿范围。

(2) 合理费用。主要包括施救费用和诉讼费支出。保险事故发生后，被保险人为了防止或减少保险标的的损失所支付的必要的合理的费用，由保险人承担，保险人所承担的数额在保险标的的损失赔偿金以外计算，最高不得超过保险金额的数额。

(3) 其他费用。其他费用是指为了确定保险责任范围内的损失所支付的受损标的的检验、估价、出售等费用。这些费用也应由保险人承担。

（三）赔偿的方式

保险人可以选择的赔偿方式有三种，第一种是货币赔偿，保险人通过审核被保险人的损失的价值，支付相应的货币作为补偿。第二种是恢复原状，当被保险人的财产受到了损失，保险人可以出资把损坏的部分修理好，使保险标的恢复到损坏前的状态。第三种是置换，如果被保险人受损坏的财产是实物，保险人可以赔偿与受损坏的财产相同的财产。

第三节 保险合同通则

一、保险合同的概念与特点

（一）保险合同的概念

保险合同是投保人与保险人之间约定保险权利义务的协议。保险合同中约定的权利义务的实质内容是：投保人应当向保险人支付保险费用，而保险人则对合同约定的可能发生的事故造成的损失承担补偿责任，或者当指定的人死亡、伤残、疾病或者生存到合同约定的年龄、期限时承担给付保险金的责任。因此保险合同的定义可以表述为：保险合同是指投保人向保险人支付保费，保险人对于承保的保险事故在保险责任期间所造成的损失承担补偿责任，或者在合同约定的期限届满时，承担给付保险金责任的协议。

（二）保险合同的特点

保险合同除具有一般合同的特点而外，还具有自己的特点，保险合同的特点主要有以下几个方面：

（1）保险合同是特殊的双务合同。双务合同是指合同的双方当事人互负约定义务。保险合同的当事之间同样互负义务。但保险合同的互负义务与一般合同有所不同。保险合同中投保人的主要义务是向保险人支付约定的保险费。保险人的主要义务是当被保险人发生了合同中约定的保险事故时向被保险人支付保险金或者进行赔偿，而这一义务并不一定会必然发生。所以保险合同是一种特殊的双务合同。

（2）保险合同是一种最大的诚信合同。诚信原则是民事活动的基本要求，任何合同的订立和履行都必须建立在诚信的基础之上，保险合同也不例外。但由于保险的特殊性对保险合同的当事人的诚信要求要比一般合同更高。这是保险法中的基本要求，当然也是保险合同的要求。

（3）保险合同是一种射幸合同。射幸合同是指合同当事人义务的履行有赖于偶然事件的发生的这种特殊的机会性合同。保险合同特别是财产保险合同具有射幸合同的特点。对于投保人而言通过向保险人支付报费获得了将来可能得到补偿的机会。如果在保险期间发生了保险事故，则保险人应当按合同约定进行赔偿，其赔偿的金额远远高于投保人所支付的保费。相反，如果在保险期间内不发生保险事故，投保人则不会获得任何赔偿。而对于保险人而言，当保险事故发生时，它赔偿的金额会大大高于其收到的保费，相反如果不发生保险事故，保险人只收取保费而不用支付赔偿金。

（4）保险合同是一种附合合同。附合合同也称为格式合同，是指合同的一方当事人只限于接受或者拒绝另一方提出的条件，对于合同的内容不是经过双方当事人充分协商而订立的。保险合同就具有这样的特点。由于保险的发展使保险手续快速简洁成为一种客观需要，保险合同出现了合同的技术化、定型化和标准化的趋势。即由保险人事先拟定保险合同的基本条款，投保人只能接受或者拒绝，而不能像一般合同订立那样经过反复协商的过程。

保险合同作为一种附合合同，多反映保险人的利益，难免发生投保人和保险人权利义务不公平的现象。为了保护投保人的合法权益，如果保险合同文义不清或者发生理解上的歧义，应当作出不利于保险人的解释。

（5）保险合同是一种以缴费为前提的要式合同。要式合同是指合同应当具备法定形式。保险合同的法定形式表现为保险单、书面保险合同或者其他保险凭证。我国《保险法》规定：投保人提出保险要求，经保险人同意承保，并就合同的条款达成协议，保险合同成立。保险人应当及时向投保人签发保险单或者其他保险凭证，并在保险单或者其他保险凭证中载明当事人双方约定的合同内容。经投保人和保险人协商同意，也可以采取前款规定以外的其他书面协议形式订立保险合同。保险合同成立后，投保人按照约定交付保险费，保险人按照约定的时间开始承担保险责任。保险合同的成立与生效可能是两个阶段，如在人身保险合同成立之后，投保人不向保险人支付保险费则保险合同不生效，只有投保人向保险人支付了保费之后，保险人才承担保险责任。

二、保险合同的相关人

保险合同相关人，是指在法律上与保险合同有直接或者间接关系的人。这里主要指保险合同当事人、保险合同关系人、保险合同辅助人。

（一）保险合同的当事人

保险合同的当事人是指订立合同并在保险合同中承担保险权利义务的主体。它包括保险人和投保人。

1. 保险人

保险人又叫承保人或者保人，是指依法经营保险业务，与投保人订立保险合同并向投保人收取保费，建立保险基金，当保险事故发生时或者保险期限届满时向被保险人承担赔偿责任或者给付保险金的主体。我国《保险法》规定：保险人是指与投保人订立保险合同，并承担赔偿或者给付保险金责任的保险公司。

2. 投保人

投保人又叫要保人，是指向保险人申请订立保险合同，对保险标的具有保险利益并负有缴纳保费义务的主体。投保人既可以是法人，也可以是自然人。

投保人必须具有行为能力。订立保险合同是一种民事法律行为，作为民事主体的投保人必须具有相应行为能力。无行为能力以及限制行为能力的人与保险人订立的保险合同无效。依照我国《民法通则》的规定，18周岁以上的成年人以及16周岁以上不满18周岁但以自己的劳动收入作为主要的生活来源的人，是完全民事行为能力人，可以成为保险合同的投保人。16周岁以上不满18周岁的未成年人以及不能辨别自己行为和不能完全辨别自己行为的精神病人是限制民事行为能力或无民事行为能力的人，不能成为投保人。此外，投保人对保险标的应当具有保险利益。投保人如对保险标的无保险利益，则不能订立保险合同或者保险合同无效。

投保人的主要义务是缴纳保费的义务。我国《保险法》规定，保险合同成立后，投保人按照约定交付保险费，保险人按照约定的时间开始承担保险责任。

（二）保险合同的关系人

保险合同的关系人是指保险合同的当事人以外的与保险合同的成立和履行有重要利害关系的其他主体，既包括自然人，也包括法人和其他社会组织。保险合同的关系人具体包括被保险人和受益人。

1. 被保险人

被保险人是指其财产或者人身受保险合同保障，享有保险金请求权的主体，被保险人也称为“保户”。无论在财产保险中还是在人身保险中，投保人和被保险人既可以是同一人，也可以是不同的主体。被保险人必须是在保险事故发生时其财产或生命、身体直接受到损害的人。无论在财产保险中还是在人身保险中，被保险人都是保险标的的权利主体，对保险标的具有保险利益。当保险事故发生时，被保险人的财产生命和身体将受到损失或者损害，其保险利益应受到保险合同的保障。

被保险人享有保险金请求权。在保险合同中，被保险人由于保险事故的发生而受到损失，根据保险合同的约定，其受到的损失应当得到补偿，因此，被保险人享有保险金请求权。但是在人身保险中，如果是死亡保险，一旦保险事故发生，被保险人已无法行使自己的权利，在这种情况下，则由保险合同中指定的受益人享有对保险金的请求权。

为了保护被保险人的利益，在以人的生命为标的的死亡保险中，被保险人的同意权可以直接影响保险合同的效力。我国《保险法》规定，以死亡作为给付保险金条件的保险合同，未经被保险人的同意并认可保险金额，保险合同无效。依照以死亡为给付保险金条件的保险合同，未经被保险人的书面同意，不得转让或者质押。投保人不得以无民事行为能力人作为被保险人投保以死亡作为给付保险金条件的人身保险，保险人也不得承保。但是父母为其未成年子女投保的人身保险不受此限制。

2. 受益人

受益人又称为保险金领受人，是指在人身保险中由投保人或者被保险人指定的享有保险金请求权的人。一般在财产保险中，被保险人就是受益人，而在人身保险中，受益人则很可能是独立于投保人或被保险人的另一主体。受益人应当在保险合同中载明，或者由投保人向保险人申明更换。当投保人与保险人是不同主体时，投保人变更受益人必须经过被保险人的同意，并且要书面通知保险人。

投保人与保险人在订立的保险合同中可以明确指定受益人，也可以在合同中明确指定受益人的方法。保险合同中指定的受益人也可以变更，对于变更受益人需要遵循这样的规定，通常而言变更受益人是投保人的权利，投保人可以自行撤销和变更受益人，无须征得保险人的同意，但必须通知保险人，由保险人在保险单上作出批注。如果投保人和被保险人是不同主体，则投保人撤销和变更受益人必须征得被保险人的同意。如果投保人在保险合同中未明确受益人，则由被保险人的法定继承人作为受益人。

在保险合同中，受益人享有保险金的领受权，他是保险利益的享有者，在保险合同中他无须承担保险义务。能否成为受益人由投保人指定。

（三）保险合同的辅助人

由于保险合同较一般合同更为复杂，其内容往往涉及经济和法律等专门知识，因此在保险合同的订立和履行中除了保险当事人而外，还有保险代理人、保险经纪人、保险公证人和体检医师，这几种人被称为保险合同的辅助人。

1. 保险代理人

保险代理人是保险人的代理人，是指根据保险人的委托，向保险人收取佣金，并在保险人授权范围内代为办理保险业务的单位和个人。

保险代理人与保险人的关系符合代理一般原理：

(1) 保险代理人必须以保险人的名义进行保险活动。保险代理人的职责就是代为办理保险业务，如代为订立保险合同，代收保险费等。保险代理人只能以保险人的名义从事保险业务，并为保险人设定权利义务，而不能以自己的名义进行保险活动，否则产生的后果由自己承担。

(2) 保险代理人必须在代理权限内进行保险活动。保险代理人的代理行为是基于保险人的授权而产生的，因此其活动必须在保险人的授权范围内进行，保险代理人超越代理权限的行为对保险人没有约束力。

（3）保险代理行为的后果由保险人承担。保险代理人以保险人的名义从事保险活动，以保险人的名义与投保人订立保险合同，产生的一切权利义务都由保险人承担。代理人在其业务范围内所从事的行为，其行为的后果对保险人有法律约束力。在保险中代理人所知道的事都假定保险人知道，保险人不得以投保人未履行忠实告知义务而拒绝承担保险责任。

保险代理人分成专业代理人、兼业代理人和个人代理人。专业代理人是指专门从事保险代理业务的保险代理公司，其形式是有限责任公司。保险代理公司的业务范围主要包括五个方面。即代理销售保险单，代理收取保险费，保险和风险管理咨询服务，代理保险人进行损失的勘查和理赔以及中国人民银行批准的其他业务。兼业代理人是指在从事自身业务的同时指定专人为保险人代办保险业务的单位。兼业代理人的业务范围只限于代理销售保险单和代理收取保险费。个人代理人是指根据保险人委托，向保险人收取代理手续费，并在保险人授权范围内代为办理保险业务的人。个人代理人的业务范围只限于代理销售保险单和代理收取保险费，不得办理企业财产保险和团体人身保险。个人代理人不得同时为两家以上的保险公司办理保险业务，转为其他保险公司代理人员时，应当重新办理登记手续，任何个人不得兼职从事保险代理业务。保险公司应当建立保险代理人登记管理制度，加强对保险代理人的培训和管理，不得唆使、诱导保险代理人进行违背诚信义务的活动。

2. 保险经纪人

保险经纪人是指基于投保人的利益，为投保人与保险人订立保险合同提供中介服务，并依法收取佣金的机构。在我国保险经纪人主要分成保险经纪人和再保险经纪人。经中国人民银行的批准，保险经纪人可以从事以下这些业务：以订立保险合同为目的，为投保人提供防灾防损或者风险评估风险管理咨询服务；以订立保险合同为目的，为投保人拟定投保方案，办理投保手续；为被保险人或者受益人代办检验和索赔；为被保险人或者受益人向保险人索赔等。

保险经纪人应当具备国务院保险监督管理机构规定的条件，取得保险监督管理机构颁发保险经纪业务许可证。同时保险经纪人凭保险监督管理机构颁发的许可证向工商行政管理机关办理登记，领取营业执照。保险经纪人如果采用公司形式，既要符合公司法的规定，又要符合保险法的相关规定。从事保险经纪业务的必须参加保险经纪人资格考试。保险经纪人员执业证书是保险经纪人员从事保险经纪活动的唯一执照，已取得保险经纪人员资格证书的个人，必须接受保险经纪公司的聘用，并由保险经纪公司代其向中国人民银行或其授权机构申领执业证书后方可从事保险经纪业务。

3. 保险公估人

保险公估人是指向保险人或者被保险人收取费用，为其办理保险标的的勘验、鉴定、评估的人。保险公估人可以是合伙企业、有限责任公司、股份有限公司等形式，它既是直接服务于保险活动的辅助机构，又是独立于保险业之外的营利性机构。其主要业务范围是接受保险人或者被保险人的委托，承办在保险标的承保前的检验、估价和风险评估；对保险标的出险后的查勘、检验、估损及理算。[①] 我国《保险法》规定，保险活动当事人可以委托保险公估机构等依法设立的独立评估机构或者具有相关专业知识的人员，对保险事故进行评估和鉴定。接受委托对保险事故进行评估和鉴定的机构和人员，应当依法、独立、客观、公正地进行评估和鉴定，任何单位和个人不得干涉。

4. 体检医师

体检医师是指在人身保险中，保险人为了估计被保险人的危险，在订立合同的同时，委托对被保险人的身体健康情况进行检查的人。保险人根据体检医师的检查报告决定是否承保以及承保的方式和条件。

三、保险合同的条款

保险合同的主要内容是指保险合同所约定的权利义务。这些权利义务在保险合同中反映为具体的合同条款，可以分成基本条款和附加条款。基本条款是指依照法律规定在保险合同中必须包括的条款。

1. 保险合同的基本条款：

(1) 保险合同有关主体的情况。保险合同中必须将保险合同中的有关主体的自然情况进行记载，包括投保人、保险人以及被保险人和受益人的情况，记载的内容包括姓名、身份、年龄、住址等。在保险合同中记载这些情况的目的在于一方面判断主体是否符合法律的规定，另一方面便于合同义务的履行以及合同纠纷的解决。

(2) 保险标的。保险标的是指保险所要保障的对象。在财产保险中，保险标的是指各种财产本身或者与财产有关的利益和责任；在人身保险中，保险标的是指人的生命或者身体。在订立保险合同时必须将保险标的明确，记载保险标的的目的在于决定保险的险种和判断有无保险利益存在。

(3) 保险责任和除外责任。保险责任是指保险合同中载明的，当保险合同中所约定的危险事故发生时对被保险人造成的损失或者约定的期限届满时保险人所承担的赔偿或者给付责任。保险责任分成基本保险责任和特约保险责任，基本保险责任是针对基本险而言，包括单一险、综合险和一切险。特约保险责任是针对附加险和特保危险而言，指保险人承担的由双方当事人特别约定的保险责任，大多为单一险种。

除外责任是指保险合同所规定的保险人不负赔偿责任的范围。除外责任一般在保险合同中明确列明，最常见的除外责任有战争、核辐射、道德危险等。除外责任以保险合同中列明的范围为准。

(4) 保险期间和保险责任开始时间。保险期间是指保险人提供保险保障和承担保险责任的起止时间，只有在保险期间之内发生的保险事故造成的损失，保险人才承担保险责任，超过保险期间所发生的保险事故所造成的损失，保险人不再承担保险责任。保险期间的规定常有两种，一种是以一段时间范围作为保险期间，如1年，5年；另一种是以次数作为保险期间，如运输保险以一次运输作为保险期间。通常而言人身保险合同的保险期间比财产保险合同的保险期间要长。保险责任开始时间，是指保险人开始承担责

---

① 为了规范保险公估人的行为，中国保监会在2001年11月16日公布了《保险公估机构管理规定》，并于2002年1月1日施行。

任的时间起点，用具体的年月日时表示，一般为保险合同生效时间或者由双方在保险合同中约定。保险期间与保险责任开始时间可能一致，也可能不一致。如寿险合同中大多规定了观察期，保险人承担保险责任的开示时间是观察期结束后。

（5）保险价值。保险价值是指保险标的的价值，即对保险标的的保险利益在经济上用货币估计的价值额。确定保险标的的价值主要有三种方法：第一，由市场价值决定，保险价值由保险标的的市价来决定，保险事故发生时，保险人的赔偿金额不得超过保险标的在发生事故时市价的总额。第二，由当事人约定保险价值，在保险标的的价值无市价可参考时，可由当事人约定保险价值，保险事故发生时，保险人根据约定的保险价值来决定对其损失进行赔偿。第三，由法律规定保险价值，在有些国家中，由法律明确规定保险价值的计算标准，我国海商法规定，如投保人与保险人未约定保险价值，则保险价值依照海商法的规定计算。在保险合同中规定保险价值的意义在于判断和确定保险金额。在人身保险中则不存在保险价值，因为人的生命和身体无法用准确的货币来衡量。

（6）保险金额。保险金额简称保额，是保险合同的当事人约定的保险事故发生时或者保险期限届满时保险人所支付的最高金额。保险金额是保险合同中必不可少的条款，对于保险人而言，保险金额不仅是进行损失补偿的最高金额，而且也是收取保费的依据；对于投保人而言，保险金额是其获得保险赔偿的限额，也是其缴纳保费的依据，因此保险金额是保险合同中十分重要的条款。

在财产保险中，保险金额的确定应以保险价值为基础，保险价值决定保险金额的高低。如果保险金额与保险价值相等是足额保险；如果保险金额超过保险价值是超额保险，由于保险具有经济补偿性，因而超额保险会导致保险合同全部或者部分无效。当然对于保险金额低于保险价值这种情况各国法律都允许。在人身保险中，由于保险标的是人的身体和生命，所以不存在保险价值，因此在人身保险中，保险金额是由当事人约定的，但是其约定的金额要受到有关限制。

（7）保险费及其支付办法。保险费简称保费，它是投保人向保险人支付的费用，作为保险人承担赔偿和给付保险金的对价。保险是建立在“人人为我，我为人人”的基础上的，保险费是保险基金的来源。保险费的多少取决于保险金额和保险费率两个因素。保险费等于保险金额与保险费率的乘积。在保险合同中除了规定保险费而外，还应当对保险费的支付办法作出规定。

（8）保险赔偿金及其给付办法。保险金赔偿或者给付办法是指保险事故发生使被保险人遭受到损失或者在保险期限届满时保险人赔偿或者给付保险金的具体方法和标准。

（9）违约责任和争议的解决。违约责任是指保险合同的当事人因其过错使合同不能履行或者不能完全履行时法律或者合同中规定应当承担的法律后果。争议的解决是指合同中约定的当发生保险纠纷时处理纠纷的办法，保险合同中可以对此作出具体的约定。

（10）保险合同订立的时间。保险合同中必需记载保险合同订立的时间。其主要意义在于：作为判断保险利益是否存在的时间标准；作为判断保险危险是否已经发生的时间标准；作为计算保费缴纳及保险合同是否生效的标准。

2. 保险合同的附加条款

除以上基本条款而外，保险合同中还包括附加条款，附加条款是指按照被保险人的需求，在保险基本条款的基础上附加的一些补充条款，以使基本条款所规定的权利义务得以限制或者扩张。

四、保险合同的订立与生效

（一）保险合同的形式

一般合同的形式有口头形式和书面形式。但由于保险合同的复杂性以及履行期限的长期性，大多数国家都不承认口头保险合同形式的效力。我国《保险法》规定：投保人提出投保要求，经保险人同意承保，并就合同的条款达成协议。保险合同成立，保险人应当及时向投保人签发保险单或其他保险凭证，并在保险单或者其他保险凭证中载明当事双方约定的合同内容。经投保人和保险人的同意，也可以采用前款规定以外的其他协议形式订立保险合同。我国保险合同的形式为书面形式。其具体形式主要有投保单、保险单、暂保单和保险凭证。

1. 投保单

投保单是指投保人向保险人申请订立保险合同的书面要约。投保单通常由保险人制成统一格式，投保人依照要求逐一据实填写并交付保险人即完成投保。投保单上所需要填写的内容主要有：投保人和被保险人的名称、住所及其他自然情况，保险标的的名称及坐落地点，保险的险种，保险责任的起止，保险价值和保险金额等。在填写投保单时，投保人必须如实填写，否则可能会影响保险合同的效力。投保单本身不是保险合同，但是一经保险人接受之后，即成为保险合同的组成部分。

2. 暂保单

暂保单又叫临时保单，它是保险人或者其代理人在正式保单出具给被保险人之前签发给被保险人的保险凭证，它表明保险人已经接受了投保人的投保。暂保单的内容比较简单，只载明被保险人的姓名、险种、保险的标的等重要事项，未列明的事项，均以正式保单上的内容为准。暂保单的效力与正式保单的效力相同，但有效期较短，一般为30天。当正式保单签发之后，则暂保单失效。关于暂保单使用的范围主要有：当保险代理人在与投保人达成保险合同，但是未向保险人办理好保险单之前；保险公司分支机构在接受保险后还未获得总公司批准之前，先开出的保障证明；保险人与投保人就标准的保险单所记载事项之外的特定条款未完全协商一致，但保险人原则上先予以承保时，由保险人开出的保险证明。在人身保险中一般不使用暂保单。

3. 保险单

保险单简称保单，它是保险人与投保人之间订立的保险合同的正式书面形式，由保险人制作签章后交付投保人。保险单应将保险合同的全部内容包括在内。发生保险事故时，保险单是被保险人向保险人索赔的主要凭证，也是保险人向被保险人赔偿的最主要依据。由于财产保险的保险单在特定情况下具有类似证券的作用，可随保险标的的转移而转移，而人身保险的保险单可作为借款合同的质押物，故保险单又可称为保险证券。在我国保险单只是保险合同的书面存在形式，不作为保险合同成立的要件。如果投保人与保险人已就保险条件达成协议后，保险事故发生在保险单签发之前，保险合同仍然有效，保险人同样应承担保险责任，除非当事人对此有额外的规定。

4. 保险凭证

保险凭证又被称为小保单，是一种简化的保险单，它是保险人出具的证明保险合同已有效成立的另一种法律文件，与保险单具有相同的效力。凡保险凭证上未载明的情况以正式保险单为准。保险凭证通常在以下使用：保险人承揽团体保险业务时，一般对团体中的每一个成员签发保险凭证作为参加保险的证明；在货物运输保险中，投保人与保险人就保险的总的责任订立保险合同，然后再就每一笔运输货物单独出具保险凭证；在机动车辆及其第三者责任险中，为了便于被保险人随身携带，保险人通常出具保险凭证。

（二）保险合同的订立

保险合同的订立是指投保人与保险人就保险合同的权利义务达成共同一致的意思表示的过程。这一过程主要可分成要约和承诺两个阶段。在保险合同的订立过程中，要约表现为投保，而承诺就是承保。

1. 投保

投保是指投保人向保险人提出订立保险合同的申请。投保是订立保险合同的必经过程，它是投保人向保险人提出订立保险合同的意思表示，其本质是合同要约。由于保险合同均表现为书面合同，因此投保通常由投保人在保险人所提供的格式化投保单上如实填写即完成，并产生合同要约的法律约束力。

2. 承保

承保是指保险人承诺投保人的保险要约的法律行为。承保是保险人针对投保人的要约所作出的回应行为，表示愿意接受其投保。保险人一经承保，则保险合同就成立。承保的表现形式是保险人在收到投保单后在投保单上签字盖章。保险合同自保险人在投保单上签字盖章时起成立。

（三）保险合同的生效

1. 保险合同生效的概念

通常保险合同的成立与保险合同的生效并不一定同时发生。保险合同的生效是指已经成立的保险合同发生法律约束力。

2. 保险合同生效的条件

(1) 保险合同的主体合法。订立保险合同的保险人必须是依法设立的保险公司，其他组织不得订立保险合同；订立保险合同的投保人必须是合法且具有完整的民事行为能力的主体。

(2) 投保人对保险标的具有保险利益。按照保险利益原则的要求投保人必须对保险标的具有保险利益，无保险利益则无权订立保险合同，即使订立了保险合同，其保险合同都无效。

(3) 当事人意思表示一致。当事人意思表示一致是指合同应当反映当事人的真实意思，如果在订立合同的过程中一方采取欺诈、胁迫、乘人之危导致合同的订立违背当事人的真实意思表示，则合同可以撤销或者宣布合同无效。

(4) 保险合同的内容合法。保险合同内容的合法性是指保险合同的内容不得违反法律的禁止性规定，不得违反社会公共利益和社会的公共道德。

(5) 投保人缴纳了保险费。缴纳保险费是投保人应当履行的最主要的义务。在财产保险中保险费一般是一次付清；在人身保险中保险费一般是分期支付的。依照保险的惯例，人身保险合同成立之后，其效力并不立即发生，只有当投保人缴纳了第一期保险费时保险合同才生效。

五、保险合同的履行

保险合同是一种双务合同，合同成立后双方当事人应承担相应的义务。

（一）投保人的义务

1. 缴纳保费的义务

向保险人缴纳保费是投保人最主要的义务。在财产保险中，保险费的缴纳一般是采用一次缴纳的方式，经双方约定也可以采用分期缴纳的方式，如果投保人未按规定缴纳保费，保险人可以要求其缴纳，也可以通知被保险人终止保险合同。在人身保险中，保险费的缴纳一般采用分期缴纳的方式，当投保人向保险人支付了第一期保险费时保险合同才生效，以后各期的保险费投保人应当按期缴纳，由于人身保险合同的期限长，投保人可以享有缴纳保费的宽限期，宽限期通常为 60 天，如超过宽限期后投保人仍未缴纳保险费，则保险合同中止或者保险人按约定的条件减少保险金额。保险人不得以诉讼的方式要求投保人支付保险费。

2. 危险增加的通知义务

危险增加是指订立保险合同时所未预料或者估计到的危险可能性的增加。如果在订立合同时已经预料到的危险和危险程度及危险因素的不断增大不属于危险增加。

危险增加的通知义务是指在保险合同的有效期内，保险标的的危险程度增加，投保人或者被保险人应当按照保险合同的规定及时通知保险人，保险人有权要求增加保险费或者解除保险合同。投保人或者被保险人未履行危险增加的通知义务，则保险标的因危险增加而发生的保险事故造成的损失，保险人不承担赔偿责任。

投保人或者被保险人履行了危险增加的通知义务，保险人可以要求增加保费或者解除保险合同，如果投保人不愿意增加保费，合同自行解除。投保人或者被保险人履行了危险增加的通知义务，保险人未作任何表示，视为默视；如果投保人和被保险人未履行通知义务，但保险人已经知道但不作任何表示，也视为默视，以后不得主张增加保费或解除合同。

危险增加的通知义务可以在下列情况下免除：危险的增加不影响保险人的负担；为保护保险人的利益而导致的危险增加；履行道德上的义务而导致的危险增加；危险增加与保险人无关。

3. 出险通知义务

出险通知义务是指保险事故发生时投保人、被保险人或受益人在知道保险事故发生后及时通知保险人。出险义务的规定在于能使保险人迅速调查取证，采取适当的方法防止损失进一步扩大，并为赔偿和给付做好准备。出险通知的方式有口头方式和书面方式，如果合同中约定应当采用书面方式的则必须采用书面方式。关于出险通知的期限各国法律规定不尽相同，有的规定为保险事故发生后 5 天内，有的规定为 10 天或两周内。我国《保险法》只规定应及时通知，而未明确规定具体的时间。具体通知时间在保险合同中约定。关于出险通知的延误，一般有两种后果：一种是保险人有权对投保人或被保险人因出险通知延迟而扩大的损失拒赔，不能解除保险合同；另一种是出险通知未在规定的期限内作出，保险人可免除责任。我国《保险法》对出险通知义务延迟的结果未作规定。

4. 出险施救义务

出险施救义务是指保险事故发生时，投保人或者被保险人有责任尽力采取必要的措施防止和减少损失。保险事故发生后被保险人和投保人为防止或减少损失所支付的必要的费用由保险人承担，保险人所承担的数额在保险标的的损失赔偿金外另行计算，最高不超过保险金额的数额。

（二）保险人的义务

1. 赔偿或者给付保险金的义务

赔偿或给付保险金是保险人最主要的义务。它是指在保险事故发生后或在约定的给付保险金的条件具备时，由保险人按照约定向被保险人或者受益人支付保险金。保险人需要履行该义务一般要求符合下列条件：

（1）遭受损失的必须是保险标的。就财产保险而言必须是保险合同中列明的财产，就人身保险而言必须是保险合同中的被保险人。

（2）损失必须是由保险事故所引起的。造成保险标的的损失是由保险合同中所列的保险责任范围之内的事故。不是保险事故所造成的损失保险人不承担责任。

（3）保险金赔偿或者给付的标准必须在合同约定的保险金范围之内。保险具有经济补偿性决定了保险金的赔偿或者给付只能在保险金额的限额之内。保险赔偿的内容一般包括：保险的实际损失，投保人或者被保险人的诉讼费用，施救费用，其他合理费用。

2. 及时签单的义务

保险合同成立后，保险人应及时向投保人签发保险单或其他保险凭证。及时向投保人或者被保险人签发保险单，是保险合同成立后保险人的法定义务。

3. 保密义务

保险合同是最大的诚信合同，在保险合同的订立中，投保人应对保险人的询问忠实告知，. 为了保护投保人及被保险人的合法权益，要求保险人对在办理保险业务过程中知道的投保人、被保险人的业务和财务情况及其他秘密负有保密的义务。

六、保险合同的变更、解除与终止

（一）保险合同的变更

保险合同的变更是指保险合同成立后，在没有履行或没有完全履行前，因合同所依据的主客观情况发生变化，由当事人依照法定的条件和程序对原有的合同条款进行补充和修改。保险合同的变更包括主体、内容和效力的变更。

1. 保险合同主体的变更

保险合同主体的变更是指合同当事人及关系人的变更。一般情况下保险合同主体的变更通常指投保人、被保险人的变更，不包括保险人的变更。

投保人的变更往往是由于保险标的的权益发生了变更。在财产保险中，投保人的变更大多是因为由于买卖、赠与、继承等法律行为而发生的保险标的的所有权转移而引起的。在人身保险中，往往由于投保人的死亡等原因引起投保人的变更。

保险合同主体变更的实质是保险合同的转让，在实践中表现为保险单的转让。对于保险合同主体的变更有两种做法：一种是允许保险单随保险标的的转让而转让，另一种是保险单的转让要征得保险人的同意。我国这两种情况都有规定，对于一般的财产保险，保险合同主体的变更不得随财产转移而自动转移，投保人必须在保险标的的权益转移时，书面通知保险人，经保险人同意，并由原保险人在原保险单或其他凭证上批注，或者由原保险人与投保人订立变更书面协议。而对于货物运输的保险，允许保险单随同货物所有权的转移而转移而不必征得保险人的同意。对于人身保险合同，由于人身保险合同的转让不发生被保险人的变更，则仅由受让人承担缴纳保费的义务，因此人身保险合同的转让不必征得保险人的同意，但应书面通知保险人。

2. 保险合同内容的变更

保险合同的变更是指保险合同中权利义务的变更。通常表现为保险标的的数量、价值、存放地点的变化，或者货物运输合同中航程航期的变化以及保险期限、保险金额的变化。各国保险法均规定保险合同订立后，投保人可以要求变更合同的内容，但必须与保险人另行协商。

3. 保险合同效力的变更

保险合同效力的变更主要指保险合同的中止与复效。

保险合同的中止是指保险合同生效后，由于某种原因使保险合同暂时失效。保险合同的复效则是指对于已经中止的保险合同使它重新开始生效。保险合同的中止并非合同完全无效或终止，而是指在一定的条件下，可以恢复保险合同的效力。恢复保险合同的效力一般由投保人提出申请，经保险人同意，已经中止的合同即可复效。但投保人申请复效应在一定的期间内，如果投保人在规定的复效期内不提出复效的申请则保险合同从中止时解除。在保险合同效力中止期间所发生的保险事故，保险人不承担赔偿保险金的责任。保险合同的中止与复效条款是保险合同的常见条款。

（二）保险合同的解除

保险合同的解除是指在保险合同生效后，在有效期尚未届满之前，当事人依法提出终止保险合同的法律行为。保险合同的解除包括任意解除、法定解除、约定解除。

1. 任意解除

任意解除合同是指当事人根据自己的意思解除合同。各国保险法均规定投保人可随时解除保险合同。我国《保险法》规定：除法律另有规定或者保险合同另有约定，保险合同成立后，投保人可以解除保险合同。但是有些合同在保险责任开始后不得解除保险合同，也不得要求退还保费。比如货物运输合同和运输工具航程保险合同，保险责任开始后，合同当事人不得解除合同。

2. 法定解除

法定解除是指当法定原因出现时，保险合同的一方当事人可以解除保险合同。各国保险法一般规定在保险合同成立后保险人不得任意解除保险合同，但是在出现一些特定情况后保险人可以解除合同。我国《保险法》规定当投保人或者被保险人有下列行为之一者，保险人可以解除保险合同：(1) 投保人故意隐瞒事实，不履行如实告知的义务；(2) 保险人或被保险人在未发生保险事故情况下谎称发生了保险事故，伪造有关证据；(3) 投保人被保险人未履行其对保险标的的安全应尽的义务；(4) 在保险合同的有效期内，保险标的的危险增加，被保险人未尽及时通知的义务；(5) 投保人申请的被保险人的年龄不真实并且其真实的年龄不符合合同约定的年龄限制，但合同成立后超过 2 年的除外；（6）投保人违反特约条款。

3. 约定解除

约定解除是指合同当事人约定合同解除的条件，当条件成立时，一方或者双方有权解除合同。当事人依照合同约定或者法律规定解除保险合同的，保险合同视为自始没有发生效力。

（三）保险合同的终止

保险合同的终止是指保险合同中的权利义务归于消灭。广义的保险合同的终止包括保险合同的解除，而狭义的保险合同的终止仅指保险合同因约定的期限届满而终止和因履行而终止或者因保险的标的归于消灭而终止。

第四节 财产保险合同

一、财产保险合同概述

（一）财产保险合同的概念

财产保险合同是指投保人与保险人之间所达成的，由投保人支付保费，保险人对于投保的物质财产及其有关利益因保险事故造成的损失承担赔偿责任的协议。

财产保险合同的目的主要是补偿财产的损失。我国《保险法》中规定财产保险合同是以财产及其有关利益为保险标的的保险合同。即财产保险合同的标的既包括有形的物质财富，也包括无形的经济利益。

（二）财产保险合同的类型

根据不同的分类标准，财产保险合同可以分成不同的类型。根据标的类别不同，可以把财产保险合同分成不动产保险、动产保险和无形资产的保险。传统保险合同一般分为①火灾保险合同，②海上保险合同，③运输保险合同，④汽车保险合同，⑤农业保险合同，⑥盗窃保险合同，⑦无形财产保险合同，⑧再保险合同。我国《保险法》规定："财产保险业务，包括财产损失保险、责任保险、信用保险等保险业务。"

（三）财产保险的特征

财产保险合同除具有一般保险合同的特征而外，还具有自己的特征：

（1）投保财产保险必须以财产的实际价值为基础。财产保险具有经济补偿性，因此财产保险合同中保险金额的确定必须以财产的实际价值为基础，保险金额不得超过保险的实际价值，凡保险金额超过保险价值的保险，其超过部分无效。

（2）财产保险的保险标的必须能够用货币量化其价值。财产保险的标的是指财产及有关利益，这里的财产及有关利益必须能够直接用货币量化其价值，如果不能用货币直接准确量化其价值，则不能进行财产保险。

（3）财产保险以赔偿被保险人的实际损失为目的。保险中的损失补偿原则在财产保险合同中得到了明确的体现，财产保险是以财产的实际损失为目的的一种补偿性行为。只有被保险人的保险标的发生了保险合同中所约定的保险事故并造成实际损失时，保险人才承担赔偿的责任，赔偿以保险金额为限。

（4）保险人对由于第三人所引起的损害赔偿责任享有保险代位权。

二、财产保险合同特殊规则

(一) 财产保险中保险价值与保险金额的关系

财产保险的补偿性决定了保险金额不得超过保险价值。保险价值是指保险标的在一定时期和一定地点的市场价值。而保险金额是指当保险事故发生时保险人应当向投保人或者被保险人赔偿的最高金额，保险金额是确定保险费的重要依据。保险价值是确定保险金额的基础，保险的补偿性决定了保险金额不能超过保险价值。如果保险金额超过保险价值是属于超额保险，超额的部分无效；如果保险金额等于保险价值则是等额保险；如果保险金额低于保险价值则是不足额保险。一般而言，保险金额越高则需支付的保费就越高。

关于保险价值的确定对于财产保险合同是十分重要的事项。财产保险有定值保险和不定值保险两种。凡是在保险合同中记载了保险标的的价值的是定值保险合同。对于定值保险，当保险事故发生时，无论当时保险标的的市价如何，保险人都应按保险合同中记载的保险价值来赔偿。一般对货物运输保险、船舶保险以及飞机保险等都采用定值保险。如果在保险合同中不记载保险标的的价值就是不定值保险。对不定值保险合同在合同中只记载保险金额，而保险标的的价值是随着市场的情况而变化，当发生保险事故时再确定其保险价值。

无论是定值保险还是不定值保险都需对保险标的的价值进行估计。确定保险标的的价值的方法主要有两种，一种是根据商品的市场价格来确定，另一种是对于不能以市价估计的由双方当事人约定其价值，而后者是属于少数情况。

确定了保险价值后就有了确定保险金额的依据。保险金额可以等于和低于保险价值。对于保险金额等于保险价值的是足额保险，对于保险金额低于保险价值是不足额保险。由于保险金额是计算保费的重要依据之一，因此，投保人在投保时可以选择不足额保险而少缴纳保费。一般情况下的不足额保险是由投保人所选择的，但客观上也有可能出现保险标的价值在保险期限内随市场而增值从而产生不足额保险这种情况。不管是由哪种原因造成的不足额保险，当保险事故发生时投保人或被保险人只能得到部分赔偿。

(二) 代位追偿制度和委付制度

代位追偿和委付是财产保险合同中的特殊情况。从本质上讲它们都是财产保险合同履行过程中债的转移制度。

1. 代位追偿

代位追偿是指在财产保险中，保险人在向被保险人进行赔偿之后，得以在其赔偿的范围之内要求被保险人转让其对造成损失的第三方要求赔偿的权利。代位追偿权是被保险人要求第三人赔偿其损失的请求权的转移。

代位追偿制度的产生是基于如下的理论依据：一方面保险事故的发生是由于第三人的责任而造成，根据民法的规定，第三人应当承担违约责任或者侵权责任，则被保险人可以要求第三人承担赔偿的责任。但是另一方面，被保险人又与保险人之间存在财产保险合同关系，而第三人所造成的事故又正好属于保险合同中约定的保险事故，依照保险合同的约定，保险人应当承担赔偿责任。由此可见，由于第三人所造成的危险事故，被保险人可以通过请求保险人和第三人这两个方面获得赔偿。但这样的结果会造成被保险人得到超额赔偿，这就不符合财产保险的补偿性特征。因此，如果保险事故的发生是由于第三人的责任造成的，被保险人在获得了保险人的赔偿之后，必须将其拥有的对第三人的请求赔偿的权利让渡与保险人，由保险人取代被保险人的地位请求第三人赔偿。

代位追偿权成立的条件：①发生的危险事故必须是保险责任范围之内的事故；②危险事故的发生是由第三方的责任所造成；③被保险人对第三方具有赔偿请求权。对于第三方责任所造成的损失，被保险人通常具有要求其赔偿的权利，但是被保险人放弃了该项权利，则保险人无法行使代位权。如果被保险人在保险人行使代位权之前损害保险人的代位追偿利益，则保险人可以拒绝赔偿④代位追偿权产生在保险人向被保险人进行赔偿之后。由于第三方责任所造成的保险事故，被保险人既可以向第三方要求赔偿，也可向保险人要求赔偿，如果在事故发生之后被保险人先向第三方要求了赔偿，则不能再向保险人要求赔偿。只有被保险人先从保险人处获得赔偿，才会产生代位追偿权。

2. 委付

委付是指投保人将保险标的的一切权利转移给保险人，要求保险人向其支付全额保险金的制度。委付是海上保险中的特殊规定。按照委付制度，当保险标的虽未达到全部损失，但有全部损失的可能，或者其修复的费用将超过保险财产价值本身，被保险人或者投保人可以将保险标的上的一切权利转移给保险人，从而推定保险标的全损而予赔偿。依照国际惯例，委付应当符合一定的条件：①委付必须经保险人的同意；②必须就全部保险标的进行委付；③委付时被保险人或者投保人必须向保险人提出书面通知.

第五节 人身保险合同

一、人身保险合同概述

（一）人身保险合同的概念

人身保险合同是保险合同中的一种，它是指以人的寿命和身体作为保险标的的一种保险合同。在这类保险中，保险人根据被保险人的年龄及健康情况等向投保人收取保费，当被保险人死亡、伤残或者保险期限届满时，保险人向被保险人或者受益人支付保险金。

（二）人身保险合同的特征

1. 保险合同主体的特殊性

人身保险合同的主体包括投保人、被保险人、受益人及保险人。其中的被保险人必须是自然人，而且也是人身保险合同的标的；受益人是投保人或者被保险人，也可以是其指定的其他人。当被保险人死亡时，保险金的请求权由受益人或者被保险人的合法继承人行使。人身保险合同的保险人必须是专门经营人寿保险业务的保险公司。

2. 人身保险中投保人与被保险人关系的特殊性

保险必须强调保险利益，在人身保险中，保险标的是人的身体和寿命，与投保人之间毫无利害关系的人对投保人而言是不存在保险利益的，因此只有特定关系的投保人与被保险人之间才存在保险利益。这种特定关系的范围为：本人，配偶、子女、父母，与投保人有抚养、赡养关系的其他家庭成员和近亲属，除此而外，被保险人同意投保人为其投保的，也视为投保人对其有保险利益。

3. 人身保险合同是定额保险合同

人身保险合同不同于财产保险合同，人的身体和生命无法用金钱货币来量化，因此在人身保险合同中无保险价值，其保险金额是由投保人和保险人协商而定。当保险事故发生时，保险人按保险合同中约定的保险金额的全额或者一定的比例进行赔偿。

4. 人身保险期限的长期性

与财产保险合同的有效期相比，人身保险合同具有长期性。一般意外险为1年，其余大多为5年，10年，20年，30年，甚至终生，因为人身保险是以人的身体和寿命为保险标的。

5. 人身保险的储蓄性

人身保险具有储蓄的特征，这与财产保险大为不同。在人身保险中，投保人一次或者分期向保险人缴纳保险费，不管是否发生保险事故，至少在保险期限届满保险人要向被保险人或者受益人支付保险金额，这与零存整取类似。而财产保险中，如果在保险期限内不发生保险事故，则保险人不用向被保险人或受益人进行赔偿。因此人身保险具有储蓄的特点。

（三）人身保险合同的主体

人身保险合同的主体包括投保人、被保险人、受益人、保险人。

1. 投保人

投保人是指与保险人订立保险合同并向保险人缴纳保费的当事人。投保人必须具有完整的民事行为能力。投保人只能对特定关系的主体进行投保。即投保人对以下人员具有保险利益：①本人；②配偶、子女、父母；③其他与投保人有抚养、赡养、扶养关系的家庭成员或者近亲属。另外如果以第三人的身体或者生命进行投保，则必须征得其同意，否则保险合同无效。

2. 被保险人

被保险人是指以自己的身体或生命成为保险标的的人，被保险人必须是自然人。无行为能力的自然人不能成为以死亡为给付条件的被保险人，但父母为其未成年子女投保的人身保险除外。

3. 受益人

受益人是指享有保险金请求权的人。对于受益人的资格法律上并无限制，既可以是自然人，也可以是法人；既可以是被保险人自己，也可以是其他人；既可以是有行为能力的人，也可以是无行为能力的人。

受益人受益权的行使以保险事故发生时，保险人尚生存为前提。如果受益人先于被保险人死亡，除另有规定外，保险金的请求权仍归于被保险人，被保险人可另行指定新的受益人。如果受益人与被保险人同时死亡而无法判断谁先死亡，习惯上推定投保人是为了自己的利益而订立保险合同，保险金应作为其遗产由继承人领取。受益权不同于继承权，受益权不能作为受益人的遗产而由受益人的继承人予以继承。受益人在被保险人死亡后领取的保险金不得作为被保险人的遗产，也不能用以抵偿被保险人生前额债务。

受益人由投保人指定，受益人的受益权也可以被撤销和变更。投保人撤销变更受益人时，如果被保险人是他人，则应当取得被保险人的同意，同时必须向保险人发出通知，并经保险人在保险合同上批准后才生效。

二、人身保险合同特殊规则

人身保险合同除了包括保险标的、保险责任、除外责任、保险金额、保险期限、保险费及其缴纳办法、保险金的支付等这些主要条款而外，在人身保险合同中还有一些特殊的条款：

（一）年龄误告条款

被保险人的年龄是决定保险人承保风险高低和决定保险费率的一个重要依据。由于不同年龄的人的健康情况和死亡率不同，即使投保的险种和保险期限相同，他们缴纳的保费也不相同。而保险人是根据投保人告知的年龄来决定是否承保和计算保费，因此当告知的年龄与实际年龄有差别时，保险人有权就被保险人的真实年龄作出相应的调整。

如果发现被保险人的真实年龄不符合保险合同约定的年龄限制的，保险人可以解除保险合同，在扣除手续费后向投保人退还保费，但自合同成立之日起超过 2 年的例外。如果保险人发现年龄的误告使投保人少缴了保费，保险人有权更正保费并要求投保人补缴保费，或者按实际缴纳的保费的多少对应计算保险金。如果投保人年龄的误告造成了多缴保费，则保险人在发现之后应当退还多缴纳的保费。

（二）不丧失价值条款

人身保险合同带有储蓄的特征，无论是否发生保险事故，至少都存在保险期限届满时保险人要向受益人支付保险金额。因此人身保险的保险费具有现金价值，即使这一现金价值由保险人管理，但最终都需向受益人支付。如果投保人不愿投保而要求退保，保险单所具有的现金价值并不因此而丧失，保险人仍然需要向投保人退还现金价值。保险人通常将现金价值列在保险单上，说明计算的方法和采用的利率，保单所有人可以随时掌握保单的现金价值。我国《保险法》对此作了明确的规定：投保人解除合同，已交足 2 年以上保险费的，保险人应当自接到解除合同通知之日起 30 日内，退还保险单的现金价值。未交足 2 年保险费的，保险人按照合同约定在扣除手续费后，退还保险费。

（三）宽限期条款

宽限期条款是指缴纳保费的宽限期规定。人身保险合同具有长期性的特点，投保人往往需要长年累月按照合同的约定缴纳保费，在如此长的期间内，投保人难免因疏忽或者其他原因不能按时缴纳保费，如果因此保险人就解除保险合同，则投保人或被保险人的利益会受到损害。因此在绝大多数的人身保险合同中都在合同到期续缴保费时间上给了一定期限的宽限期。在超过约定的时间后的宽限期内投保人缴纳了保费，则保险合同仍然有效。在这个宽限期内发生的保险事故保险人仍然应承担保险责任。我国《保险法》规定人身保险合同的宽限期为 60 天。

（四）复效条款

在保险合同规定的宽限期内投保人仍未缴纳保费，则保险合同的效力中止。保险合同中止后投保人可在一定的期限内申请恢复保险合同的效力，这个一定的期间就叫复效期间，我国《保险法》规定的复效期间为 2 年。复效条款是一种使被保险人、受益人恢复保险保障的补救措施。复效是恢复原有的保险合同的效力，保留原来的保险合同的权利义务不变。

在保险合同的效力中止后2年之内，投保人如果愿意恢复保险合同的效力，经保险人同意，可以恢复保险合同的效力。

保险合同的复效必须具备以下条件：

(1) 复效申请必须在复效期间内提出。我国《保险法》规定的复效期间为2年，投保人必须在保险合同中止后2年之内提出复效的申请，超过这一期间，投保人就丧失了复效申请权。

(2) 仍然具备保险合同订立时的可保条件。在保险合同中止后，当初投保的条件可能会发生变化，如果变化使得不再具有投保的条件，则投保人不能申请复效，即使申请，保险人也会不同意。因此保险合同的复效仍然要求具备可保条件。

(3) 投保人必须补缴保险单失效期间的全部保费及利息。

(4) 复效必须经保险人同意。在复效期间内，投保人有提出复效申请的权利，但需要经保险人同意，如果保险人不愿意则有权解除保险合同。

(五) 自杀条款

为了防止道德危险的发生，人身保险合同一般都将自杀作为除外责任。一般人身保险合同都规定在保险单签发的一定期限内，被保险人由于自己的故意行为所造成的死亡，保险人只负责退还已缴纳的保费而不承担给付保险金的责任。

关于自杀条款的设定有一个变化的过程。过去不管被保险人在何时自杀都是属于除外责任，保险人一律不赔偿。后来这一情况发生了变化，大多规定了一定的期间，在一定期间内的自杀属于除外责任，超过一定的期间则保险人仍然需要承担给付保险金的责任。其理由在于：其一，保险公司在计算保险费时考虑的死亡因素包括各种原因造成的死亡，因此保险人将自杀造成的死亡作为除外责任不合理；其二，自杀行为大多发生在特定的情况下，属于长期蓄谋已久的自杀少见。因此将自杀作为除外责任必须限定一定的期间。我国《保险法》规定的期间为2年，即在保险合同成立之日起或保险合同复效后的2年之内发生的被保险人自杀，保险人不承担给付保险金的责任，但被保险人自杀时为无民事行为能力人的除外。而2年期限届满后发生的被保险人自杀，则保险人仍然应承担保险责任。

(六) 受益人条款

受益人是人身保险合同中的重要的关系人，人身保险合同一般都有受益人条款。受益人条款主要是关于确定和变更受益人的规则。

第六节 保险公司

一、保险公司概述

(一) 保险公司的设立

1. 保险公司的设立条件

设立保险公司必须具备比其他公司更严格的条件。一般而言，设立保险公司应当具备以下条件：

(1) 股东。主要股东具有持续盈利能力，信誉良好，最近三年内无重大违法违规记录，净资产不低于人民币二亿元。

（2）公司章程。保险公司的章程是指规定保险公司的组织机构、资本金、业务范围、管理制度等方面的法律文件。保险公司章程的内容和制定的程序必须符合《公司法》和《保险法》的规定，制定的保险公司章程须经保险监督部门的审查。

（3）注册资本。为了保证保险公司的经营和偿付能力，各国对保险公司的资本金都规定了最低资本限额，并且其数额大大高于一般的公司。我国规定设立保险公司其最低注册资本应在2亿元以上，且必须是实缴货币资本。保险监管部门根据保险公司的业务范围和经营规模可以调整保险公司注册资金的最低限额，但最低不得低于2亿元。英国保险公司法规定保险股份公司最低实收资本金为10万英镑；美国纽约州保险法规定经营火险需资金25万美元；日本规定保险公司实收资本金至少3000万日元；法国规定最低资本金为50万法郎。

（4）高级管理人员。由于保险公司的专业性强，技术复杂，因此对保险公司中任职人员有特别要求，要有具备任职专业知识和业务工作经验的董事、监事和高级管理人员。

（5）有健全的组织机构和管理机构。

（6）有符合要求的营业场所和与经营保险业务有关的其他设施。

2. 保险公司设立的程序

保险公司的设立必须经过法定的程序，其设立过程一般可以按照下列步骤进行：

（1）申请筹建。申请人向国务院保险监督管理机构提出要求设立保险公司的申请。在申请时需要提供的材料有：设立申请书，申请书应当载明拟设立的保险公司的名称、注册资本、业务范围等；可行性研究报告；筹建方案；投资人的营业执照或者其他背景资料，经会计师事务所审计的上一年度财务会计报告；投资人认可的筹备组负责人和拟任董事长、经理名单及本人认可证明；国务院保险监督管理机构规定的其他材料。监管机构应当对设立保险公司的申请进行审查，自受理之日起六个月内作出批准或者不批准筹建的决定，并书面通知申请人。决定不批准的，应当书面说明理由。申请人应当自收到批准筹建通知之日起一年内完成筹建工作；筹建期间不得从事保险经营活动。

（3）申请开业。筹建工作完成后，申请人具备保险公司设立条件的，可以向国务院保险监督管理机构提出开业申请。国务院保险监督管理机构应当自受理开业申请之日起六十日内，作出批准或者不批准开业的决定。决定批准的，颁发经营保险业务许可证；决定不批准的，应当书面通知申请人并说明理由。

（3）注册登记。保险公司在获得保险经营许可证后，还应当办理公司的登记注册，领取营业执照，方可对外营业。我国《保险法》规定保险公司在获得经营保险业务许可证之日起6个月内无正当理由未办理公司设立登记的，其经营保险业务许可证自动失效。

（三）保险公司的分设、变更、终止

1. 保险公司的分设

保险公司的分设是指保险公司设立分支机构和代表机构的行为。保险公司的分支机构是指保险公司依法定程序设立的，以本公司名义进行经营活动，其经营后果由保险公司承担的分公司或者其他分支机构。保险公司的分支机构不具有独立的法人资格，不能独立承担民事责任和义务，其民事责任由本公司承担；分支机构以本公司的名义从事保险活动，产生的法律后果也由本公司承担。保险公司设立分支机构必须经保险监管部门的批准，未经监管部门的批准，任何保险公司不得设立保险分支机构。

保险公司设立的另一种分支机构是代表处。保险公司的代表处是保险公司的派驻机构，主要从事咨询、联络、市场调查等非经营性活动。代表处的行为必须来源于保险公司的授权，代表处不得从事热合经营性的活动。设立代表处同样需要经保险监管部门的批准。

2. 保险公司的变更

保险公司的变更是指保险公司在存续期间内法定事项的变更。保险公司的变更必须经保险监管部门的批准，未经批准不得进行保险公司的变更。

3. 保险公司的终止

保险公司的终止是指依法设立的保险公司因为法定事项的出现或者经保险监管机构的批准，关闭其营业机构而停止从事保险业务。保险公司终止的法定原因主要有：经保险监管部门的批准而解散，但经营人寿保险业务的保险公司除分立合并外，不得解散；因违法经营被吊销保险业务许可证；被依法宣告破产。保险公司终止应当进行清算。

二、保险经营规则

（一）保险经营的特点

(1) 保险经营具有负债性。所谓负债性是指保险公司通过收取保费建立起来的保险基金，是对投保人的负债，保险公司一旦出现经营不善或者亏损，不仅影响保险公司的利益，更主要是损害广大投保人的利益。

(2) 保险经营具有保障性。所谓保障性是指保险的宗旨是分散风险，当出现保险事故时对投保人或者被保险人进行赔偿或者支付保险金。通过赔偿或者给付来实现保险保障社会稳定的职能。

(3) 保险经营具有广泛性。所谓广泛性是指参加保险的投保人是各种各样的主体，保险的存在依赖于社会公众的参与。因此保险经营的好坏与社会公众的利益密切相关。

(4) 保险经营具有专门性。保险经营具有很强的专门性特点，保险公司以专门的数理统计为基础，保险费率的计算涉及诸多方面。

（二）保险经营规则

1. 分业经营

分业经营有两层含义，第一，同一保险人不得同时兼营财产保险业务和人身保险业务；第二，保险公司不得兼营法律规定之外的其他业务。由于保险业经营的风险较大，财产保险和人身保险技术要求层次不同，保费计算的基础、保险金的给付方式、承保的手续等各不相同；再加之如果允许保险公司兼营，势必扩大保险公司的业务、增加保险公司资金负担，减低保险公司的偿付能力，影响被保险人和受益人的利益和社会公益。[①] 我国《保险法》规定同一保险人不得同时兼营财产保险业务和人身保险业务，但是又同时规定经营财产保险业务的保险公司经保险监督管理机构核定，可以经营短期健

---

① 陈云中：《保险学》，五南图书出版公司，1984 年，第 196 页。

康保险业务和意外伤害保险业务。还规定保险公司不得兼营法律、行政法规规定以外的业务。我国事实上对保险经营采用分业经营的方式。这种模式是20世纪初及之前世界多数国家保险立法的通例，其目的是为了防止财产保险和人身保险资金的混用，影响长期人寿保险的偿付能力。但是随着保险的发展，这种模式并未在世界范围内得到普遍的认同，英国、瑞士、德国颁布的保险业法并未禁止财产保险和人身保险的兼营。混业经营在国际上逐渐成为一种趋势。

2. 责任准备金

责任准备金是指保险公司为了承担未到期责任或者未决赔款而从保费收入中提存的准备金。责任准备金分成未到期责任准备金和未决赔款准备金。责任准备金是为了支付保险公司的负债而提取的，保险公司随时准备用提取的责任准备金支付到期的债务，因此应当保证责任准备金的安全性和变现能力

3. 保险保证金

保险公司应当按照其注册资本总额的20％提取保证金，存入国务院保险监督管理机构指定的银行，除公司清算时用于清偿债务外，不得动用。

4. 再保险

为了降低保险公司经营的风险，保障被保险人的合法权益，通常保险公司会采取再保险的方式进一步分散保险公司承保的风险。再保险业务由分入保险和分出保险构成，分出保险是指保险公司将自己直接承担的保险业务部分转让给其他保险公司承保的保险方式；而分入保险则是指保险公司接受其他保险公司承保的部分业务的保险方式。

5. 保险公司的偿付能力

保险公司的偿付能力是指保险公司承担保险责任应当具有的经济补偿能力和支付能力。为了保证保险公司的偿付能力，应当有一系列的维持保险公司偿付能力的相应的制度，这些制度包括有：最低偿付能力制度、准备金和公积金提取制度、财产保险业务自留保险费的限制、自负责任的法定再保险、危险控制方法的健全等方面。

我国《保险法》对这些制度作出了相应的规定：保险公司应当具有与其业务规模相适应的最低偿付能力。保险公司的实际资产减去实际负债的差额不得低于保险监督管理机构规定的数额；低于规定数额的，应当增加资本金，补足差额。经营财产保险业务的保险公司当年自留保险费，不得超过其实有资本金加公积金总和的四倍。保险公司对每一危险单位，即对一次保险事故可能造成的最大损失范围所承担的责任，不得超过其实有资本金加公积金总和的10％；超过的部分，应当办理再保险。

6. 保险资金的运用

保险资金包括资本金、各项准备金、公积金、未分配利润等，保险资金是保险公司偿付能力的保证。安全性是保险公司运用资金出发点和归属，为了保证资金的安全法律对保险资金的运用和比例限制作出了相应的规定。我国《保险法》规定：保险公司的资金运用必须稳健，遵循安全性原则，并保证资产的保值增值。保险公司的资金运用，限于在银行存款、买卖债券、股票、证券投资基金等有价证券、投资不动产和国务院规定的其他资金运用形式。

三、保险业监督管理

（一）保险业监管的方式

对保险公司的监管主要有三种方式，即公告管理、规范管理和实体管理。

公告管理是指国家对保险业的经营管理不作直接的监督，仅规定保险公司必须按规定的格式和内容定期将经营的结果呈报主管机关并予以公告。根据呈报的情况，政府可以对保险公司的偿付能力作出评价。英国曾经采用这种方式。

规范管理是指国家制定指导保险业经营管理的一些基本准则，并监督执行。这种方式下只规定监督管理的准则，对保险经营中的重大事项，如最低资本限额、资产负债表的审查及违反法律规定的处罚都作了明确的规定，如果保险公司违反则依规定承担相应的法律责任。但政府对保险公司的业务经营、财务管理及人事等方面则不加以干预。荷兰曾经采用这种管理方式。

实体管理是1885年瑞士创立的，并为奥地利德国所效仿。这种方式除了规定应遵守准则而外，在保险公司创立时还必须经政府的许可。经营开始后，自始至终都要受政府的监管。实体管理是所有的保险监管中最严格的一种。目前世界上各国保险法大体都采用这种方式。

（二）保险业监督管理的机构和职责

在我国，保险业监督管理机构是成立于1998年的中国保险监督管理委员会（简称中国保监会），该机构是国务院直属事业单位。根据国务院授权履行行政管理职能，依照法律、法规统一监督管理全国保险市场，维护保险业的合法、稳健运行。

保监会监督管理职责有：

（1）审批保险公司及其分支机构、保险集团公司、保险控股公司的设立；会同有关部门审批保险资产管理公司的设立；审批境外保险机构代表处的设立；审批保险代理公司、保险经纪公司、保险公估公司等保险中介机构及其分支机构的设立；审批境内保险机构和非保险机构在境外设立保险机构；审批保险机构的合并、分立、变更、解散，决定接管和指定接受；参与、组织保险公司的破产、清算。

（2）审查、认定各类保险机构高级管理人员的任职资格；制定保险从业人员的基本资格标准。

（3）审批与社会公众利益有关的保险险种、依法实行强制保险的险种和新开发的人寿保险险种等的保险条款和保险费率，对其他保险险种的保险条款和保险费率实施备案管理。

（4）依法监管保险公司的偿付能力和市场行为；负责保险保障基金的管理，监管保险保证金；根据法律和国家对保险资金的运用政策，制定有关规章制度，依法对保险公司的资金运用进行监管。

（5）对政策性保险和强制保险进行业务监管；对专属自保、相互保险等组织形式和业务活动进行监管。归口管理保险行业协会、保险学会等行业社团组织。

（6）依法对保险机构和保险从业人员的不正当竞争等违法、违规行为以及对非保险机构经营或变相经营保险业务进行调查、处罚。

（7）依法对境内保险及非保险机构在境外设立的保险机构进行监管。

学习总结与拓展

【关键词】

保险 保险危险 保险利益 近因原则 最大诚信 保险人 投保人 被保险人 受益人 人身保险 财产保险 原保险 再保险 共同保险 射幸合同 保险代理人 保险经纪人 保险公估人 保险价值 保险金额 保险费 保险赔偿金 投保单 暂保单 保险单 保险凭证 代位追偿 分业经营 保险准备金

【思考题】

1. 如何理解保险法基本原理?

2. 最大诚信原则在保险中有什么意义并怎样体现?

3. 如何理解可保利益?

4. 什么是代位追偿? 如何行使代位追偿权?

5. 保险混业经营的利弊分别是什么?

6. 德国金泰戈尔有限责任公司承租中国瑞其销售有限责任公司一座楼房经营，为预防经营风险，德国金泰戈尔有限责任公司将此楼房在中国保险公司投保500万元。中国静安保险公司同意承保。于是，德国金泰戈尔有限责任公司交付了一年的保险费。9个月后德国金泰戈尔有限责任公司结束租赁，将楼房退还给中国瑞其销售有限责任公司。在保险期的第10个月该楼房发生了火灾，损失300万元。德国金泰戈尔有限责任公司根据保险合同的约定向中国静安保险公司主张赔偿，并提出保险合同、该楼房受损失的证明等资料。中国静安保险公司经过调查后拒绝承担赔偿责任。根据以上材料回答如下的问题:

(1) 该楼房可否投保?

(2) 德国金泰戈尔有限责任公司提出赔偿的请求有没有法律依据?

(3) 中国静安保险公司拒绝赔偿的法律依据何在?

7. 2000年4月1日生病在家的李小姐与上门推销保险的业务员签订了保险合同。李小姐请业务员代填投保书。投保书健康询问栏的事项为: 0健康。1残疾。2低能。3癌症、肝硬化、癫痫病、严重脑震荡、精神病、心脏病、高血压。业务员觉得这些与李小姐情况不符，就留了空白，没有填写。李小姐阅后，没有异议，签了字。保险公司在核对时也没有注意这点，签发了保险单。2001年3月15日，李小姐因病亡故。受益人向保险公司申请给付保险金。保险公司在审核时发现，李小姐在投保时就已经重病在家，而李小姐没有将真实情况告知保险公司。保险公司拒付。受益人不服，起诉到法院。

请问本案该如何判决? 为什么?

8. 王某系厂汽车司机，2006年10月，他所在单位为职工统一投保了“团体人身意外伤害保险”，每个职工保险金额为1万元，保期一年。单位领导对此未在公众场合公告或宣布受益人指定为单位的问题，只是在职工会上讲为职工投保了团体人身意外险。被保险人王某当时未参加会议，但后来听人讲过，也未指定受益人。2007年3月3

日，被保险人王某在驾驶车辆途中不幸撞车身亡，保险公司根据条款规定，给付被保险人保险金 1 万元，保险金受益人为其单位，王某的亲属以该单位侵权行为为由向法院提起诉讼。

问：谁是这笔保险金的受益人？

9. 某公司有一座仓库，董事会责成经理对仓库投保火灾险。公司经理在保险公司陈述时称仓库堆放金属零件和少量的汽车轮胎，无易燃易爆物品。保险公司以该仓库处在居民区，周围的火源比较多，为安全起见，反复声明易燃易爆物品对仓库安全的意义。但某公司经理称没有问题。保险公司遂与某公司订立了仓库火灾保险合同。在合同生效的第三个月，保险公司发现该仓库里还堆放了 20 桶汽油，汽油属于高度危险物品，保险公司当即要求某公司将汽油立即转移出去，但某公司表示没有其他仓库存放，拒绝转移汽油。保险公司决定解除该保险合同。在合同解除的第三天，仓库发生火灾，损失 100 万元。某公司认为保险合同是双方签订的，保险公司无权单方解除，故合同继续有效，保险公司应当赔偿损失。结合上述材料思考以下问题：

(1) 某公司投保时的陈述是否符合保险法的规定？

(2) 保险公司在订立保险合同时的说明有何意义？

(3) 某公司在仓库里堆放汽油属于保险法规定的何种行为？

(4) 保险公司能否单方面解除保险合同？

(5) 某公司能否要求保险公司赔偿损失？

10. 2010 年 7 月 20 日，红星有限责任公司与 A 航空公司办理了货物托运手续，委托航空公司运 200 台液晶电视机，总货款 60 万元。同日，红星有限责任公司又在长安保险公司投保了运输保险，保险金额为 60 万元。红星有限责任公司交付了保险费，保险公司出具了保险单。飞机在降落时，发生机械故障，机身剧烈抖动，致使 200 台电视机全部损坏。红星有限责任公司向保险公司索赔，保险公司审查了全部有关材料，确认后赔付红星有限责任公司 60 万元。赔付后，向航空公司提出追偿。航空公司拒绝赔付，理由是与保险公司没有任何关系。保险公司起诉，以航空公司为被告，红星有限责任为第三人。请问红星公司是否有权要求航空公司赔偿？

【阅读资料】

1. 《中华人民共和国保险法》及司法解释。
2. 江朝国：《保险法基础理论》，中国政法大学出版社，2002 年。
3. 林宝清：《保险法原理与案例》，清华大学出版社，2006 年。
4. 徐卫东：《保险法学》，科学出版社，2004 年。
5. 马永伟：《各国保险法规制度对比研究》，中国金融出版社，2001 年。
6. 黎建飞：《保险法教程》，北京大学出版社，2009 年。
7. 傅延中：《保险法论》，清华大学出版社，2011 年。

第七章 破产法

【学习提示】破产法是处理破产事件的专门法律，其意义在于提供一套企业处于破产状态下公平清理债务的程序规范和实体规范，以及拯救企业免于破产的重整程序与和解程序。学习破产法，要注意理解破产原因，能够界定破产财产，熟悉破产程序并懂得破产法规定的一系列权利。尤其要理解破产程序开始的法律效力以及破产宣告的法律效力。此外，也要了解重整程序与和解程序的启动、运行及其法律效力。

第一节 导 论

一、破产概念与特征

（一）破产的概念

“破产”一词，源于拉丁语“falletux”，即“失败”的意思。英语的破产谓之“bankruptcy”，其原意指“银行垮了”。我国古代汉语释义“破产”为“倾家荡产”。可见，这个词语所描述的是事业失败的一种状态。一般而言，破产是指债务人不能清偿到期债务的事实状态。这种事实状态称之为事实上的破产，它主要用于描述债务人的经济状况。其表现形式多种多样，主要可以概括为两类：一类是指债务人丧失了继续经营事业的财产承受能力，另一类是指债务人发生了债务清偿不能的财务危机。

“破产”除了上述经济意义上的含义外，还具有法律意义上的含义。法律意义上的破产，指的是法院根据当事人的申请或依职权，对不能清偿到期债务的债务人所进行的一种特别程序，通过这种程序概括性地公平处理债务人和众多债权人之间的债权债务关系。与之相关则产生了与破产不可分离的法律术语，诸如破产原因、破产程序、破产人、破产财产、破产债权以及破产别除权、破产撤销权等。

（二）破产的特征

破产作为一种法律程序，具有以下几个特征：

（1）破产是一种法定偿债手段。当债务人不能清偿债务时，如何分配债务人的财产，如何满足多个债权人的清偿要求，必须用法律的强制性规定方能解决。

（2）破产以债务人不能清偿债务为前提。当债务人的生产经营状况发生恶化，信用能力崩溃，不能清偿到期债务时，债权人的债权即面临无法实现的危险。只有存在了此种事实，法院方可通过司法裁决对债务人的经济状态予以法律的承认。

（3）破产以公平清偿债务为宗旨。破产程序可以合理地协调多数债权人之间就债务人有限的财产如何受偿的利益冲突，防止因少数债权人优先受偿而损害其他同一顺位的债权人利益。

二、破产能力与破产原因

(一) 破产能力

破产能力是破产法上的专门术语，它表示债务人依法能够适用破产程序被宣告破产的资格。破产能力的意义在于，它构成了法院宣告债务人破产的必要条件，没有破产能力的债务人，法院不得宣告其破产，正如没有民事诉讼能力的人不能提起或参加民事诉讼一样。依法取得破产能力的债务人，不仅自己可向法院申请宣告自己破产，其债权人也可以向法院申请宣告其破产。由于破产能力源于破产法的特别规定，各国立法对于不同的民事主体是否具有破产能力，有以下几种不同的规定：

1. 自然人的破产能力

自然人是否具有破产能力，因各国破产法或商法典的规定不同而有所区别，分别采取两类做法：

(1) 一般自然人均具有破产能力。认为破产能力与民事能力是一致的，凡具有民事权利能力的人均具有破产能力。这种做法被称为一般破产主义。

(2) 商自然人具有破产能力。认为只有依据商法典具有商人资格是自然人才有破产能力，其他的自然人不具有破产能力。这种做法被称为商人破产主义。

2. 合伙的破产能力

对于合伙的破产能力，各国法及法理一般持肯定态度。合伙在法律上的地位视同自然人，其破产能力实际上是自然人的破产能力的变通适用。但是，合伙毕竟不同于单个自然人，各合伙人对合伙债务负无限连带责任，因此，在判断合伙的破产原因时，与其他民事主体有所不同，即只能当所有合伙人均不能清偿债务时，方可认为合伙企业“不能清偿”。

3. 法人的破产能力

法人是具有民事权利能力和民事行为能力的组织，以其全部财产承担民事责任，自从法人制度出现以来，其破产能力就备受重视。从公私法的角度划分，法人有公法人和私法人两类：公法人为机关法人，各国法及学理一般认为其不具有破产能力。[①] 私法人又包括公益性法人和营利性法人。其中公益性法人的破产能力一般得到法律的认可，但是特别法可能会限制其适用破产程序。营利性法人有破产能力毫无疑问，但有的国家对特种行业的企业法人的破产能力予以限制，例如银行、信托、证券交易、保险、铁路交通、邮政通信、城市公共交通、公用事业等企业，事关国计民生，故有的国家虽不排除其破产能力，却在破产程序的具体运用上有所限制。

关于外国法人的破产能力问题，原则上同内国法人。在实务上一般存在三种情形：其一，外国法人与内国法人具有相同的破产能力。其二，外国法人经内国主管机关认可，承认其法人地位的，内国法院可宣告其破产。其三，未经内国主管机关认可的外国法人，仅以其在内国有营业所或财产者为限，视其为非法人团体而宣告破产。

---

① 美国破产法却赋予了公法人以破产能力，其破产法典第9章就称为“市政债务调整”(Adjustment of debts of a municipality)，规定有“市政破产”。

《中华人民共和国企业破产法》（以下简称《破产法》）关于破产能力的规定基本上采用是商人破产主义，除了企业法人具有破产能力之外，合伙企业也具有破产能力。[①]

（二）破产原因

破产原因又称破产界限，是指认定债务人丧失债务清偿能力，法院据以启动破产程序、宣告债务人破产的法律标准。关于破产原因的立法体例主要有两种：一是破产原因的列举主义，主要以英国破产法和美国1978年前的破产法为代表；二是破产原因的概括主义，被大陆法系国家采用。

1. 列举主义下的破产原因

英美法系破产法认为，具有破产能力的债务人只有在从事了破产行为（Acts of Bankruptcy）的情况下才可能提起或被提起破产程序。可见，破产行为是债务人所为构成开始破产程序先决条件的行为，是破产申请的原因。英国1914年《破产法》第1条列举了若干破产行为，比如：债务人将与全体债权人的利益有关的财产交付或转让给一个或多个受托管理人；债务人将其在英国或其他地方的财产全部或一部欺诈性地交付、赠与、让与或转移；债务人向个别债权人优惠地转让财产；债务人为了拒付或延付债权人利益而离开英国，或迟不回国，或逃离居所而隐匿，或居家不出；债务人（因其他债务）被提起强制执行程序，其财产已被扣押，或者其财产已被司法执行官变卖，或被司法执行官查封达21天以上；债务人按规定的格式提出申请说明其无力清偿，或者提出了对抗自己的破产申请的；债务人拒不或者无法履行破产公告所确定的义务；债务人已经通知任何债权人，他已经或者将要暂停清偿债务的。

2. 概括主义下的破产原因

大陆法系各国破产法以不能清偿（can not pay）、债务超过（insolvent）和停止支付（cease to pay）三种术语来概括破产原因。这种立法例有利于法院灵活处理各种复杂情形下的破产案件，赋予法院宣告债务人破产以较大的自由裁量权。我国《破产法》在破产原因上采取概括主义。该法规定："企业法人不能清偿到期债务，并且资产不足以清偿全部债务或者明显缺乏清偿能力的，依照本法规定清理债务。"可见，我国《破产法》对于破产界限规定了可供选择的两个原因：一是企业法人"不能清偿到期债务"且"资产不足以清偿全部债务"；二是企业法人"不能清偿到期债务"且"明显缺乏清偿能力"。

（1）不能清偿，或称之为清偿不能、支付不能，是指债务人以其现有的财产、信用以及技术手段等客观上不能偿付已届清偿期的债务。在判断"不能清偿"时，应符合三个要件：债权债务关系依法成立，债务履行期限已经届满，债务人未完全清偿债务。

（2）停止支付，是指债务人明示或默示地表示其不能支付一般债务的行为。停止支付与不能清偿虽不是同一概念，却有密切的联系。债务人欠缺清偿能力时，其外部特征即表现为停止支付，但是并非在任何情况下，债务人停止支付均表明其无清偿能力。对于债权人而言，只要债务人停止支付，便有理由认为其已无清偿能力，可据此向法院申请对债务人开始破产程序。但从另一方面说，债务人停止支付并不必然表明其丧失清偿能力，债务人可以举证进行抗辩。因此，停止支付只是破产的推定原因，是债务人可以

① 见《中华人民共和国企业破产法》第135条，《中华人民共和国合伙企业法》第92条。

用事实与证据推翻的原因。采用商人破产主义的国家通常以停止支付作为破产原因。我国《破产法》中未使用停止支付的概念，而采用了“明显缺乏清偿能力”的描述。

(3) 债务超过，又称“资不抵债”，是指债务人的资产不够清偿其所负的全部债务。我国《企业破产法》中采用“资产不足以清偿全部债务”来描述“债务超过”这一概念，法律将“债务超过”与“不能清偿”情形并列规定为破产原因，二者缺一不可。值得注意的是，债权人对于债务人的资产与负债作出评价及发现其债务超过是有困难的。因此，对债权人来说，向法院申请宣告债务人破产时，只需提交证据证明企业不能清偿到期债务即可。债务人有权通过足以证明其资产能够偿付全部负债的相反证据提出异议。另一方面，对于债务人来说，是否资不抵债自己最清楚，因此，债务超过这一破产原因要起到应有的作用，主要靠债务人自己申请破产。比如《公司法》专门规定：“因公司解散而清算，清算组在清理公司财产、编制资产负债表和财产清单后，发现公司财产不足清偿债务的，应当立即向法院申请宣告破产。”

三、破产法基本原理

(一) 破产法的概念

破产法是破产制度的法律表现形式，是法院处理破产案件以及破产关系人行使权利的客观标准，是关于债务人不能清偿债务而适用破产程序或重整程序处理债务关系的法律规范的总称。

广义上的破产法包括三种程序：破产清算程序、和解程序和重整程序。从这个意义上看，破产法是为使各债权人获得公平受偿并对不能清偿到期债务的债务人提供重整机会或债务清算的一种特别程序。狭义上的破产法仅仅指破产清算程序，即清算型破产。①

不同的立法体例采用了不同的破产法概念。比如，美国 1898 年《破产法》采用了广义的概念，其中包括破产清算程序、和解程序及重整程序；德国 1999 年生效的《破产法》将所有的程序纳入其中，同样采用了广义的概念；日本则将破产程序、和解程序及重整程序单独立法，分别为破产法、和解法、公司更生法；而英国和我国台湾破产法独具特色，破产法包括破产程序与和解程序，重整程序则规定于公司法中。我国 2007 年 6 月 1 日起施行的《中华人民共和国企业破产法》也采用了广义的破产法概念，规定了破产清算制度、和解制度及重整制度。

(二) 破产法的制度价值

1. 使债权人公平受偿

公平是破产应当实现的最为重要的目标，同时也是破产程序应当贯穿始终的基本原则。破产制度的核心理念是在债务人丧失清偿能力时，使得全体债权人的债权最终公平实现。破产为债权人提供了保障债权债务关系公平、最终实现的途径。这种保障不在于满足个别债权人的利益，更不是要使债权人都获得全额的清偿，而是要做到对全体债权人公平和有序的清偿。这一理念体现在两个方面：

---

① 清算型破产和预防型破产是近现代之交才出现的对偶范畴。前者是指以破产清算为唯一目的的破产；后者则是指以破产预防如和解为主要目的的破产。

(1) 所有债权在破产程序开始时，视为到期。

在破产制度中，债务人被宣告破产时，其全部债权人的债权无论是否到期，均视为到期债权，依破产程序申报并接受分配。这一规则解决了未到期债权的债权人不能参加破产程序的分配因而无法保护债权的难题。

(2) 所有债权按顺序和比例接受分配。

首先，破产法按照一定的规则将所有债权区分顺序而为清偿。这是因为债权人的债权在实体法上的表现各式各样，尤其是对债务人的特定财产享有担保的债权人，期待从债务人的一般财产中获得优先清偿。因此，原则上对实体法上具有同一性质的债权人平等对待，而对于不同性质的债权人根据其差异拟订顺序来对待，是符合公平理念的。其次，当破产财产不足于清偿同一顺序的债权时，应当按比例清偿。

2. 使债务人获得拯救

现代破产制度的保障本位，由单纯的债权人利益向债务人利益方面倾斜，破产的功能也由消极走向积极，由一元走向多元。一方面，破产制度为债务人提供了免受讼累、一体解决债务清偿，乃至最后豁免未能偿还的债务的途径。按照传统的民事救济手段，各债权人个别诉讼，对于债务人的财产予以强制执行，当债务人的财产不足于清偿全部债务时，会导致债权人得不到公平清偿，从而导致信用危机，容易发生债权人过激的私力救济行为或者使得债务人陷入多重讼累，不利于市场经济的稳定和发展。因此，需要建立破产制度，通过特殊的强制性调整手段来解决债权人之间的矛盾，并对符合法定条件的诚实的债务人进行免责，以使其摆脱债务；另一方面，破产制度也为那些尚有挽救希望的企业提供了通过强制性和解或重整再振事业的机会，尽可能使那些有挽救可能企业通过重整的机会获得新生。预防型破产这一现代意义上的破产制度即体现了挽救债务人的功能。传统破产制度自建立了和解与重整制度以后，便完成了具有深远意义的变革，通过积极的拯救达到扭转债务人不利局面，实现社会利益的价值目标。

3. 维护社会经济秩序稳定

现代交易是一个相互联系的锁链，各交易主体均是这条锁链上的一环。对不能清偿到期债务的债务人及时宣告破产，规范退出秩序，以防止其与更多的主体发生交易，切断其债务的膨胀，有利于保护经济秩序的良性运行。同时，由于破产制度使得那些经营能力弱、经济效益差的市场主体被优胜劣汰的竞争机制所淘汰，社会资源流向具有优势的竞争主体，社会产业与产品结构在市场的调节下进行优化调整，社会资源财富得到有序的重新配置。

(三) 破产法处理债务的机理

债权债务关系是市场经济中的基本关系，处理债权债务关系的法律不少，如合同法、担保法等。合同法对债务关系的处理采取意思自治的方式，约定优先。担保法对债务关系的处理重在安全，通过担保方式保障债权安全。破产法处理债务关系的机理较为特别：一方面，为了解决债务大于财产的问题，破产法采用了法定程序分配财产、清理债务，形成了债权不能清偿但是却公平受偿，债务人被淘汰出局但却豁免了债务的形式公平的局面。这是一套在法院控制和管理人参与下运行的破产程序，费用不菲，因而当债权人唯一时，不存在公平受偿问题，无须启动破产程序。由此可见，作为破产还债规则的破产法应适用于存在多数债权人的情况；另一方面，为了拯救濒临破产的债务人从而使债权人的债权得以完整实现，破产法采取了具有意思自治因素但却在法律严格规定之下的重整程序与和解程序，使濒临破产的债务人处于破产法的监管保护之下，通过重整，获得复苏，使债权得以全部实现，使债务人免于破产。

（四）我国破产法的演变与特点

中国历史上第一部破产法，是1906年清廷在变法图强背景下颁发的《破产律》，由于官商利益冲突无法调和而于1908年被明令禁止实施。这部法律将宣告破产的权力交给地方政府和商会。1915年，北洋政府制定破产法草案，该草案将破产宣告的权力从地方政府和商会转移到法院，但该草案未能实施。1935年民国政府制定颁行《破产法》，该法设总则、和解、破产、罚则四章159条，至今施行于我国台湾地区。新中国成立后，1986年制定了《中华人民共和国企业破产法（试行）》，该法适用于全民所有制企业，1991年《中华人民共和国民事诉讼法》颁布，第19章规定了“企业法人破产还债程序”，适用于全民所有制企业以外的具备法人资格的其他企业。2006年8月27日，十届全国人大常委会第二十三次会议通过了新的《中华人民共和国企业破产法》，该法设总则、申请、重整、和解、清算等十二章共136条，于2007年6月1日起施行，原有的《企业破产法（试行）》同时废止。2007年修改《民事诉讼法》，删除了“企业法人破产还债程序”。至此，企业破产统一适用于《破产法》。此后，最高人民法院分别于2011年、2013年发布了《关于适用〈中华人民共和国企业破产法〉若干问题的规定（一）》、《关于适用〈中华人民共和国企业破产法〉若干问题的规定（二）》，明确了司法审判中的具体认定规则。

破产法在我国的演变，折射出我国社会经济的变动，反映了我国商法制度建设的情况。从商法视角来看，我国破产法有如下特点：①采用商人破产主义。该法适用于公司企业与合伙企业；②实行公力救济原则。对于债务人破产宣告，唯有法院有权依法作出，在破产程序外，包括债权人在内的任何机关、组织或个人均不得以任何方式对债务人宣告破产；③采取破产原因概括主义；④实行破产程序受理开始主义。受理开始主义是指破产程序以法院受理破产案件为标志。大陆法系国家大多采取破产宣告开始主义，认为在没有对债务人进行破产宣告之前，破产程序并没有开始。英美法系国家则采取破产受理开始主义，即破产程序开始于破产法院受理破产申请之时。需注意的是，破产程序开始并不必然导致破产宣告，如果能够通过重整、和解程序处理债务，可免于破产宣告。

第二节 破产程序

一、破产申请及受理

（一）破产申请

1. 破产申请人

破产申请人是有权向法院提出破产申请的人，一般包括债权人和债务人，但在特别法上，如公司法中，公司因解散而进行清算时，清算人发现公司财产不足以清偿债务的，也应向法院提出破产申请。破产申请人是否适格，直接关系到破产程序的合法性。

(1) 债务人为破产申请人。当债务人具有法律规定的破产原因时，可以向法院申请宣告自己破产。

(2) 债权人为破产申请人。债权人是按照约定或法定对债务人享有财产请求权的人。破产法律的制度价值之一就是公平保护债权人利益，故债权人可以通过申请债务人破产的途径来保护其权利。债权人是否享有破产申请权，有以下几条标准：

①债权人的破产债权必须属于无财产担保的普通债权和放弃了优先受偿权的有财产担保的债权。

②与破产债权相对应的破产债务已到履行期，债务人对此无力清偿。

③债务人不符合法律规定的可予免除的法定情形。

④提出破产申请的债权人的债权额必须达到一定标准。这种标准在国外通常有所规定，称之为“破产水平”(bankruptcy level)。例如英国新破产法规定，只有债权额等于或者大于750英镑的债权人，才能享有破产申请权。

我国《破产法》及相关司法解释对债权人享有破产申请权的标准未作规定，认为只要存在到期债权无法获偿的债权人均可提出申请。

(3) 依法负有清算责任的人为破产申请人。依照我国《破产法》的规定，企业法人已解散但未清算或者未清算完毕，资产不足以清偿债务的，依法负有清算责任的人应当向法院申请破产清算。

我国《破产法》规定，破产案件由债务人住所地人民法院管辖。据此，破产申请人应该向债务人住所地法院提出破产申请。

2. 破产申请的提出

破产申请是债务人或债权人向法院请求宣告债务人破产的意思表示，各国破产法均对这种意思表示的表现形式有或书面或口头的要求。

破产申请提出的期限，一般没有限制。只有特殊情形下，对破产申请的提出有限定，如英国《破产法》第4条1款规定：债务人的破产行为唯发生在破产申请前三个月内，债权人才有权据此提出破产申请。

3. 破产申请的法律效力

破产申请无论是否被法院所受理，均发生债权时效中断的效力，从中断时起，诉讼时效期间重新计算。

而破产申请提出后，申请人请求撤回申请是否准许，各国法律规定有所不同。有的采用法院许可主义，是否撤回由法院决定；有的采用任意撤回主义，在法院受理破产案件前，申请人可以任意撤回申请；还有采用有限制的自由撤回主义，即在法律有特殊规定的事由时不得撤回。我国《破产法》规定，破产申请人在法院受理破产申请前，可以请求撤回破产申请。

(二) 破产申请的受理

在实行破产程序受理开始主义的国家里，破产程序是以法院受理破产申请为开始标志的，在这种立法例中，破产程序一般包括受理程序、审理程序、宣告程序和分配清算程序。而在采用宣告开始主义的国家，破产程序的开始以对债务人宣告破产为标志，当法院对破产申请进行形式审查和实质审查后认为符合法律规定的，立即宣告债务人破产，从而开始破产程序。

我国《破产法》采用破产程序受理开始主义。破产申请的受理，是指法院经审查认为破产申请符合法定立案条件而予以接受。法院在接到破产申请后，应在法定期间内进行形式审查和实质审查，以作出受理或不受理的裁定。形式审查主要是审查法院对破产案件有无管辖权、破产申请人是否符合法律规定以及申请形式是否符合法律规定。实质审查主要是对被申请人是否具有破产能力、是否具有破产原因、债务人是否具有可分配的财产等进行审查。实质审查阶段应对恶意破产予以防止。[①] 恶意破产的情况包括：一是债务人有隐匿、转移财产等行为，为了逃避债务而申请破产的；二是债权人借破产申请毁损债务人商誉，意图损害公平竞争的。法院对上述情形的破产申请不予受理。经审查认为合乎法律规定的，法院应作出受理的裁定。对于法院不予受理的裁定，申请人有权提起上诉。

二、破产程序开始后的效力

不论是受理开始主义还是宣告开始主义，破产程序一旦开始，就会对债务人产生破产法上的法律约束力。为了防止债务人不当转让或非法处理财产，维护债权人的公平受偿利益，确保破产程序进行的严肃性，破产人在私法上的权利将受到限制。

（一）破产程序对破产人财产的影响

破产程序开始后，债务人被剥夺处分其财产的权利，其所拥有的财产交由法院指定的管理人，债务人的管理人员负有特别义务，债务人不能擅自清偿债务。破产法对破产人财产的限制，其目的在于防止破产债务人对其财产进行恶意处分而损害债权人一般利益。

（二）破产程序优先于民事程序

破产程序是概括的债务清理程序，目的在于一次执行债务人的全部债务，从而防止对债务人的财产为个别的民事执行。由于所有的无财产担保的债权人均须通过破产程序行使权利，故破产程序开始后，必须中止或终结对债务人的民事诉讼程序。我国《破产法》规定，法院受理破产申请后，有关债务人财产的保全措施应当解除，执行程序应当中止；法院受理破产申请后，已经开始而尚未终结的有关债务人的民事诉讼或者仲裁应当中止；在管理人接管债务人的财产后，该诉讼或者仲裁继续进行。[②]

三、债权申报与债权人会议

（一）债权申报

债权申报是指债权人在破产程序开始后法律规定的期限内，向法院或法院指定的机关呈报债权，以明确其参与破产程序行使权利的活动。债权申报是破产程序中的一项重要制度，是债权人参加破产程序并行使权利的前提。

各国破产法对债权申报的期间均有规定，但期限的长短及决定期限的方式各有不

---

① 所谓申请人恶意申请破产，是指申请人意图通过申请破产的方式达到某种不正当或者非法的目的。参见，李国光、奚晓明、曹士兵：《正确理解〈关于审理企业破产案件若干问题的规定〉》，中国法制出版社，2002年，第33页。

② 我国《破产法》第15条－21条规定了破产受理的效力。

同，有的直接由法律规定，有的则由法院依具体情况而定。我国《破产法》规定的债权申报期限，自法院发布受理破产申请公告之日起计算，最短不得少于三十日，最长不得超过三个月。

债权人申报债权后，发生两方面的效力：一是取得参加破产程序并行使权利的资格；二是债权的诉讼时效因债权申报而中断。若债权人未依法律申报债权，其法律后果在不同立法例上有不同的表现。其一，债权人未申报债权，程序法与实体法上的权利均归于消灭，即债权不复存在。其二，债权申报期限只具有程序上的除斥效力，债权人逾期未申报债权的，只发生不能参加破产程序的结果，即诉权丧失，而民事实体法上的债权依然存在。我国《破产法》明文规定："在法院确定的债权申报期限内，债权人未申报债权的，可以在破产财产最后分配前补充申报；但是，此前已进行的分配，不再对其补充分配。为审查和确认补充申报债权的费用，由补充申报人承担。债权人未依照本法规定申报债权的，不得依照本法规定的程序行使权利。"

需注意的是，债权人申报的债权，是否为破产债权，其性质如何、数额多少、是否有表决权，均不以申报为准，必须经法律规定的机关调查确认后，该债权才可获得破产债权的地位。

（四）债权人会议

债权人会议是一个外来概念，英语通常表达为"the creditors meeting"和"the creditors'meeting"，分别是"债权人会议"和"债权人的会议"。正好体现了债权人会议的双层含义：其一，由债权人组成的程序组织。它伴随着破产程序的开始而产生，破产程序终结后，其使命也宣告终结；其二，指一种集合性的程序活动。债权人会议是破产程序中全体债权人的意思表示机构，通过会议的形式对破产程序中重大事项的进行决定，并对破产程序予以监督。

1. 债权人会议的职权

债权人会议也是一种自治性机构，全体债权人在这一平台上对破产程序发表意见、讨论有关事项，通过债权人会议对有关破产事务做出决议。债权人会议的职权主要包括：核查债权；申请法院更换管理人，审查管理人的费用和报酬；监督管理人；选任和更换债权人委员会成员；决定继续或者停止债务人的营业；通过重整计划；通过和解协议；通过债务人财产的管理方案；通过破产财产的变价方案；通过破产财产的分配方案；

2. 债权人会议的工作机制

（1）债权人会议的召开。由于债权人会议是会议体机构，其工作通过召开会议的方式进行。债权人会议的召开分为法定召开与任意召开两种。比如第一次债权人会议是法定债权人会议，于破产程序开始后在法律规定的期限内必须召开。许多事项均在第一次债权人会议上产生，我国《企业破产法》的规定，第一次债权人会议由法院召集，自债权申报期限届满之日起十五日内召开。以后的债权人会议，在法院认为必要时，或者管理人、债权人委员会、占债权总额四分之一以上的债权人向债权人会议主席提议时召开。

（2）债权人会议的决议。债权人会议的决议，是指债权人会议在职权范围内，对会议议题进行讨论，由出席会议的有表决权的债权人通过表决，形成的一致意见或者决定。债权人会议的决议，不是某个或者某些债权人的利益体现，而是以表决实现多数或全体债权人的利益和愿望。

依法申报债权的债权人为债权人会议的成员，有权参加会议，享有表决权。债权人可以委托代理人出席债权人会议，行使表决权。但是，对债务人的特定财产享有担保权的债权人，未放弃优先受偿权利的，对特定事项不享有表决权。该特定事项有：核查债权、申请更换管理人、监督管理人、选任更换债权人委员会成员、决定继续或者停止债务人营业、通过重整计划、通过和解计划、通过破产财产分配方案。

依债权人会议决议的不同事项，法律区别了一般决议的表决和特殊决议的表决。决议通过与否采取双重标准，不仅有人数的要求，也有债权额的要求。我国《破产法》要求债权人会议的决议，一般情况下须由出席会议的有表决权的债权人的过半数通过，并且其所代表的债权额占无财产担保债权总额的1/2以上。

债权人会议一旦依法定程序形成，对全体债权人均有约束力。不论债权人是否出席会议，也不论债权人是否享有表决权，或者放弃表决权，或者表决时保留意见，更不论债权人是赞成决议还是反对决议，均受债权人会议决议的约束。如果债权人认为债权人会议的决议违反法律规定，损害其利益的，可以在债权人会议作出决议之日起十五日内请求法院撤销该决议，责令债权人会议依法重新作出决议。

(3) 债权人委员会。债权人委员会是债权人会议设立的破产监督机构，其职权主要有：监督债务人财产的管理和处分；监督破产财产分配；提议召开债权人会议等。

是否设立债权人委员会，由债权人会议决定。按照我国《破产法》规定，债权人委员会由债权人会议选任的债权人代表和一名债务人的职工代表或者工会代表组成，成员不超过九人，债权人委员会成员要经法院书面决定认可。

四、破产管理人

(一) 破产管理人概述

破产管理人制度是我国破产法从外国破产法律制度中引进的一种负责管理处分破产财产的制度。

管理人是指破产程序开始后，为了加强对债务人财产的管理，防止债务人随意处分财产，保护债权人利益，专门设置的负责实施对债务人财产的管理、清理、处分、变价、分配等事项的机构。[①] 这一专门机构在各国破产法上有不同的称谓，大陆法系一般称之为“破产财产管理人”，而英美法系则称为“破产信托人”(Bankruptcy Trustee)，日本法称之为“破产管财人”，在我国《破产法》上称为“管理人”。[②]

在实行破产程序宣告开始主义的国家，如法国、德国的破产法，法院宣告破产前，破产程序并未开始，债务人的民事主体地位未发生任何变化，其财产当然不受约束仍由债务人支配，法律没有理由设立专门的财产管理人接管债务人的财产。此时如有保护债务人财产的必要，则通过民事诉讼的财产保全措施，由法院来实现。只有当法院宣告债

① 安建、吴高盛主编：《企业破产法实用教程》，中国法制出版社，2006年，第26页。

② 我国《破产法》使用“管理人”而不是“破产管理人”，是因为管理人在重整过程中也有重要作用，不仅仅是破产管理。

务人破产，破产程序开始时，破产人财产始受破产法约束，由破产管理人接管破产人的财产。

而在实行破产程序受理开始主义的国家，以英国、美国为代表，则建立了分阶段的财产管理人制度。法院受理破产案件后至破产宣告前，债务人虽然没有被宣告破产，但破产程序已经开始，债务人不得管理和处分其财产，应当依法移交给法定的临时财产管理人（Official Receive，Interim Trustee）。在破产宣告后，已由临时财产管理人接管的财产转变为破产财产，则应当移交破产信托人实施占有、支配，并予以分配。

破产管理人是破产法上的重要机构，具有两大特征：一是临时性，它随着破产清算的开始而成立，随着破产清算的结束而解散，并不与破产程序共始终。其二是中立性，它是破产程序中所有利益冲突的焦点，地位独特：既为债权人利益而工作但又不代表债权人；代表破产人起诉应诉但也不代表破产人。即便对法院，也始终保持相当程度的独立性。

（二）破产管理人的选任

破产管理人的选任，依立法例有三种方式：

(1) 法院指定。法院为体现在破产程序中的主导地位，独立行使对破产案件的审判权，便于对破产程序的控制，在裁定开始破产程序时，选任破产管理人。包括如何任命破产管理人、任命何人为破产管理人、任命多少人为破产管理人，均取决于法院的决定。由法院指定的破产管理人向法院负责，并接受其监督。目前，法国、意大利、日本、伊朗等国立法例实行这种制度，法院指定是选任破产管理人的唯一方式。

(2) 债权人会议选任。实行此种立法例的国家认为，破产清算为债权人的共同利益而进行，负责破产清算事务的机构应当由债权人会议选任，才有助于保障债权人的利益，彻底贯彻债权人在破产程序中的自治精神。破产宣告后，召开债权人会议，由其选任破产管理人。在召开债权人会议或选出破产管理人前，破产清算程序不能因为尚未选出破产管理人而中止，为此，法院可以任命临时破产管理人负责破产清算事务。

(3) 债权人会议选任与法院指定相结合。破产管理人既可以由债权人会议选任，也可以由破产法规定的权力机关（如特定的国家行政机关、法院）指定。英国和我国台湾地区实行这种制度。

我国《破产法》对管理人采用的是法院指定的立法模式，但赋予债权人会议有申请更换权。管理人可以由有关部门、机构的人员组成的清算组或者依法设立的律师事务所、会计师事务所、破产清算事务所等社会中介机构担任。法律还专门规定了管理人任职的消极资格。管理人提供的管理是有偿服务。①

（三）破产管理人的职责

破产清算以破产管理人履行其职责为核心。原则上，破产管理人应当在其职责范围内活动进行活动，在职责范围以外的一切行为，不能对抗破产债权人、破产人等利害关系人，破产管理人超越职责范围所为管理和处分破产财产的行为后果，由破产管理人自己承担。如果破产管理人管理和处分破产财产的行为违反法律或债权人会议的决议，其

① 参见《最高人民法院关于审理企业破产案件指定管理人的规定》（法释〔2007〕8号）；《最高人民法院关于审理企业破产案件确定管理人报酬的规定》（法释〔2007〕9号）。

行为本身还是有效的，只是破产管理人须对其侵权行为承担赔偿责任。我国《破产法》规定管理人的职责主要有：接管债务人的财产、印章和账簿、文书等资料；调查债务人财产状况，制作财产状况报告；决定债务人的内部管理事务；决定债务人的日常开支和其他必要开支；在第一次债权人会议召开之前，决定继续或者停止债务人的营业；管理和处分债务人的财产；代表债务人参加诉讼、仲裁或者其他法律程序；提议召开债权人会议。

五、破产宣告与清算

（一）破产宣告

破产宣告是法院依法定程序对已经具备破产条件的债务人所作出的宣告其为破产人并进行破产清算的司法裁定。破产宣告使债务人真正成为法律意义上的破产人。根据多数国家的破产法规定，破产程序的开始以破产宣告为标志，也是开始对债务人财产进行概括性强制清算的标志。我国破产法关于破产程序，采取的是受理开始主义，法院受理破产案件后，破产程序就开始，但是这时法院并不一定宣告债务人破产，进入破产清算程序，还有可能通过和解、重整程序，使债务人与债权人就债务清偿达成协议，避免债务人被宣告破产。因此，我国的破产宣告，既可能发生在破产案件受理时，即法院受理破产案件时就宣告债务人破产，直接开始破产清算程序；也可能发生在破产程序的进行过程中，即破产申请受理以后，在破产程序进行过程中，法院依照《破产法》规定宣告债务人破产。

对债务人进行破产宣告，有的是根据利害关系人的申请作出，有的则是法院依据职权而作出的。根据绝大多数国家破产法的规定，法院应以根据申请而宣告债务人破产为原则，以职权主义为例外。各国立法例对法院宣告债务人破产的具体情形，均有规定。除原则规定债务人的破产原因外，主要限于和解不成立以及和解撤销两个方面。法院对有关当事人的申请进行形式审查和实质性审查，认为符合破产宣告条件的，作出宣告债务人破产的裁定。经审查认为不符合宣告破产条件的，驳回其申请。

破产宣告，法院以裁定的形式作出。其性质为司法审判行为，并发生破产法对债务人或债权人的法律效力。债务人被宣告破产后，债务人称为破产人，债务人财产称为破产财产，法院受理破产申请时对债务人享有的债权称为破产债权。破产宣告的裁定不能上诉，自作出之日起生效。破产案件由此转入破产清算程序。

（二）破产清算

破产宣告后，破产管理人接管债务人的全部财产，实施破产清算，其目的在于使所有的破产债权都能得到公平清偿。

1. 变现破产财产

为了将破产财产在各破产债权人之间进行公平分配，破产债权都应以金钱表示，以破产财产对各债权人进行分配，也应以金钱分配为原则。破产变现是破产分配的前提条件，各国破产法均对破产变现给予关注。

变现的基本原则是以最高的价格出售破产财产。为实现这一目的，在选择破产财产的具体出售方法上，破产管理人应作谨慎的考虑。变现的方法有拍卖、转让等。拍卖方式具有公平公正性，但成本较高，并不是任何情况下的理想选择。故各国立法和司法并未将出售方法仅仅限于拍卖，而是对财产的处理采取灵活方式。我国《破产法》规定，破产财产变价方案由管理人拟定，交债权人会议讨论通过并经法院裁定认可。如果未能通过，则由法院裁定。破产财产分配方案由破产管理人予以执行。

2. 分配破产财产

破产分配是指将破产财产依照法定顺序和程序分配给债权人的活动。破产分配是破产清算程序的关键性阶段。

对于破产财产分配的顺序，我国《破产法》规定，破产财产优先拨付破产费用和共益债务后，按照下列顺序清偿：

（1）破产人所欠职工的工资和医疗、伤残补助、抚恤费用，所欠的应当划入职工个人账户的基本养老保险、基本医疗保险费用，以及法律、行政法规规定应当支付给职工的补偿金；

（2）破产人欠缴的除前项规定以外的社会保险费用和破产人所欠税款；

（3）普通破产债权。

根据破产法上债权平等原则的要求，同类债权人的受偿比例应相同，即破产财产不足以清偿同一顺序的清偿要求的，按照比例分配。

六、破产程序终结

破产程序的终结，又称为破产程序的终止，是指在破产程序进行过程中发生法律规定的应当终止破产程序的原因时，由法院裁定结束破产程序。各国破产法对此均有规定。引起破产程序终结的法定事由主要有：

1. 破产程序因债务清偿或者债务处理而终结

破产程序因债务清偿而终结，是指在破产宣告前，第三人为债务人提供足额担保或者为债务人清偿全部到期债务，或者债务人通过重整、和解已清偿全部到期债务。法院应当裁定终结破产程序。债务人免于破产。

破产程序因债务处理而终结，是指法院受理破产申请后，债务人与全体债权人就债权债务的处理自行达成协议的，可以请求法院裁定认可，并终结破产程序。德国和日本破产法对此规定为“破产废止”。

2. 破产程序因财产不足而终结

当债务人的财产或破产财产不足以支付破产费用和共益债务时，经破产管理人或破产人的申请，法院裁定终结破产程序。管理人向破产人原登记机关办理注销登记。

3. 破产程序因破产分配完毕而终结

破产程序进行的主要目的，在于用破产财产清偿全体债权人的债权，当破产财产分配完毕，程序进行的目的就不再存在，故应终结破产程序。这是破产程序终结最常见、最基本的方式。管理人向破产人原登记机关办理注销登记。

七、追加分配与复权制度

（一）追加分配

追加分配是指在破产终结后一定期间内，发现可供分配的财产时，经法院许可而实行的补充分配。在我国，由于管理人在破产程序终结以后已不存在，因此追加分配应由法院负责实施。自破产程序因债务人财产不足以清偿破产费用或者无财产可供分配而终结之日起二年内发现破产人财产时，债权人可以请求法院按照破产财产分配方案进行追加分配，但财产数量不足以支付分配费用的，不再进行追加分配，由法院将其上交国库。

（三）复权制度

复权是指依照法律规定的程序解除破产债务人因破产宣告而受到法律限制，从而恢复其固有权利的制度。

复权与失权是相对应的概念。出于对经济信用及品德方面的考虑，破产宣告后，破产人某些权利受到不同程度的限制，如秘密通讯自由、居住迁徙自由、消费的限制；破产人不得担任公司经理、股份公司的董事、合伙人；破产人充当律师、会计师、公证人等资格也受到限制。

由于复权重在回复自然人因破产而在法律上受到限制的权利和资格，故复权仅对破产的自然人有法律上的意义。破产人为法人的情形，不发生复权问题。目前，我国破产法律制度仅适用于企业法人，故立法上并没有对复权制度的相关规定。仅有《公司法》《商业银行法》中对破产企业的主要负责人的任职资格予以相关限制。[①]

第三节　破产债权与破产财产

一、破产债权的含义及范围

（一）破产债权的含义

破产程序的目的之一是为了分配破产财产，实现破产债权。破产债权始终是破产法上的中心范畴。破产债权是指可以通过破产程序对破产财产获得清偿的债权。由于破产法是实体法和程序法的统一，破产债权的内涵也应置于实体与程序两个层面加以分析。从程序的角度讲，破产债权是依破产程序申报并依破产程序受偿的财产请求权，即形式意义上的破产债权。从实体法的角度讲，破产债权是在破产程序开始前成立的对债务人享有的债权，即实质意义上的破产债权。实质破产债权是形式破产债权的基础权利，但是，实质破产债权若不依法转化为形式破产债权，在破产程序上则没有任何意义。只有形式破产债权才能依破产法接受破产分配。

破产债权具有以下五个特征：

（1）破产债权是财产请求权。只有当债权是能够以债务人的财产为给付内容时，才能接受清偿。纯粹以不作为为内容的请求权，不能作为破产债权。但是因为债务人违反不作为给债权人造成损害的损害赔偿请求权，可以作为破产债权。

（2）破产债权应当是在法院受理破产案件时对债务人享有的债权。法院受理破产案件的时间，是决定某一债权是否属于破产债权的时间界限。只要债权的成立原因于破产

① 我国《公司法》第147条第3项规定：担任破产清算的公司、企业的董事或者厂长、经理，对该公司、企业的破产负有个人责任的，自该公司、企业破产清算完结之日起未逾三年不得担任公司的高级管理人员。这意味着三年之后可以担任公司高级管理人员。虽然这不是复权制度的体现，但是也具有恢复任职资格的性质。

程序开始前已有效存在，而不论该债权在破产程序开始时是否已发生效力，都应属于破产债权。

(3) 破产债权必须是具有法律强制执行力的债权。破产程序在实质上是一种概括的强制执行程序，因此参加破产程序的债权必须是受法律保护且能够予以强制执行的债权。不能强制执行的债权如劳务之债、已超过诉讼时效而债务人仍表示愿意履行之债等，不属于破产债权。

(4) 破产债权是必须依破产程序进行申报并行使的债权。破产债权必须在法律规定的期限内进行申报。若债权人未依法律规定申报债权，便不能行使表决权等程序上的权利，也不能依破产程序实现债权。但其实体法上的权利并不因未申报而消灭。

(5) 破产债权是破产申请时享有而在破产宣告之后存在的债权。也就是说，在破产宣告之前，对债务人享有的债权不一定是破产债权，如果债务人通过重整、和解而免于破产，债权人的债权就不具有破产债权的性质。一经法院宣告债务人破产，一般债权转换为破产债权。

(二) 破产债权的范围

广义的破产债权的范围包括三项：劳动债权、税收债权、普通破产债权。狭义的破产债权指普通破产债权，即破产宣告前成立的无财产担保的债权或者有财产担保而未能受优先清偿或者放弃优先受偿权利的债权。

二、破产财产的含义及构成

(一) 破产财产的含义

破产财产是破产程序开始时由债务人所有的财产及财产权利所构成的财产性集合体。外国破产法尤其是大陆法系均使用“破产财团”(Bankrupt Estate) 来表述。[①] 我国《破产法》采用“债务人财产”这一概念，债务人财产是指破产申请受理时属于债务人的全部财产，以及破产申请受理后至破产程序终结前债务人取得的财产。除债务人所有的货币、实物外，债务人依法享有的可以用货币估价并可以依法转让的债权、股权、知识产权、用益物权等财产和财产权益，人民法院均应认定为债务人财产。债务人财产与破产财产有着直接关系，当债务人被宣告破产后，债务人财产转换为破产财产。

破产财产有以下几个特征：

(1) 破产财产必须是破产人的责任财产。所谓责任财产，指财产持有人或者占有人得以之承担清偿债务责任的财产，原则上只限于破产人自己享有所有权的财产。

(2) 破产财产受破产管理人的占有和支配。破产管理人对破产财产享有专属支配权，非经其同意，任何人都不得占有、使用和处分破产财产。因此，法定的不由破产管理人占有和支配的财产，不属于破产财产。

(3) 破产财产是法律明文规定范围内的财产。破产财产一般受法律的限定，不同的立法主义对破产财产在时间和空间上有不同的规定。例如在固定主义下，破产财团仅仅以破产人在破产宣告时所拥有的财产为限；而在膨胀主义下，破产财产不仅包括债务人

① “破产财产”是我国破产法使用的概念，“破产财团”是诸如德国、日本使用的概念。二者不仅仅是术语上的差别，其所指的性质并不相同：“破产财团”被认为具有法人资格或者具有民事主体地位，而非单纯的权利客体。

在破产宣告时所拥有的财产，还包括债务人在破产宣告后至破产程序终结时所取得的财产。

（二）破产财产的范围

破产财产的范围从时间标准和空间标准两方面结合确定。

1. 空间限制

从空间上对破产财产进行限制，世界各国主要采取了两种立法原则：一是普及主义（universalism），二是属地主义（territorialism），三是折中主义。在属地主义原则下，在一国宣告的破产，在破产财产的构成上仅仅以破产人位于破产宣告法院所在地国的财产为破产财产，而对位于国外的财产并不当然具有效力。而在普及主义原则下，因实行"一人一破产"，在一国对债务人的破产宣告，对破产人位于其他国家的财产发生效力，即债务人在世界各国的财产均构成破产财产。折中主义认为应将破产人的财产按动产和不动产来区分，对破产人的动产适用普及主义，对破产人的不动产适用属地主义。无论是采取普及主义抑或属地主义，各国破产法大多对此作出明文规定。

我国《破产法》基本上采用的是破产普及主义，破产效力及于债务人在中国境外的财产。

2. 时间限制

各国对于破产财产的时间范围主要采取两种标准：一是膨胀主义，二是固定主义。所谓膨胀主义，乃指破产财产的构成范围并不以破产申请或破产宣告为基准，而是突破此界限，不断向后"膨胀"，包括债务人在破产宣告后至破产程序终结时所取得的财产。此立法例以法国为典型，英国、意大利等国从之。所谓固定主义，是指将构成破产财产的时间基准"固定"在破产申请或者破产宣告的时间点上，破产财产仅仅以破产人在此时拥有的财产为限。固定主义以德国为代表，日本、美国亦采之。

我国《破产法》采取破产财产膨胀主义。破产财产包括破产宣告时属于债务人的全部财产，以及破产宣告后至破产程序终结前债务人取得的财产。

第四节 破产程序中的实体权利

一、破产取回权

（一）破产取回权的概念

破产宣告后，由破产管理人实际占有、管理的财产集合体并非破产财产，因为其中既有应作为担保物权的标的物，又有自始不属于破产人所有的标的物。对于属于他人所有的财产，权利人可不依破产程序而直接从破产管理人处取回，此乃破产程序中的取回权。破产取回权是基于民法上的原因而享有的权利，只是因为物的权利人将其实体法上的权利行使于破产程序中，故称之为取回权。我国《破产法》规定：法院受理破产申请后，债务人占有的不属于债务人的财产，该财产的权利人可以通过管理人取回。

取回权具有以下特征：

（1）取回权的标的物非属破产人所有。这是取回权的基本特征，使之与别除权区分开来。

(2) 取回权据以存在的实体法上的权利，须于破产宣告前成立。

(3) 取回权以所有权及其他物权为基础，具有物权特性。

(4) 取回权是不依破产程序行使的权利。取回权只能向破产管理人主张。

破产取回权是为了消除或者纠正破产管理人占有管理的现实财产，同法定分配财产之间的不一致现象而设立的权利制度。其作用有二：一是有助于财产权利人回复对财产的权利；二是有助于破产管理人纠正占有他人的不能用于分配的财产现象，将他人财产剔除于破产财产之外。

破产取回权按照成立的基础不同，可以分为一般取回权和特殊取回权。

(二) 一般取回权

一般取回权是指财产权利人依民法上物的返还请求权，从破产管理人处取回其财产的权利。

取回权不依破产程序而为，权利人可直接向破产管理人主张取回权，并不以诉讼为必要。只有破产管理人否认其取回权时，取回权人才以破产管理人或债务人为被告提起诉讼，请求法院确认其权利。与之相适应，破产管理人也得以诉讼的方式请求法院否认主张的取回权。

(三) 特殊取回权

特殊取回权是相对于一般取回权而言的，一般取回权以破产人已经占有标的物为特征，特殊取回权以破产人或破产管理人即将占有标的物为特征。依行使取回权的主体不同，特殊取回权具体又分为出卖人的取回权和行纪人的取回权两种。

(1) 出卖人取回权，指异地买卖成立后，尚未收取全部价款的卖方，在发运货物后而买方尚未收到货物前即被宣告破产的，可以取回在运途中的货物的权利。这一制度起源于英国的中途停止发运权（Right of stoppage in transit），后被大陆法系国家广泛采用，称之为追及权。现今已发展成为各国破产法上的通常制度。我国《破产法》第39条亦对出卖人取回权作出了特别规定，同时也赋予了管理人的对抗权——管理人可以全额支付价款，请求出卖人交付标的物。出卖人行使取回权并非适用于所有的买卖合同，其适用范围有限，必须同时满足下列四个要件：A、适用于异地买卖；B、出卖人已将货物发送而买受人尚未收到；C、买受人在受领货物前被宣告破产；D、买受人尚未付清全部货款。

(2) 行纪人取回权，是指行纪人为委托人的利益发送货物后，委托人在尚未收到货物时被宣告破产的，可以取回已发送的货物的权利。在行纪关系中，委托人如未付清托买的货物价金而被宣告破产，行纪人的地位和处境与买卖关系中的出卖人无异。所以，行纪人取回权实际是出卖人取回权的扩张适用。

二、破产撤销权

撤销权是指破产程序开始后，破产管理人请求法院对破产债务人在破产程序开始前法律规定的期限内实施的有害于破产关系人利益的行为予以撤销的权利。日本称为“否认权”，英美则称之为“否决权”（Avoiding Power）。

(一) 与民法撤销权的区别

破产程序中的撤销权，是民法上撤销权制度在破产程序中的延伸，其内在的逻辑机理均为保护债权人的利益，但二者在行使的程序和要求等方面，仍存在差异。

（1）行使主体不同。民法撤销权一般由当事人或者利害关系人行使；破产法上的撤销权概由破产管理人行使，破产债权人不得自行主张撤销权。

（2）行使对象不同。民法撤销权的对象是当事人存在表意瑕疵的合同[①]以及债务人损害债权人利益的财产处分行为[②]。破产撤销权仅针对特定条件下的债务人损害其他债权人利益的财产处分行为和不公平清偿行为。

（3）行使时间不同。民法撤销权行使的时间通常为当事人或债权人知道或者应当知道撤销事由之日起一年内。破产撤销权只能在破产程序开始前一年内或者六个月内行使。

（二）撤销权的构成要件

（1）债务人在破产程序开始前有损害债权人利益的行为。这种有害的行为既包括有偿行为也包括无偿行为，前者如优惠转移财产、非正常压价出售财产；后者如放弃财产权利、赠与财产等。总之，这些行为导致债务人财产减少且影响了债权人按破产程序进行分配。各国破产法均对可撤销的行为有明文规定。我国《破产法》列举规定了可撤销的六种行为：无偿转让财产的；以明显不合理价格进行交易的；对没有财产担保的债务提供担保的；对未到期债务提前清偿的；放弃债权的；不公平清偿债务的。[③]

（2）该行为发生于破产程序开始前法律规定的期间内。可撤销行为必然发生在破产程序开始之前，但并非程序开始前任何时间内所为的行为均为可撤销行为。我国《破产法》规定，法院受理破产申请前一年内，债务人处分财产和权利而损害债权人利益的行为可以被申请撤销，法院受理破产申请前六个月内，债务人濒于破产而对个别债权人清偿的行为可以被申请撤销。

（三）撤销权的行使对象

从法理来看，可将撤销权的对象抽象为：对非正常交易的撤销、优惠的撤销和无偿撤销三种。

（1）对非正常交易的撤销。非正常交易即债务人在破产程序开始前法律规定的期间内，以明显低于市场价格的价格（under value）销售其财产，从而损害债权人的行为。在大陆法系破产法上，被称为非正常价格出售财产的行为。这种行为损害了债权人的共同利益，违背了保障债权人利益的原则，因此属于可撤销的行为。

（2）对优惠行为的撤销。优惠行为是指，债务人在破产程序开始前法律规定的期间内，债务人已经存在破产原因，却对个别债权人给予优于其他债权人的待遇，对个别债权人进行清偿。该行为加剧了对其他债权人清偿的困难，破坏了“债权人地位平等”、“债权人公平受偿”的基本原则，是一种不公平清偿行为。

（3）对无偿行为的撤销。债务人在破产程序开始前法律规定的期限内所为的无对价的行为，足以使债务人财产减少而危及债权人利益，其危害性远远大于非正常交易和优惠行为。故只要客观上存在无偿行为，无论债务人主观上有无损害债权人的意思，均得

---

① 如我国《合同法》第54条规定的可撤销合同。

② 如我国《合同法》第74条规定的撤销权，我国《物权法》第195条规定的撤销权。

③ 我国《破产法》第31条，第32条。

以撤销。

（四）撤销权的行使与效力

撤销权由破产管理人以诉讼的方式请求法院为之。在撤销权诉讼中，破产管理人为原告，破产债务人和相对人为被告。破产管理人向法院起诉行使撤销权，一般来说，撤销权否认了财产和权利处分的效力，因此在撤销权行使后，管理人有权追回特定财产和权利。

与之相关，我国《破产法》专门规定了追回权，即管理人对债务人不当处分财产有依法追回的权利。所谓不当处分财产，包括管理人因行使撤销权所涉及债务人不当处分的财产和权利，以及债务人逃避债务而隐匿、转移财产，债务人虚构债务或者承认不真实债务所流失财产。①

三、破产抵销权

抵销权是指破产债权人在法院裁定开始破产程序时，对破产债务人负有债务的，不论给付种类是否相同，也不论其债权是否到期，均有不依破产程序以其对债务人的债权抵消其对债务人所负债务的权利。所谓“不依破产程序”即指不受破产分配方案的影响。抵销权实际上是破产债权人以其债权与其对破产债务人所负的债务互为抵消的形成权，此种权利的行使，对债权人颇为有利，等于用属于破产企业的债权清偿自己的债权，而不必依破产分配方案受“损失清偿”。我国《破产法》规定：债权人在破产申请受理前对破产人负有债务的，可以向管理人主张抵销。

（一）与民法抵销权的区别

破产抵销权渊源于民法上的抵销权，是民法抵销权在债务人破产的情形下的扩张适用。民法抵销权的一般规定，在与破产抵销权不相冲突的前提下，有着通常的适用性。但后者毕竟根据需要予以了加工和改造，融进了破产程序的特殊因素，使二者之间产生了如下差异：

（1）目的不同。民法抵销权的设立目的，主要在于简化交易程序，节省当事人的时间、精力和耗费；后者的设立目的则主要在于维护特殊破产债权人的合法权益，贯彻公平原则。

（2）主体不同。民法抵销权只要符合抵销条件，双方当事人均可行使；破产抵销权只能由破产债权人主张行使。管理人不得主动抵销债务人与债权人的互负债务，除非抵销使债务人财产受益。

（3）条件不同。民法抵销权的行使要满足互负债务、债务种类相同、履行期届满这三个条件；破产抵销权出于保护债权人利益的考虑，只要具备破产债权人对破产债务人负有债务这一条件，即可抵销，不受债务种类和履行期限的限制。

（二）抵销权的行使

我国《破产法》规定，债权人行使抵销权的，应向管理人主张。抵销权的行使应符合实体条件和程序条件。

---

① 我国《破产法》第34条。

1. 实体条件

实体条件是指法律规定不得抵销的情形。我国《破产法》规定以下情形不得抵销：

(1) 债务人的债务人在破产申请受理后取得他人对债务人的债权的；

(2) 债权人已知债务人有不能清偿到期债务或者破产申请的事实，对债务人负担债务的；但是，债权人因为法律规定或者有破产申请一年前所发生的原因而负担债务的除外；

(3) 债务人的债务人已知债务人有不能清偿到期债务或者破产申请的事实，对债务人取得债权的；但是，债务人的债务人因为法律规定或者有破产申请一年前所发生的原因而取得债权的除外。

2. 程序条件

程序条件是指抵销权行使的方式、时间等。债权人向管理人主张抵销权，管理人收到债权人提出的主张债务抵销的通知后，经审查无异议的，抵销自管理人收到通知之日起生效。管理人对抵销主张有异议的，应当在约定的异议期限内或者自收到主张债务抵销的通知之日起三个月内向法院提起诉讼。

四、破产别除权

别除权，是指对破产人的特定财产享有担保权的权利人，就破产人特定财产在破产程序中享有区别于其他债权、除外于破产费用和共益债务的优先受偿权利。

(一) 别除权的法律特征

(1) 别除权以担保权为基础。债权人根据“物权优于债权”的法则，对设置担保的债权享有优先受偿的权利，在债务人破产的特殊情形下，仍为破产法所继续承认，演变为别除权。

(2) 别除权是就破产人的特定财产所行使的权利。别除权的标的物属于破产财产，这是别除权区别于取回权的特征。

(二) 别除权的基础权利

别除权在破产法上的形成，必须依赖于民事实体法上相关的基础权利，前者实际上是后者在特殊形态下的反映。别除权的基础权利是担保权，主要有担保物权和特别优先权。担保物权包括抵押权、质权、留置权。特别优先权是法律规定优先于担保物权和其他债权的一种优先权，如我国合同法第 286 条规定的建设工程价款优先受偿权

(三) 别除权的行使

行使别除权应符合以下条件：

(1) 对特定财产享有担保权的债权人应依照破产程序向管理人申报债权并提交担保权证据。若逾期未申报，不仅丧失别除权的优先性，而且连普通债权的资格也得不到认可。

(2) 别除权人依法律规定的程序处分标的物并优先受偿。

(3) 行使别除权后没有就担保物优先受偿的债权部分，转为普通债权。放弃别除权的，其债权作为普通债权。

五、破产费用和共益债务

(一) 破产费用

破产费用，是指在破产程序开始后发生的因处理破产事务发生的费用。包括：

(1) 破产案件的诉讼费用；

(2) 管理、变价和分配债务人财产的费用；

(3) 管理人执行职务的费用、报酬和聘用工作人员的费用。

(二) 共益债务

共益债务，是指破产程序开始后发生的与债务人、管理人有关的债务。包括：

(1) 因管理人或者债务人请求对方当事人履行双方均未履行完毕的合同所产生的债务；

(2) 债务人财产受无因管理所产生的债务；

(3) 因债务人不当得利所产生的债务；

(4) 为债务人继续营业而应支付的劳动报酬和社会保险费用以及由此产生的其他债务；

(5) 管理人或者相关人员执行职务致人损害所产生的债务；

(6) 债务人财产致人损害所产生的债务。

(三) 破产费用和共益债务的清偿

破产费用和共益债务发生后，由债务人财产随时清偿。债务人财产不足以清偿所有破产费用和共益债务的，先行清偿破产费用。债务人财产不足以清偿所有破产费用或者共益债务的，按照比例清偿。债务人财产不足以清偿破产费用的，管理人应当提请人民法院终结破产程序。

第五节 和解与重整

一、和解

(一) 和解制度的含义与特点

破产和解制度首创于比利时，其标志是 1883 年颁行的《预防破产之和解制度》。关于和解制度的立法存在两大主义：大陆法系的和解分离主义，即将和解程序与破产程序分别设置，至于何时开始何种程序，债务人有选择的权利，此二者之间并无硬性的先行后继关系。英美法系实行和解前置主义，法院在宣告债务人破产之前，应首先实行和解，和解是必经程序，和解不成的方能开始破产宣告程序。

所谓和解制度，是指债务人存在破产原因时，向法院申请与债权人就延长债务清偿期限、减免部分债务等事项达成经法院认可的和解协议并予以执行的制度。和解制度是为了克服破产制度的消极因素而创设的一项使债务人免于破产并可减少债权人损失的债务清理制度。

和解制度具有以下特征：

(1) 和解以债务人向法院提出和解申请为必要。是否开始和解程序取决于债务人的

选择，这是和解制度区别于重整制度的特点

(2) 和解协议的成立取决于债权人的双重多数表决同意；即出席会议的有表决权的债权人过半数同意，并且其所代表的债权额占无财产担保债权总额的三分之二以上。

(3) 和解协议的成立必须经法院的许可；

(4) 和解有优先于破产程序的效力。但是当和解协议不能执行时，法院应裁定宣告债务人破产；

(5) 和解协议无强制执行力。当债务人不履行和解协议时，法院不得强制其执行，而是经法院裁定终止和解协议执行。

近年来，由于未能触及债务人的生产经营能力以及难以从根本上解决其清偿能力，破产和解制度受到新兴的重整制度的有力挑战。德国、日本、我国台湾地区的破产和解制度纷纷改革，美国、英国开始启用替代性纠纷解决机制和公司自愿安排程序等非正式、非固定的程式替代破产和解制度。

（二）和解程序

1. 提出和解申请

和解申请只能由债务人向法院提出，其他任何利害关系人均不得提出和解申请，法院也不得依职权开始和解程序。这是各国破产法一致承认的规则。和解的关键在于债务人的诚意，只有债务人具有诚意，债权人才能同意和解，也才能保障债权人的权利。而债务人提出和解申请，正是表明其诚意及原动力之所在。

至于债务人应当在什么时候提出和解申请，在不同国家有不同的做法。在实行和解分离主义的国家，债务人在具有破产原因的情形时，即可主动向法院提出和解申请。在实行和解前置主义的国家，只有在法院受理当事人的申请，进入破产程序以后，但还没有宣告债务人破产之前，债务人可以向法院提出和解申请。债务人向法院提出和解申请时，应递交和解计划草案，提出和解条件。和解条件是债权人所关注的实质性问题，包括：债务人的财产状况、债务人清偿债务的方法及期限、担保和解协议执行的措施等。和解的条件应当对所有债权人平等，除非债权人自愿接受不平等条件。

我国《破产法》规定：债务人可以直接向法院申请和解；也可以在法院受理破产申请后、宣告债务人破产前，向法院申请和解。

2. 法院审查申请

法院审查的目的在于审核债务人是否符合法律规定的和解条件。当法院经审查认为符合破产法规定条件的，应当作出准许和解的裁定，并予以公告。

3. 债权人会议对和解协议草案做出决议

和解协议是破产和解程序的关键环节，和解协议的达成与否，和解协议的执行与否，直接决定了和解程序功能的实现与否。债权人会议决议和解协议草案，应按照特殊决议的表决方式进行。我国《破产法》规定：债权人会议通过和解协议的决议，须由出席会议的有表决权的债权人过半数同意，且所代表的债权额占无财产担保债权总额的三分之二以上。

4. 法院对于和解协议的认可或者否定

债权人会议通过的和解协议并不当然具有法律约束力，还需要法院的认可。法院对债权人会议通过的和解协议进行审查，若和解协议符合法律规定并切实可行，法院应裁定认可，同时终止和解程序，并予以公告。若和解协议未获得人民法院认可，人民法院应当裁定终止和解程序，并宣告债务人破产。

（三）和解协议的效力

和解协议是债务人与债权人会议所达成的，关于债务分期清偿或减少清偿以避免适用破产程序的书面协议。自法院公告和解协议或中止破产程序之日起，该和解协议生效。其法律效力主要表现在以下方面：

1. 和解协议对于破产程序的优先效力

各国立法均承认和解协议优于破产程序：有破产申请与和解申请同时并存的，法院应首先审查和解申请；在破产程序开始后达成和解协议的，经法院认定后，应当中止或终结破产程序，优先适用和解协议规定的清偿债务的条件。

2. 和解协议对于债务人的效力

和解协议使债务人免受破产程序的约束。但是债务人由此受和解协议的约束，具体表现在：

（1）债务人应当无条件地执行和解协议。

（2）债务人未完成和解协议前，不得对个别债权人给予和解协议以外的特殊利益。

（3）债务人依和解协议相对的免责。如债务人将按照和解协议规定的清偿期还债，而不必即时清偿；和解协议免于清偿的部分不再清偿。

3. 和解协议对于债权人的效力

和解协议一经债权人会议通过并经法院许可，对债务人和全体和解债权人均有约束力。债权人应当按照和解协议中规定的债权额、清偿期等接受清偿，不得于程序之外接受债务人的个别清偿。但是，和解协议对于有财产担保的债权人以及发生在和解协议生效之后的债权，不发生影响。对债务人的特定财产享有担保权的权利人，自法院裁定和解之日起可以行使权利。自和解协议执行完毕时起，债权人按和解协议减免的债务不再获得清偿。

（四）和解废止

和解废止，是指和解协议成立后被法院裁定无效，以及和解协议生效后，由于债务人不能执行或者不执行和解协议，法院依债权人的申请裁定终止执行和解协议的情形。

由于债务人的欺诈或者其他违法行为而成立的和解协议，法院裁定其无效，并宣告债务人破产。但和解债权人因执行和解协议所受的清偿，在其他债权人所受清偿同等比例的范围内，不予返还。

法院裁定终止执行和解协议的，宣告破产。和解债权人在和解协议中作出的债权调整的承诺失去效力，但为和解协议的执行提供的担保继续有效，和解债权人因执行和解协议所受的清偿仍然有效，和解债权未受清偿的部分作为破产债权。

二、重整

（一）重整制度的概念及特征

重整制度是一种新兴的破产制度，又名“重组”（reorganization）、“恢复”（rehabilitation）、“司法康复”或者“更生”，我国破产法称之为“重整”。该制度是指经由利害关系人申请，在法院的主持和利害关系人的参与下，对已具有破产原因或有破产原因之虞而又有再生希望的债务人，进行生产经营上的整顿和债权债务关系的清理，以挽救其生存的特殊法律程序。

重整制度的产生，归根结底，在于企业出现不能清偿到期债务并且资产不足以清偿全部债务或者明显缺乏清偿债务能力时，究竟如何处理的问题。重整制度是一种积极的拯救程序，本质上属于破产预防程序体系的组成部分，其主要目的不在于如何对债务人的财产进行公平的分配，而在于积极拯救已具备或者可能具备破产条件而又有再生希望的债务人。因此，重整有自身的特点：

（1）重整对象的特定化。因重整程序代价巨大、耗资惊人，多数国家将重整限定在较小的范围内，通常适用于规模较大、其破产倒闭对社会经济影响较大的法人企业。

（2）程序启动的私权化。重整可由债权人提出，可由债务人提出，也可由公司的股东提出，但法院不能依职权启动。

（3）过程的公权化。重整程序较之任何破产程序都更多的贯彻了国家干预主义。

（4）程序的优先化。重整程序不仅优于一般民事执行程序，而且优于破产清算程序与和解程序。

（5）目标的多元化。重整程序不仅要清偿债务人的对外负债，更要从根本上恢复其生产经营能力。

（二）重整制度与和解制度的比较分析

重整程序与破产清算程序有许多相同或者相互交叉的地方，如二者都是破产程序中的制度，都是为避免债务人进入破产清算程序而设置的，都是依照法律规定具有强制性的特点（和解协议或者重整计划对全体债权人均有约束力），都必须以法院的准许为成立条件。

作为两个相互独立的程序，二者仍然存在较大的差异：

（1）目标不同。尽管预防破产是二者共同的终极目的，但和解重在清偿，只能消极的避免而不能积极的预防债务人受破产宣告或受破产分配；重整的目的则在于拯救企业，是积极的挽救而非消极的防止和避免。

（2）适用对象不同。和解的适用对象与破产的适用对象相同，既适用于自然人，也适用于法人及合伙，较之重整的范围宽泛。多数国家的重整制度均以公司为特定的对象，严格限制其适用范围。

（3）申请人不同。和解只能由债务人提出申请，而重整的申请人包括债务人、债权人、债务人的出资人。

（4）效力不同。重整的法律效力高于和解。和解协议生效后，对债务人的特定财产享有担保权的债权人不受其约束；而重整程序一经开始，对所有的债权人包括有财产担保的债权人都产生效力，担保权人也必须参加重整程序。

（5）措施不同。和解的措施较为单调，主要靠债权人的让步，给债务人以喘息的机会而获得清偿手段。重整措施则更丰富，除债权人的减免债务或延展偿付期限外，还可以将企业整体或部分转让、租赁经营等。

（三）重整的程序

1. 重整程序的开始

重整程序的开始涉及如下几个方面的问题。

（1）重整开始的条件：①债务人必须具有重整原因，即债务人不能支付到期债务或有不能支付之虞的事实。②债务人有重建的希望。如果债务人无挽救的希望而开始重整程序，最终也难免破产，因此只有具备再建可能的企业才能获得重整机会。③存在重整前提，即债务人所处的法律状态要符合法律规定。若债务人已被作出破产宣告或正在公司解散后的清算中，则不可再行开始重整程序。

（2）申请重整。申请重整，是债务人、债权人、债务人的投资人请求法院对债务人开始重整程序的意思表示，是法院裁定对债务人适用重整程序的重要依据。申请人一般应以书面形式表达，而不能口头申请。法院接到重整申请后，应在法定的期间内对重整申请进行审查，以作出受理或不受理的决定。

法院经审查认为重整申请符合规定的，裁定债务人重整并予以公告。在重整期间，经债务人申请，法院批准，债务人可以在管理人的监督下自行管理财产和营业事务。

2. 重整计划

重整程序中存在两种计划，一为重整计划，二为清算计划。重整计划是指以旨在维持债务人的继续营业，谋求债务人的再生并清理债权债务关系为内容的协议。类似于和解程序中的和解协议。清算计划则是以偿债为唯一目的的计划，一旦重整计划不能通过或不能执行、甚至重整程序被废止，清算计划即可实施。因此，只有重整计划在重整程序中才具有实质意义。

我国《破产法》规定：重整计划草案的内容有：①债务人的经营方案；②债权分类；③债权调整方案；④债权受偿方案；⑤重整计划的执行期限；⑥重整计划执行的监督期限；⑦有利于债务人重整的其他方案。

重整计划的草案制定后，应交由债权人会议讨论通过。债权人会议的表决方式颇具特色，将债权人按不同标准分为若干小组，再以小组为单位进行分别表决，然后按各组表决的结果计算关系人会议表决的结果。我国《破产法》将其分为：有担保债权、劳动债权、税收债权、普通债权四组，并规定出席会议的同一表决组的债权人过半数同意重整计划草案，并且其所代表的债权额占该组债权总额的三分之二以上的，为该组通过重整计划草案。债务人的出资人代表可以列席讨论重整计划草案的债权人会议，重整计划草案涉及出资人权益调整事项的，设出资人组对该事项进行表决。各表决组均通过重整计划草案时，重整计划即为通过。人民法院经审查认为重整计划符合法律规定的，裁定批准重整计划，终止重整程序。重整计划草案未获得通过或者已通过的重整计划未获得批准的，人民法院裁定终止重整程序并宣告债务人破产。

重整计划生效后，对所有的关系人均有约束力。债权人未申报债权的，在重整计划执行期间不得行使权利；在重整计划执行完毕后，可以按照重整计划规定的同类债权的清偿条件行使权利。但是，债权人对债务人的保证人和其他连带债务人所享有的权利，不受重整计划的影响。

3. 重整计划终止和完成

（1）重整计划终止。债务人不能执行或者不执行重整计划的，法院经管理人或者利害关系人请求，裁定终止重整计划的执行，并宣告债务人破产。人民法院裁定终止重整计划执行的，债权人在重整计划中作出的债权调整的承诺失去效力。债权人因执行重整计划所受的清偿仍然有效，债权未受清偿的部分作为破产债权。

(2) 重整计划完成。重整计划的执行人按计划的规定完成了重整工作，达到了维持公司事业、恢复公司清偿能力的重整目的，称之为重整完成。完成重整工作后，应当通知、公告并召集重整后的首次股东大会。首次股东大会的召开，标志着重整公司自此恢复常态。按照重整计划减免的债务，自重整计划执行完毕时起，债务人不再承担清偿责任。

学习总结与拓展

【关键词】

破产　破产法　破产能力　一般破产主义　商人破产主义　破产原因　不能清偿　停止支付　债务超过　破产申请　破产受理　债权人会议　破产管理人　破产宣告　破产财产　取回权　别除权　撤销权　抵消权　破产债权　破产费用　共益债务　破产财产的分配顺序　追加分配　复权　和解　和解协议　重整　重整计划

【思考题】

1. 试分析破产制度与有限责任制度的关系？
2. 如何理解我国破产法规定的破产原因？
3. 破产裁定受理有哪些法律效力？
4. 破产宣告有何法律效力？
5. 既然债权人会议是全体债权人的自治组织，那么能否认为破产管理人是债务人利益的代表？为什么？
6. 重整、和解与破产清算制度有何区别？
7. 某无线电厂是一家大型国有企业。该厂因长期管理不善，连年亏损，资不抵债，无力清偿到期债务，于2000年7月1日向法院申请破产。法院依法受理案件后，查明该厂现有资产的状况是：企业现有资产1027万元，其中固定资产620万元，包括企业向某电缆公司租赁的机器两台；流动资产127万元。法院确认了78户债权人具有债权人资格。其中，在银行某分行795194元债权中，有本金578715元系抵押债权。另外清算组在审查债权中发现，该国有企业在2000年2月20日以低于市场价60%的价格变卖了一台无线机器。在破产宣告后，清算组与其中1名债权人某电机公司签订了一项合同，在履行合同过程中，电机公司因自身原因造成合同无法实施，应赔偿30000元，但电机公司提出要用其债权抵销。

问：本案中所涉及的债权应该如何处理？

8. 某商贸公司系国有企业，公司成立之初，全部资产为310万元。商贸公司成立后，在激烈的市场竞争中，经营决策屡屡失误，加之公司内部管理混乱，至1998年1月负债达650万元，已呈现严重的不能清偿到期债务的状况。经某县商业局同意，商贸公司于1999年2月向某县人民法院提出破产申请。某县人民法院受理本案后，对本案如何处理争议较大，主要有两种观点：第一种观点认为，应按《企业破产法》规定的破产程序宣告公司破产。其理由是商贸公司由于经营管理不善，严重亏损，负债累累，而且政府有关部门拒绝资助以帮助其清偿债务，商贸公司已丧失清偿到期债务的能力，应依法破产；第二种观点认为，商贸公司不能宣告破产，应由某县商业局承担连带清偿责任。其理由是，商贸公司处于临破产边缘。但是商贸公司隐瞒企业经营状态，在大大超出其履行能力的情况下，继续与他人进行经济行为，其行为有明显的欺诈性。作为上级主管部门的商业局对此是知道的，却放任其行为，理应对此承担责任。因此本案不应该宣告破产。

问：商贸公司是否应该破产？

9. N市纺织厂是一家全民所有制企业，该厂自1992年以来，在传统的计划经济向市场经济转轨过程中，由于经营管理不善，产品缺乏创新，致使产品滞销。从1992年开始，连年亏损。当地政府曾采取一系列措施，试图挽救该厂，但该厂状况未见好转，致使亏损额越来越大。到1998年12月，企业债务已高达1943.5万元，而该企业资产和债权也只有965.5万元，且企业大部分资产作了银行贷款的抵押。1998年12月28日，该厂的债权人某银行向N市中级人民法院申请纺织厂破产。中级人民法院在接到债权人申请后，经审查后认为可以立案，在规定的时间内通知了已知的债权人，并于1999年1月10日公告要求纺织厂所有的债权人申报债权，决定在1999年3月18日召开第一次债权人会议。纺织厂在法院受理破产案件后的第3天，及时地向其债权人之一机电设备公司清偿了200万元的债务。根据公告，法院于1999年3月18日主持召开了第一次债权人会议。会议确认债权人16家，债权累计1640万元，其中包括交通银行N市分行含财产抵押债权800万元。3月20日，中级人民法院裁定宣告纺织厂破产。3月24日，成立了纺织厂破产清算组，清算组决定把该厂整体拍卖，所得收益由全体债权人按比例受偿，清算组的财产处理和分配方案经债权人会议表决通过。

问：在本案处理中，哪些做法不合法？

10. 南翔物流有限责任公司因严重亏损，已无法清偿到期债务。2006年6月，各债权人上门讨债无果，欲申请南翔公司破产还债。

问：按照新破产法，下列各债权人中谁有权申请南翔公司破产？

A. 甲公司：南翔公司租用其仓库期间，因疏于管理于2005年12月失火烧毁仓库。B. 乙公司：南翔公司拖欠其燃料款40万元应于2004年1月偿还，但该公司一直未追索。

C. 丙公司：法院于2005年10月终审判决南翔公司10日内赔偿该公司货物损失20万元，该公司一直未申请执行。

D. 丁公司：南翔公司就拖欠该公司货款30万元达成协议，约定于2006年10月付款。

【阅读资料】

1.《中华人民共和国企业破产法》及司法解释。

2.《〈中华人民共和国企业破产法〉释义及实用指南》，中国民主法制出版社，2006年。

3. 汤维建：《破产程序与破产立法研究》，法院出版社，2001年。

4. 王卫国等：《破产法：原理·规则·案例》，清华大学出版社，2006年。

5. 李飞：《当代外国破产法》，中国法制出版社，2006年。

6. 王欣新：《破产法论坛》(系列)，法律出版社，2008年。

7. 奚晓明：《〈人民法院破产程序法律文书样式（试行）〉和〈管理人破产程序工作文书样式（试行）〉适用与解读》，法律出版社，2012年。

第八章 海商法

【学习提示】海商法是调整海上运输关系和船舶关系的法律。海上运输及其船舶关系，不仅纷繁复杂，而且风险巨大。海商法吸收了长期形成的海事惯例，对纷繁复杂的关系和巨大的风险损失加以细致缜密、相对合理并可操作的规定。这是在学习海商法时，除了解海上运输关系和船舶关系、船舶与船员、海事合同、海事事故处理相关知识和法律规定之外值得认真体会的。

第一节 导 论

一、海商法的概念和特征

(一) 海商法的概念

海商法是调整海上运输关系和船舶关系的法律规范总称。所谓海上运输关系，是指基于海上货物运输和旅客运输所发生的关系以及与海上运输有关的其他关系。如海上拖航关系、船舶碰撞关系、共同海损关系等。所谓船舶关系，是指基于船舶而发生的船舶所有权、船舶抵押权、船舶优先权、船舶租赁、船舶登记等关系。海商法有广义海商法和狭义海商法之分。广义的海商法是指调整海上运输关系和船舶关系的所有法律规范；狭义的海商法专指以法典形式表现的海商法，如海商法典。通常所指的海商法是广义上的海商法。

我国海商法律规范主要有1993年7月1日起施行的《中华人民共和国海商法》(以下简称《海商法》)，该法规定了船舶、船员、海上货物运输合同、海上旅客运输合同、船舶租用合同、海上拖航合同、海上保险合同、海难救助、共同海损等十五章共计278条。2000年7月1日实施的《中华人民共和国海事诉讼特别程序法》(以下简称《海事诉讼特别程序法》)。

(二) 海商法的特征

1. 海商法是兼有国际性的国内法

海商法是各主权国家依据自己的海运政策，为规范海上运输行为所制定的法律规范。因此，毫无疑问，海商法是国内法。只是由于海上运输的国际性，决定了海商法具有较强的国际性，这种国际性主要体现在海商法所调整的法律关系具有的涉外性；海商法的渊源涉及诸多国际条约、国际惯例。各海运国家在制定本国海商法时，不可能不受这些条约、惯例的影响，实际上各海运国也都或多或少地批准或加入了有关海商法方面的国际条约；即使没有批准或加入有关国际条约，在立法的时候一般也尽量与有关国际条约靠拢。

我国《海商法》吸收借鉴了相关国际条约。如关于海上货物运输的法律规范分别来自《海牙规则》、《维斯比规则》以及《汉堡规则》；关于船舶抵押权和船舶优先权的法律规范主要来自《1967 年关于统一船舶优先权及船舶抵押权若干法律规定的国际公约》；关于海上旅客运输的法律规范主要来自《1974 年海上旅客及其行李运输雅典公约》，等等。

2. 海商法是兼有公法性的私法

海商法中所规定的事项，大都涉及平等主体之间的权利义务关系，故海商法属于私法，海商法虽然是私法，但国家为贯彻海事政策，维护海上安全，在海商法中也有关于海商事项管理的规定，体现出了海商法的公法性。海商法中的大部分法律规范属于私法规范，如涉及海商合同、船舶的物权和债权、共同海损、海难救助等方面的法律规范.它们是有关法人和自然人利益的私法规范；也有少数公法性质的规范，如有关船舶航行权、船员待遇、船舶登记和检验、运输管理的规定等，都是公法性质的规定。据统计，我国《海商法》中有关合同关系的法律规范共有 130 个条款，其中属强制性规范有 16 条，其余 114 条均属任意性规范。我国《海商法》妥善地处理了合同关系中的强制性规范与任意性规范的区别，使法律的适用更加明确。

3. 海商法具有很强的技术性和专业性

海商法是一门与船舶和航海专业密切联系的法律。它涉及船舶、航海、船员、货物的运输与管理等专业和技术。海商法中间所涉及的许多问题，是一个事实问题，需要具体问题具体分析，比如对船舶适航的认定、船舶碰撞责任的划分都和具体的技术相关。这一特性要求海商法的理论学习及研究者以及司法工作者注意掌握必要的有关航海专业知识，同时考虑到海商法的特殊性，才能正确理解海商法的精神，妥善处理有关海事纠纷。因此，海商法具有技术法的特征。

4. 海商法所规定的赔偿责任具有限制性

为促进航海事业的发展，各国政府对从事海运活动的人，在法律上都给予特别的保障。为此，各国立法和国际公约都设置了责任限制制度。如承运人责任限制制度、海事赔偿限制制度等。按照责任限制制度，责任人只在法律规定的限额内负赔偿责任，超过规定限额的，责任人不负赔偿责任。

5. 海商法所规范的活动具有特殊风险性

海上运输及其他海上业务活动，较之其他业务活动具有明显的特殊风险。为防止和避免这些特殊的风险，海商法上逐渐建立起了一系列的特殊制度，如共同海损制度、海难救助制度、船舶碰撞制度、海上拖航制度、海上保险制度等，都是海商法中古老而特殊的制度。这些特殊的法律制度是其他法律所不具备的，是专门为海上特殊风险而设计的。即使其他领域也存在类似制度，海商法的有关制度也有其特殊性，例如在海上保险法中，就有其他保险领域所没有的保险委付制度。[①]

二、海商法的适用范围

海商法的适用范围一般包括适用船舶、适用水域和适用事项等。

（一）适用船舶

任何海上运输关系，都离不开船舶。因此，基于船舶而发生的各种关系也成为海商法的调整对象之一。例如，船舶所有关系、船舶抵押关系、船舶优先权关系、船舶租用关系等，都属于船舶关系的范围。船舶关系可以发生在平等主体之间，也可以发生在不平等主体之间，前者如船舶所有关系、船舶抵押关系、船舶优先权关系、船舶租用关系等；后者如船舶登记关系、船舶检验关系、船舶航行权关系等。

依据海商法的规定，海商法适用的船舶是指海船和其他海上移动装置，但不包括适用于军事、政府公务的船舶以及20吨以下的小型船艇。

（二）适用水域

根据《海商法》海商法适用水域是指海洋和沿海。但内河与海洋之间直达运输时，内河也为适用水域。

（三）适用事项

海商法适用事项主要包括：海上货物运输、租船租用、海上拖航、海上保险、船舶碰撞、海难救助、共同海损损害等事项。

三、海商法基本原理

海商法是在海事惯例的基础上发展而来。海事惯例是在长期的海事活动中逐渐形成并被遵守的规则。无论是海商法，还是海事惯例，都需要面对如何处理海上运输中风险和责任问题。海商法通过一系列制度，将海事风险带来的损失分配给相关当事人，从而保障海事运输以及其他海事活动能够顺利进行。

海上运输及其他海上业务活动，具有特殊的风险性。为防止和避免这些特殊的风险，海商法逐渐建立起了一系列的特殊制度，如海难救助制度、船舶碰撞制度、海上拖航制度、共同海损制度等，这些制度是其他法律所不具备的特殊制度，体现了海上特殊风险分担的原则。

法律对承运人责任的限制形成了船舶所有人责任限制制度。限制性损害赔偿制度是以如何分散风险（或损失）作为理论基点的，目前，各国海商法和有关的国际公约都具体规定了船舶所有人在各种情况下的责任限度，如承运人责任限制制度、海事赔偿限制制度等。按照这些制度，责任人只在法律规定的限额内承担赔偿责任，超过规定限额的，责任人不负赔偿责任。

海商法的基本原理可以总结为：通过法律分配风险，限制责任，从而建立合理的海

① 保险委付是指，当保险标的发生推定全损时，如被保险人要求保险人按全部损失赔偿，应向保险人委付保险标的。委付（Abandonment）是被保险人让与对货物的权利与义务，而要求全部赔偿的行为。在被保险人要求委付时，被保险人须通知保险人，并给予授权书，经保险人接受后，即完成委付手续。被保险人取得实际全损的利益，保险人则在利益或权利移转时取得代位求偿权。

事秩序。

第二节　船舶与船员

一、船舶

（一）船舶的概念和法律性质

1. 船舶的概念

在我国法律中，船舶一词的使用有广义与狭义之分。例如，《中华人民共和国海上交通安全法》（以下简称《海上交通安全法》）在附则中规定："船舶，是指各类排水或非排水船、筏、水上飞机、潜水器和移动式平台。"这里的船舶是广义的船舶；而《海商法》规定的船舶，是指海船和其他海上移式装置，但是用于军事的、政府公务的船舶和20总吨以下的小型船艇除外。海商法所称船舶是狭义的船舶，即海商法上所指的船舶是指海船和海上移动装置。

海商法上的船舶具有如下特征：

（1）海商法上的船舶指海船或能够在海上移动的装置。

海商法上的船舶包括海船和海上移动式装置，所谓海船，是指在内陆水域、遮蔽水域和港区以外航行的运输船和非运输船，海船是相对于非海船而言的，非海船在我国主要是指内河船，它不适用海商法；海上移动式装置是具有自航能力并可以移动的海上装置，如海上移动式钻井平台等。只有海船或能够在海上航行或移动的装置，才能属于海商法上的船舶。当然，在海上航行或移动的船舶，并不影响其在内水水域航行或移动。但只在内水水域（如内河、湖泊）航行的船舶，或者非用于航行的船舶（如桥船、灯船、仓库船等），或者不能移动的固定海上装置（如灯塔等），都不属于海商法上所指的船舶。

（2）海商法上的船舶须达到一定的规模。

海商法上的船舶并非指一切能够在海上航行或移动的装置，而是要求必须达到一定规模，我国海商法规定：20总吨以下的小型船艇，不属于海商法上的船舶。所谓总吨（Gross Tonnage），是指根据船舶吨位丈量规范的有关规定，丈量后确定船舶内部以吨位表示的总容积。①

（3）海商法上船舶须以商业为目的，军事船舶及公务船舶，不适用海商法。

这是多数国家海商法的通例。如果编制属于军事船舶或公务船舶，但用于商业运输的船舶，海商法对其仍然适用。或者登记为商务船，但是被用于军事的或政府公务的目的，也不适用于海商法。

2. 船舶的法律性质

确定船舶的法律性质，对于明确船舶的所有权范围，处理与船舶有关的法律问题具有重要的意义

（1）船舶是动产，但作为不动产管理，船舶在海商法上往往被视为不动产。在海商

① 陈明、王献枢主编：《海事法律词典》，武汉大学出版社，1992年，第42页。

法中，船舶的不动产处理的最主要表现是船舶登记以及抵押权制度。

我国《海商法》规定：船舶所有权的取得、转让和消灭，应当向船舶登记机关登记；未经登记的，不得对抗第三人。设定船舶抵押权，由抵押权人和抵押人共同向船舶登记机关办理抵押登记；未经登记的，不得对抗第三人。

(2) 船舶是具有人格化属性的物。船舶的法律地位属于一种物，船舶是一项财产，是海商法律关系的客体。但是，为了便于对船舶进行管理，海商法对船舶作了拟人化处理，使其具有人的某些外在特征，比如船舶有自己的名称、国籍、船籍港，有如同人出生、死亡一样的船舶取得、灭失制度，等等。船舶的拟人化处理就是指在法律上把船舶视为当事人或权利主体。船舶拟人化处理的目的是使船舶能够识别和辨认，使复杂的船舶关系简便化，也便于国家进行管理。

(3) 船舶是具有合成物的属性。船舶是由船体、设备以及属具等组合而成，每一个部分都不能离开船舶整体而单独存在。因此，船舶在法律上是不可分物。船舶的所有权移转及于船舶的各个部分。船体包括船壳、船机、龙骨、甲板等；设备，是指为船舶航行和营运需要而固定在船上的物体，如电信设备、卫生设备、救火设备、排水设备等；属具，是指为船舶安全航行和营运需要而在船上配置的必要装置，如救生艇、铁锚、罗盘等。船舶为合成物，因此，在法律上，船舶就被视为一物，系一个整体，构成船舶的各部分一般不能单独处分。

船舶属具是否属于船舶的一部分，各国的海商法的规定不完全相同。这源于各国对于属具的法律性质的认识不同。我国《海商法》规定，船舶包括船舶属具。

(二) 船舶所有权

1. 船舶所有权的概念

船舶所有权，是指船舶所有人依法对其船舶享有占有、使用、收益和处分的权利。

船舶所有权的主体是船舶所有人，通常称为船东或船主。船舶所有权主体的范围很广泛，包括国家，国有企业、集体企业、中外合资经营企业、中外合作经营企业、公民个人等。国家作为船舶的所有人并不直接利用船舶从事海商活动，而是由国家授予具有法人资格的全民所有制企业经营管理。国有船舶的经营管理人依法享有船舶所有人的地位，《海商法》关于船舶所有人的规定适用于国有船舶的经营管理人。

船舶所有权的客体是船舶。如前所述，船舶是一种合成物，包括船体、设备及船舶属具等。因此，船舶所有权的客体范围包括船体、设备及船舶属具。

2、船舶共有

船舶共有，是船舶所有权的一种特殊形式，是指两个以上的自然人或法人共同拥有船舶所有权。《海商法》规定：船舶由两个以上的法人或者个人共有的，应当向船舶登机关登记，未经登记的，不得对抗第三人。至于共有船舶的处分、应有份的出卖等，《海商法》没有具体规定，应当适用《民法通则》的规定。

3. 船舶所有权的取得和消灭

船舶所有权的取得可以分原始取得和继受取得。原始取得，是非基于他人的权利而取得船舶所有权，如以建造、没收、征收等方式取得；继受取得，是基于他人权利而取得船舶所有权，如以买卖、继承、赠与等方式取得。

船舶所有权的消灭从表现形态上可分为相对消灭和绝对消灭。相对消灭，是基于一方取得所有权而使另一方失去所有权。绝对消灭，是在不变更所有权主体的情况下丧失船舶所有权。一般表现为船舶在物理上的消灭，如船舶焚毁、沉没或拆废等。

2. 船舶所有权登记

船舶所有权的取得为要式法律行为，非经登记不得对抗第三人；船舶所有权转让、消灭也应进行登记。船舶的共有也应进行登记，否则，不得对抗第三人。我国对船舶所有权的取得、消灭，实行登记制度。在我国，船舶登记的法律依据主要是《海商法》和《船舶登记条例》，船舶登记的机关是中华人民共和国港务监督机构，各港的港务监督机构是具体的实施船舶登记的机关。

（三）船舶抵押权

1. 船舶抵押权的概念

船舶抵押权是指抵押权人对于抵押人提供的作为债务担保的船舶，在债务人不履行债务时，可以依法拍卖，从卖得价款中优先受偿的权利。

2. 船舶抵押权的设定

《海商法》规定：设定船舶抵押权，由抵押权人和抵押人共同向船舶登记机关办理抵押权登记；未经登记的，不得对抗第三人。

船舶抵押权的标的物应当是船舶或建造中的船舶。船舶作为抵押权的标的物，包括其设备和属具。为鼓励航海业和造船业的发展，各国法律承认建造中船舶也可以作为抵押权的标的。

船舶共有人可以就共同船舶设定抵押权，但应当取得持有2/3以上份额的共有人的同意，共有人之间另有约定的除外。船舶共有人设定的抵押权，不因船舶的共有权的分割而受影响。

建造中的船舶不属于海商法上的船舶，但建造中的船舶也具有一定的价值，因此，《海商法》允许建造中的船舶设定船舶抵押权。由于船舶建造合同不同，建造中的船舶所有权的归属也有所不同，因此，以建造中的船舶设定抵押权的，应向船舶登记机关提交船舶建造合同。

由于船舶灭失得到的保险赔偿也可以作为船舶抵押权的标的，船舶抵押权人有权优先于其他债权人受偿。这就要求作为抵押物的船舶必须投保才能有效地保障船舶抵押权人的合法权益。我国《海商法》规定，抵押人应当对被抵押的船舶进行保险；未保险的，抵押权人有权对该船舶进行保险，但保险费由抵押人承担。

3. 船舶抵押权的受偿顺序

根据《海商法》规定，船舶抵押权的受偿顺序按照下列标准确定：

（1）船舶抵押权和船舶优先权的位次。在同一航次的船舶上同时存在船舶抵押权和船舶优先权的，船舶优先权先于船舶抵押权受偿。

（2）船舶抵押权和船舶留置权的位次。船舶留置权，是指造船人、修船人在合同另一方未履行合同时，可以留置占有的船舶，以保证造船费用或修船费用得以偿还的权利。同一船舶同时存在留置权和抵押权时，船舶抵押权后于船舶留置权受偿。

（3）船舶抵押权之间的位次。同一船舶上的数个抵押权，按登记的先后顺序受偿，同日登记的抵押按同一顺序受偿。

船舶抵押权之间的受偿顺序主要是指就同一船舶设定有两个以上抵押权的，抵押权人优先受偿的先后顺序。其基本原则是以船舶抵押权登记的先后顺序作为受偿顺序，即先登记的先受偿，后登记的后受偿；同日登记的抵押权，不分先后，按照同一顺序受偿。“顺序相同的，按照债权比例受偿。”

（四）船舶优先权

1. 船舶优先权的概念

船舶优先权是指海事请求人依照《海商法》第 22 条的规定，向船舶所有人、光船承租人、船舶经营人提出海事请求，对产生该海事请求权的船舶具有优先受偿的权利。

船舶优先权的性质，国内外学术上多有争论。有学者认为它是一种担保物权；有学者认为它是一种优先债权；也有学者认为它是一种程序上优先受偿的权利，等等。经过多年的讨论，应该说船舶优先权是一种担保物权之说已成为我国海商法学界的通说；这种学说认为，船舶优先权是一种以船舶为主要标的的担保物权。我国《海商法》的立法体例也支持这种学说。

2. 船舶优先权的法律特征

（1）船舶优先权具有法定性。船舶优先权是法律规定的，属于法定权利，只有法律规定范围内的债权才能享有以船舶优先受偿的权利。同时，由于船舶优先权具有法定性，当事人不得通过协议创没船舶优先权。

（2）船舶优先权具有依附性。船舶优先权的依附性，一方面表现为其依附于船舶所有权而存在，不因船舶所有权的转移而受影响；另一方面表现为海事请求权转移的，船舶优先权随之转移。

（3）船舶优先权具有秘密性。船舶优先权不需登记，不以占有为前提。船舶优先权的产生不需要签订合同，也不需要公示，这一点与船舶抵押权不同。船舶优先权不以占有为条件，这一点又有别于船舶留置权。船舶优先权的秘密性是针对第三人而言的，无论是基于合同之债还是基于侵权行为之债而产生的船舶优先权，债权产生之日便是船舶优先权产生之日，这对于船舶所有人或者船舶优先权人来说并非秘密，而对于第三人，如船舶受让人而言，就会因为不知船舶存在优先权，在购得他人船舶后，使自己处于被告的尴尬地步，如因为船舶优先权人行使优先权而使船舶被法院扣押。这一特征需要引起船舶受让人的注意。

（4）船舶优先权具有强制性。即船舶优先权的行使须经过强制性的司法程序。船舶优先权应通过法院扣押船舶而行使。船舶优先权的标的是产生海事请求权的船舶，因此，船舶优先权只能针对船舶行使。

（5）船舶优先权具有优先性。船舶优先权是一种担保物权，享有船舶优先权的人对于船舶享有优先受偿的权利。

（6）船舶优先权具有时效限制。船舶优先权具有一定的时限性，逾期该项权利归于消灭。船舶优先权的时限是除斥期间，不得中止或中断。我国《海商法》规定，船舶优先权的时效为 1 年，自优先权产生之日起计算。

3. 船舶优先权项目和受偿顺序

享有船舶优先权的海事请求包括以下五种：（1）船长、船员和在船上工作的其他在编人员根据劳动法、行政法规或者劳动合同所产生的工资、其他劳动报酬、船员遣返费用和社会保险费用的给付请求；（2）在船舶营运中发生的人身伤亡的赔偿请求；（3）船舶吨税、引航费、港务他港口规费的缴付请求；（4）海难救助的救助款项的给付请求；（5）船舶在营运中因侵权行为产生的财产赔偿请求。但载运 2000 吨以上散装货油的船舶持有有效的证书，证明已经进行油污损害民事责任保险或者具有相应的财力保证的，对造成油污损害赔偿的请求权不属于船舶优先权。

上述船舶优先权依顺序受偿。但是，第（4）项海事请求，后于第（1）至第（3）项发生的，应当先于第（1）项至第（3）项受偿；第（1）、（2）、（3）、（5）项中有两个以上海事请求的，不分先后，同时受偿。不足受偿的，按照比例受偿；第（4）项中有两个以上海事请求的，后发生的先受偿。因行使船舶优先权产生的诉讼费用，保存、拍卖和分配船舶价款产生的费用，以及为海事请求人的共同利益而支付的其他费用，应当从船舶拍卖的价款中先行拨付。

当同一船舶既存在优先权，又存在留置权，还存在抵押权时，其受偿顺序依次为：船舶优先权、船舶留置权、船舶抵押权。

按照我国《海商法》规定：实现船舶优先权的费用，从船舶拍卖所得价款中先行拨付。

二、船员

（一）船员的概念

船员有广义与狭义之分。广义的船员，是指包括船长在内所有的船员；狭义的船员，是指除船长以外的其他船员。我国《海商法》规定的船员系广义的船员，是指包括船长在内的船上一切任职人员。

船员包括高级船员和一般船员。高级船员，通常是必须持职务证书的人，包括驾驶员、轮机长、轮机员、电信员、报务员等。一般船员，是只需上岗培训，无须持职务证书的人，包括水手、机匠、舵工等。无论是高级船员还是一般船员，中国籍船舶上的船员应当由中国公民担任，确需雇佣外国籍船员的应当报国务院交通主管部门批准。

（二）船员的任职条件

船员必须具备与其职务相适应的技术能力。其中高级船员必须经专门机关考试，取得合格证书，才能任职。为保证船舶的航行安全，各国法律通常对船员的资格进行严格的管理，其主要方法就是实行船员考试发证制度，即只有经考试合格，取得相应的职务证书。我国海商法第 32、33 条规定，船长、驾驶员、轮机长、轮机员、电机员、报务员，必须由持有相应适任证书的人担任。从事国际航行的船舶的中国籍船员，必须持有中华人民共和国港务监督机构颁发的海员证和有关证书。

（三）船长的职责

我国《海商法》对船长的职责作出了明确的规定。归纳起来，包括如下几种：

（1）指挥和管理船舶的职责。在船舶被引航过程中，船长管理船舶和驾驶船舶的责任，不因引航员引领船舶而解除。

（2）准司法职责。为保障在船人员和船舶的安全，船长有权对在船上进行违法、犯罪活动的人采取禁闭或者其他必要措施，并防止其隐匿、毁灭、伪造证据。船长采取上述措施，应当制作案情报告书，由船长和两名以上在船人员签字，连同人犯送交有关当局处理。

(3) 公证职责。船长应当将船上发生的出生或者死亡事件记入航海日志，并在两名证人的参加下制作证明书。死亡证明书应当附有死者遗物清单。死者有遗嘱的，船长应当予以证明。死亡证明书和遗嘱由船长负责保管，并送交死者家属或者有关方面。

(4) 海事抢救职责。海事抢救职责包括两个方面：①救助他船和海上人命；②对本船的施救与弃船。船舶发生海上事故，危及在船人员和财产的安全时，船长应当组织船员和其他在船人员尽力施救。在船舶的沉没、毁灭不可避免的情况下，船长可以作出弃船决定。

(5) 代理职责。根据国际惯例以及我国《海商法》的规定，船长可以在下列方面行使代理职责：①代理签发提单；②代表船货双方签订救助合同；③采取共同海损措施。如在船舶面临沉没危险的情况下，为了船货的共同安全，船长有权采取诸如抛货之类的共同海损措施，因此造成的船货损失，由船货双方依法分摊。

鉴于船长在指挥和管理船舶以及其他方面的职责和作用，可以说船长的法律地位至关重要，因此，我国《海商法》规定，船长在航行中死亡或者因故不能执行职务时，应当由驾驶员中职务最高的人代理船长职务；在下一个港口开航前，船舶所有人应当指派新船长接任。

第三节 海事合同

一、海事合同概述

海事合同，又称为海商合同，是与海上运输或与船舶营运有关的各种商事合同的总称。海事合同主要包括：海上运输合同，又分为海上货物运输合同和海上旅客运输合同、船舶租用合同、海上拖航合同、海上保险合同。

本节主要介绍海上运输合同、船舶租用合同、海上拖航合同。

二、海上货物运输合同

(一) 海上货物运输合同概述

1. 海上货物运输合同的概念

海上货物运输合同，是指承运人负责将托运人托运的货物经海路由一港运至另一港，由托运人支付约定运费的合同。

承运人是合同的一方当事人，常称为船方，通常是船舶所有人，但也可能是船舶经营人或船舶承租人。船舶经营人和船舶承租人作为承运人时又称为二船东。托运人是合同的另一方当事人，常称为货方。海上货物运输合同的标的是货物，货物包括活动物和由托运人提供的用于集装货物的集装箱、托盘或者类似的装运器具。需要指出的是，我国的沿海货物运输合同适用《合同法》，而不适用《海商法》中“海上货物运输合同”的规定。但是《海商法》其他各章的规定仍适用于沿海货物运输。

2. 海上货物运输合同的种类

海上货物运输合同依据不同的标准可以作不同的分类，但海商法上具有典型意义的分类，是以运输方式为标准所作的划分。根据这个标准，海上货物运输合同分为件杂货运输合同、航次运输合同和多式联运合同。

(1) 件杂货运输合同。件杂货运输合同，是指承运人负责将件杂货经海路由一港运至另一港，由托运人支付运费的合同。这种合同具有如下特点：第一，件杂货运输合同的承运人是按公布的船期表和航线，在固定停靠的港口，进行定期航行而运送货物的。这种运输形式称为班轮运输，因此，件杂货运输合同又称班轮运输合同。第二，件杂货运输合同的标的物多是属于不同货主的小批量、多品种的件杂货，因此，件杂货运输合同又称为零担货物运输合同。第三，件杂货运输合同是附合合同，多是通过提单形式表现。提单是件杂货运输合同的主要证明。因此，件杂货运输合同往往又称为提单运输合同。

(2) 航次租船合同。航次租船合同，是指船舶出租人向承租人提供船舶或船舶的部分舱位，装运约定的货物，从一港运至另一港，由承租人支付约定运费的合同。这种合同具有如下特点：第一，航次租船合同主要运用于不定期船运输。不定期船运输没有固定的航线，也没有预先公布的船期表，而是应货主的需求决定航线和停靠港口；第二，航次租船合同出租人应为承租人提供船舶和船舶的部分舱位，因此，航次租船合同对于用于运输的船舶有特殊的要求，出租人必须提供合同所约定的船舶；第三，航次租船合同为商议合同，即航次租船合同是由当事人双方协商订立的，合同的内容、当事人的权利义务主要是当事人协商确定的。

(3) 多式联运合同。是指承运人以包括海上运输方式在内的两种或两种以上运输方式将货物从一地运至另一地。它包括两种以上的运输合同，其中必须有海上运输方式；托运人只和多式联运经营人订一份合同，只从多式联运经营人处取得一种多式联运单证，只向其按一种费率交纳运费。

(二) 海上货物运输合同的订立与解除

1. 海上货物运输合同的订立

海上货物运输合同的订立，原则上和其他合同一样，都要经过要约和承诺两个阶段。但是，由于海上货物运输方式不同，海上货物运输合同的订立也有所不同。

件杂货运输合同属于附合合同，因此，托运人应按公布的船期表向承运人办理托运，填写托运单，经承运人同意后，件杂货运输合同才能成立。从订立合同的过程来看，承运人公布的船期表属于要约邀请；托运人向承运人要求办理托运，填写托运单(习惯上称为“订舱”)，属于要约；而承运人接受托运人的托运申请，同意承运，则属于承诺。件杂货运输合同的订立一般认为属于非要式行为，但承运人或者托运人可以要求书面确认海上货物运输合同的成立。

航次租船合同属于商议合同，因此，承租人和出租人是在平等协商的基础上订立合同的，这与一般合同的订立程序完全相同。航次租船合同应当书面订立，电报、电传和传真具有书面效力。定期租船合同和光船租赁合同也应当书面订立。

2. 海上运输合同的解除

海上货物运输合同订立后，可因法定的事由或当事人的协议而解除。根据《海商法》的规定，海上运输合同的解除主要有两种情况：第一，托运人于开航前的任意解除合同。第二，开航前因不可抗力等原因而解除合同。

（三）海上货物运输合同当事人的权利义务

1. 承运人的主要义务

（1）提供船舶，使船舶适航的义务。海上货物运输是以船舶为运输工具的，因此，承运人应承担按合同约定提供船舶的义务。

（2）妥善、谨慎地管理货物的义务。

（3）按时开航，并直达航行的义务。

（4）按时向收货人交付货物。

2. 承运人的基本权利

（1）收取运费和其他费用。

（2）货物留置权。托运人或者收货人没有付清运费，又没有提供适当担保的，承运人可以在合理的限度内留置其货物。

3. 承运人的责任

（1）承运人的责任期间。承运人的责任期间有两种不同情况：第一，承运人对集装箱装运的货物的责任期间，是从装货港接收货物时起至回货港交付货物时止，货物处于承运人掌管之下的全部期间，俗称“港到港”。第二，承运人对非集装箱装运的货物的责任期间，是从货物装上船时起至卸船时止，货物处于承运人掌管之下的全部时间，俗称“钩到钩”。这种责任期间的规定，不影响承运人就非集装箱装运的货物，在装船前和卸船后所承担的责任，达成任何协议。

（2）承运人的赔偿责任。承运人赔偿责任主要是因为违约而承担的赔偿责任。包括两种情况：第一，货物灭失或损坏的赔偿责任。第二，货物迟延交付的赔偿责任。

4. 承运人的免责事由和赔偿责任限制

在责任期间货物发生灭失或损坏是由于以下原因之一造成的，承运人不承担赔偿责任：（1）船长、船员、引航员或者承运人的其他受雇人在驾驶船舶或管理船舶中的过失；（2）火灾，但是由于承运人本人的过失所造成的除外；（3）天灾，海上或者其他可航水域的危险或者意外事故；（4）战争或者武装冲突；（5）政府或者主管部门的行为、检疫限制或者司法扣押；（6）罢工、停工或者劳动受到限制；（7）在海上救助或者企图救助人命或财产；（8）托运人、货物所有人或者他们的代理人的行为；（9）货物的自然特性或者固有缺陷；（10）货物包装不良或者标志欠缺、不清；（11）经谨慎处理仍未发现的船舶潜在缺陷；（12）非由于承运人或者承运人的受雇人、代理人的过失造成的其他原因。

除上述免责事由外，承运人在下列两种情况下，也不承担赔偿责任：一是因运输活动物的固有特殊风险造成活动物的灭失或损害的，承运人不负赔偿责任。二是承运人在舱面装载货物，应当同托运人达成协议，或者符合航运惯例，或者符合有关法律、行政法规的规定。承运人依照这些规定将货物装载于舱面上，对由于此种装载的特殊风险造成的货物灭失或损坏，不负赔偿责任。

承运人的赔偿责任实行限额赔偿制度。《海商法》第十一章“海事赔偿责任限制”对货物灭失或损坏的赔偿责任和迟延交付的赔偿责任，作了限制性规定。

（四）托运人、收货人的基本权利和义务

1. 托运人、收货人的基本权利

（1）托运人（收货人）有权按合同约定取得货物装船的舱位，并在装船后有权取得提单，凭以在目的港提货或将其转让。

（2）在承运人不履行合同或违反前述承运人的基本义务，因而造成货损或对托运人（收货人）造成其他损失时，托运人（收货人）有权获得赔偿。

2. 托运人、收货人的基本义务

（1）托运人应按合同约定提供货物。

（2）对于危险货物，托运人应当按照有关海上危险货物运输的规定，妥善包装，做出危险品标志和标签，并将其正式名称和性质以及应当采取的预防危害措施书面通知承运人。

（3）托运人或收货人有按合同规定及时交付运费及其他费用的义务。

（4）收货人有及时收受货物的义务。提货时，若发现货物短少或损坏，应向船方或港方索取货物溢短单或残损单；或会同船方、港方对货物损坏情况作联合检查，并作好记录会签；必要时应申请商品检验机关进行检验，取得检验报告，以便向承运人索赔。

（五）提单

1. 提单的概念和性质

提单是指用以证明海上货物运输合同和货物已经由承运人接收或者装船，以及承运人保证据以交付货物的单证。

提单具有如下法律性质：

（1）提单是海上货物运输合同的书面凭证。

（2）提单是货物收据。

（3）提单是物权凭证。原则上，谁合法持有提单，谁就享有提单上记载的货物的所有权。

2. 提单的种类

（1）依据货物是否装船，提单分已装船提单和收货待运提单。

（2）依据提单是否有批注，提单分为清洁提单和不清洁提单。清洁提单是指没有任何货物残损、短量及其他瑕疵等不良批注的提单；不清洁提单是指有关于货物残损、短量或其他瑕疵等不良批注的提单。

（3）依据提单的抬头，提单可分为记名提单、指示提单和不记名提单。记名提单，是指在提单收货人栏内写明收货人名称的提单；指示提单，是指在收货人栏内写明凭指示的提单；不记名提单，是指在收货人栏内不作任何记载的提单。

三、海上旅客运输合同

（一）海上旅客运输合同的概念与特征

海上旅客运输合同，是指承运人以适合运送旅客的船舶经海路将旅客及行李由一港运送至另一港，由旅客支付票款的合同。包括国际海上旅客运输合同和国内海上旅客运输合同，但不包括内河旅客运输合同。

海上旅客运输合同具有以下特征：（1）海上旅客运输合同的当事人是承运人和旅

客。旅客同时又是运送的对象。(2)海上旅客运输合同以运送旅客及其行李为目的，承运人必须提供适合运送旅客的船舶。(3)旅客客票是海上旅客运输合同成立的凭证。客票本身并不是海上旅客运输合同，而只是证明合同成立的凭证。

(二)海上旅客运输合同当事人的义务和责任

1. 承运人的义务

承运人的基本义务是以适合运送旅客的船舶经海路将旅客及其行李从一港运至另一港。因此，承运人应当做到：

(1)提供适航的船舶。

(2)按时开航，将旅客运往目的港。

(3)为旅客提供膳食、住宿、娱乐、医疗等生活条件。

(4)允许旅客在规定的范围内免费携带儿童和一定的行李。

(5)保证旅客及其行李的安全。

2. 承运人的责任

(1)承运人的责任期间。在海上旅客及其行李的运送期间，承运人应对旅客及其行李负责。因此，承运人的运送期间，也就是责任期间。

(2)承运人的归责原则。对于承运人承担赔偿责任，《海商法》采取过失责任原则和推定过失责任原则。

(3)承运人的除外责任。经证明，旅客的人身伤亡或者行李的灭失、损坏是由于游客过失造成的，承运人免责。

3. 旅客的义务

(1)支付票款及有关费用；

(2)不得携带违禁品和危险品。旅客违反规定携带危险品造成他人或者船舶损失的，应当负赔偿责任。

(3)旅客应遵守客运规章，服从船长的指挥和管理。

四、船舶租用合同

船舶租用合同包括定期租船合同与光船租船合同。

(一)定期租船合同

1. 定期租船合同的概念和特征

定期租船合同，又称期租合同，是指船舶出租人向承租人提供约定的由出租人配备船员的船舶，由承租人在约定的期间内按照约定的用途使用，并支付租金的合同。

定期租船合同具有下列特征：

(1)船舶出租人保留对船舶的占有权和处分权，但承租人对船舶有使用权和收益权。

(2)承租人有权指挥船舶的营运，并自行承担船舶营运费用。

(3)船舶出租人获得的报酬是租金，而不是运费。

2. 定期租船合同当事人的主要义务和基本权利

(1)出租人的主要义务和基本权利

出租人应当按照约定交付船舶，并保证船舶适航。同时，出租人享有撤船权和留置权。在承租人不按期支付租金的情况下，出租人有权撤回船舶，而且出租人还可以对船上的货物行使留置权。

(2) 承租人的主要义务和基本权利

承租人必须在约定的范围内使用船舶；按时足额支付租金；租期届满后按期交还船舶。承租人享有两项权利：第一，停付租金权。船舶不符合约定的适航状态或者其他状态，而不能正常营运连续满 24 小时的，对因此而损失的营运时间，承租人不付租金。第二，船舶转租权。在定期租船关系中，承租人可以将租用的船舶转租。但是承租人应当将转租的情况及时通知出租人。

(二) 光船租赁合同

1. 光船租赁合同的概念和特征

光船租赁合同，又称“过户租赁合同”，是指船舶出租人向承租人提供不配备船员的船舶，在约定的期间内由承租人占有、使用和营运，并向出租人支付租金的合同。

光船租赁合同具有以下特征：

(1) 光船租赁合同的所有权与经营权完全分离。船舶出租人向承租人交付一条未配备船员的“空船”，在租期内船舶由承租人雇佣的船员所占有，并由承租人使用和经营。船舶出租人仅保留对船舶的处分权，实现了船舶所有权和经营权的完全分离。

(2) 光船租赁合同具有财产租赁合同的性质。光船租赁关系属于债权债务关系，但也具有某些物权的特征，表现为合同成立后承租人在租期内对船舶的租赁权受到法定保护，未经承租人事先书面同意，出租人不得在光船租赁期间对船舶设定抵押权。出租人违反前款规定，致使承租人遭受损失的，应当负赔偿责任。

(3) 光船租赁权的设定、转移和消灭，应当向船舶登记机关登记，未经登记不得对抗第三人。而定期租船合同则没有登记制度。

2. 光船租赁合同当事人的义务

出租人负有交付约定的适航船舶的义务，并且出租人必须保证未将船舶抵押。

承租人负有以下义务：船舶的保养和维修；办理船舶保险；承租人使用船舶不当使出租人遭受损失时，应负赔偿责任；不得擅自转让光船租赁合同；按期支付租金。

五、海上拖航合同

(一) 海上拖航合同概述

海上拖航合同，又称海上拖带合同，是指承拖方用拖轮将被拖物经海路从一地拖至另一地，而由被拖方支付拖航费的合同。

海上拖航合同的双方当事人是承拖方和被拖方。承拖方指用自己的或租用的船舶为被拖方提供海上拖航服务并收取拖航费的人。承拖方通常为专业海上拖航企业。被拖方指海上拖航中被拖物的所有人或利害关系人，他们接受承拖方提供的拖航服务并支付费用。

海上拖航合同是一种独立的合同，它既不是海上运输合同，也不是海上救助合同。海上拖航合同并不涉及被拖船是否装货，也不对被拖船货物负责，因为海上拖航不是一种运输方式，承拖方只负责提供拖力，而不负责被拖物及其之上的财产的装卸、保管与照料等事项。因此海上拖航合同不是运输合同。但是，拖轮所有人拖带其所有的或者经营的驳船载运货物，经海路由一港运至另一港的，视为海上货物运输。[①]

海上拖航合同也不是海上救助合同，拖航合同的目的在于拖带，而救助合同的目的在于救助，尽管在海难救助过程中救助人常常采用拖航方式。其区别之处在于：拖航合同签订时，被拖船并未处于危难之中。

（二）海上拖航合同的订立与解除

我国《海商法》规定：海上拖航合同应当书面订立。海上拖航合同的内容，主要包括承拖方和被拖方的名称和住所、拖轮和被拖物的名称和主要尺度、拖轮马力、起拖地和目的地、起拖日期、拖航费及其支付方式，以及其他有关事项。

海上拖航合同因不可抗力、法定原因、约定原因而解除条件

（三）海上拖航合同当事人的权利与义务

承拖方有权请求支付拖航费。承拖方在起拖前和起拖当时，应当谨慎处理，使拖轮处于适航、适拖状态，妥善配备船员，配置拖航索具和配备供应品以及该航次必备的其他装置、设备。

被拖方应该按照约定的时间和地点将被拖物交付拖带，对被拖物的适拖性负责，并应按照约定的办法支付拖航费和其他应支付的费用，

（四）海上拖航中的损害赔偿责任

拖航中的损害赔偿责任是有关海上拖航合同的法律所要解决的主要问题，它包括两种情况：承拖方和被拖方相互之间的损害赔偿责任；承拖方、被拖方与第三人之间的损害赔偿责任。对于第一种情况，《海商法》作了规定，同时允许当事人通过拖航合同以约定的方式解决；对于第二种情况，其中的承拖方和被拖方对第三人的损害赔偿责任问题，《海商法》作了强制性规定，对其他问题则未作规定。

1. 承拖方和被拖方之间的损害赔偿责任

在海上拖航过程中，承拖方或被拖方由于一方或者双方的过失遭受损失的，原则上实行过错责任原则，即损失如果是由于一方的过失造成的，有过失的一方应当负赔偿责任；损失如果是由于双方过失造成的，各方按照过失程度的比例负赔偿责任。

2. 承拖方和被拖方对第三人的损害赔偿责任

在海上拖航过程中，由于承拖方或者被拖方的过失，造成第三人人身伤亡或者财产损失时，将拖带双方视为一个整体，作为一方，对第三人负连带责任。上述规定为强制性规定，拖航合同的当事人不得违反。除合同另有约定外，一方连带支付的赔偿超过其应当承担的比例的，对另一方有追偿权。如果承拖方、被拖方及第三人三方均有过失，赔偿责任应在三方之间，根据各自的过失程度的比例承担。

（五）海上拖航合同请求权的诉讼时效

根据我国《海商法》规定，有关海上拖航合同的请求权，时效期间为一年，自知道或者应当知道权利被侵害之日起计算。海上拖航合同请求权的时效期间，适用《海商法》关于时效期间终止、中断的规定。

---

① 我国《海商法》第164条。

第四节 海事事故处理

海事事故又称海上事故，是指海上及与海相通的可航水域所发生的、造成财产损失或人身伤亡的海损事故。如触礁、失火、沉没、碰撞等。海事事故是一种能引起相应法律责任后果的法律事实。海事事故依国内法、国际公约及惯例处理。海商法通过对船舶碰撞、海滩救助、共同海损、海事赔偿责任限制等规则来处理海事事故。

一、船舶碰撞

（一）船舶碰撞的概念

船舶碰撞是指船舶在海上或者与海相通的可航水域发生接触造成损害的事故；这里所指的船舶包括与《海商法》第 3 条所指船舶碰撞的任何其他非用于军事的或者政府公务的船艇。

（二）船舶碰撞的法律后果

1. 船舶碰撞后的救助义务

船舶碰撞常常导致严重的损害后果，如巨大的财产损失和人身伤亡。船舶发生碰撞，当事船舶的船长在不严重危及本船和船上人员安全的情况下，对于相碰的船舶和船上人员必须尽力施救。需要指出的是，即使船舶碰撞的责任或主要责任在于碰撞发生后处于危险状态的船舶，另一船舶的船长也必须尽力救助。船长如果违反这一法定义务，就可能根据我国《海上交通安全法》的有关规定被追究行政责任甚至刑事责任。作为一项法定义务，船长的救助行为即使取得效果，使处于危险状态的被碰撞船舶获救，也不能请求救助报酬。

2. 船舶碰撞后的通知义务

船舶碰撞事故发生后，当事船舶的船长还负有通知义务，即应当尽可能将其船舶名称、船籍港、出发港和目的港通知对方。船长履行这一义务，目的是为了使对方知道相碰船舶的情况，便于事后解决船舶碰撞损害赔偿和其他有关问题。

3. 船舶碰撞的损害赔偿责任承担

船舶发生碰撞，是由于不可抗力或者其他不能归责于任何一方的原因或者无法查明的原因造成的，碰撞各方不负赔偿责任。

船舶发生碰撞，是由于一船的过失造成的，由有过失的船舶负赔偿责任。

互有过失造成的船舶碰撞。双方互有过失造成的船舶碰撞，一般原则是根据各船舶的过失程度，按比例分担。如果双方过失程度相当或者无法判定时，则平均分担责任。

船舶碰撞损害赔偿的范围主要包括：船舶的损害赔偿、船上财产的损失赔偿、运费、营业收入以及捕捞利益等间接损失赔偿、利息损失赔偿、人身伤亡的损失赔偿等。

（三）船舶碰撞损害赔偿诉讼的管辖

因船舶碰撞请求损害赔偿的诉讼，由碰撞发生地、碰撞船舶最先到达地、加害船舶扣留地或被告住所地法院管辖。对于涉外船舶碰撞案件，根据《关于涉外海事诉讼管辖的具体规定》，因船舶碰撞引起的索赔诉讼，船舶碰撞发生在我国港口、内水、领海以及我国管辖的其他海域的；船舶碰撞或加害船舶的最初到达港为我国港口、加害船舶或属于船舶所有人的其他船舶在我国港口被扣留、受害船舶或加害船舶的船籍港为我国港口的；船舶碰撞造成中国公民伤亡或财产损害的，我国海事法院均有管辖权。

二、海难救助

（一）海难救助的概念

海难救助，亦称海上救助，是指对遭遇海难的船舶、货物的全部或部分，由外来力量对其进行救助。海难救助有广义和狭义之分。广义的海难救助，是指对海上遇难的人命和财产的救助；狭义的海难救助，是指对海上遇难财产的救助。我国《海商法》规定海难救助是对遇难的船舶和财产的救助，是狭义上的海难救助。

（二）海难救助的成立要件

根据《海商法》的规定，海难救助的成立条件包括以下几项：

（1）海难救助的对象是船舶和其他财产。

（2）海难救助只能发生在海上或与海相通的水域。

（3）海难救助的对象须存在海上危险。

（4）救助须是自愿的。在海难救助中，救助人必须是没有救助义务的第三人。也就是说，救助方的救助行为必须是自愿的。因此，对被救助人负法定义务或合同义务的人不具有救助人资格。负有救助义务的救助包括法律约束的救助和合同约束的救助。法律约束的救助，是救助人根据法律规定所进行的救助。如我国《海商法》规定：船长在不严重危及本船和船上人员安全的情况下，有义务尽力救助海上人命。合同约束的救助，是在海难发生之前，救助方根据合同规定有救助义务的救助。例如，遇险船舶的船员对本船的救助、引航员在履行其职责范围内的救助、遇险船舶上的旅客救助本船等。

（5）救助必须获得效果。海难救助的目的是使被救助标的脱离危险，如果救助没有获得任何效果，就失去了救助的意义。救助报酬支付的前提是救助作业有效果。我国《海商法》规定，救助方对遇险的船舶和其他财产的救助取得效果的，有权获得救助报酬，否则，除法律另有规定或合同另有约定外，无权获得救助报酬。但是，在救助获得效果上也有例外，即当被救助标的对海洋环境构成威胁时，虽然对标的物的救助没有获得效果，但由于这种救助行为防止或者减少了环境污染，也视为获得了救助效果，可以依法获得救助报酬和特别补偿。我国《海商法》规定：对构成环境污染损害危险的船舶或者船上货物进行的救助，救助人除依法取得救助报酬外，救助人在进行救助作业时，取得了防止或减少环境污染损害效果的，还可以在船舶所有人处取得相当于救助费用的特别补偿。

（三）海难救助合同

海难救助合同，是指在海上救助开始前或进行中，救助方与被救助方就海难救助达成的协议。海难救助合同实行“无效果，无报酬”的原则，因此，海难救助合同又称为无效果无报酬救助合同。海难救助合同具有以下的特点：

（1）海难救助合同是具有风险性质的双务合同。与一般双务合同所不同的是，救助人获得救助报酬的权利和被救助人支付救助报酬的义务不是在合同成立时就存在的，救助人取得救助报酬只是一种可能性，由于救助人的此项权利具有风险性，因此，救助人可以获得的救助报酬也远远高于一般雇佣救助合同的数额。

(2) 海难救助合同主要是由救助人与被救助人的代理人签订的。在被救助人一方，由遇难船的船长代表遇难船船舶所有人以及船上所载的货物的货主；在救助人一方，则是由救助船的船长代表救助船的船舶所有人。

(3) 海难救助合同并不是一种由当事人完全意思自治的合同。一方面，由于救助合同往往是在情况危急的条件下订立的，双方一般没有充分的时间公平地对合同的条款进行协商；另一方面，作为救助合同重要内容的救助款额往往取决于多种因素，订合同时的判断有可能与实际救助时的状况不一致，出现明显高于或低于合同约定的款额的情况。为了防止合同条件的不公平给当事人带来的不利，法律一般均对此类合同进行一定的干预，规定可以通过仲裁或者司法程序对救助合同的内容进行变更。

2. 海难救助合同的订立

我国《海商法》规定，救助方和被救助方就海难救助达成协议，合同成立。遇险船舶的船长有权代表船舶所有人订立救助合同，遇险船舶的船长或者船舶所有人有权代表船上财产所有人订立救助合同。海难救助合同可以在救助前或救助过程中订立，也可以在救助完成后订立。

在救助前或救助过程中订立的海难救助合同大多是在紧急情况下订立，可能会产生不合理的海难救助合同。因此，《海商法》规定，受理争议的法院或者仲裁机构，在下列情况下，可以判决或者裁决变更救助合同：①合同在不正当的或者危险情况的影响下订立，合同条款显失公平的；②根据合同支付的救助款项明显过高或者低于实际提供的救助服务的。

(四) 救助款项及其承担

救助款项，是指被救助方应当向救助方支付的任何救助报酬、酬金或者补偿。救助款项是海难救助中的重要问题，我国《海商法》对救助款项的确定、担保、先行支付、特别补偿等都作了规定。

确定救助报酬，应当体现对救助作业的鼓励，并综合考虑船舶和其他财产的获救价值；救助方在防止或者减少环境污染损害方面的技能和努力；救助方的救助成效；危险的性质和程度；救助方在救助船舶、其他财产和人命方面的技能和努力；救助方所用的时间、支出的费用和遭受的损失；救助方或者救助设备所冒的责任风险和其他风险；救助方提供救助服务的及时性；用于救助作业的船舶和其他设备的可用性和使用情况；救助设备的使用情况、效能和设备的价值等各种因素。但是，救助报酬不得超过船舶和其他财产的获救价值。所谓获救价值，是指船舶和其他财产获救后的估计价值或者实际出卖的收入，扣除有关税款和海关、检疫、检验费用以及进行卸载、保管、估价、出卖而产生的费用后的价值，但不包括船员的获救的私人物品和旅客的获救的自带行李的价值。

救助报酬由获救的船舶和其他财产所有人按照船舶和其他各项财产各自的获救价值占全部获救价值的比例承担。

三、共同海损

(一) 共同海损的概念

共同海损是指在同一海上航程中，船舶、货物和其他财产遭受共同危险，为了共同安全，有意地合理地采取措施所造成的特殊牺牲及支付的特别费用。

（二）共同海损的成立条件

1. 船舶、货物和其他财产遭遇共同危险。

这一条件包括以下几层含义：（1）船舶、货物和其他财产须属于两个以上的不同主体所有。如果船舶、货物和其他财产属于同一个主体所有，则不发生共同海损问题；（2）船舶、货物和其他财产须处于同一航程中。所谓处于同一航程，是指在危险发生时，有关财产处于同一船舶之上；（3）船舶、货物和其他财产须遭遇共同危险。所谓共同危险．是指同时对船舶、货物和其他财产构成威胁的危险。如果仅是船舶、货物和其他财产中的某一项构成危险，则不能成立共同海损。（4）共同危险须是真实存在的或者是不可避免的，并且是不可预测的。也就是说，危险必须是已经发生的，或者虽然没有发生，但客观上是不可避免要发生的。而且这种危险必须是不可预测的。可以预测的危险造成的损失，不构成共同海损。

2. 共同海损的措施须是有意而合理的。

共同海损的损失是有意造成的，这是共同海损的重要特征之一。所谓有意，是指船长明知采取的措施将会造成船舶或货物的损失或者费用的支出，但为了解除危险，为了共同安全仍然主动的采取了这些措施。因此，凡不是有意采取措施而出现的损失，均不能列入共同海损。例如，船舶触礁使船底受损，该项损失非有意造成，故不得列入共同海损。共同海损措施虽然是有意的，但其必须合理。所谓合理，是指在当时的条件下所采取的措施既符合航海习惯，又损失最小。措施的合理应具备三个条件：一是符合航海习惯；二是损失应当最小；三是措施应当最为有效。

3. 共同海损的损失是特殊的，支出的费用是额外的。

“损失是特殊的”是就共同海损中的物资损失而言的，是指该项损失是为共同利益所作出的牺牲。共同海损牺牲是在正常运输中不可能出现的损失，因此是特殊的。“费用是额外的”是就共同海损中的费用损失而言的，是指在正常航运中不可能出现的费用。例如，当船舶和货物遭遇危险时，船长采取自救措施无效果时，可以请求他人给予援救，所付出的救助费就属于额外支出的费用。共同海损费用都是为解脱共同危险而支出的，是正常运输中不可能发生的，因此是额外的。

4. 措施必须最终获得效果。

采取共同海损措施的目的，是使处于共同危险之中的船舶、货物和其他财产转危为安，所以共同海损措施必须最终获得效果。这里所指的获得效果，并非指财产全部获救。只要有部分财产获救，共同海损就可以成立。

（三）共同海损的范围

共同海损的范围限于因共同海损行为直接造成的船舶、货物和其他财产的特殊牺牲和支付的特殊费用。但是，无论在航程中或者在航程结束后发生的船舶或者货物因迟延所造成的损失，包括船期损失和行市损失以及其他间接损失，均不得列入共同海损。简言之，共同海损的范围包括共同海损牺牲和共同海损费用。

1. 共同海损牺牲

共同海损牺牲，是指因采取共同海损措施而直接造成的船舶、货物和其他财产的损失。共同海损牺牲包括船舶牺牲、货物牺牲和运费牺牲。

2. 共同海损费用

共同海损费用，是指因采取共同海损措施而支付的额外费用。共同海损费用通常包括以下几种：(1) 救助报酬；(2) 与避难港有关的费用；(3) 代替费用。指本身不属于共同海损费用，但为代替可以列为共同海损的特殊费用而支付的额外费用；(4) 共同海损牺牲的利息和垫付的手续费。(5) 杂项费用。指处理共同海损事故时所发生的费用，主要包括共同海损检验费、共同海损的保险费、在避难港的代理费、电报及信函费、人员往来费、理算费以及其他与处理共同海损有关的费用。

(四) 共同海损的理算

共同海损的理算，是指发生共同海损事故后，由被委托的理算人根据共同海损的事实依法进行调查、审核，计算、确定分摊金额和编制理算书的行为。

1. 共同海损理算程序和规则

(1) 共同海损理算人。共同海损理算人，是专门办理共同海损理算的机构或理算师。共同海损被确认后，为了分摊共同海损损失，就要进行理算。共同海损理算技术性很强，一般都由船舶所有人委托专门的理算人进行理算。我国的国际贸易促进委员会下设海损理算处，专门负责共同海损的理算工作。

(2) 共同海损理算程序。共同海损理算是个复杂的过程，首先要由申请人提出委托，然后理算人再进行调查，并由各有关方提供有关资料，最后确定共同海拥的范围。《北京理算规则》第 7 条规定，有关方应于 1 个月内提供有关共同海损事故和损失的证明材料，但提供全部材料不得迟于航程结束后 1 年。

(3) 共同海损理算规则。理算规则，是理算人办理共同海损理算时所依据的准则。各海运国家都制定有自己的理算规则。目前，世界上适用最广泛的是《约克·安特卫普规则》。中国国际贸易促进委员会于 1975 年 1 月制定了《北京理算规则》。《北京理算规则》具有两个主要特点：一是以存在共同危险作为共同海损成立的前提条件，二是简化了共同海损理算的手续。制定的理算书力求简明扼要，便于执行。

2. 共同海损的宣告和担保

(1) 共同海损宣告。共同海损事故发生后，必须经过宣告并得到有关方确认后方可按共同海损处理。《北京理算规则》第 7 条规定，船舶在海上发生事故，应在到达第一港口后的 48 小时内宣布共同海损；船舶在港内发生共同海损，应在事故发生后的 48 小时内宣布共同海损。承担宣布共同海损义务的人是船舶所有人，通常做法是发生共同海损事故后，由船长电告船舶所有人，由船舶所有人或者授权船长在一定期限内为共同海损宣告。

(2) 共同海损担保。共同海损的损失是由船长代表船舶所有人采取共同海损措施的直接后果，所有的特殊损失是由船方造成的，额外支出的费用也由船方垫付。因此，为了保证各方能分摊共同海损损失，《海商法》规定，经利害关系人要求，各分摊方应当提供共同海损担保；以提供保证金方式进行共同海损担保的，保证金应当交由海损理算师以保管人名义存入银行。保证金的提供、使用或者退还，不影响各方最终的分摊责任。

共同海损担保除保证金外，还有共同海损担保函、共同海损协议书、船货不分离协议等形式。共同海损担保函是由分摊方的保险人向共同海损的牺牲方或费用支付方提供的保证分摊共同海损的保证书；共同海损协议书是共同海损的受益方和牺牲方或费用支付方之间签订的，保证分摊共同海损的协议；船货不分离协议是在共同海损发生后，货物须由他船转运时，由船方和贷方订立的，共同海损的分摊不因货物的转运而发生变化的协议。

3. 共同海损牺牲金额的确定

我国《海商法》规定，船舶、货物和运费的共同海损牺牲的金额，依照以下标准确定：(1) 船舶共同海损牺牲的金额，按照实际支付的修理费，减除合理的以新换旧的扣减额计算。船舶尚未修理的，按照牺牲造成的合理贬值计算，但是不得超过估计的修理费；船舶发生实际全损或者修理费超过修复后的船舶价值的，共同海损牺牲金额按照该船舶在完好状态下的估计价值，减除不属于共同海损损坏的修理费和该船舶受损后的价值的余额计算；(2) 货物共同海损牺牲的金额，货物灭失的，按照货物在装船时的价值加保险费加运费，减除由于牺牲无须支付的运费计算；货物损坏的，在就损坏程度达成协议前售出的，按照货物在装船时的价值加保险费加运费，与出售货物净得的差额计算；(3) 到付运费共同海损牺牲的金额，按照货物遭受牺牲造成运费损失的金额，减除为取得这笔运费本应支付，但是由于货物牺牲而无须支付的营运费计算。

4. 共同海损分摊价值的确定

根据我国《海商法》规定，共同海损应当由各受益方按照各自的分摊价值的比例计算。船舶、货物和运费的共同海损分摊价值，分别依照以下标准确定：(1) 船舶共同海损分摊价值，按照航程终止时的完好价值，减除不属于共同海损的损失金额计算，或者按照船舶在航程终止时的实际价值，加上共同海损牺牲的金额计算；(2) 货物共同海损分摊价值，按照货物在装船时的价值加保险费加运费，减除不属于共同海损的损失金额和承运人承担风险的运费计算。货物在抵达目的港以前售出的，按照出售净得金额加上共同海损牺牲金额计算。旅客的行李和私人物品，不分摊共同海损。未申报的货物或者谎报的货物，应当参加共同海损分摊，其遭受的特殊牺牲，不得列入共同海损；不正当地以低于货物实际价值作为申报价值的，按照实际价值分摊共同海损。在发生共同海损牺牲时，按照申报价值计算牺牲金额；(3) 运费分摊价值，按照承运人承担风险并于航程终止时有权收取舶运费，减除为取得该项运费而在共同海损事故发生后，为完成本航程所本应支付的营运费用，加上属于共同海损牺牲的金额计算。

5. 共同海损分摊请求权的诉讼时效

《海商法》规定，有关共同海损分摊的请求权，时效期间为 1 年，自理算结束之日起计算。共同海损分摊请求权的时效期间，适用《海商法》关于时效期间中止、中断的规定。

四、海事赔偿责任限制

(一) 海事赔偿责任限制概述

海事赔偿责任限制是指在发生重大海难、给他人造成重大财产损失和人身伤亡时，依法将责任人的赔偿责任限制在一定限度内的海损赔偿制度。

海事赔偿责任限制制度是海商法所特有的、古老的法律制度。与民法一般民事赔偿责任及于民事违法行为造成的全部损害的基本原则不同，该制度将海事赔偿人的赔偿责任限制在一定范围之内，超出该范围的海事损害，海事赔偿责任人不承担赔偿责任。该制度的目的在于减低海上运输的经营风险，维持海上运输事业的正常发展。

海事赔偿责任限制最初是为了保护船舶所有人的利益而设立的，故又曾被称为“船东责任限制”。随着海运业的发展，该制度的适用主体已不再局限于船舶所有人即船东，而扩大了适用主体范围的“船东责任限制”制度，也就演变成了现代的海事责任赔偿限制制度。

（二）海事赔偿责任限制制度的渊源

为了统一各国有关海事赔偿责任限制的法律，国际社会先后制定了 3 个国际公约，即 1924 年《关于统一海上船舶所有人责任限制若干规定的国际公约》、1957 年《船舶所有人责任限制公约》和 1976 年《海事赔偿责任限制公约》。

1924 年《关于统一海上船舶所有人责任限制若干规则的国际公约》是国际海事委员会制定，并于 1924 年在布鲁塞尔举行的外交会议上通过的。该公约迄今未生效。

现在，国际上使用较多的是 1957 年公约和 1976 年公约。我国虽未加入 1976 年公约，但我国的海事赔偿责任限制制度主要移植了 1976 年公约的实质性规定。

（三）我国海事赔偿责任限制制度的适用主体

责任限制的主体是指依海商法规定，享受赔偿责任限制权利的人。我国《海商法》规定了海事责任赔偿限制的主体。责任限制的主体包括船舶所有人、承租人、经营人、救助人以及上述主体对其行为、过失负有责任的人和责任保险人。所谓“对其行为、过失负有责任的人”，具体包括船长、船员及其受雇于船舶所有人、承租人、经营人或救助人的其他服务人员。由于上述人员与船舶所有人、承租人、经营人、救助人之间有雇佣关系，他们的过失责任最终将由船舶所有人等承担。将上述人员纳入责任限制主体的范围，可以避免海事请求人避开船舶所有人等责任限制的规定，转而向其雇佣人提出赔偿请求，从而更充分地保护船舶所有人、救助人等的合法权益。

我国《海商法》同时也规定了上述主体适用责任限制的例外：经证明，引起赔偿请求的损失是由于责任人的故意或者明知可能造成损失而轻率地作为或者不作为造成的，责任人无权依照本章规定限制赔偿责任。

（四）海事赔偿责任限制适用范围

海商法将海事赔偿责任限制的适用范围分为限制性债权与非限制性债权，即海事债权分为限制性债权和非限制性债权。责任人可以依法请求责任限制的海事赔偿请求权称为限制性债权，责任人不能请求责任限制的海事请求权为非限制性债权。

我国《海商法》第 207 条规定了以下限制性债权：

（1）在船上发生的或者与船舶营运、救助作业直接相关的人身伤亡或者财产的灭失、损坏，包括对港口工程、港池、航道和助航设施造成的损坏，以及由此引起的相应损失的赔偿请求；

（2）海上货物运输因迟延交付或者旅客及其行李运输因迟延到达造成损失的赔偿请求；

（3）与船舶营运或者救助作业直接相关的，侵犯非合同权利的行为造成其他损失的赔偿请求；

（4）责任人以外的其他人，为避免或者减少责任人依本章规定可以限制赔偿责任的损失而采取措施的赔偿请求，以及因此项措施造成进一步损失的赔偿请求。

同时，我国《海商法》第 208 条也规定了责任人不得援引责任限制的非限制性债权：

（1）对救助款项或者共同海损分摊的请求；

（2）中华人民共和国参加的《国际油污损害民事责任公约》规定的油污损害的赔偿请求；

（3）中华人民共和国参加的《国际核能损害责任限制公约》规定的核能损害的赔偿请求；

（4）核动力船舶造成的核能损害的赔偿请求；

（5）船舶所有人或者救助人的受雇人提出的赔偿请求，根据调整劳务合同的法律，船舶所有人或者救助人对该类赔偿请求无权限制赔偿责任，或者该项法律作了高出本章规定的赔偿限额的规定。

之所以把油污损害和核能损害的赔偿责任列入非限制性债权，是因为此类责任产生的损害后果损失面广，损失数额计算较为复杂，且又适用不同的规则条件和免责要求；而将救助报酬和劳务报酬认定为非限制性债权，则是基于二者涉及受益人利益的保护和对劳务合同及其相关法律的承认，同时也为了保护善意债权人的善意行为。①

（五）海事赔偿责任限额

责任限额，即责任主体依法对限制性债权承担的最高赔偿金额。我国海事赔偿责任限制额的计算方法与 1976 年海事索赔责任限制公约的计算方法相同，计算单位是特别提款权，采用了按船舶吨位递减的计算办法，先按吨位大小将船舶分为不同级别，然后再按不同的适用标准来计算责任限额。②

学习总结与拓展

【关键词】

海商法　海上运输关系　船舶关系　船舶碰撞　海难救助　船舶所有权　船舶抵押权　船舶优先权　船员　航次租船合同　件杂货运输合　同多式联运合同　提单　定期租船合同　光船租赁合同　海上拖航合同　共同海损共同　海损费用　共同海损牺牲　共同海损理算　海事赔偿责任限制

【思考题】

1. 如何理解船舶优先权的法律性质和受偿顺序？
2. 如何提单的法律性质和作用？
3. 共同海损的条件和特点是什么？
4. 船舶碰撞损害赔偿的基本原则是什么？
5. 如何理解海难救助的性质？

---

① 贾林青：《海商法》，中国人民大学出版社，2000 年，第 245 页。

② 具体标准见我国《海商法》第 210 条、第 211 条。

6. 为什么要对海事赔偿责任加以限制？限制的规则如何理解？

7. 王继良是“东区一号”轮船员，每月工资及固定福利项目具体包括基础工资、养老保险、福利房租、雇主两全险、伙食补助和值班补助。2000 年 3 月 16 日，中国工商银行珠海分行营业部申请广州海事法院依法扣押了“东区一号”轮，该银行委托船东及王继良和其他船员共同守船。该轮扣押至 7 月 5 日，期间共计 112 天。上述期间王继良应得的工资福利 20122.67 元无人发放，故王继良依《海商法》第 22 条及《特别程序法》第 116 条的规定，诉请广州海事法院确认原告在上述守船期间应得的工资福利共计 20122.67 元具有优先权。“东区一号”轮后被广州海事法院公告拍卖，王继良就上述工资福利债权向法院申请债权登记。

问：

(1) 本案争议焦点是什么？

(2) 工资报酬是否享有船舶优先权？

8. 河北省 A 贸易公司委托天津 B 海运公司运输一批大枣。1995 年 5 月 14 日，B 海运公司的 H 轮在天津新港装载了 A 贸易公司的 5000 包大枣，后发现这批大枣有 10%霉烂变质。5 月 25 日，H 轮大副在收货单上对此作了批注。6 月 5 日，因信用证即将过期，A 贸易公司为能及时出口货物及结汇货款，就出具保函要求开出清洁提单。保函言明，“如果收货人有异议，其一切后果均由发货人承担，船方概不负责。”B 海运公司接受了保函，并签发了清洁提单。H 轮于 7 月 2 日到达悉尼。收货人以大枣有霉烂为由，向当地高等法院申请裁定对 H 轮进行扣押，致使 H 轮被扣达 15 天。1996 年 8 月 3 日，天津海运公司赔付收货人 2 万美元，收货人遂撤回起诉。1996 年 8 月 3 日，天津 B 海运公司向河北省 A 贸易公司提出赔偿因其货轮被扣造成的经济损失的请求。

问：

(1) 提单的法律性质如何？

(2) 什么是清洁提单和不清洁提单？

(3) 本案保函是否有效？

9. K 轮从加拿大和美国港口装运杂货去日本的港口。被告是其中一宗货物的托运人，该货应在东京港交付。1990 年 4 月 20 日该轮抵达横滨，计划 5 月 4 日驶往东京。4 月 24 日该轮主机发生严重损坏。5 月 9 日，原告承运人经共同海损理算师通知被告，修理工作估计需要一个半月。原告提出，为了减少延滞，用其他工具把货物从横滨转运至东京，但除了共同海损分摊保证书外，被告还需另外提供一个“不可分割协议”作担保。被告以共损分摊保证书形式提供了担保，但拒绝提供不可分割协议，并在横滨提货。原告拒绝在横滨而只愿在东京交货，并声称要对货物行使留置权，以确保其对共损分摊的索赔权。托运人向日本上诉法院申请强制执行令，指令原告在得到不包括不可分割协议的共损分摊担保后，在横滨交货。被告提供了共损分摊担保后，在横滨提取了货物，在所有共同海损费用发生之前，原告已向被告交付了货物。原告提起诉讼，要求向被告追偿在被告的货物实际卸船之后，但在航舶抵达目的港前发生的共损分摊费用。

问：被告是否应承担共同海损分摊费用？

10. 1997 年中国某出口公司 A 与韩国某公司 B 签订一份大豆的购销合同。合同具体规定了水分、杂质等条件，以中国商品检验局证明为最后依据；单价为每吨 XX 美元，FOB天津港，麻袋装，每袋净重Xx公斤，买方须于1997年8月派船只接运货物。B公司未按期派船前来装运，一直延误了数月才派船来华接货。大豆装船交货，运抵目的地后，B公司发现大豆生虫，于是委托当地检验机构进行检验，并签发了虫害证明。A公司接到对方索赔请求，一方面拒绝赔偿，另一方面要求对方支付延误时期A方支付的仓储保管费及其他费用。另外，保存在中国商品检验局的检验货样，至争议发生后仍然完好，未发生虫害。

问：

(1) 这批货物的风险自何时起由卖方转移给买方？

(2) A公司要求B公司支付延误时期的大豆仓储保管费及其他费用能否成立，为什么？

(3) B公司的索赔请求能否成立，为什么？

11. 1996年5月23日，中国籍船舶“致远”轮满载木材，从非洲驶往厦门港，于6月11日到达印度洋洋面。上午10时左右，装运在甲板上的木材部分公然起火，火势逐渐蔓延，船长立即下令浇水灭火，但火势凶猛，装运在甲板上的未燃木材也有随时着火的危险。如果未燃的木材也起火，后果不堪设想。为了防止火势进一步蔓延，船长又下令将甲板上未燃的木材都抛入海中，这样使险情得以缓解。又经过船员全力扑救，10时30分左右，大火被扑灭。装运于甲板上的木材全部遭损，装运于船舱内的木材也有一部分因水湿变形而受损。船舶到达厦门港后，船长宣布了共同海损。问：

共同海损是否成立？

【阅读资料】

1. 《中华人民共和国海商法》

2. 《中华人民共和国海事诉讼特别程序法》

3. 贾林青：《海商法》，中国人民大学出版社，2000年。

4. 郭瑜：《海商法的精神：中国的实践和理论》，北京大学出版社，2005年。

5. 陈宪民：《海商法理论与司法实践》，北京大学出版社，2006年。

6. 张辉：《船舶优先权法律制度研究》，武汉大学出版社，2005年。

7. 司玉琢：《海商法学案例教程》，知识产权出版社，2003年。

后 记

本书的提纲结构、体例内容和撰写要求由李平拟出。导论、第一章商法总论由李平撰写；第二章企业法，杨志敏撰写；第三章公司法、第六章保险法，徐蓉撰写；第四章证券法、第七章破产法，刘畅撰写；第五章票据法，陈锋撰写；第八章海商法，曾彤撰写。最后由李平统稿并对每一章进行部分修改。

本书引用我国法律、法规、司法解释，截止于2014年年底。不当之处，敬请指正。

2015年1月